D1726647

Prof. Peter Gola

Datenschutz am Arbeitsplatz

Prof. Peter Gola

Datenschutz am Arbeitsplatz

Handlungshilfen beim Einsatz von
- Intranet und Internet
- E-Mail und Telefon
- Video und GPS
- Big Data und Social Media

5. überarbeitete und erweiterte Auflage 2014

DATAKONTEXT

Bibliografische Information der Deutschen Bibliothek

Die Deutsche Nationalbibliothek verzeichnet diese Publikation in der Deutschen Nationalbibliografie; detaillierte bibliografische Daten sind im Internet über <http://dnb.d-nb.de> abrufbar.

Bei der Herstellung des Werkes haben wir uns zukunftsbewusst für umweltverträgliche und wiederverwertbare Materialien entschieden. Der Inhalt ist auf elementar chlorfreiem Papier gedruckt.

ISBN 978-3-89577-749-3

5. überarbeitete und erweiterte Auflage 2014

E-Mail: kundenbetreuung@hjr-verlag.de
Telefon: +49 89/2183-7928, Telefax: +49 89/2183-7620

© 2014 DATAKONTEXT, eine Marke der Verlagsgruppe Hüthig Jehle Rehm GmbH
Heidelberg, München, Landsberg, Frechen, Hamburg

www.datakontext.com

Dieses Werk einschließlich aller seiner Teile ist urheberrechtlich geschützt. Jede Verwertung außerhalb der engen Grenzen des Urheberrechtsgesetzes ist ohne Zustimmung des Verlages unzulässig und strafbar. Das gilt insbesondere für Vervielfältigungen, Übersetzungen, Mikroverfilmungen und die Einspeicherung und Verarbeitung in elektronischen Systemen.

Covergestaltung: Jasmin Dainat, DATAKONTEXT, Frechen,
Titelbild: lichtblickefied © www.fotolia.de
Satz: M-O-P-S, Kirsten Pfaff, Hennef
Druck: Westermann Druck Zwickau GmbH

Vorwort

Nachdem nach zwei Jahren nach ihrem Erscheinen, die 4. Auflage des Buches vergriffen war, bot es sich an, den Text in einer 5. Auflage zu überarbeiten, in einigen Passagen zu straffen und um neue, bisher nicht angesprochene Themen zu erweitern. Beispielhaft genannt sei das Einbringungen privater Geräte zur Erledigung dienstlicher Aufgaben – BYOD – oder das auch im Persolmanagement dikutierte Big Data Thema. Schon bei der 4. Auflage anstehende Überlegungen, ob zunächst anstehende Entwicklungen in der Gesetzgebung abgewartet werden sollte, erübrigten sich dann, da weder die EU-DS-GVO noch ein Beschäftigtendatenschutzgesetz in näherer Zukunft zu erwarten sind. Gleichwohl wurden die kommentierenden Hinweise zu den in der vergangenen Legislaturperiode im Bundestag beratenen aber nicht verabschiedeten Beschäftigtendatenschutznormen beibehalten, da sie nach wie vor einen akzeptablen Kompromiss darstellen und ggf. auch Anregungen für betriebliche Lösungen geben können.

Von der Darstellung nicht nur spezifisch die Themenstellung des Buches betreffenden Datenschutzfragen, so z. B. zur Datenschutzkontrolle oder zur Mitbestimmung generell, wurde abgesehen. Insoweit kann verwiesen werden auf das zusammen mit Wronka vorgelegte Handbuch zum Arbeitnehmerdatenschutz.

Königswinter, im März 2014
Peter Gola

Inhaltsverzeichnis

Kapitel 1
Vorbemerkungen

Kapitel 2
Die Rechtsgrundlagen

Kapitel 3
Kontrolle dienstlicher Telefonate

Kapitel 4
Kontrolle der dienstlichen E-Mail- und Internetnutzung

Kapitel 5
Kontrolle privater Telefon-, E-Mail- und Internetnutzung

Kapitel 8
IT-Technik für Mitarbeitervertretung und Gewerkschaft

Kapitel 9
Mitarbeiterdaten im Intra- und Internet

Abbildungsverzeichnis

Abkürzungsverzeichnis

a. A.	**anderer Ansicht**
a. a. O.	am angegebenen Ort
ABl.	Amtsblatt
Abs.	Absatz
ACD	Automatic Call Distribution
ADV	automatische Datenverarbeitung
AG	Amtsgericht
AGB	allgemeine Geschäftsbedingungen
AiB	Arbeitsrecht im Betrieb (Zeitschrift)
allg.	allgemein
Alt.	Alternative
a. M.	anderer Meinung
Anm.	Anmerkung
AP	Arbeitsgerichtliche Praxis (Entscheidungssammlung)
Anz.	Anzeiger
ArbG	Arbeitsgericht
Art.	Artikel
Aufl.	Auflage
AuR	Arbeit und Recht (Zeitschrift)
BAG	**Bundesarbeitsgericht**
BB	Der Betriebs-Berater (Zeitschrift)
BBG	Bundesbeamtengesetz
BDSG	Bundesdatenschutzgesetz
BDSG-E	Entwurf eines Gesetzes zur Regelung des Beschäftigtendatenschutzes, BT-Drs. 17/4230 vom 25.2.2011
Begr.	Begründung
Beschl.	Beschluss
betr.	betreffend
BetrVG	Betriebsverfassungsgesetz
BfD	Bundesbeauftragter für den Datenschutz
BfDI	Bundesbeauftragter für den Datenschutz und die Informationsfreiheit
BGB	Bürgerliches Gesetzbuch
BGBl.	Bundesgesetzblatt
BGH	Bundesgerichtshof
BGHZ	Entscheidungen des Bundesgerichtshofes in Zivilsachen
BMI	Bundesministerium des Innern
BPersVG	Bundespersonalvertretungsgesetz
BR-Drs.	Drucksachen des Deutschen Bundesrates
bsp.	beispielsweise
BT-Drs.	Drucksachen des Deutschen Bundestages
BVerfG	Bundesverfassungsgericht
BVerwG	Bundesverwaltungsgericht
bzw.	beziehungsweise

CF	**Computer-Fachwissen (vormals Computer-Fachinformationen) (Zeitschrift)**
CR	Computer und Recht (Zeitschrift)
CuA	Computer und Arbeit (Zeitschrift ab 2006)
DB	**Der Betrieb (Zeitschrift)**
ders.	derselbe
d. h.	das heißt
DKK	Däubler/Kittner/Klebe (Hrsg.), Betriebsverfassungsgesetz, 10. Auflage, Frankfurt
DKWW, BDSG	Däubler/Klebe/Wedde/Weichert, Bundesdatenschutzgesetz, 4. Auflage 2013
DSB	Datenschutzbeauftragter
DuD	Datenschutz und Datensicherung (Zeitschrift)
EDV	**elektronische Datenverarbeitung**
EG	Europäische Gemeinschaft
E-Mail	Electronic Mail
etc.	et cetera
EU	Europäische Union
EuGH	Europäischer Gerichtshof
evtl.	eventuell
f.	**folgende**
ff.	fortfolgende
Fitting	Fitting/Engels/Schmidt/Trebinger/Linsenmaier, BetrVG, 27. Aufl., München, 2014
Fn.	Fußnote
GDD	**Gesellschaft für Datenschutz und Datensicherheit e.V., Bonn**
gem.	gemäß
GewO	Gewerbeordnung
GG	Grundgesetz für die Bundesrepublik Deutschland
ggf.	gegebenenfalls
GVBl.	Gesetz- und Verordnungsblatt
Gola/Schomerus, BDSG	Gola, P./Schomerus, R., Bundesdatenschutzgesetz, Kommentar, 11. Aufl., München 2012
Gola/Wronka, Handbuch	Handbuch zum Arbeitnehmerdatenschutz, Frechen, 6. Aufl. 2013
GPS	Global Positioning System
h. M.	**herrschende Meinung**
Hrsg.	Herausgeber
Hoeren/Sieber	Hoeren, T./Sieber, U. (Hrsg.), Multimedia-Recht, Loseblatt, München

i. G.	**im Gegensatz**
i. d. R.	in der Regel
IT	Informationstechnik
insb.	insbesondere
ISDN	Integrated Services Digital Network
IT-SICHERHEIT	Fachmagazin für Informationssicherheit und Compliance (Zeitschrift)
i. V. m.	in Verbindung mit
K&R	**Kommunikation & Recht (Zeitschrift)**
KG	Kammergericht
KSchG	Kündigungsschutzgesetz
KUG	Kunsturhebergesetz
LAG	**Landesarbeitsgericht**
LDSG	Landesdatenschutzgesetz
LG	Landgericht
Ls.	Leitsatz
m. w. N.	**mit weiteren Nachweisen**
MDStV	Mediendienststaatsvertrag
MMR	Multimedia und Recht (Zeitschrift)
NJW	**Neue Juristische Wochenschrift (Zeitschrift)**
Nr.	Nummer
NVwZ	Neue Zeitschrift für Verwaltungsrecht (Zeitschrift)
NZA	Neue Zeitschrift für Arbeitsrecht (Zeitschrift)
o. Ä.	**oder Ähnliches**
OLG	Oberlandesgericht
OVG	Oberverwaltungsgericht
OWiG	Ordnungswidrigkeitengesetz
PC	**Personal Computer**
PersR	Der Personalrat (Zeitschrift)
PIN	Persönliche Identifikationsnummer
Ping	Privacy in Germany (Zeitschrift)
Plath, BDSG	Plath (Hrsg.), BDSG 2013
PR	Personalrat
RdA	**Recht der Arbeit (Zeitschrift)**
Rdn.	Randnummer
RDV	Recht der Datenverarbeitung (Zeitschrift)
RFID	Radio Frequency Identification
Roßnagel	Roßnagel, A. (Hrsg.), Recht der Multimedia-Dienste, Kommentar zum IuKD und MDStV, Loseblatt, München
RL	Richtlinie

XV

S.	**Satz, Seite**
s.	siehe
Schaffland/	Schaffland, H.-J./Wiltfang, N. (Hrsg.)
Wiltfang	Bundesdatenschutzgesetz, Loseblatt, Neuwied
StAnz.	Staatsanzeiger
SigG	Gesetz zur digitalen Signatur
Simitis	Simitis, S. (Hrsg.), Kommentar zum Bundesdatenschutzgesetz, 7. Aufl., Baden-Baden, 2011
StGB	Strafgesetzbuch
StPO	Strafprozessordnung
str.	strittig
Taeger/Gabel, BDSG	**Taeger/Gabel, BDSG, 2. Auflage 2014**
TB	Tätigkeitsbericht
TDG	Teledienstegesetz
Thüsing,	Thüsing, Arbeitnehmerdatenschutz und Compliance,
Compliance	2010, München
TKG	Telekommunikationsgesetz
TMG	Telemediengesetz
TKÜV	Telekommunikationsüberwachungsverordnung
u. a.	**unter anderem**
u. Ä.	und Ähnliches
u. Ä. m.	und Ähnliches mehr
UrhG	Urheberrechtsgesetz
Urt.	Urteil
usw.	und so weiter
u. U.	unter Umständen
ULD	Unabhängiges Landeszentrum für Datenschutz Schleswig-Holstein
UWG	Gesetz über den unlauteren Wettbewerb
VG	**Verwaltungsgericht**
VGH	Verwaltungsgerichtshof
vgl.	vergleiche
VwVfG	Verwaltungsverfahrensgesetz
WWW	**World Wide Web**
z. B.	**zum Beispiel**
ZD	Zeitschrift für Datenschutz (Zeitschrift)
Ziff.	Ziffer
ZRP	Zeitschrift für Rechtspolitik (Zeitschrift)
ZTR	Zeitschrift für Tarifrecht (Zeitschrift)
ZUM	Zeitschrift für Urheber- und Medienrecht (Zeitschrift)

Kapitel 1
Vorbemerkungen

1 Veränderte Arbeitswelt durch neue IuK-Technik – Neue Begriffe, neue Themen

1.1 Allgemeines

Noch in den 70er Jahren warb ein großer DV-Hersteller für seine Produkte 1
mit dem Slogan: »Computer tun die Arbeit, für die der Mensch zu schade
ist.« Andererseits hat die IT-Technik neue Arbeitsplätze geschaffen. Die
DV- bzw. IuK-Technik und das Internet[1] haben die betriebliche Arbeitswelt
aber nicht nur durch Automatisierung und Rationalisierung verändert; damit
einhergegangen ist eine Veränderung der Arbeitsabläufe und der betrieblichen Organisation. Begriffe wie Abbau von Hierarchien, Just-in-time, **Lean
Management**, selbststeuernde Arbeitsgruppen oder flexible Arbeitszeiten
beschreiben diesen Prozess. Auch in diese Aufzählung gehört das mithilfe
von Workflow Management anvisierte papierlose Büro.[2]

Diese Veränderung vollzog sich zunächst innerhalb des Betriebes. Die Ar- 2
beitswelt des Call-Centers bildet ein Beispiel hierfür. Die neuen Techniken
machen aber auch die Loslösung der Arbeit von der klassischen Einbindung
der Beschäftigten in eine betriebliche Organisation möglich, wobei die **Telearbeit** nur ein Schritt in diese Richtung ist, der möglicherweise zu sog.
virtuellen Unternehmen hinführt.

Seit geraumer Zeit wird daher diskutiert, inwieweit die neuen 3
IuK-Techniken eine darüber hinausgehende **Dezentralisierung der Arbeit**,
d. h. eine Auflösung der bisherigen Organisation der Arbeitswelt ermöglichen und auch hierzu führen werden. Vorausgesagt wird »The End of the
Job«, das »Aus« für den festen Arbeitsplatz und damit die Auflösung des
herkömmlichen Arbeitnehmerbegriffs nebst des auf ihn ausgerichteten arbeitsrechtlichen Schutzes, der zudem auch infolge seines »lokalen« Wir-

---

1   Zur Veränderung der Arbeitswelt durch das Internet siehe Klotz, CuA 6/2012, S. 18
2   Vgl. zur Einführung einer digitalen Personalakte: Gola, CuA 11/2007, S. 20; Grentzer,
     RDV 2005, S. 134; zum diesbezüglichen Datenschutz: Gola/Wronka, Handbuch Ar-
     beitnehmerdatenschutz, Rdn. 151 ff.

kungskreises im Rahmen global vernetzter Arbeit nur noch bedingt Wirkung entfalten kann.[3]

1.2 Die Arbeitswelt der Call-Center

4 Neben der Telearbeit stellt die Dienstleistung im **Call-Center** eine neue, durch Multimedia ermöglichte Form der Arbeit dar, die im Rahmen der Globalisierung grenzüberschreitend ist. Dies gilt nicht nur für die Wirtschaft, sondern auch für die sich um mehr Bürgernähe, Service und Effektivität bemühende Verwaltung.

5 In der Arbeitswelt der Call-Center spiegeln sich die Begriffe Informations- und Dienstleistungsgesellschaft gleichzeitig wider.

Call-Center – Definitionen:[4]

- 1: »Ein Call-Center ist ein Instrument zur Organisation der Kunden- und Marktbeziehungen mit Mitteln der Telekommunikation.«

- 2: »Call-Center sind der systematisierte Gebrauch von Telekommunikationsdiensten inklusive Daten und Sprache, um Teile der Geschäftsfunktionen wie Kundenservice, Marketing oder Bestellannahme zu automatisieren und zu verbessern.«

- 3: »Call-Center sind Organisationseinheiten, die eine serviceorientierte und effiziente dialogische Kommunikation durch den Einsatz modernster Informations- und Telekommunikationstechniken unter Wahrnehmung von qualitativen und quantitativen Unternehmens- und Marketingzielen ermöglichen.«

---

6 Call-Center können ihre Aktionen **inbound** (innenbestimmt = der Kontakt geht vom Kunden aus) oder **outbound** (außenbestimmt = das Call-Center spricht den Kunden an) ausrichten oder diese Funktionen mischen.[5]

---

[3] Klotz, CuA 6/2012, S. 18

[4] Vgl. diese und weitere Definitionen bei Kruse, in: Henn/Kruse/Strawe, Call Center Management, S. 14 f.; ferner Schrick, Das Call Center als virtueller Service- und Vertriebskanal, in: Bliemel u. a. (Hrsg.), Electronic Commerce, 1999, S. 329 ff.

[5] Siehe nachstehendes Verfahrensverzeichnis, Rdn. 10

Das Spektrum von Inbound-Tätigkeiten ist vielfältig. Sie reichen von – ggf. **7**
über die Art der gewählten Telefonnummern (z. B. Mehrwert-Rufnummer)
– bezahlten Auskünften, der Teilnahme an Gewinnspielen, der Aufgabe von
Bestellungen für Fahrkarten, Tickets etc. bis hin zu Sex-Gesprächen.

Eine spezielle Form der Inbound-Tätigkeit stellt die Anrufbeantwortung für **8**
Einzelkunden als persönliche Service-Hotline dar, indem Anrufe bei Abwesenheit oder Verhinderung per Anrufweiterleitung bei dem Call-Center auf-
laufen, das den Anruf im Namen des Kunden bzw. unter Nennung des Fir-
mennamens entgegennimmt und ggf. auch bearbeitet.

Bei Outbound-Tätigkeit reichen die Aktivitäten von Befragungen, Einla- **9**
dungen zu Events, Rückrufaktionen bei Autos etc. bis hin zum Verkauf der
verschiedensten Produkte.

Call-Center-Aktivitäten:

Outbound	Inbound
Marktforschung	Auskünfte/Beschwerden
Cross/UP Selling	Beratung/Prospekte
Inkasso	Bestellung/Buchung/Ticketservice
Adressqualifizierung	Gewinnspiele/Telefonverkauf
Adressgewinnung	Anzeigenannahme
Kundenrückgewinnung	Helpdesk/Kundendienst

Datenschutzrechtlich relevant sind Tätigkeiten, die bereits – im Gegensatz **10**
zu sog. Infotelefonleistungen – auf umfangreichen und mit jedem neuen
Kontakt weiter angereicherten Kundendatenbanken beruhen und bei denen
es über die reine Annahme einer Bestellung etc. um möglichst umfassenden
Kundenservice geht. Dienstleistungen, die über eine solche Kundenhotline
angeboten werden, sind Stammdatenänderungen, Bearbeitung von Vorgängen, Reklamationen oder Abfrage von Meinungsbildern und sogar medizi-
nische Beratung und Betreuung.

Verfahrensverzeichnis eines Call-Centers (§ 4g Absatz 2 BDSG)

Gemäß § 4g Abs. 2 BDSG hat der Beauftragte für den Datenschutz auf Antrag jedermann in
geeigneter Weise die in § 4e Satz 1 Nr. 1 bis 8 BDSG festgelegten Angaben verfügbar zu
machen.

1. Name oder Firma der verantwortlichen Stelle

2. Leiter der verantwortlichen Stelle und der Datenverarbeitung

Geschäftsführung

NN

Leiter der Datenverarbeitung

NN

3. Anschrift der verantwortlichen Stelle

Straße

PLZ Ort

4. Zweckbestimmung der Datenerhebung, -verarbeitung oder -nutzung

Unser Hauptzweck ist der Service und die Vermarktung erklärungsbedürftiger Produkte und Dienstleistungen sowie die Übernahme beliebiger Prozesse aus der unternehmerischen Wertschöpfungskette von anderen Unternehmen.

5. Beschreibung der betroffenen Personengruppe und der diesbezüglichen Daten oder Datenkategorien

Betroffene Personengruppen

Es werden im Wesentlichen zu folgenden Gruppen personenbezogene Daten erhoben, verarbeitet und genutzt, soweit diese zur Erfüllung der unter Punkt 4 genannten Zwecke erforderlich sind: eigene Mitarbeiter, Bewerber, eigene Lieferanten, Dienstleister, Vertragspartner und Auftraggeber sowie deren Mitarbeiter, Kunden und Lieferanten und Kontaktpersonen zu vorgenannten Gruppen.

Auf Antrag teilen wir Ihnen gerne mit, in welchem Verfahren möglicherweise Ihre Daten gespeichert sind und um welche Daten es sich handelt.

Datenkategorien

Interessentendaten, Kundendaten, Auftraggeberdaten, Mitarbeiterdaten, Geschäftspartnerdaten, Lieferantendaten, Daten öffentlicher Stellen

Daten

Adressdaten, Namensdaten, Geburtsdatum, Steuernummern, Umsatzsteuer-Identifikationsnummern, Planungsdaten, Vertragsdaten, Abrechnungsdaten, freiwillige Angaben des Betroffenen, soweit dies zur Erledigung des Auftrags oder zur Vertragsabwicklung erforderlich ist. Im Bereich der Personalverwaltung werden zusätzlich Angaben zur Qualifikation, Ein- und Austritt in das Beschäftigungsverhältnis, Lohn- und Gehaltsdaten, Renten- und Sozialversicherungsdaten, Angaben zu Sozialversicherungsnummer, Konfession, Gesundheitsdaten, Güterstand, Bankverbindung, Abmahnungen, Zeugnisse und Bewerbungsunterlagen gespeichert.

6. Empfänger oder Kategorien von Empfängern, denen die Daten mitgeteilt werden können

Grundsätzlich erhalten die Auftraggeber selbst die Daten. Ohne Einverständnis der Auftraggeber werden keine personenbezogenen Daten an andere Empfänger weitergeleitet. Liegt das ausdrückliche Einverständnis oder der Auftrag des Auftraggebers vor oder bestimmen dies vorrangige Rechtsvorschriften, so werden Daten an die Finanzämter, Träger der Sozialversicherungen, Banken, Versicherungen, Gerichte und andere Behörden und öffentliche Stellen weitergegeben. Für die Lohn- und Finanzbuchhaltung werden die Daten zur Verarbeitung an das Steuerberatungsunternehmen der Firma OpenCall weitergegeben und dort gespeichert und verarbeitet. Externe Auftragnehmer und Stellen erhalten Daten nur entsprechend einer

Auftragsdatenverarbeitungsvereinbarung gemäß § 11 BDSG zur Erfüllung der unter 4. genannten Zwecke.

7. Regelfristen für die Löschung der Daten
Der Gesetzgeber hat vielfältige Aufbewahrungspflichten und -fristen erlassen. Nach Ablauf dieser Fristen werden die entsprechenden Daten routinemäßig gelöscht, wenn sie nicht mehr zur Vertrags- bzw. Zweckerfüllung erforderlich sind, soweit dem nicht gesetzliche Aufbewahrungspflichten und -fristen entgegenstehen. Soweit Daten hiervon nicht berührt sind, werden sie gelöscht, wenn die unter 4. genannten Zwecke wegfallen.

8. Geplante Datenübermittlung in Drittstaaten (außerhalb der EU)
Eine Übermittlung von personenbezogenen Daten an Drittstaaten ist nicht geplant.

Call-Center werden häufig als Auftragnehmer für Drittfirmen tätig. Dabei **11** hat der Auftraggeber den ihm vom Call-Center-Betreiber regelmäßig auch erfüllten Wunsch, die Tätigkeit der Call-Center-Mitarbeiter selbst unmittelbar zu überwachen. Hierzu betreibt der Auftraggeber ggf. das Call-Center-System selbst, so dass letztlich der Call-Center-Agent als Leiharbeiter tätig ist.[6] Datenschutzfragen entscheiden sich danach, wer verantwortliche Stelle für die Erhebung der Bediendaten des Agenten ist.[7]

1.3 Begriffsbestimmung Multimedia

Verändert hat sich einmal die äußere Form des Produzierens und zum anderen die Art der Produkte. Die Begriffe Informations- und Dienstleistungsgesellschaft und Multimedia sind hierfür kennzeichnend. **12**

Der im Jahre 1995 in Deutschland zum Wort des Jahres gewählte Begriff **13** **Multimedia** umfasst »alle Produkte und Dienste, die auf der Basis der digitalen Technik und den gemeinsamen Merkmalen der interaktiven Verwendung von verschiedenen Medienformen Daten, Bilder, Töne und Sprache beliebig kombinieren, speichern und übertragen«.[8] Bezeichnend ist, dass die netzvermittelten Informationsangebote – kombiniert oder wechselnd – alle Formen von Informationen wie Texte, Fest- und Bewegtbilder, Töne und Daten präsentieren können.[9] Multimedia meint somit die Verbindung verschiedener, d. h. im Wortsinn vieler Medien zu einem Verbund von In-

---

6   Vgl. zu den unterschiedlichen Konstruktionen Steinwender, CuA 1/2013, S. 28
7   Vgl. hierzu auch Rdn. 81
8   Zitiert nach Wanckel, Persönlichkeitsschutz in der Informationsgesellschaft, S. 47 f.; ferner BT-Drs. 13/4000 (Bericht Info 2000), S. 15
9   Roßnagel, Recht der Multimedia-Dienste, Einl. Rdn. 4

formationsmöglichkeiten. So wird der Computer, verknüpft mit Telefon, E-Mail und Internet, zur Übermittlungs-, Empfangs- und Verarbeitungsstation für individuelle und allgemein zugängliche Informationen. Der Begriff »Multimedia« ist jedoch nicht ausschließlich technisch bestimmt; vielmehr kennzeichnet er auch neue Angebots- und Nutzungsformen, die erst durch die Digitalisierung möglich geworden sind.[10]

14 Basis der weltweiten Bereitstellung von Informationen bzw. deren Transport in digitalisierter Form bildet das **Internet** mit seinen diversen Diensten. Hierzu zählen insbesondere hinsichtlich der Nutzung am Arbeitsplatz das World Wide Web (WWW) mit den Angeboten der Informationsabfrage und der elektronische Postverkehr (E-Mail).[11]

1.4 Social Media

15 Der Bedarf, sich in sozialen Netzwerken kommunikativ auszutauschen, ist offensichtlich. Die Beweggründe für die Teilnahme sind durchaus unterschiedlich. Stehen bei Facebook, Google+, Schüler VZ und anderen die privaten Beziehungen im Vordergrund, suchen bei beruflich genutzten Netzwerken wie XING, LinkedIn und vergleichbaren Anbietern die Mitglieder nach neuen geschäftlichen Kontakten oder sind in Gruppen organisiert, die gemeinsame berufliche Interessen verfolgen. Dass ein **soziales Netzwerk** allein offenbar nicht ausreicht, um die Bedürfnisse seiner Mitglieder vollständig abzudecken, zeigt sich daran, dass im Durchschnitt jedes Mitglied bei 2,4 sozialen Netzwerken angemeldet ist.[12] Bei den 14- bis 30-Jährigen sind 90 Prozent mindestens Mitglied in einem sozialen Netzwerk. Neun Prozent sind sog. »Heavy User« mit Nutzung von mehr als zwei Stunden pro Tag. Überwiegend werden die Netzwerke für private Kontakte genutzt. Jedoch werden zu rund 40 Prozent auch berufliche Kontakte gepflegt oder neu geknüpft.[13]

---

10   Vgl. auch bei Bullinger/Mestmäcker, Multimedia-Dienste, 1997, S. 20
11   Vgl. hierzu ausführlich bei Hanau/Hoeren, Private Internetnutzung durch Arbeitnehmer, S. 4 ff.
12   LfD Baden-Württemberg, 30. TB (2010/2011), Ziff. 4.6
13   Quelle: BITKOM, Soziale Netzwerke, Oktober 2011

Eine aus § 241 Abs. 2 BGB abgeleitete Nebenpflicht, die Belange des Arbeitgebers durch die »positive« Teilnahme im Internet zu fördern, besteht nicht.[14] Wettbewerbswidrig wäre es zudem, die Mitarbeiter anzuhalten, sich als »Fans« des Unternehmens und seiner Produkte zu äußern, ohne ihren Bezug zum Unternehmen aufzuzeigen.

16

Die Verbreitung des Web 2.0 und die damit verbundenen Möglichkeiten der User, selbst aktiv zu werden, wirken sich auch im Arbeitsverhältnis aus.[15] Auch in Bezug auf den dienstlichen Bereich spielen **Social Media**, gemeint sind: Blogs, Wikis, soziale Plattformen und Netzwerke sowie Foren – also Medien mit nutzergeneriertem Inhalt, in denen sich die Mitarbeiter freiwillig »bewegen« – eine zunehmende Rolle.[16] Hier können Chancen und auch Risiken liegen.[17] Chancen bieten sich im Bereich der Kunden- und Imagepflege und des Marketings. Risiken bestehen darin, dass vertrauliche oder interne Informationen publiziert werden. Auch eine Beeinträchtigung des positiven Images des Unternehmens ist für den Arbeitgeber von Bedeutung.

17

Social-Media-Richtlinien können hier Vorgaben treffen, wobei der eindeutige Schritt ist, die Nutzung derartiger Medien während der Arbeitszeit zu verbieten und den Zugang zu sperren.[18] Nicht verboten werden kann jedoch, dass sich ein Mitarbeiter außerhalb der Arbeitszeit über sein berufliches Arbeitsumfeld äußert oder in **berufliche Netzwerke** sein Profil einstellt. Keinesfalls darf der Mitarbeiter dabei den Eindruck erwecken, er äußere sich im Namen des Unternehmens.

18

Wenn das Unternehmen Kommunikationsmöglichkeiten, die soziale Medien bieten, auch für sich nutzen will, können **Social-Media-Richtlinien**[19] auch dazu dienen, den Beschäftigten Leitplanken, d. h. die Medienkompetenz für den sicheren und korrekten Umgang mit dem Social Web zu geben.[20] Auf-

19

---

14 Däubler, Internet und Arbeitsrecht, Rdn. 2110 f.; Bissels, BB 2010, S. 243

15 Vgl. die Übersicht bei Hinrichs/Schierbaum, CuA 10/2012, S. 5; Strunk, CuA 10/2012, S. 11

16 In Anbetracht der datenschutzrechtlichen Unzulänglichkeiten solcher Systeme haben die Aufsichtsbehörden (Beschluss vom 28./29.11.2011) die öffentlichen Stellen aufgefodert, von der Nutzung von Social Plug-ins abzusehen und keine Profilseiten oder Fanpages einzurichten.

17 Oelmaier, IT-Sicherheit 1/2012, S. 10

18 www.focus.de/finanzen/karriere

19 Zur Bewertung solcher Richtlinien Rolf/Riechwald, HR Performance 2/2011, S. 45; Frings/Wohlers, BB 2011, S. 3126; Oberwetter, NJW 2011, S. 417

20 Vgl. Bitkom, Social Media Guidelines, Tipps für Unternehmen, 2010

zuzeigen sind die gerade bei Nutzung derartiger Medien zwischen Meinungsfreiheit und Unternehmensverpflichtung zu ziehenden Grenzen.[21]

20 Zunächst endet die **Meinungsfreiheit** des Art. 5 Abs. 1 S. 1 GG[22] bei beleidigenden oder verleumderischen Äußerungen und der Behauptung unwahrer Tatsachen.[23]

21 Darüber hinaus besteht für den Beschäftigten eine **Rücksichtnahmepflicht** (§ 241 BGB), die eine ansonsten zulässige Kritik gerade wegen der besonderen Gegebenheiten der Äußerung in der gewählten Form und des damit für das Unternehmen möglichen besonderen Schadenseinritts unzulässig macht.[24]

22 Eindeutig ist das durch Gesetz (u. a. § 17 UWG; § 203 StGB) oder Vertrag bestehende Gebot der Wahrung der Vertraulichkeit von Geschäfts- und **Betriebsgeheimnissen** und auch des **Datengeheimnisses** des § 5 BDSG.[25] Gleichwohl gilt es auch hier, den Tatbestand den Mitarbeitern deutlich zu machen und unternehmensbezogen konkret zu erläutern, welche »Informationen, die mit dem Geschäftsbetrieb zusammenhängen, nur einem eng begrenzten Personenkreis bekannt sind und nach dem Willen des Arbeitgebers und im Rahmen eines wirtschaftlichen Interesses geheim gehalten werden sollen«.[26]

---

21 Ruhland, CuA 4/2012, S. 12

22 BAG, RDV 2010, S. 27 (Spick mich); zur Bewertung von Ärzten, OLG Frankfurt, ZD 2012, S. 274; LG Düsseldorf, ZD 2013, S. 638 (Ärzte)

23 BAG, NJ02 2013, S. 1064

24 Vgl. nachstehend Rdn. 669

25 Vgl. hierzu nachstehend Rdn. 592

26 So die Definition des Begriffs des Geschäftsgeheimnisses durch das BAG, RDV 2006, S. 20; 2002, S. 62

Offenbar hat die Mehrzahl der größeren Unternehmen,[27] die bei der Nut- **23** zung von sozialen Medien zu beachtenden Grundsätze in Social Media Guidelines ihren Mitarbeitern vorgegeben. Der Arbeitgeber darf das Verhalten in sozialen Netzwerken jedoch nur regeln, wenn der Arbeitnehmer den Netzwerk-Account des Betriebs oder seinen Netzwerk-Account dienstlich einsetzt. Berufsbezogen ist die Nutzung bereits, wenn der Arbeitnehmer in seiner Aussage eine Verbindung zu seinem Arbeitgeber herstellt. Nicht regelbar ist das private Verhalten ohne Bezug zum Arbeitgeber.[28] Unterschiede bestehen weitgehend nur in der Ausführlichkeit der Regelung.[29] Auffällig ist jedoch, dass auf die Einhaltung des Datengeheimnisses gar nicht oder nur pauschal hingewiesen wird. Ein Beispiel einer kurz und prägnant gefassten Regelung sind die dargestellten Guidelines der **Deutschen Post DHL**.

SOCIAL MEDIA GUIDELINES

Social-Media-Portale wie Facebook, YouTube oder Twitter bieten uns neue Chancen, um Meinungen, Gedanken und Erfahrungen mit anderen Nutzern, Freunden, Kollegen oder Kunden auszutauschen – und das weltweit.

Täglich wird auch über unser Unternehmen im Web intensiv diskutiert. Jeder, der sich online über Deutsche Post DHL äußert, prägt damit das Bild des Unternehmens in der Öffentlichkeit.

Wenn auch Sie sich in Blogs, Foren oder sozialen Netzwerken über Deutsche Post DHL austauschen, möchten wir Sie bitten, die folgenden Punkte zu beachten:

1. Beachten Sie unsere Unternehmenswerte.
Respekt, Toleranz, Ehrlichkeit und Offenheit sowie Integrität gegenüber Kollegen und Kunden sind in unserem Code of Conduct festgeschrieben – und gelten natürlich auch im Internet.

2. Sprechen Sie nur für sich selbst.
Offizielle Statements, Erklärungen und Publikationen von Deutsche Post DHL werden auch im Internet nur von autorisierten Mitarbeitern veröffentlicht.

3. Seien Sie authentisch und transparent.
Wenn Sie sich zu Deutsche Post DHL äußern, dann sagen Sie offen, dass Sie für unser Unternehmen tätig sind. Schreiben Sie jedoch immer in der Ich-Form und machen Sie so deutlich, dass es sich um Ihre private Meinung handelt und nicht um die des Unternehmens.

4. Behalten Sie vertrauliche Informationen für sich.
Besonders wichtig: Internes bleibt intern. Behandeln Sie alle geheimhaltungsbedürftigen Informationen und Betriebsgeheimnisse unseres Unternehmens, unserer Partner und Lieferanten streng vertraulich.

---

27 Die zahlreichen Publikationen im Internet weisen dies aus.

28 Vgl. bei Borsutzky, NZA 2013, S. 647

29 Vgl. bei Günther, ArbR Aktuell, 2013, S. 223

5. Schützen Sie Ihre Privatsphäre und auch die Ihrer Kinder.

Was Sie veröffentlichen, ist häufig für alle sichtbar. Auch wenn Sie Inhalte korrigieren oder löschen, alles hinterlässt Spuren im Internet. Achten Sie also sehr genau darauf, was Sie preisgeben.

6. Handeln Sie verantwortlich.

Für das, was Sie veröffentlichen, tragen Sie die Verantwortung. Sollten Sie in Einzelfällen nicht sicher sein, stellen Sie sich die Frage, ob Sie die Inhalte Ihrem Arbeitskollegen, Vorgesetzten oder Geschäftspartner auch direkt mitteilen würden.

7. Halten Sie sich an geltendes Recht.

Bestehende Gesetze gelten natürlich auch im Internet. Vor allem auf die Einhaltung von Copyright wird streng geachtet. Veröffentlichen Sie deshalb nur Inhalte, Bilder und Videos, die von Ihnen stammen, und respektieren Sie die Rechte anderer Nutzer.

8. Behandeln Sie andere mit Respekt.

Achten Sie darauf, wie Sie etwas formulieren. Handeln Sie respektvoll, bleiben Sie höflich und sachlich. Vorsicht mit Humor, Ironie und Sarkasmus – ohne Mimik und Gestik sind diese oft schwer zu verstehen.

9. Unterstützen Sie uns.

Wenn Sie im Internet auf Lob, Kritik oder Humorvolles stoßen und dies mit uns teilen oder diskutieren wollen, können Sie uns hier erreichen:

socialmedia@dhl.com oder socialmedia@deutschepost.de

10. Nutzen Sie interne Plattformen.

Social-Media-Aktivitäten werden in zunehmendem Umfang auch im Corporate Intranet ermöglicht. Benutzen Sie für alle internen Zwecke, wie z.B. Diskussionen mit Kollegen, die zur Verfügung stehenden internen Plattformen.

Unter socialmedia@dhl.com oder socialmedia@deutschepost.de haben wir immer ein offenes Ohr für Ihre Fragen, z. B. wenn Sie bei der Umsetzung der oben genannten Punkte Hilfe benötigen.

Mehr Informationen zu Social Media sowie detaillierte Erläuterungen zu diesen Guidelines finden Sie im Corporate Intranet unter: http://quicklink.intra.dpwn.net/socialmedia.

24   Eine gezielte Kontrolle des Publikationsverhaltens des Mitarbeiters ist nach § 28 Abs. 1 Nr. 3 BDSG möglich, soweit auf allgemein zugängliche Daten zugegriffen wird.[30] Eine ständige Kontrolle des Internets auf negative Inhalte (webwatch) wird wohl mehr und mehr die Regel sein.[31] Unternehmen haben ein Interesse daran, zu erfahren, wie im Internet über sie berichtet wird. Hierzu bedienen sie sich zunehmend des Services des **sog. Social-Media-Monitorings**.[32] Rechtsgrundlage kann § 30a Abs. 1 Nr. 2

---

30   Vgl. nachstehend Rdn. 741 ff.

31   Ein Beispiel bildet die gezielte Überwachung der Publikationen von Fußballprofis durch ihre Arbeitgeber; vgl. Focus Nr. 34/2013: »Spitzeleien bei den Spitzenkickern«.

32   Vgl. Schreiber, PinG 2014, S. 34; Venzke-Carparese, DuD 2013, S. 754

BDSG sein, wenn es im Ergebnis um anonyme Daten geht. Ansonsten greift bei eigenen Recherchen § 28 Abs. 1 S. 1 Nr. 3 BDSG.[33]

Jedoch können auch die Mitarbeiter im Rahmen der Zumutbarkeit angehal-   **25**
ten werden, ihnen zur Kenntnis gelangte schädliche und insbesondere das Unternehmen diffamierende Äußerungen an das Unternehmen weiterzuleiten (§ 241 Abs. 2 BDSG).[34]

Letztlich stellt sich die Frage der **Mitbestimmung**[35] bei dem Erlass von   **26**
Social Media Guidelines. Bei Erlass der Regelung bewegt sich der Arbeitgeber im Rahmen seines **Direktionsrechts**, wobei er sich auf die Regelungen betriebsbezogenen Verhaltens beschränken und der Meinungsfreiheit Rechnung tragen muss. Mitbestimmungsrechte des Betriebsrats können sich aus § 87 Abs. 1 Nr. 1 BetrVG **(Ordnung des Betriebes)** und § 87 Abs. 1 Nr. 6 BetrVG **(technische Überwachung)** ergeben. Mitbestimmung besteht nach § 87 Abs. 1 Nr. 1 BetrVG nicht, wenn nur gesetzlich bestehende Pflichten des Arbeitnehmers wiederholt oder konkretisiert werden. Ferner sind Verhaltensregelungen mitbestimmungsfrei, wenn sie das Arbeitsverhalten betreffen, d. h. die Arbeitspflicht konkretisieren.[36] Wenn die Richtlinie auch Ordnungsverhaltensregelungen enthält, besteht – jedoch nur insoweit – die Mitbestimmung.[37] § 87 Abs. 1 Nr. 6 BetrVG greift jedenfalls dann, wenn der Arbeitgeber die Überwachungsmöglichkeiten, die das Internet bietet, einsetzt.[38] Dies gilt speziell, wenn unter dem derzeit »modi-

---

33   Zu Identifizierung und Profiling von Einflussnehmern und Meinungsführern vgl. Venzke-Carparese, DuD 2013, S. 775

34   Lützeler/Bissels, ArbR Aktuell 2013, S. 642; 747 ff.; 1633; zum Whistleblowing allgemein Gola/Wronka, Handbuch Arbeitnehmerdatenschutz, Rdn. 668

35   Forst, RDV 2012, S. 251 empfiehlt, unabhängig von der Mitbestimmung das Thema normativ in einer Betriebsvereinbarung zu regeln.

36   Vgl. BAG, RDV 2009, S. 25 = DB 2008, S. 2485 zur Mitbestimmung bei Erlass von sog. Ethikrichtlinien:
»1) Der Betriebsrat hat nach § 87 Abs. 1 Nr. 1 BetrVG mitzubestimmen, wenn der Arbeitgeber in einem Verhaltenskodex das Verhalten der Arbeitnehmer und die betriebliche Ordnung regeln will. Das Mitbestimmungsrecht an einzelnen Regelungen begründet nicht notwendig ein Mitbestimmungsrecht am Gesamtwerk.
2) Die Regelungen müssen nicht zwingend sein; es genügt, wenn das Verhalten der Arbeitnehmer gesteuert oder die Ordnung im Betrieb gewährleistet werden soll. Regelungen, die allein die geschuldete Arbeitsleistung konkretisieren oder eine Unternehmensphilosophie kundtun, unterliegen nicht der Mitbestimmung.
3) Die Mitbestimmung entfällt, wenn der Gegenstand bereits gesetzlich geregelt ist.«

37   Mitbestimmung bejahend Frings/Wahlers, BB 2011, S. 3126; Oberwetter, NJW 2011, S. 417; Günther, ArbR Aktuell 2013, S. 223

38   Vgl. Forst, ZD 2012, S. 247

schen« Begriff der »Big Data« neue Erkenntnisse über Bewerber und Mitarbeiter gewonnen werden sollen.

1.5 Big Data für das Personalmanagement

1.5.1 Neue Erkenntnisquellen

27 Unabhängig von der im Detail unterschiedlichen Definition des Begriffs in der Fachwelt werden seit längerem **Business-Intelligence-Systeme**[39] diskutiert und praktiziert. Durch Verfahren und Prozesse zur systematischen Analyse von – in der Regel im Unternehmen – vorhandenen Daten sollen neue Erkenntnisse zur Verwirklichung der Unternehmensziele gewonnen werden. Ziel ist es, Geschäftsabläufe sowie Kunden- und Lieferantenbeziehungen profitabler zu machen, d. h. Kosten zu senken, Risiken zu minimieren und die Wertschöpfung zu vergrößern.[40]

> *Business Intelligence bezeichnet ein integriertes Gesamtkonzept, das unterschiedliche Technologien und Konzepte zusammenfasst, die der Sammlung und Aufbereitung unternehmensinterner und -externer Daten dienen und diese in Form von geschäftsrelevanten Informationen transparent und verständlich zur Analyse und Entscheidungsunterstützung bereitstellen.[41]*

28 Unter dieser Vorgabe kann Business Intelligence auch dem Personalmanagement aus der ständig zunehmenden Masse an Beschäftigtendaten Informationen über den »human capital value« des Unternehmens bereitstellen und speziell im Bereich des **Human Resource Controlling** die Planung, Bewertung und Steuerung sowohl der Mitarbeiter als auch der Personalarbeit an sich optimieren.[42] Ausgerichtet ist diese Transparenzfunktion häufig auf das frühzeitige Erkennen von zukünftigen personalwirtschaftlichen Entwicklungen. An der Gewinnung derartiger Erkenntnis besteht offen-

---

39 Grothe/Gentsch, Business Intelligence – Aus Informationen Wettbewerbsvorteile gewinnen.

40 Vgl. Wikipedia zu »Business Intelligence«

41 Entnommen bei Hilbert/Müller, Business Intelligence bei Entscheidungen im Human Resource Management, S. 69

42 Wickel-Kirsch, Haufe Online; www.haufe.de/human-resource-controlling

sichtlich Bedarf, da in den Unternehmen Erkenntnisse darüber, wie sich das Potenzial der Belegschaft auf den Geschäftserfolg auswirkt, zumeist nicht vorliegen. Personalentscheidungen mangelt es u. U. daran, dass sie nicht auf der Grundlage objektiver Daten zu Kompetenzen und Kenntnissen der Mitarbeiter beruhen.

Eine weitgehend deckungsgleiche Thematik beschreibt der neue, von der **29** Fachwelt inzwischen akzeptierte Begriff der »**Big Data**«[43]. Ausgangspunkt sind die durch das Internet und die immer stärker werdende Nutzung der Informationstechnik ständig zunehmenden Dimensionen von Datenbeständen und das Bestreben, Technologien zu entwickeln, um die weitgehend unstrukturierten Datenbestände durchsuchen, analysieren und visualisieren zu können. Als neue, attraktivste Datenquelle sind inzwischen **soziale Netzwerke** zu verzeichnen, deren Geschäftsbasis auf der Vermarktung der Daten ihrer Nutzer aufbaut.

Der BITKOM-Arbeitskreis Big Data formuliert dahingehend[44]: »*Big Data bezeichnet die wirtschaftliche sinnvolle Gewinnung und Nutzung entscheidungsrelevanter Erkenntnisse aus qualitativ vielfältigen und unterschiedlich strukturierten Informationen, die einem schnellen Wandel unterliegen und in bisher unbekanntem Umfang anfallen. Big Data stellt Konzepte, Methoden, Technologien, IT-Architekturen sowie Tools zur Verfügung, um die geradezu exponenziell steigenden Volumina vielfältiger Informationen in besser fundierte und zeitnahe Managemententscheidungen umzusetzen und so die Innovations- und Wettbewerbsfähigkeit von Unternehmen zu verbessern.*«

Nicht die Menge der Daten, sondern die neuen Möglichkeiten ihrer Nutzung **30** sind das maßgebende Kriterium. Dabei geht es um die Entwicklung von **Algorhithmen**, d. h. Verfahrensweisen zum Erkennen und Lösen von ggf. sich erst abzeichnenden Problemen. Damit ist nach wie vor auch im aktuellen »Big Data«-Umfeld der das Auswerten großer Datenmengen bezeich-

---

43 Weichert, ZD 2013, S. 251
44 www.bitkom.org/de/wir_uns/70822.aspx

nende Begriff des **Data Mining** problembeschreibend,[45] dessen Spielart des Text Mining sog. unstrukturierte Daten auswertbar macht.

> *Als Data Mining bezeichnet man Verfahren zur Analyse großer Datenbestände, die aus der unübersehbaren Fülle von Details bisher unbekannte Strukturen und Zusammenhänge herausfiltern und diese Informationen so aufbereiten und bewerten, dass sie eine verbindliche Entscheidungshilfe darstellen.[46]*

31   Viele der auszuwertenden Daten sind personenbezogen und können in ein individuelles Scoring, Tracking oder Profiling einfließen. Durch Tracking werden unter Auswertung von Mobilfunkdaten oder per GPS Bewegungsdaten einer Person, d. h. ihre jeweiligen Aufenthaltsorte verfolgt. Das mit dem Begriff des Targeting beschriebene Nachverfolgen von Bewegungen im Internet macht nicht nur das Konsumverhalten berechenbar. Auch Erkenntnisse über den **Bildungsstand**, politische Einstellung etc. sind ablesbar. Unter Heranziehung von sich vergleichbar verhaltenden Personen können »vermutete« Eigenschaften zugeschrieben werden (z. B. ermittelt die sog. Warenkorbanalyse, welche Käufer eines bestimmten Produkts sich auch für weitere Produkte interessierten bzw. diese kauften).[47] **Fraud-Analysen** zur Aufdeckung von Insidergeschäften werden in Echtzeit ermöglicht.[48] Das kann den per Kreditkarte zahlenden Kunden betreffen, dessen Verhalten nach erkanntem Betrugsmuster abgeglichen wird, oder den Mitarbeiter an der Kasse hinsichtlich auf einschlägigen Erkenntnissen basierenden **Kassenprüfungssystemen**.[49]

32   Beim **Scoring**[50] erfolgt eine zahlen- bzw. rangmäßige Bewertung eines potenziellen Verhaltens einer Person unter Auswertung möglichst vieler für

---

45   Grund, Wertvolles Wissen entdecken und Risiken vermeiden – Data Mining in der Praxis, in: Deggendorfer Forum zur digitalen Datenanalyse e.V. (Hrsg.), Big Data – Systeme und Prüfung, 2013

46   Definition entnommen bei Grund, Fußnote 43, S. 32

47   Kunden, die Babywindeln kaufen, kaufen häufig (doppelt so oft wie Käufer anderer Produkte) Bier, vor allem am Samstag; vgl. bei Grund, Fußnote 43, S. 34

48   Derksen, Fraud-Analysen von Massedaten in Echtzeit, in Big Data, S. 45

49   Vgl. hierzu nachstehend Rdn. 196

50   Vgl. dazu nachfolgend Rdn. 35 ff.

die Eigenschaft relevanter Merkmale, wobei die Gewichtung dieser Merkmale aus Vergleichsfällen gewonnen werden kann.

Auf zwei Wegen kann Big Data z. B. für das Recruiting nutzbar gemacht **33** werden, indem der Arbeitgeber sich einerseits per **Employer Branding** selbst bei Jobsuchern »bewirbt« und mit Hilfe von Daten über das Verhalten der Nutzer Veröffentlichungsstrategien entwickelt. Andererseits kann auch die Bewerberauswahl auf der Basis einer Datenanalyse erfolgend, die unter der anonymen Auswertung von Personalakten ähnlicher Arbeitnehmer erfolgt.

Möglich ist es z. B. auch, den eventuellen Karriereverlauf eines Mitarbeiters **34** im Unternehmen, so z. B. wann er den Arbeitsplatz wahrscheinlich wieder wechseln wird, anhand vergleichender Daten vorausschauend zu ermitteln, um Maßnahmen zur Bindung des Mitarbeiters an das Unternehmen zu ergreifen. Andererseits kann der »geschätzte« Abwanderungswille dazu führen, dass die Karriere im Unternehmen nicht weiter gefördert wird bzw. einen negativen Verlauf nimmt.

1.5.2 Scoring

Ob ein auf Verhaltensdaten früherer Mitarbeiter basierendes »Hochrech- **35** nen« einer Fluktuationsabsicht zulässig ist, richtet sich nach § 28b BDSG i. V. m. § 32 Abs. 1 S. 1 BDSG. § 28b BDSG regelt die Zulässigkeit der Ermittlung des Verhaltens eines Menschen aufgrund der Analyse des eigenen und des Verhaltens vergleichbarer Menschen. Es geht darum, als Hilfe für eine (vor- oder nach-)vertragliche Entscheidung aus Wissen aus der Vergangenheit einen Wahrscheinlichkeitswert für ein zukünftiges Verhalten zu prognostizieren. Das BDSG erlaubt, dass das Ergebnis eines Punktebewertungssystems, mit dem potenzielle verhaltensbezogene Merkmale einer Person durch entsprechende Punktzahlen ausgedrückt werden, als unterstützende Entscheidungsgrundlage bei der Bewertung der Eignung bzw. des Verhaltens einer Person herangezogen wird. Im Personalwesen finden Scoringverfahren u. a. bei der Bewerberauswahl oder bei Laufbahnprognosen Anwendung.[51]

---

51   Vgl. bei Jentzsch, HR Performance 6/2013, S. 60

36 Bei der Durchführung des Scoringverfahrens handelt es sich um die Nutzung bereits gespeicherter Daten. Diese setzt zunächst die Zulässigkeit der Speicherung der genutzten Daten (§§ 28, 29, 32 BDSG) voraus. Für die Zulässigkeit der Nutzung verweist § 28b Nr. 2 BDSG auf § 28 BDSG. Konkret setzt – sofern keine Anonymisierung erfolgt – diese zweckändernde Nutzung eine Interessenabwägung (§ 28 Abs. 2 Nr. 1 i. V. m. § 28 Abs. 1 S. 1 Nr. 2 BDSG) voraus. Der Berücksichtigung von besonderen Arten personenbezogener Daten für Zwecke des Scorings ist nach § 28 Abs. 8 i. V. m. Abs. 6 Nr. 3 BDSG nur zulässig zur Ausübung oder Verteidigung rechtlicher Ansprüche, was nur in Einzelfällen zutreffen kann. Zudem und gewichtiger ist das **Diskriminierungsverbot** des AGG zu beachten, d. h. Gründe, die es ausnahmsweise nach § 8 AGG gerechtfertigt erscheinen lassen könnten, z. B. Rasse, ethnische Herkunft, Religion oder sexuelle Identität in den Scoringprozess einzubeziehen, werden regelmäßig nicht vorliegen.[52]

37 Fraglich ist, ob daraus, dass der Wortlaut des § 28 Nr. 2 BDSG für die Nutzung im Scoringverfahren nur die §§ 29 bzw. 28 BDSG als Erlaubnisnormen benennt, gefolgert werden muss, dass § 28b BDSG bei der Eingehung, Durchführung oder Beendigung eines Arbeitsvertrages keine Anwendung fände[53] und Scoringverfahren für Arbeitgeber »gesperrt« seien.[54] Die Begründung, dass mit der Einfügung des § 32 BDSG die Anwendung des § 28 BDSG im Arbeitsverhältnis »generell ausgeschaltet« werden sollte, ist jedenfalls nicht Faktum geworden.[55] Die Nichterwähnung des § 32 BDSG ist wohl eher als **Redaktionsversehen** einzustufen, so wie es auch an anderer Stelle erfolgte.[56] Zudem wären, worauf von Lewinski[57] hinweist, wenn man § 32 BDSG als abschließende Kodifikation versteht, für das im Beschäftigungsverhältnis nicht geregelte und damit auch nicht untersagte Scoring die allgemeinen arbeitsrechtlichen Regelungen anzuwenden. Konkret ist so oder so zu prüfen, ob die Nutzung der »Scoringdaten« z. B. für die

---

52 Vgl. Ulmer, RDV 2013, S. 227

53 So aber Lewinski in Wolff/Brink, Datenschutzrecht, BDSG, § 28b Rdn. 16; Bergmann/Möhle/Herb, BDSG, § 28 Rdn. 37; Weichert mit bloßem Hinweis auf die Nichterwähnung des § 32 BDSG in D/K/W/W, BDSG, § 28b Rdn. 3; a. A. Gola/Schomerus, BDSG, Rdn. 1 und 7; Kamlah in Plath (Hrsg.), BDSG, § 28b Rdn. 9, 14

54 Dazu ausführlich Ehmann in Simitis (Hrsg.), BDSG 7. Aufl. 2011, § 28b Rdn. 2–8

55 Vgl. nur zur Anwendung des § 28b Abs. 6 Nr. 3 BDSG bei »besonderen Arten« von Beschäftigten betreffende Daten, BAG, RDV 2012, S. 192; ferner insgesamt zum Nebeneinander der Normen: nachstehend Rdn. 385

56 Gola/Schomerus, BDSG, § 28b Rdn. 7

57 In Wolff/Brink, Datenschutzrecht, BDSG, § 28b Rdn. 17

Entscheidung im Rahmen der Durchführung des Beschäftigungsverhältnisses erforderlich ist, wozu eine das Verhältnismäßigkeitsprinzip beachtende Interessenabwägung zu erfolgen hat.

Potenzialanalysen können, müssen aber nicht zwingend ein konkretes zukünftiges Verhalten betreffen. Wird auf der Basis eines Scorewerts eine dahingehende Wahrscheinlichkeit bestimmt, dass ein potenzieller Arbeitnehmer das Arbeitsverhältnis alsbald wieder auflösen[58] oder sich vertragswidrig verhalten würde, z. B. durch Diebstahl oder Untreue, so ist § 28b BDSG zu beachten. Die Erkenntnis muss zum Zwecke einer das Vertragsverhältnis betreffenden Entscheidung ergehen. § 28b BDSG stellt jedoch nicht darauf ab, ob die Entscheidung den Betroffenen belastet. Nachteile für den Betroffenen sind z. B. nicht zu befürchten, wenn ein Unternehmen mittels eines Scoringverfahrens die Kündigungswahrscheinlichkeit in Bezug auf einen bestimmten Mitarbeiter ermittelt und ihm daraufhin eine Vertragsänderung zu besseren Konditionen anbietet. Die Entscheidung, einen neuen Vertrag anzubieten, zielt auf eine Rechtsfolge ab, womit der Anwendungsbereich des § 28b BDSG eröffnet ist.[59] Auch wenn der Betroffene – z. B. im Gegensatz zu einer Kündigung – das Angebot noch annehmen muss, ist auf einer Seite eine bindende Entscheidung über den Abschluss eines Änderungsvertrages gefallen. **38**

Die zur Berechnung des Scorewerts genutzten Daten müssen auf einem wissenschaftlich anerkannten mathematisch-statistischen Verfahren beruhen. Es genügt, wenn entsprechend qualifiziertes Fachpersonal mit der Entwicklung der Formeln beschäftigt wird. Die Entwicklung sachgerechter Formeln liegt im Übrigen im Eigeninteresse der Unternehmen, die auf sinnvolle Scoringergebnisse angewiesen sind. Der betriebliche Datenschutzbeauftragte ist in das Verfahren mit einzubeziehen und hat eine Vorabkontrolle nach § 4d Abs. 5 BDSG durchzuführen. Er sollte sich die Wissenschaftlichkeit der mathematisch-statistischen Verfahren vom Fach- **39**

---

58 Vgl. www.heise.de/newsticker/meldung/Big-Data-erobert-die-Personalabteilung; Bericht zur Praxis der Bewerberauswahl bei Xerox: Danach soll es nicht positiv für die Einstellung in einem Call-Center sein, wenn der Bewerber zuvor schon mal in der Branche tätig war. Die Teilnahme an einem sozialen Netzwerk gilt als positiv, negativ ist die Beteiligung an mehreren. Eine kurze Anfahrt zur Arbeit spricht dafür, dass der Bewerber wenigstens so lange bleibt, bis die Trainingskosten wieder reingeholt sind.

59 A. A. Kamlah in Plath (Hrsg.), BDSG, § 28b Rdn. 9 mit dem Hinweis, dass die Entscheidung über die Vertragsänderung nicht beim Scoreanwender, sondern beim Betroffenen liege.

personal bestätigen lassen und für die notwendige Dokumentation sorgen. Die vorgegebene Dokumentationspflicht trägt auch zur Nachprüfbarkeit durch die Datenschutzaufsichtsbehörde bei und ist dem Betriebsrat bei Einholung der Zustimmung vorzulegen.

1.5.3 Anonyme Daten

40 Nicht in den Schutz des BDSG fallen Angaben, die nicht (mehr) auf eine bestimmte Person beziehbar sind. Derartige **anonyme Datenbestände** können bestehen, weil die Daten bereits ohne Personenbezug erhoben wurden, wie es ggf. bei einer anonymen Mitarbeiterbefragung[60] der Fall sein kann. Daten können aber auch nachträglich anonymisiert werden. Insoweit definiert § 3 Abs. 6 BDSG das **Anonymisieren** von Daten als das Verändern personenbezogener Daten, wobei es sich aber nicht um das Verändern im Sinne des § 3 Abs. 4 Nr. 2 BDSG handelt.[61] Die Anonymisierung kann nämlich derart erfolgen, dass die Daten, die zur Bestimmung des Betroffenen führen, gelöscht werden. Es entsteht ein neuer Datenbestand nicht personenbeziehbarer Daten. Sie kann aber auch so erfolgen, dass ein fortbestehender personenbezogener Datenbestand genutzt wird, indem bestimmte Daten in einem anonymisierten Datenbestand gespiegelt werden, z. B. um diesen an einen Empfänger ohne Verstoß gegen das BDSG weitergeben zu können. Eindeutig muss dabei sein, dass bei dem Empfänger keine Möglichkeit der Reidentifizierung besteht.

41 Eine valide Art der Anonymisierung kann in der **Aggregierung** von Daten liegen, d. h. in der Zusammenführung von Einzeldatensätzen zu Gruppendatensätzen. Dabei ist aber darauf zu achten, dass die Merkmalsdaten so abstrakt bleiben, dass nicht auf Grund einzelner Merkmale noch Einzelnennungen erfolgen können. Solche Möglichkeiten der Einzelerkennungen können auch dadurch entstehen, dass verschiedene Gruppendatensätze zusammengeführt werden. Zu beachten ist schließlich, dass Analysen und Algorithmen auf der Auswertung von Charakteristika der anonymisierten Personen beruhen und die Anonymität dadurch aufgehoben werden kann, dass die die Basis der Auswertung bildenden Charakteristika eine Person so

---

60   Gola, ZD 2013, S. 379

61   Gola/Schomerus, BDSG, § 3 Rdn. 31; vgl. zu möglichen »Veränderungsweisen« bei Wojtowicz, PinG 2013, S. 65

deutlich in ihrem **Persönlichkeitsprofil** beschreiben, dass der Personenbezug herstellbar ist.

Aufzuzeigen ist, ob diese der Anonymisierung dienenden Tatbestände des Nutzens, des Veränderns oder Löschens von Daten dem Verbot mit Erlaubnisvorbehalt des § 4 Abs. 1 BDSG unterliegen. In allen Fällen führt das Ergebnis der Verarbeitung bzw. Nutzung dazu, dass die Beeinträchtigungen, vor denen das BDSG schützen soll (§ 1 Abs. 1 BDSG), nicht mehr eintreten können. Ergebnis ist daher, dass eine Nutzung oder ein Verändern[62] personenbezogener Daten nur vorliegt, wenn sich die Verwendung auch auf den **Personenbezug** erstreckt.[63] Eine automatisierte Auswertung ohne personenbezogenes Ergebnis unterliegt nicht dem BDSG,[64] vorausgesetzt, dass die personenbezogenen Zwischendateien alsbald gelöscht werden.[65] Gleiches gilt für das Verändern, wobei eine Löschung des Personenbezugs nach § 35 Abs. 2 S. 1 BDSG jederzeit möglich ist, sofern nicht Aufbewahrungsvorschriften oder entgegenstehende schutzwürdige Interessen des Betroffenen verletzt werden.

Zu beachten ist jedoch, dass der Begriff einer Anonymisierung in der Literatur unterschiedlich definiert wird. Die erste Alternative fordert die »absolute« Anonymität, bei der eine Reanonymisierung unmöglich ist. Personenbeziehbarkeit besteht danach bereits, wenn das für die Herstellung des Personenbezugs erforderliche **Zusatzwissen** theoretisch-abstrakt vorhanden ist. Auf die Zugänglichkeit für die verantwortliche Stelle soll es nicht ankommen.[66]

Jedoch ist Fakt, dass eine absolute Anonymisierung angesichts der Möglichkeiten der ADV nur in den seltensten Fällen möglich ist. Dem folgt auch der Gesetzgeber, indem er es für das Erreichen der Anonymität genügen lässt, dass die Reanonymisierung einen unverhältnismäßig großen Aufwand an Zeit, Kosten und Arbeitskraft erfordern würde.[67] Maßgebend ist die Verfügbarkeit des zur Reanonymisierung erforderlichen Wissens. »Ver-

42

43

44

---

62 Weichert in: D/K/W/W, BDSG, § 3 Rdn. 46
63 Dammann in Simitis (Hrsg.), BDSG, § 3 Rdn. 191
64 So unter Hinweis darauf, dass Anonymisierung das erklärte Ziel des BDSG (§ 3a) ist: Ulmer, RDV 2013, S. 227; Weichert, ZD 2013, S. 257
65 Dammann in Simitis (Hrsg.), BDSG, § 3 Rdn. 195
66 Weichert in: D/K/W/W, BDSG, § 3 Rdn. 15; Wojtowicz, PinG 2013, S. 66
67 Bei der Pseudonymisierung von Daten ist diese Rückführung beabsichtigt. Insofern ist eine saubere Trennlinie zwischen Anonymisierung und Pseudonymisierung nicht ziehbar; vgl. Bucher in Taeger/Gabel, BDSG, § 3 Rdn. 47

fügbarkeit« heißt aber zum einen nicht, dass die Zusatzinformation schon oder noch bei der verantwortlichen Stelle vorhanden ist, und zum anderen nicht, dass eine Absicht der Reanonymisierung bestehen muss. Dieser Ausschluss einer personellen Zuordnung ist umso weniger möglich, je mehr qualifizierte Daten von möglicherweise unterschiedlichen Quellen zu Auswertungen zusammengeführt werden. Andererseits muss nach der Lebenserfahrung eine derartige Möglichkeit mit gewisser Wahrscheinlichkeit auch erwartet werden können, was eine unter dem Gesichtspunkt der Verhältnismäßigkeit vorzunehmende **Risikoanalyse** voraussetzt.[68] Der Begriff des »unverhältnismäßig« hohen Aufwands macht deutlich, dass es sich immer um eine aus objektiver Sicht zu treffende Einzelfallentscheidung handelt. Insoweit werden auch das mögliche Interesse der speichernden Stelle an einer **Reanonymisierung** einzelner Daten und der damit gewonnenene wirtschaftliche Nutzen, der ggf. auch hohe Kosten gerechtfertigt erscheinen lässt, maßgebend sein. Ist die verantwortliche Stelle in der Lage und bereit, den unverhältnismäßig hohen Aufwand zu betreiben, so sind die Daten nicht anonym.

45 Der Begriff des Personenbezugs ist daher relativ,[69] d.h. dieselben Daten können für den einen anonym und für den anderen der betroffenen Person zuordenbar sein. Werden anonyme Daten an eine Stelle übermittelt, die in der Lage ist, den Personenbezug herzustellen, so ist der Übermittlungstatbestand des BDSG erfüllt. Der Begriff der Anonymität ist somit als Gegenpart zum Personenbezug zu sehen.

46 Nach der aufgezeigten Gegenmeinung[70] soll der Personenbezug jedoch bereits bei der theoretisch abstrakten Möglichkeit, das Datum mit einer natürlichen Person in Verbindung zu bringen, fortbestehen. Auf das Wissen der speichernden Stelle komme es nicht an. Für die Stimmen, die von einem »absoluten« Begriff des Personenbezugs ausgehen, reicht eine »faktische« Anonymisierung nicht aus, so dass sich Anonymität und Personenbezug nicht ausschließen.[71] Diese Auffassung übersieht die vom Gesetzgeber vorgesehene Unterscheidung zwischen anonymen und pseudonymen Da-

---

68 Vgl. Dammann in Simitis (Hrsg.), BDSG, 7. Aufl. 2011, § 3 Rdn. 16
69 Vgl. Louis, Grundzüge des Datenschutzrechts, Rdn. 26
70 Weichert in D/K/W/W, BDSG, § 3 Rdn. 3
71 Vgl. im Detail bei Härting, NJW 2013, S. 2065

ten.[72] Bei einer **Pseudonymisierung** soll im Bedarfsfall der Personenbezug wieder herstellbar sein. So ist es jedenfalls im Normalfall.[73] Dabei ist zu unterscheiden, wer die Pseudonymisierung vornimmt. Wenn der Betroffene die Pseudonyme ausschließlich selbst vergibt, so kann der Personenbezug auch nur von ihm wieder hergestellt werden. Vergibt ein vertrauenswürdiger Dritter die Pseudonyme und verfügt ausschließlich er über die Zuordnungsregel, so ist für andere die Anonymität hergestellt. Nimmt die verantwortliche Stelle die Pseudonymisierung vor, so kann dadurch Zweckmissbrauch vermieden werden; für sie bleibt der Personenbezug bestehen.[74]

Das Pseudonym bewirkt Anonymität gegenüber Dritten, denen die Daten **47** übermittelt werden. Diese jedoch nur, wenn der Dritte keine Möglichkeit hat, durch Zugriff auf die **Referenzdatei** den Personenbezug wieder herzustellen.[75] Insofern obliegt der datenverarbeitenden Stelle bei der Weitergabe »relativ« anonymisierter Daten die Verpflichtung, die Zwecke und Verwendung beim Empfänger und seine Möglichkeiten der Reanonymisierung festzustellen. Liegen Letztgenannte vor, müssen die Voraussetzungen für die Übermittlungstatbestände der §§ 28, 29 BDSG gegeben sein. Wird jedoch ein großer nicht personenbezogener oder ein eine Personengruppe betreffender Datenbestand übermittelt, bei dem der Empfänger ggf. nur einige wenige Betroffene aufgrund eines im Einzelfall eventuell vorhandenen Zusatzwissens möglicherweise identifizieren kann, kann die übermittelnde Stelle noch von hinreichender Anonymisierung ausgehen.[76]

---

72 Vgl. auch Buchner in Taeger/Gabel (Hrsg.), BDSG, § 3 Rdn. 50; Scholz in Simitis (Hrsg.), BDSG, § 3 Rdn. 320a; Plath/Schreiber in Plath (Hrsg.), BDSG, § 3 Rdn. 63

73 Buchner in Taeger/Gabel (Hrsg.), BDSG, § 3 Rdn. 47

74 Scholz in Simitis (Hrsg.), BDSG, § 3 Rdn. 220a ff.; Schild in Wolff/Brink (Hrsg.), Datenschutzrecht, BDSG, § 3 Rdn. 102 ff.

75 Zur »absoluten« Anonymisierung vgl. Plath/Schreiber in Plath (Hrsg.), BDSG, § 3 Rdn. 63; Scholz in Simitis (Hrsg.) BDSG, § 3 Rdn. 220a; Schild in Wolff/Brink (Hrsg.). Datenschutzrecht, BDSG, § 3 Rdn. 106

76 Zur Zulässigkeit dieses Restrisikos vgl. Wojtowicz, PinG 2013, S. 66; vgl. auch Härting, NJW 2013, S. 2065, der wegen der unterschiedlichen Beurteilung der Anonymität von Daten »zur Vorsicht« empfiehlt, die Einwilligung des Betroffenen einzuholen.

48 Angaben über eine bestimmte einzelne Person sind ferner nicht mehr gegeben bei aggregierten Daten sowie bei Sammelangaben über Personengruppen. Werden im Rahmen des strategischen Human Resource Management (HRM) aggregierte Daten zur Ermittlung von Risiken ausgewertet, die das gesamte Unternehmen betreffen, so z. B. über das kumulierte **Abwanderungsrisiko** hochqualifizierter Mitarbeiter, so greift das BDSG nicht.

49 Wenn jedoch eine Einzelperson als Mitglied einer näher beschriebenen **Personengruppe** bekannt ist, so handelt es sich auch um Einzelangaben zu dieser Person, wenn die Daten auf die Einzelperson »durchschlagen«.[77] Dies gilt selbst dann, wenn es sich bei den Angaben zur Beschreibung der Personengruppe um statistische oder auf Durchschnittswerten beruhende Angaben handelt. Maßgebend ist die Zweckbestimmung der erfassten Information, d. h. ob sie auch dazu dienen soll, das einzelne Gruppenmitglied zu bewerten.[78] Unzulässig ist die Erstellung von Gruppen, bei denen die Zuordnung zu einer **Diskriminierung** führt.

1.5.4 Fazit

50 Das HR-Management steht wohl noch am Anfang des Einsatzes von Analyseprogrammen der die Bewerber oder Mitarbeiter betreffenden Datenbestände. Angestrebt wird jedoch, Informationen für die anforderungsgerechte Versorgung der Organisation mit Mitarbeitern zu gewinnen. Bisher ungenutzte und sich stetig vermehrende Mengen komplexer Personalinformationen sollen analysiert und in aussagefähige Talentzahlen umgewandelt werden können, die die fundierte Grundlage für die Beschaffung, den Einsatz und auch die Freisetzung von Mitarbeitern sowie die Aus- und Weiterbildung und Karriereförderung bilden. Soweit sich derartige Vorhaben nicht auf anonymisierte und aggregierte Daten beschränken, stehen sie unter dem Verbot mit Erlaubnisvorbehalt des § 4 Abs. 1 BDSG und sind primär daran zu messen, ob sie zur Begründung, Durchführung oder Beendigung von konkreten Beschäftigungsverhältnissen erforderlich sind (§ 32 Abs. 1 S. 1 BDSG). Bei anderen Zweckbestimmungen kommen § 28 Abs. 1 S. 1 Nr. 2 und Abs. 2 Nr. 1 BDSG als Erlaubnistatbestände in Betracht, die – abgesehen von den vorstehend aufgezeigten grundsätzlichen Bedenken – aufgrund

---

77   Vgl. BAG, RDV 1986, S. 138; 1995, S. 29 = NZA 1995, S. 185
78   Zur Problematik vgl. bei Gola/Wronka, Handbuch Arbeitnehmerdatenschutz, 6. Aufl. 2013, Rdn. 1104 ff.; vgl. ferner OLG Hamburg, NJW 1987, S. 659 zur Löschung zweifelhafter mit dem Vermerk »Identität nicht feststellbar« versehene Angaben

der im Regelfall unzulässigen Zweckänderung der gespeicherten Daten an datenschutzrechtliche Grenzen stoßen werden. Nach alledem wird die Nutzung von Big Data für die Personalplanung weitgehend ohne die Verwendung von personenbezogenen Daten auskommen können und daher nicht im Spannungsfeld mit datenschutzrechtlichen Normen stehen. Die gilt so lange, wie es darum geht, abstrakte Aussagen über den der Zukunftsplanung des Unternehmens entsprechenden quantitativen und qualitativen Personalbedarf und die diesbezüglichen Risikobereiche wie beispielsweise Gesundheits-, Wissens- oder Demografierisiken darzustellen.

1.6 Compliance

1.6.1 Der Begriff

Mit dem Einsatz der neuen Techniken und Arbeitsstrukturen verbunden ist **51** auch das Gebot der »**Compliance**«. Der aus dem Englischen übernommene und ebenfalls seit Ende der 90er Jahre eingebürgerte Begriff ist neu, die damit beschriebene Aufgabe der Unternehmensleitung nicht. Sichergestellt werden muss, dass die Mitarbeiter Gesetz und Recht akzeptieren und befolgen.[79] Er umfasst »die Gesamtheit der Maßnahmen, die das rechtliche Verhalten eines Unternehmens, seiner Organe und Mitarbeiter im Hinblick auf alle gesetzlichen und unternehmenseigenen Gebote und Verbote gewährleisten soll«[80]. Ziel ist es, die Beeinträchtigung des Unternehmens, seiner Organe und seiner Arbeitnehmer zu vermeiden. Compliance begründet also keine besondere Pflicht der Beschäftigten, Gesetze einzuhalten. Vielmehr geht es um die in der Verantwortung der Unternehmensleitung liegende Organisation des Unternehmens. Hierzu pflegen Unternehmen in Compliance- oder Ethikregelungen[81] Mitarbeitern Verhaltenspflichten vorzugeben. Ohne dass eine diesbezügliche gesetzliche Verpflichtung besteht, wird die Zuständigkeit für die Thematik häufig einem »**Compliance-Beauftragten**«[82] übertragen. Letztlich geht es um die präventive und auch repres-

---

79 Vgl. auch die Beiträge in Kortmann/Ronellenfitsch (Hrsg.), Compliance – Eine besondere Form der Rechtstreue, Forum Datenschutz, Bd. 2

80 Thüsing, Compliance, Rdn. 9 mit weiteren Nachweisen der Literatur; Klopp, Der Compliance-Beauftragte, S. 21 ff.

81 Zur Mitbestimmung des Betriebsrats siehe BAG, RDV 2009, S. 25

82 Klopp, Der Compliance-Beauftragte, S. 317 ff.; Barton, RDV 2010, S. 19; Heidmann, DB 2010, S. 1235; Kamp/Körffer, RDV 2010, S. 72

sive Überwachung der Beschäftigten. Hierzu zählen **Fraud-Detection-Programme**[83], Videoüberwachung ebenso wie das **Screening** von Mitarbeiterdaten[84] oder eine Regelung zum internen **Whistleblowing.**[85] Dabei ist bei richtigem Verständnis des Begriffs zu beachten, dass Datenschutz nicht Gegenpart, sondern Inhalt der Compliance ist.

1.6.2 Die gesetzliche Verpflichtung

52   Dem Arbeitgeber sind derartige Kontrollmaßnahmen, wenn auch ohne Detaillierung im Einzelnen, ggf. gesetzlich vorgegeben (§§ 93 Abs. 1 S. 1, 91 Abs. 2 AktG[86]; § 43 Abs. 3 GmbHG, § 317 Abs. 4 HGB). Als bereichsspezifische Vorschriften zu nennen sind § 33 Abs. 1 WpHG, § 25a KWG sowie § 64a VAG und § 9 GeldWG.[87] Als generelle Norm ist § 130 OWiG von Gewicht. Verletzt der Unternehmer schuldhaft seine Pflicht zur Verhinderung von gegen den Betrieb gerichteten Straftaten oder Ordnungswidrigkeiten, handelt er selbst ebenfalls ordnungswidrig, wenn die Zuwiderhandlung bei gehöriger Aufsicht verhindert oder wesentlich erschwert worden wäre.

53   Ob und in welchem Umfang der Arbeitgeber zur Einhaltung der Compliance die Erhebung und Verarbeitung von Beschäftigtendaten vornehmen darf, richtet sich, sofern die oben aufgezeigten Normen nicht konkrete Erlaubnisse oder Gebote enthalten, nach § 32 Abs. 1 BDSG. Dabei ist davon auszugehen, dass diesbezügliche Verarbeitungen im Rahmen der Durchführung des Beschäftigungsverhältnisses anfallen. Die datenschutzrechtliche Grenze derartiger »Compliance«-Maßnahmen zeigt der Begriff der Erforderlichkeit, der sich aus einer Abwägung der Kontroll- und Aufklärungsinteressen des Unternehmens im Rahmen des Verhältnismäßigkeitsprinzips mit den schutzwürdigen Interessen des Beschäftigten ergibt.

Regelungen in einem Beschäftigtendatenschutzgesetz

54   In der im September 2013 beendeten Legislaturperiode wurde im Bundestag ein Regierungsentwurf eines Gesetzes beraten, mit dem das BDSG um bereichsspezifische Vorschriften zum Beschäftigtendatenschutz ergänzt wer-

---

83   Nachfolgend Rdn. 323

84   Heinson, BB 2010, Rdn. 3046.

85   Vgl. bei Gola/Wronka, Handbuch Arbeitnehmerdatenschutz, Rdn. 747 ff.

86   Hierzu bei Thüsing, Compliance, Rdn. 12 ff.; Bock, ZIS 2009, S. 68.

87   Nach BGH, NJW 2009, S. 3373 besteht für derartige Beauftragte eine Garantenstellung nach § 13 StGB; hierzu Barton, RDV 2010, S. 19; Stoffers, BB 2009. S. 2263

den sollte.[88] Die CDU/FDP-Regierungskoalition hat die Beratungen mangels Uneinigkeit nicht zum Abschluss gebracht. Die Koalitionsvereinbarung der derzeitigen Koalitionsparteien hält grundsätzlich an dem Vorhaben fest und lautet dazu wie folgt: *»Die Verhandlungen zur Europäischen Datenschutzgrundverordnung verfolgen wir mit dem Ziel, unser nationales Datenschutzniveau – auch bei grenzüberschreitender Datenverarbeitung – zu erhalten und über das Europäische Niveau hinausgehende Standards zu ermöglichen. Sollte mit dem Abschluss der Verhandlungen über die Europäische Datenschutzgrundverordnung nicht in angemessener Zeit gerechnet werden können, wollen wir hiernach eine nationale Regelung zum Beschäftigtendatenschutz schaffen.«* Die speziellen **Beschäftigtendatenschutznormen** sollten/werden eine Reihe von Tatbeständen enthalten, die zu den oben genannten Compliance-Maßnahmen spezielle Zulässigkeitsregeln aufstellen.[89] Hierzu gehören insbesondere die – nachfolgend noch darzustellenden – Regelungen des Screenings[90] in § 32d Abs. 3 BDSG-E, zur Videoüberwachung[91] in §§ 32e und 32f BDSG-E, für Ortungssysteme in § 32g BDSG-E und zur Kontrolle der Nutzung von Telekommunikationsdiensten in § 32h BDSG-E.

2 Pflicht zur Bereitstellung von IuK-Medien

2.1 Allgemeines

Grundsätzlich ist es die freie unternehmerische Entscheidung des Arbeitgebers, welche Hilfsmittel er den Arbeitnehmern zur Erledigung der Arbeit zur Verfügung stellt.[92] Eine bestimmte **Ausstattungspflicht** kann sich jedoch unmittelbar – z. B. aufgrund einer vereinbarten Bereitstellung eines Dienstwagens, eines Mobiltelefons – oder auch mittelbar aus dem Arbeitsvertrag ergeben. Aus der arbeitsvertraglichen Beziehung ergibt sich für den

55

---

88 Zugrunde gelegt ist das am 25.2.2011 in die parlamentarische Beratung eingebrachte Gesetz, BT-Drs. 17/4230.

89 Vgl. Bierekoven, 2010, S. 203; Kort, DB 2011, S. 651

90 Heinson, BB 2010, S. 3084

91 Seifert, DuD 2011, S. 98; Vietmeyer/Byers, DB 2010, S. 1462

92 Altenburg/v. Reitersdorff/Leister, MMR 2005, S. 135; Beckschulze, DB 2003, S. 2777; Nägele/Meyer, K&R 2004, S. 312

Arbeitnehmer nicht nur eine Arbeitspflicht, sondern auch ein Recht auf Arbeit, d. h. ein Anspruch, gemäß der vereinbarten Tätigkeit beschäftigt zu werden.[93] Kann die Beschäftigung in zumutbarer Weise nur unter Einsatz bestimmter Hilfsmittel durchgeführt werden, so gehört auch die Bereitstellung der **erforderlichen Infrastruktur** zu der vertraglichen Verpflichtung des Arbeitgebers. Kommt er dieser Verpflichtung nicht nach, gerät er in **Annahmeverzug** (§ 615 BGB), d. h., der Arbeitnehmer kann die Vergütung beanspruchen, die er bei ordnungsgemäßer Ausstattung des Arbeitsplatzes erzielt hätte.

56 Hat der Arbeitgeber dem Mitarbeiter einen PC zur Verfügung gestellt und z. B. an das Intra- und/oder an das Internet angeschlossen, so ist der Mitarbeiter auch gehalten, die Technik, sofern sie ihm bei der Erledigung der geschuldeten Arbeit dienlich ist, zu benutzen. Fälle, in denen der Arbeitgeber insoweit die Grenzen seines **Direktionsrechts** überschreiten wird, sind nur als Ausnahme denkbar.[94]

57 Demgemäß kann der Arbeitgeber nach Auffassung des BAG[95] von dem Arbeitnehmer in Ausübung seines Weisungsrechts nach § 106 GewO die Beantragung einer qualifizierten Signatur oder die Nutzung einer **elektronischen Signaturkarte** fordern, wenn dies für die Erbringung der Arbeitsleistung erforderlich und dem Arbeitnehmer zumutbar ist. Den mit der durch die im Rahmen der Beantragung der Karte erforderlichen Übermittlung seiner Personalausweisdaten an den Zertifizierungsdienstleister verbundenen Eingriff in das informationelle Selbstbestimmungsrecht müsse der Mitarbeiter hinnehmen.

58 Können die Techniken erst aufgrund entsprechender Schulung bedient werden und bietet der Arbeitgeber diese – unter Berücksichtigung auch der individuellen Fähigkeiten des einzelnen Beschäftigten – nicht an, verletzt er seine **Fürsorgepflicht.** Der Mitarbeiter, der die Nutzung der Technik verweigert, begeht keine Verletzung seiner Arbeitspflicht; vielmehr befindet sich der Arbeitgeber auch insoweit im **Annahmeverzug** (§ 615 BGB), solange er dem Mitarbeiter nicht die erforderliche Schulungsmaßnahme ermöglicht.

---

93   BAG, NJW 1985, S. 2968 = NZA 1985, S. 702
94   Vgl. bei Däubler, Internet und Arbeitsrecht, Rdn. 83 ff.
95   NZA 2014, S. 41

Werden Schulungsmaßnahmen angeboten oder angeordnet, worauf ggf. die   **59**
Mitarbeitervertretung Gewicht legen wird (§ 97 BetrVG),[96] so muss der
Arbeitnehmer dieses Angebot in der Regel annehmen, will er nicht seinen
Arbeitsplatz gefährden.

Unabhängig von dem Erfordernis spezieller **Schulungsmaßnahmen** sollte   **60**
es selbstverständlich sein, dass der Arbeitgeber die Beschäftigten mit den
Auswirkungen der neuen Techniken für ihre Arbeitsplätze und ggf. sich
hieraus für sie ergebenden Rechten und Pflichten vertraut macht, wie es
§ 81 BetrVG[97] vorschreibt. Sind diesbezügliche Fragen Gegenstand einer
Betriebs-/Dienstvereinbarung, so erfolgt eine erste Mitarbeiterinformation

---

96   Vgl. BTQ Kassel, Betriebsvereinbarungsbeispiel Internet- und E-Mail-Nutzung; entnommen aus den Beispielen bei Kiper, CF 10/2004, S. 10: »*Qualifizierung (1) Die betroffenen Mitarbeiter und Mitarbeiterinnen der Systembetreuung werden für die neuen
Funktionen auf Kosten des Arbeitgebers geschult. Die Schulungen finden während der
Arbeitszeit statt. (2) Die Benutzer und Benutzerinnen von Internet und E-Mail werden
ausreichend qualifiziert. Die Maßnahmen schulen und informieren:*
- *in anwendungstechnischer Hinsicht, insbesondere in einer effektiven Nutzung und
  arbeitsorganisatorisch optimierten Einbindung in die übrigen Tätigkeiten der Nutzer
  und Nutzerinnen*
- *bezüglich gesundheitlicher Risiken*
- *in Fragen des Datenschutzes und der Persönlichkeitsrechte, wobei auch die Möglichkeiten des Systems zur Protokollierung und die diesbezüglichen Möglichkeiten
  der Nutzer erläutert werden (Löschen von Histories, Caches ...)*
- *in Fragen der Daten- und Systemsicherheit, auch hinsichtlich der Verschlüsselung
  von E-Mails*
- *in rechtlichen Fragen im Zusammenhang mit dem Zugriff auf Webseiten mit strafrechtlich relevantem Inhalt*
- *hinsichtlich der Regelungen dieser Vereinbarung.*
*Die entsprechenden Informations- und Qualifizierungsmaßnahmen werden mit dem
Betriebsrat abgestimmt.*
*(3) Weitere zugriffsberechtigte Personen nach dieser Vereinbarung werden ebenfalls
angemessen qualifiziert, um ihre mit der Zugriffsberechtigung verbundenen Aufgaben
kompetent ausüben zu können (z. B. der betriebliche Datenschutzbeauftragte).*«

97   *§ 81 Abs. 4 BetrVG:*
*(4) Der Arbeitgeber hat den Arbeitnehmer über die aufgrund einer Planung von tech-
nischen Anlagen, von Arbeitsverfahren und Arbeitsabläufen oder der Arbeitsplätze
vorgesehenen Maßnahmen und ihre Auswirkungen auf seinen Arbeitsplatz, die Ar-
beitsumgebung sowie auf Inhalt und Art seiner Tätigkeit zu unterrichten. Sobald fest-
steht, dass sich die Tätigkeit des Arbeitnehmers ändern wird und seine beruflichen
Kenntnisse und Fähigkeiten zur Erfüllung seiner Aufgaben nicht ausreichen, hat der
Arbeitgeber mit dem Arbeitnehmer zu erörtern, wie dessen berufliche Kenntnisse und
Fähigkeiten im Rahmen der betrieblichen Möglichkeiten den künftigen Anforderungen
angepasst werden können. Der Arbeitnehmer kann bei der Erörterung ein Mitglied des
Betriebsrats hinzuziehen.*

durch die gesetzlich vorgesehene Publikation dieser Vereinbarung (§ 77 Abs. 2 Satz 3 BetrVG; § 73 Abs. 1 BPersVG). Regelmäßig schreiben diese kollektiven Vereinbarungen diese und sonstige Informationspflichten aber auch ausdrücklich fest.[98]

61 Stattet der Arbeitgeber nur ausgewählte Arbeitsplätze mit moderner Infrastruktur aus, darf er den **Gleichbehandlungsgrundsatz** nicht verletzen, d. h. bestimmte Arbeitnehmer in Form arbeitgeberseitigen »**Mobbings**« diskriminieren. Der Gleichbehandlungsgrundsatz gebietet dem Arbeitgeber, seine Arbeitnehmer oder Gruppen seiner Arbeitnehmer, die sich in vergleichbarer Lage befinden, bei Anwendung einer selbst gesetzten Regelung gleich zu behandeln. Er verbietet nicht nur die willkürliche Schlechterstellung einzelner Arbeitnehmer innerhalb einer Gruppe, sondern auch eine sachfremde Gruppenbildung.[99] Der Grundsatz gilt nicht nur bei der Gewährung von freiwilligen Leistungen, sondern auch bei im Rahmen des **Direktionsrechts** getroffenen einseitigen Anordnungen für die Art und Weise der Durchführung der Arbeit.[100]

62 Fragen der Gleichbehandlung stellen sich auch, wenn die **Privatnutzung** gestattet wird, aufgrund der nicht einheitlichen Ausstattung der Arbeitsplätze aber nicht alle Mitarbeiter hiervon profitieren können. Der Arbeitgeber wird hier im Rahmen des Zumutbaren – z. B. in einem **Pausenraum** – geeignete Möglichkeiten zur Verfügung stellen müssen.[101]

---

98 Vgl. das Beispiel bei Bijok/Class, RDV 2001, S. 52 (60):
»Information der Beschäftigten
Die Beschäftigten sind über die besonderen Probleme der E-Mail- und der Internetdienste zu unterrichten. Insbesondere ist auf Folgendes hinzuweisen:
a) gesetzliche Regelungen zum Fernmeldegeheimnis
b) gesetzliche Regelungen für Teledienste
c) Anwendung der Datenschutzvorschriften
d) Zugänglichkeit unverschlüsselter E-Mail beim Transport im Netz, insbesondere Internet
e) Probleme der Archivierung
f) dienstliche, gesetzliche und ethische Grundsätze und Vorschriften bei der Nutzung von Internetdiensten.«

99 BAG, RDV 2005, S. 116

100 Insoweit zur Einführung bei Bildschirmarbeitsplätzen, Bosmann, NZA 1984, S. 187

101 Vgl. das bei Kiper, CF 19/2004, S. 6 entnommene Beispiel des ver.di-BV-Entwurfs:
»Beschäftigten, die nicht an Computer-unterstützen Arbeitsplätzen arbeiten, ist an geeigneter Stelle innerhalb der jeweiligen organisatorischen Einheit ein entsprechender mehrfach zu nutzender, vernetzter PC mit persönlicher Zugriffsberechtigung einzurichten.«

2.2 Gesetzliche Ausstattungspflichten

Im Einzelfall kann sich jedoch auch die Pflicht zur Bereitstellung von be- **63**
stimmten Hilfsmitteln und Techniken aus gesetzlichen Regelungen ergeben.

Zumindest dann, wenn der Arbeitgeber sich für seine betrieblichen Bedürf- **64**
nisse zur Implementation moderner IuK-Techniken entschieden hat, wird er
deren Nutzung ggf. auch der **Mitarbeitervertretung** aufgrund seiner Ausstattungspflicht nach § 40 Abs. 2 BetrVG nicht versagen können.[102]

Eine der Ausstattungsverpflichtung gegenüber dem Betriebsrat entsprechen- **65**
de Regelung enthält § 4f Abs. 5 Satz 1 BDSG. Danach ist der Arbeitgeber
verpflichtet, dem **Beauftragten für den Datenschutz**, »soweit dies für seine
Aufgaben erforderlich ist, Hilfspersonal sowie Räume, Einrichtungen, Geräte
und Mittel zur Verfügung zu stellen«. Überlegungen, die das BAG[103] für die
Interpretation der Erforderlichkeit angestellt hat, werden wohl hier entsprechend gelten können, wobei jedoch ein DSB kaum versuchen wird, einen
ihm z. B. zu Unrecht verweigerten Internetanschluss gerichtlich einzuklagen.

Verpflichtungen zu einer bestimmten Ausstattung von Arbeitsplätzen kön- **66**
nen sich aus den Regelungen des SGB IX zur **Rehabilitation** und Teilhabe
behinderter Menschen ergeben. So erlegt § 81 Abs. 4 Satz 1 Nr. 4 und 5
SGB IX dem Arbeitgeber im Rahmen der Zumutbarkeit eine behinderten-
gerechte Einrichtung und Unterhaltung der Arbeitsstätten und die Ausstattung des Arbeitsplatzes mit den erforderlichen technischen Arbeitshilfen
auf. Des Weiteren sieht § 83 SGB IX den Abschluss von Integrationsver-
einbarungen vor, in denen Regelungen im Zusammenhang mit der Einglie-
derung schwerbehinderter Menschen u. a. zur Gestaltung der Arbeitsplätze
und des Arbeitsumfeldes zu treffen sind.[104] Dass insoweit – je nach der
Sachlage – auch Arbeitserleichterungen durch die Bereitstellung moderner
Kommunikationsmittel die Beschäftigung eines **Schwerbehinderten** ermöglichen können, liegt auf der Hand.

---

102 Vgl. nachstehend Rdn. 579 ff.
103 RDV 2004, S. 76 und S. 171
104 Vgl. hierzu und zum diesbezüglichen Datenschutz: Gola/Wronka, Handbuch Arbeit-
     nehmerdatenschutz, Rdn. 725 ff.; Gundermann/Oberberg, RDV 2007, S. 103

67   Mit der Ausstattungspflicht verbunden ist die Pflicht zur Schulung der Mit-
      arbeiter zwecks Nutzung der neuen Technik.[105]

3   Pro und Kontra privater Nutzung der betrieblichen Kommunikationstechnik

68   Eine bereits bei Einführung der Kommunikationstechnik zu klärende Frage
      ist, ob diese dem Arbeitnehmer auch für **private Zwecke** zur Verfügung
      stehen soll. Die Klärung der Frage ist zum einen deshalb wichtig, weil
      hiervon unterschiedliche rechtliche Verpflichtungen abhängen,[106] und zum
      anderen, weil ggf. einmal geschaffene Tatsachen[107] nachfolgend nicht mehr
      rückgängig gemacht werden können.

69   Während die Frage der Privatnutzung des Telefons in den Betrieben
      zwangsläufig geklärt sein wird und für den Arbeitgeber zumindest durch
      die Möglichkeit der Abrechnung der Privatgespräche hinsichtlich der Nut-
      zungskosten unproblematisch ist, stellen sich bei der Privatnutzung des
      Internets differenzierte Probleme.[108] Zum einen ist nicht auszuschließen,
      dass die Arbeitsleistung der Beschäftigten durch eine exzessive Internet-
      nutzung stark eingeschränkt wird. Deshalb wird teilweise private Internet-
      nutzung nur in den Pausen oder außerhalb der Arbeitszeit gestattet. Man-
      cherorts wird hierfür auch ein separates, in den Pausen allgemein
      zugängliches Internet-Terminal im Betrieb aufgestellt, an dem der Mitar-
      beiter »unregistriert« tätig werden kann.

70   Zum anderen besteht die Gefahr, dass das betriebliche oder behördliche
      Netz durch das private Herunterladen von Video- oder Musikdateien über-
      lastet wird. Abgesehen davon, dass hier ohnehin häufig **Urheber-
      rechtsverstöße** vorliegen, an denen der Arbeitgeber durch Gestattung der
      Privatnutzung Gefahr läuft, beteiligt zu werden, steht diese Nutzungsart am

---

105   Dazu allgemein: Däubler, Internet und Arbeitsrecht, Rdn. 94 ff.
106   Zur Anwendung von TKG und TMG vgl. nachstehend Rdn. 212 ff.
107   Zur Gestattung privater Nutzung infolge stillschweigender Duldung vgl. nachfolgend
      Rdn. 288
108   Vgl. hierzu insgesamt bei Zilkens, DuD 2005, S. 253 (256)

Arbeitsplatz im deutlichen Gegensatz zu den Pflichten des Beschäftigten, seine Arbeitsleistung zu erbringen.[109]

Zudem wirkt der mit dem Internet verbundene Computer wie ein virtuelles **71** Werkstor: Durch Dateianhänge können Viren ins Intranet gelangen. Vertrauliche Dokumente und **Betriebsgeheimnisse** könnten ausspioniert werden oder versehentlich nach außen gelangen. **Viren** und Würmer könnten von außen Daten einschleusen und Betriebsstörungen hervorrufen. Zwar bestehen die letztgenannten Gefahren auch bei dienstlicher Nutzung des Internets; doch wird die Problematik durch zusätzliche Privatnutzung eher verstärkt.

Ferner kann aus der Sicht des Arbeitgebers ein rechtswidriges Handeln des **72** Beschäftigten zu straf- bzw. zivilrechtlichen **Mitverantwortlichkeiten**[110] führen. Diese können neben dem bereits genannten Verstoß gegen Urheberrechte[111] durch Herunterladen bzw. Vervielfältigung von geschützten Inhalten auch darin liegen, dass der Beschäftigte strafrechtlich relevante Seiten (Gewaltverherrlichung, Kinderpornografie etc.) abruft und dadurch zunächst das Unternehmen in Tatverdacht gerät.

Letztlich werden als negatives Argument unumgehbare spezielle Verpflich- **73** tungen des TKG zur Erfüllung von Auskunftsbegehren der **Sicherheitsbehörden** (§§ 111, 113 TKG) angeführt.

Ist die Privatnutzung untersagt, ändert das – jedenfalls bei mangelnder Kon- **74** trolle bzw. nicht hinreichender Verdeutlichung des Verbots – nichts an einer ggf. doch in nicht unbedeutendem Umfang stattfindenden **Privatnutzung.**[112]

Andererseits wird für die Beschäftigten ein privat nutzbarer betrieblicher **75** Internetzugang attraktiv sein und zu einem guten **Arbeitsklima** beitragen.[113] Kosten – abgesehen von der in Anspruch genommenen Arbeitszeit – entstehen dem Arbeitgeber zumeist nicht, da in der Regel eine Standleitung

---

109 Speziell hierzu Rath/Karner, K&R, 2007, S. 406

110 Vgl. hierzu nachstehend Rdn. 554

111 Vgl. OLG München, CR 2007, S. 389

112 Nach Untersuchungen fallen durchschnittlich 3,2 Stunden/Woche Internetnutzung für private Zwecke an mit etwa 53 Mrd. Arbeitszeitkosten; private Börsengeschäfte kosten rund 204 Millionen Arbeitsstunden pro Jahr, wobei der täglich Kurs-Check den Arbeitgebern rund 5 Mrd. Euro Kosten Arbeitsausfall verursachen soll.

113 Zur Problematik und gegen den Ausschluss privater Internetnutzung: Kiper, CF 2/2002, S. 16; Wedde, CF 7–8/2006, S. 48 ff.; ebenso Naujock, DuD 2002, S. 592, u. a. im Hinblick auf mangelnde Kontrollierbarkeit und Akzeptanz bei den Betroffenen.

(oder Flatrate) besteht, deren private Nutzung keine zusätzlichen Leitungs-
kosten verursacht.

76 Zu beachten ist auch, dass ein absoluter Ausschluss privater Nutzung kaum
möglich sein wird. So, wie der Mitarbeiter, dem eine **Wirtschaftszeitung**
zu dienstlichen Zwecken zur Verfügung steht, wohl auch mal kurz einen
Blick in den Sportteil werfen kann, ohne eine **Arbeitspflichtverletzung** zu
begehen, werden auch einmalige Bagatellfälle privater Internetnutzung nicht
als arbeitsvertragliche Pflichtverletzung angesehen werden können.

77 Sinnvoll wird es daher in der Regel sein, die Privatnutzung auf gelegentliche, geringfügige und die Arbeitsleistung nicht beeinträchtigende Nutzungen zu beschränken und die diesbezüglichen **Kontrollrechte** mit den Betroffenen[114] und der Mitarbeitervertretung zu vereinbaren. Andererseits ist
nicht zu verkennen, dass sich wohl die Mehrzahl der Betriebe im Hinblick
auf die damit verbundenen Risiken für ein Verbot der Privatnutzung entschieden hat.

4   BYOD – Pro und Kontra dienstlicher Nutzung privater Kommunikationstechnik

4.1   Allgemeines

78 Mit einem offensichtlich nicht zu vermeidenden englischen Begriff des
»**Bring your own Device**« wird die Nutzung von privaten »Vorrichtungen«
wie z. B. Notebook, Tablet-PC oder Smartphone zu dienstlichen Zwecken
bezeichnet, wobei diese Geräte Zugriff auf die IT-Ressourcen des Unternehmens erhalten. Gemeint ist aber auch die Verwendung privater Software.
Auch statisch genutzte private Geräte werden erfasst, so dass BYOD auch
zu einem Thema der **Telearbeit** werden könnte.[115] Der Wunsch zur Nutzung eines privaten Geräts geht regelmäßig von den Mitarbeitern aus, die
auf ihrer gewohnte und ggf. komfortablere Technik auch im Betrieb nicht

---

114 Zur Einwilligung in die Durchbrechung des Fernmeldegeheimnisses vgl. nachstehend
     Rdn. 480 ff.

115 Hier gehen auch unter rechtlichen Überlegungen alle Empfehlungen jedoch dahin, dass
     die Infrastruktur vom Arbeitgeber gestellt und nur dienstlich genutzt wird; vgl. nach-
     stehend Rdn. 88

verzichten möchten.[116] Eine Verpflichtung der Arbeitnehmer zum Einsatz eigener Geräte läge dagegen außerhalb des **Direktionsrechts** des Arbeitgebers.[117] § 106 GewO deckt eine solche Weisung nicht.[118]

Andererseits steht außer Frage, dass der Arbeitnehmer zum Einsatz seiner **privaten Hard- oder Software** ohne Erlaubnis des Arbeitgebers nicht berechtigt ist.[119] Über die bei dem Ablauf der Arbeit zu verwendende technische Infrastruktur entscheidet der Arbeitgeber und der Mitarbeiter muss sich mit dem zufriedengeben, was der Arbeitgeber bereitstellt. Zudem muss dem Mitarbeiter bewusst sein, dass er bei der ungenehmigten Speicherung personenbezogener Daten auf ihm gehörenden Geräten die Daten aus der Verfügung des Arbeitgebers als verantwortliche Stelle entzieht und selbst zur verantwortlichen Stelle wird.[120]

79

Der Beschäftigte bedarf also einer Erlaubnis des Arbeitgebers, die aufgrund der mit »BYOD« verbundenen datenschutz- und arbeitsrechtlichen Fragestellungen Bestandteil einer **AGB**-festen[121] vertraglichen Regelung[122] sein sollte. Eine mit § 307 BGB nicht zu vereinbarende unangemessene Benachteiligung läge vor, wenn das eingebrachte private Gerät nur für dienstliche Zwecke verwendet werden dürfte. Auch muss eine angemessene Regelung hinsichtlich der bei der dienstlichen Nutzung entstehenden Kosten getroffen werden. Geklärt werden muss die Rückgabe der Daten bei Widerruf der BYOD-Genehmigung oder bei Ausscheiden des Mitarbeiters.[123]

80

In der Literatur wird nachgefragt, ob der seine private Hardware einsetzende Mitarbeiter gleichsam die Funktion eines **Auftragdatenverarbeiters** übernimmt, mit der Folge, dass die Vereinbarung auch den Anforderungen des § 11 BDSG genügen müsste.[124] Zutreffend ist jedoch festzuhalten, dass der

81

---

116 Göpfert/Wilke, NZA 2012, S. 65; Imping/Pohle, K&R 2012, S. 470
117 Franck, RDV 2013, S. 185; Zöll/Kielkowski, BB 2012, S. 2625
118 Däubler, Internet und Arbeitsrecht, Rdn. 210a
119 Vgl. BAG, RDV 2011, S. 300; zur unbefugten Speicherung dienstlicher Daten auf privatem PC
120 Conrad/Schneider, ZD 2011, S. 153
121 Franck, RDV 2013, S. 185
122 Vgl. Arrung/Moos/Becker, CR 2012, S. 592 zum Inhalt einschlägiger Nutzungsvereinbarungen
123 Zu den rechtlichen Anforderungen siehe Brüggemann, PinG, 2014, S. 10; Arning/Moos, DB 2013, S. 2607
124 Ablehnend Däubler, Internet und Arbeitsrecht, Rdn. 210k; Franck, RDV 2013, S. 185 (186)

Arbeitnehmer die dienstlichen Tätigkeiten auf dem eigenen Gerät nach wie vor als Teil der verantwortlichen Stelle Unternehmen ausübt. Andererseits wird der Vertrag mit dem Mitarbeiter zahlreiche Komponenten enthalten müssen, die denen des § 11 BDSG entsprechen. Dies gilt hinsichtlich der zu beachtenden Datensicherungsmaßnahmen. Insoweit werden erhebliche Risiken gesehen.[125]

82   Durch die Verwendung der Geräte außerhalb des Betriebes innerhalb der Arbeitszeit stellen sich Fragen der Datensicherheit,[126] wie sie auch bei der **mobilen Arbeit** mit Geräten des Arbeitgebers[127] und der Telearbeit bestehen. Die Pflicht der verantwortlichen Stelle, ihre Datenverarbeitung »zu beherrschen« und zu kontrollieren, wird in Frage gestellt. Auch wenn die mobilen Geräte im Eigentum des Arbeitgebers stehen, sind sie in die vorhandenen Strukturen einzubinden. Es bedarf spezieller Sicherheitsmaßnahmen,[128] d. h. eines **Mobile Device Management**[129], das von folgenden Kriterien ausgeht:

- Es dürfen keine besonders schutzwürdigen Daten verarbeitet oder gespeichert werden.
- Die Datensicherheitsstandards der Behörde/des Unternehmens müssen auch bei Smartphones und Tablet-PCs eingehalten werden.
- Die Schnittstellen müssen kontrolliert werden.
- Die Daten müssen verschlüsselt gespeichert werden.
- Falls das Gerät verloren geht, muss es die Möglichkeit geben, die gespeicherten Daten aus der Ferne zu löschen.

---

125 Vgl. Söbbing, RDV 2013, S. 77; zur durchweg negativen Einschätzung der Aufsichtsbehörden vgl. bei Franck, RDV 2013, S. 185

126 Vgl. die Hinweise in BITKOM, Bring your own Device, S. 6 ff., www.bitkom.org/73623_73615.asp; zur steuerrechtlichen Fragestellung ebenda S. 12 ff.

127 Vgl. Steinwender, CuA 9/2013, S. 4; Konrad-Klein, CuA 9/2013, S. 7

128 Vgl. aus den Tätigkeitsberichten der Aufsichtsbehörden: LfD Rheinland-Pfalz, 23. TB, S. 58; LfD Bayern, 25. TB, Ziff. 2.1.3; LfDI Bremen, 35. TB, S. 31; Bln BfDI, Jahresbericht 2012, Rdn. 2.3

129 Siehe: Hess DSB, Handreichungen zur Nutzung von Smartphones und Tablet-Computern in Behörden und Unternehmen; http://www.datenschutz.hessen.de/tf015; ferner: NdsLfD »Mobiles Arbeiten – datenschutzgerecht gestaltet«, www.lfd.niedersachsen.de

Sichergestellt werden muss auch die Wahrnehmung der Kontrollrecht u. a. des DSB und der Aufsichtsbehörden.[130]

Die Speicherung der Daten auf einem privaten Gerät ändert daher auch **83** nichts an deren dienstlicher Verwendung, d. h. die Daten dienen nicht **persönlichen Zwecken** des Beschäftigten (§ 1 Abs. 3 BDSG), mit der Folge, dass das BDSG nicht mehr anwendbar wäre.[131] **Verantwortliche Stelle** bleibt der Arbeitgeber.[132] Anders wäre es, wenn der Beschäftigte – in der Regel unbefugt – Daten speichern würde, um einen privaten Kontakt mit dem Betroffenen zu pflegen.

Wird das Gerät an das betriebliche Netz angeschlossen, besteht **Mitbe-** **84** **stimmung** nach § 87 Abs. 1 Nr. 6 BetrVG.[133] Ggf. kommen auch § 87 Abs. 1 Nr. 1 und Nr. 2 und 3 BetrVG in Betracht.[134] Per Betriebsvereinbarung können die Rechte und Pflichten von Arbeitgeber und Arbeitnehmer und insbesondere die datenschutzrechtlichen (Kontroll-)Befugnisse des Arbeitgebers verbindlich festgelegt werden.[135] Regelungsinhalt einer Betriebsvereinbarung werden ferner regelmäßig sein die Frage der Kostentragung, der Haftung, Arbeitsausfall bei Ausfall des Geräts, Verhaltenspflichten zur Gewährleistung des Datenschutzes, die Nutzung der Kontrollergebnisse zur Leistungs- und Verhaltenskontrolle, arbeitszeitliche Regelungen zur dienstlichen Nutzung, Löschung von Daten durch den Arbeitgeber, Beendigung des Arbeitsverhältnisses.

Vor der Genehmigung des Einbringens privater Hard- und Software muss **85** der Arbeitgeber die damit verbundenen Vor- und Nachteile abwägen.[136] Dabei ist eine Tendenz zu einer positiven Entscheidung zu erkennen.[137] Als

---

130 Vgl. die gleichgelagerte Problematik bei Telearbeit; Gola/Wronka, Handbuch Arbeitnehmerdatenschutz, Rdn. 452 ff.

131 Conrad/Schneider, ZD 2011, S. 153 (154)

132 Anders soll es nach Conrad/Schneider, ZD 2011, S. 153 (154) sein, wenn der Arbeitnehmer trotz eines ausdrücklichen Verbots dienstliche Daten – wenngleich für dienstliche Zwecke – auf seinem privaten PC speichert.

133 Bei Anschluss des Geräts an das betriebliche Netz besteht Mitbestimmung nach § 87 Abs. 1 Nr. 6 BetrVG; Göpfert/Wingert/Willke, NZA 2012, S. 765; Imping/Pohle, K&R 2012, S. 470

134 Däubler, Internet und Arbeitsrecht, Rdn. 210i; Franck, RDV 2013, S. 185 (188)

135 Conrad/Schneider, ZD 2011, S. 153 (158); Göpfert/Willke, NZA 2012, S. 765 (770)

136 Schaust, IT-Sicherheit 2/2013, S. 66

137 Ca. 71 Prozent der Beschäftigten sollen auch eigene Geräte beruflich verwenden; in 21 Prozent der Unternehmen wird dieser Zugriff auf die Infrastruktur gewährt; vgl. BIT-

Argumente für eine BYOD-Regelung werden angeführt die Förderung der Zufriedenheit und Motivation der Mitarbeiter, die indirekt geförderte Bereitschaft, auch außer Dienst Dienstgeschäfte zu erledigen, und der Vorteil des Unternehmens, dass preiswert moderne Technik eingesetzt wird.[138] Ergebnis kann die Erhöhung der Produktivität sein.

86   Zugriffsrechte des Arbeitgebers müssen so gestaltet sein, dass private Daten des Arbeitnehmers außen vor bleiben.[139] Ein Eingriff per Fernzugriff wird nur ausnahmsweise realisierbar sein. Um Risiken zu minimieren, sollten **sensible Daten** und Daten, die einer besonderen Geheimhaltungspflicht unterliegen, nicht außerhalb der unmittelbaren Hoheit des Arbeitgebers verarbeitet werden. Dadurch käme auch bei einem Datenverlust der Fall einer **Benachrichtigungspflicht nach § 42a BDSG** regelmäßig nicht zum Tragen.

87   Beim Einsatz von vom Arbeitnehmer installierter Software sind **Urheberrechtsverstöße** auszuschließen.[140] Lizenzfragen können sich ebenso stellen, wenn Unternehmenssoftware auf dem privaten Gerät installiert wird.

5   Datenschutz und Telearbeit

88   Gekennzeichnet ist **Telearbeit**[141] im engeren Sinne dadurch, dass sie ausschließlich oder zeitweise – die alternierende Telearbeit stellt zurzeit den Regelfall dar – außerhalb der zentralen Betriebsstätte des Arbeit- oder Auftraggebers ausgeführt wird. Der zentrale Arbeitsplatz verfügt über Informations- und Kommunikationstechnologien. Für die Anbindung an diese bzw.

KOM, Mitarbeiter verwenden ihre privaten Geräte für den Job, bitkom.org/de/themen/ 54633_75801.aspx

138   Hemker, DuD 2012, S. 165; Franck, RDV 2013, S. 185

139   Conrad/Schneider, ZD 2011, S. 153 (155)

140   Franck, RDV 2013, S. 185 (189)

141   Zu den verschiedenen Erscheinungs- und Organisationsformen vgl. aus der umfangreich vorliegenden Literatur: Bundesministerium für Arbeit und Sozialordnung, Forschungsberichte Nr. 296 und Nr. 269a, 1997; ferner: Telearbeit – Ein Leitfaden für die Praxis, 1999; Börnecke, Handbuch Telearbeit, 1998; Dostal, Telearbeit in der Informationsgesellschaft, 1999; Preis, Arbeitsrechtliche Probleme der Telearbeit, in: Die Zukunft der Medien hat schon begonnen – Rechtlicher Rahmen und neue Teledienste im Digitalzeitalter, 1998; ferner Gola/Jaspers, RDV 1998, S. 243; Wedde, NJW 1999, S. 527; Zilkens/Wehrhahn, RDV 1999, S. 60

die Übertragung von Arbeitsergebnissen zum Arbeit- oder Auftraggeber werden Telekommunikationsverbindungen genutzt. Die dafür benötigte IuK-Technik wird – jedenfalls bei Beschäftigung im Arbeitsverhältnis – vom Arbeitgeber zur Verfügung gestellt. Der Einsatz privater Hard- und Software wurde bislang aus datenschutz- und arbeitsrechtlichen Gründen abgelehnt. BYOD wird wohl auch weiterhin hier keine Rolle spielen, da die Hard- und Software nur für dienstliche Zwecke verwendet werden sollte.

Festzuhalten ist, dass Telearbeit weder Auftragsdatenverarbeitung noch   **89** Funktionsübertragung, sondern allein die **räumliche Auslagerung** des Arbeitsplatzes darstellt.

Nur wenn der Telearbeiter als Selbstständiger mit der Erhebung, Verarbei-   **90** tung oder Nutzung von personenbezogenen Daten beauftragt ist, kann je nach Ausgestaltung des Auftrags und der vertraglichen Beziehung Auftragsdatenverarbeitung oder Funktionsübertragung vorliegen.

Zur Erledigung in Telearbeit geeignet sind grundsätzlich alle Tätigkeiten,   **91** die an betrieblichen Bildschirmarbeitsplätzen verrichtet werden bzw. für die der Computer das bestimmende Arbeitsmittel ist. In Betracht kommen einfache Tätigkeiten (z. B. Texterfassung, Bearbeitung von Bestellungen etc.) wie auch qualifizierte Spezialaufgaben (z. B. Erstellung von Konstruktions- und Bauplänen, Softwareerstellung). Auch zu einem **»virtuellen«** **Call-Center** zusammengefasste Telearbeitsplätze sind denkbar.[142]

Die Auslagerung der Computerarbeit entkoppelt zwar die Arbeit vom Ort   **92** ihres Ergebnisses und damit auch von herkömmlicher arbeitgeberseitiger Weisungs- und Kontrollbefugnis; andererseits werden jedoch die derzeitigen Kontrollmechanismen ggf. durch neue Formen der Beobachtung, Registrierung und Auswertung des Technikeinsatzes des Telearbeiters abgelöst.[143] Durch **Vernetzung** mit den Computern des Arbeitgebers unterliegt der Arbeitnehmer – zumindest besteht die technische Möglichkeit und in Erfüllung der Verpflichtungen aus § 9 BDSG[144] in gewissem Umfang auch

---

142 Vgl. bei Wedde, DuD 1998, S. 576; Fricke, AiB 1997, S. 31

143 Vgl. das Szenario bei Wedde, CI 7–8/1995, S. 43; ferner Burr, CI 11/1995, S. 18

144 Da der in die Wohnung des Mitarbeiters ausgelagerte Arbeitsplatz Teil des Betriebes bleibt, bedürfen der Arbeitgeber und auch der DSB zur tatsächlichen Wahrnehmung der Kontrolle eines vom Arbeitnehmer einzuräumenden Zutrittsrechts zur Wohnung, dessen Umfang jedoch an den §§ 138 Abs. 1, 242 BGB und mittelbar an Art. 13 GG zu messen ist; vgl. bei Schuppert, Zutrittsrechte zu Telearbeitsplätzen; Fischer, Telearbeit und Schutz der Arbeitnehmerschaft, S. 275

die Verpflichtung hierzu – einer ständigen Telekontrolle seines Arbeitsverhaltens am PC.

93 Durch die Herauslösung aus der betrieblichen Organisation, aber auch durch neue Arbeitsformen im Betrieb selbst entfällt vielfach eine strikte Vorgabe der einzuhaltenden **Arbeitszeit**, d. h., die Kontrolle der Anwesenheit im Betrieb entfällt bzw. auf sie wird im Rahmen sog. **Vertrauensarbeitszeit** verzichtet, was den Arbeitgeber aber nicht der Verpflichtung enthebt, auf die Einhaltung der Grenzen des Arbeitszeitgesetzes zu achten.[145] Fraglich ist jedoch, ob die dem Einzelnen eingeräumte Zeitsouveränität zu mehr Freiheit führt oder ob er nunmehr mehr Zeit investiert, um die sich selbst oder fremdbestimmt gestellten Ziele zu erreichen.

94 Auch bei der Telearbeit muss das Erfordernis hinreichender Datensicherungsmaßnahmen einerseits und gleichzeitiger Gewährleistung des Datenschutzes der Beschäftigten im Vordergrund der Betrachtung stehen. Ob die Auslagerung eines Arbeitsplatzes mit der damit verbundenen Verarbeitung personenbezogener Daten in die Wohnung des Mitarbeiters durchführbar ist, hängt einerseits von der »Art der Tätigkeit« und andererseits von der »Eignung« der häuslichen Arbeitsstätte ab.[146] Entscheidungsrelevant kann dabei z. B. sein, ob die Telearbeit in einem Mehrpersonenhaushalt erbracht werden soll, ein separater Arbeitsraum zur Verfügung steht oder abschließbare Schränke vorhanden sind. Eine Prüfung der Räumlichkeiten vor der Genehmigung der Telearbeit ist angezeigt.[147]

95 Im Hinblick auf die Problematik der Gewährleistung eines angemessenen Schutzes der Daten u. a. vor der Kenntnisnahme durch Unbefugte etc. wird

---

145 Vgl. aber BAG, RDV 2003, S. 1351 = RDV 2004, S. 77:
»1. *Zur Wahrnehmung seiner Überwachungsaufgabe nach § 80 Abs. 1 Nr. 1 BetrVG benötigt der Betriebsrat im Hinblick auf die Einhaltung der betrieblichen Ruhezeiten und der tariflichen wöchentlichen Arbeitszeit Kenntnis von Beginn und Ende der täglichen und vom Umfang der tatsächlich geleisteten wöchentlichen Arbeitszeit.*
2. Der Arbeitgeber hat seinen Betrieb so zu organisieren, dass er die Durchführung der geltenden Gesetze, Tarifverträge und Betriebsvereinbarungen selbst gewährleisten kann. Er muss sich deshalb über die genannten Daten in Kenntnis setzen und kann dem Betriebsrat die Auskunft hierüber nicht mit der Begründung verweigern, er wolle die Arbeitszeit der Arbeitnehmer wegen einer im Betrieb eingeführten ›Vertrauensarbeitszeit‹ bewusst nicht erfassen.«

146 Vgl. Musterdienstvereinbarung für die Bundesverwaltung (www.staatmodern.de/projekte/aktuell), nach der Telearbeit nur unter der Voraussetzung zugelassen ist, dass eine Verarbeitung von Informationen, die ihrer Natur nach oder aufgrund ihrer Einstufung besonders vertraulich zu behandeln sind, nicht oder nur selten stattfinden soll.

147 BlnBDI, Jahresbericht 2012, S. 100

sich die Verarbeitung von Personaldaten in Telearbeit häufig ausschließen.[148] Das gilt jedenfalls für sensitive Daten und solche, die einem Berufs-
oder Geschäftsgeheimnis unterliegen. Gleiches gilt für den Einsatz **privater
Geräte** des Mitarbeiters. Dies jedenfalls, wenn er sie nicht nur für die Telearbeit, sondern auch für private Zwecke nutzt.

Da der Telearbeiter seine Arbeit zuhause und nicht im Gebäude seines Ar-   **96**
beitgebers verrichtet, muss der Arbeitgeber ebenso wie bei der Gestattung
von »BYOD«, um seinem Kontrollrecht bzw. seinen **gesetzlichen Kontrollpflichten** nachkommen zu können, die Möglichkeit zum Zugang zur
Wohnung vertraglich mit diesem vereinbaren. In das Zutrittsrecht sind auch
ggf. sonstige Kontrollberechtigte (z. B. Personalrat, Datenschutzbeauftragter, Gewerbeaufsicht) mit einzubeziehen.

Die Aufsichtsbehörden bieten Orientierungshilfen, Checklisten und Ar-   **97**
beitshilfen an, in denen einerseits auf die Gefahren und Risiken beim Auf-
bau und Einsatz von **mobilen Arbeitsplätzen** hingewiesen wird, andererseits konkrete Empfehlungen für technische und organisatorische
Sicherungsmaßnahmen ausgesprochen werden.[149]

---

148 Vgl. BfDI, 22. TB (2007/08), S. 123; BlnBDI, Jahresbericht 2012, S. 99

149 Vgl. etwa »Mobiles Arbeiten – datenschutzgerecht gestaltet« des Landesbeauftragten
     für den Datenschutz Niedersachsen (www.lfd.niedersachsen.de); »Telearbeit – Ein Da-
     tenschutz-Wegweiser« des Bundesbeauftragten für den Datenschutz und die Informati-
     onsfreiheit, Stand: August 2012 (www.bfdi.bund.de); LDSB NRW, Datenschutzbericht
     1999, S. 130

Kapitel 2
Die Rechtsgrundlagen

1 Persönlichkeitsschutz im Arbeitsverhältnis

1.1 Allgemeines

98 Unabhängig von der Art der Überwachung und Kontrolle der Arbeitnehmer und den insoweit anfallenden Verarbeitungen personenbezogener Daten der Arbeitnehmer hat der Arbeitgeber hierbei – u. a. aufgrund seiner speziellen Verpflichtung aus § 75 Abs. 2 BetrVG[1] bzw. über die Rücksichtnahmepflicht des § 241 BGB[2] – den Anspruch des Arbeitnehmers auf **Persönlichkeitsrechtsschutz** (Art. 2 Abs. 1 GG) in Gestalt des **informationellen Selbstbestimmungsrechts** zu beachten.[3]

99 Insbesondere im Hinblick auf die Gefahren für das **Persönlichkeitsrecht** durch automatisierte Datenverarbeitungen in fremder Hand hat das Bundesverfassungsgericht in seinem Grundsatzurteil zur **Volkszählung**[4] festgestellt, dass die Entfaltung der Persönlichkeit unter den Bedingungen moderner Datenverarbeitung den Schutz des Einzelnen gegen unbegrenzte Erhebung, Speicherung, Verwendung und Weitergabe seiner persönlichen Daten voraussetzt. Dieser Schutz ist daher von dem Grundrecht des Art. 2 Abs. 1 in Verbindung mit Art. 1 Abs. 1 GG umfasst. Es geht um den verfassungsrechtlich geschützten Anspruch des Betroffenen auf eine unantastbare Sphäre privater Lebensgestaltung; d.h., wie das BVerfG zur Beschreibung des »Rechts auf informationelle Selbstbestimmung« weiter formuliert, dass die Befugnis des Einzelnen zu gewährleisten ist, grundsätzlich selbst über die Preisgabe und Verwendung seiner persönlichen Daten zu entschei-

---

1 *§ 75 BetrVG Grundsätze der Behandlung der Betriebsangehörigen*
   (1) ...
   (2) Arbeitgeber und Betriebsrat haben die freie Entfaltung der Persönlichkeit der im Betrieb beschäftigten Arbeitnehmer zu schützen und zu fördern. Sie haben die Selbstständigkeit und Eigeninitiative der Arbeitnehmer und Arbeitsgruppen zu fördern.

2 Vgl. BAG, RDV 2011, S. 225 zum nachvertraglichen Einsichtsrecht in Personalakten

3 Vgl. BAG, RDV 1987, S. 129

4 BVerfGE 65, 1 = NJW 1984, 419

den.[5] Dieses Recht steht auch dem Arbeitnehmer gegenüber dem Arbeitgeber zu.[6] Es setzt voraus, dass der Arbeitgeber ihm die Verarbeitung seiner Daten transparent machen muss.[7]

Ausgedehnt hat das BVerfG[8] den Schutzanspruch durch ein »**Grundrecht** **100** **auf Gewährleistung der Vertraulichkeit und Integrität informationstechnischer Systeme**«. Die Vertraulichkeits- und Integritätserwartung des Benutzers solcher Systeme wird zunächst geschützt vor dem »Zugriff« des Staates, wenn der Zugriff sich auf die Kenntnisnahme wesentlicher Teile der **Lebensgestaltung einer Person oder ihrer Persönlichkeit** erstreckt. Konsequenzen für private Rechtsverhältnisse bzw. arbeitsrechtliche Beziehungen hat die Rechtsprechung bisher nicht gezogen. Gleichwohl können auch Konstellationen gegeben sein, in denen das Recht auf Gewährleistung der Vertraulichkeit und Integrität informationstechnischer Systeme im Arbeitsverhältnis zur Anwendung kommen kann. Voraussetzung ist, dass der Betroffene das System als »eigenes« nutzt und demgemäß davon ausgehen kann, dass er über das System selbstbestimmt verfügt.[9] Besondere Bedeutung kommt dem Rechtsanspruch zu, wenn der Arbeitnehmer private Technik auch für dienstliche Zwecke nutzt. Andererseits greift der Schutz des informationellen Selbstbestimmungsrechts bereits, wenn – was der Regelfall sein wird – mit der Infiltration des informationstechnischen Systems die Basis für eine Datenerhebung geschaffen wird.[10]

Spezielle Ausgestaltungen des Persönlichkeitsrechts sind das auch **straf-** **101** **rechtlich** abgesicherte **Recht am eigenen Bild** oder die Vorschriften des BDSG zur **Videoüberwachung**. Geschützt ist auch **das mündliche oder das geschriebene Wort**. Dieser Schutz ist auch insbesondere Gegenstand des **Fernmeldegeheimnisses**. Auch das **Briefgeheimnis** wird in gewissem Umfang auf **elektronische Daten** erstreckt.[11]

Der Anspruch der Beschäftigten auf Persönlichkeitsrechtsschutz zieht dem **102** Arbeitgeber auch die Grenze bei Verarbeitungen von Mitarbeiterdaten, die außerhalb des Schutzbereichs des BDSG stattfinden, und auch dort, wo –

---

5 Vgl. ausführlich Brink in Wolff/Brink, Datenschutzrecht in Bund und Ländern, Rdn. 46 ff.

6 Vgl. bei Gola/Wronka, Handbuch Arbeitnehmerdatenschutz, Rdn. 3

7 BAG, RDV 2011, S. 243

8 NJW 2008, S. 822

9 Däubler, Gläserne Belegschaften, Rdn. 82a

10 Pötters, Grundrechte und Beschäftigtendatenschutz, S. 35 f.

11 Zu alledem siehe nachfolgend Rdn. 107 ff.

wie z. B. beim Mithören von Telefonaten oder der Beobachtung der Beschäftigten mit **Videotechnik**[12] – keine Speicherungen der personenbezogenen Daten stattfinden.

103   Ebenso führt die **Aufzeichnung** eines z. B. von dem **Call-Center-Agenten** geführten Telefonats zu keiner vom BDSG reglementierten Datenspeicherung.[13] Auch in derartigen Fällen leitet sich der Anspruch auf Datenschutz, hier in Form des »**Rechts am gesprochenen Wort**«,[14] unmittelbar aus dem verfassungsrechtlich verbürgten und strafrechtlich sanktionierten (§ 201 StGB) Anspruch auf Persönlichkeitsrechtsschutz (Art. 2 Abs. 1 GG) ab.

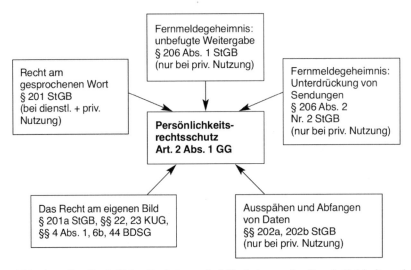

Abb. 1:   Strafrechtliche Sanktionen bei Verletzung des Persönlichkeitsrechts beim Einsatz betrieblicher Kommunikationstechnik

104   Der Eingriff in das Persönlichkeitsrecht wird zudem dadurch sanktioniert, dass er gegenüber dem Betroffenen durch eine Geldleistung auszugleichen ist.

105   Der Ausgleich **immaterieller Schäden** in Geld, d. h. die Zahlung von **Schmerzensgeld** auf Grund einer in dem Datenschutzverstoß liegenden Persönlichkeitsrechtsverletzung, wird von der datenschutzrechtlichen Haf-

---

12   Vgl. zur Videoüberwachung BAG, RDV 2004, S. 21: »*Die Einführung der Videoüberwachung am Arbeitsplatz unterfällt der Mitbestimmung nach § 87 Abs. 1 Nr. 6 BetrVG. Die Betriebsparteien haben dabei gemäß § 75 Abs. 2 Satz 1 BetrVG das grundrechtlich geschützte allgemeine Persönlichkeitsrecht der Arbeitnehmer zu beachten.*«

13   Vgl. im Einzelnen nachstehend Rdn. 407 ff.

14   BVerfGE 34, S. 238 (246 f.); 54, S. 148 (154)

tungsnorm des § 7 BDSG nicht geregelt, aber auch nicht ausgeschlossen. **Immaterielle Schädigungen** wurden in entsprechender Anwendung des § 847 BGB bzw. sind nach nunmehriger Auffassung des BGH[15] aus dem Schutzauftrag aus Art. 1 und 2 Abs. 1 GG jedoch nur dann durch Geld ausgeglichen, wenn die Verletzung des Persönlichkeitsrechts schwerwiegend ist und eine Genugtuung anders nicht angemessen gewährt werden kann.[16] Zahlreiche Beispiele zur Haftung wegen unzulässiger Kontrollmaßnahmen bestehen im Zusammenhang mit rechtswidriger **Videoüberwachung**,[17] wobei die zugesprochenen Beträge fallbezogen erheblich differieren. Das LAG Rheinland-Pfalz[18] bestätigte eine Anspruch von 650 Euro, während das ArbG Iserlohn[19] auf 25.000 Euro erkannte.

Einen speziell geregelten Fall einer Entschädigung in Geld wegen persönlichkeitsrechtsverletzender **Diskriminierung** enthält § 15 Abs. 2 AGG. Der unabhängig von einem Verschulden auf drei Monatsgehälter begrenzte Entschädigungsanspruch ist bereits begründet, wenn ein diskriminierungsrelevantes Merkmal Bestandteil eines Motivbündels bei der negativen Auswahlentscheidung des Arbeitgebers war. Zur Geltendmachung des Entschädigungsanspruchs genügt es, und ist es aber auch erforderlich, dass der Bewerber anhand belegter Tatsachen Indizien vorträgt, die die Benachteiligung vermuten lassen, d. h. nach allgemeiner Lebenserfahrung mit überwiegender Wahrscheinlichkeit für eine Diskriminierung sprechen.[20] Dem Arbeitgeber obliegt dann die Beweislast dafür, dass sein Verhalten nicht diskriminierend war.

106

---

15 RDV 1996, S. 132

16 Vgl. auch BAG, DB 1985, S. 2307 für den Fall einer unzulässigen Offenlegung einer Personalakte durch den Arbeitgeber; BAG, RDV 1999, S. 166 = NZA 1999, S. 722 zur diskriminierenden Veröffentlichung von Personaldaten einer Mitarbeiterin eines Anzeigenblattes

17 OLG Frankfurt, NJW 1987, S. 1087; RDV 2011, S. 99; OLG Köln, NJW 1989, S. 729 = RDV 1989, S. 240; ferner LAG Hamm, ZD 2013, S. 355 bei trotz gerichtlicher Untersagung fortgesetzter Beobachtung mit einem Entschädigungsbetrag von 4.000 Euro

18 ZD 2014, S. 41

19 Siehe bei Straub, ZD 2014, S. 43 in Anm. zu LAG Rheinland-Pfalz, ZD 2014, S. 41

20 BAG, NZA 2004, S. 540

1.2   Das Recht am gesprochenen Wort

107   Zu dem Grundrecht des Art. 2 Abs. 1 GG gehört die Befugnis, selbst zu bestimmen, ob ein Kommunikationsinhalt einzig dem Gesprächspartner, einem bestimmten Personenkreis oder der Öffentlichkeit zugänglich sein soll.[21] So ist der Betroffene geschützt gegen die Verdinglichung seines Wortes durch heimliche **Tonbandaufnahme**[22] oder das Mithören durch **Abhöreinrichtungen**.

108   Insofern ist das Recht am gesprochenen Wort nicht identisch mit dem ebenfalls im allgemeinen Persönlichkeitsrecht wurzelnden Schutz der Privatsphäre.[23] Es geht darüber hinaus, indem sich der Schutz nicht nur auf bestimmte persönlichkeitssensible Inhalte oder der Privatsphäre zuzurechnende Örtlichkeiten der Gesprächsführung begrenzt, sondern generell die Selbstbestimmung über die unmittelbare Zugänglichkeit der Kommunikation verbürgt.[24]

109   Strafrechtlich ist der Schutz abgesichert durch **§ 201 StGB**, der den unbefugten Eingriff in die **Vertraulichkeit des Wortes** durch den Einsatz technischer Mittel (**Aufzeichnen, Abhören**) sanktioniert.[25] Demgemäß macht sich ein Arbeitgeber, der Gespräche seiner Mitarbeiter ohne deren Einwilligung – abgesehen von einer z. B. infolge einer **Notwehrsituation** gegebenen Befugnis – aufzeichnet oder unter Einsatz nicht üblicher und zugelassener **Laut- oder Konferenzschalttechnik** etc. abhört, strafbar.

---

21   Nicht gefolgt werden kann Auffassungen, die den Schutz des gesprochenen Wortes auf neue Kommunikationsformen der E-Mails und des Internets ausweiten wollen bzw. für ein Recht auf kommunikative Selbstbestimmung eintreten; vgl. Däubler, Internet und Arbeitsrecht, Rdn. 248; Pfalzgraf, Arbeitnehmerüberwachung, S. 73 f.

22   BVerfG, NJW 1992, S. 815; BAG, NJW 1998, S. 1331

23   BVerfG, RDV 2003, S. 22 = WM 2002, S. 2290

24   Vgl. auch BGH, RDV 2003, S. 237 = NJW 2003, S. 1727

25   *§ 201 StGB: Verletzung der Vertraulichkeit des Wortes*
(1) Mit Freiheitsstrafe bis zu drei Jahren oder mit Geldstrafe wird bestraft, wer unbefugt
1. das nicht öffentlich gesprochene Wort eines anderen auf Tonträger aufnimmt oder
2. eine so hergestellte Aufnahme gebraucht oder einem Dritten zugänglich macht.
(2) Ebenso wird bestraft, wer unbefugt
1. das nicht öffentlich gesprochene Wort eines anderen mit einem Abhörgerät abhört oder
2. ...

Eine **notwehrähnliche Situation** kann für eine beweisbelastete Person be-   110
stehen, wenn die Beeinträchtigung des Persönlichkeitsrechts aus schwerwiegenden Gründen mangels anderer in Betracht kommender Beweismittel
im Interesse einer wirksamen Rechtspflege erforderlich ist. Dies kann bei
der Anfertigung heimlicher Tonbandaufnahmen zur Feststellung der Identität eines anonymen Anrufers zutreffen, wenn der Sachverhalt anders nicht
aufzuklären ist.[26] Das schlichte Interesse, sich ein Beweismittel für arbeitsgerichtliche Auseinandersetzungen zu verschaffen, begründet eine Befugnis
nicht.[27]

Gleiches gilt für den Arbeitnehmer, der heimlich Kunden- oder **Personal-**   111
gespräche aufzeichnet, was arbeitsrechtlich zur fristlosen Kündigung führen kann.[28]

Neben der Strafbarkeit nach § 201 StGB fällt besonders die mit diesem   112
Verhalten verbundene Verletzung der dem Arbeitnehmer nach § 241 Abs. 2
BGB obliegenden Pflicht zur **Rücksichtnahme** auf die berechtigten Interessen des Arbeitgebers ins Gewicht. Die nach § 201 Abs. 2 S. 1 StGB
strafbare heimliche Übertragung einer **Betriebsratssitzung** per Mobilfunk
stellt eine Amts- und Vertragsverletzung dar und ist jedenfalls grundsätzlich
geeignet, eine außerordentliche Kündigung zu rechtfertigen.[29]

1.3 Das Recht am geschriebenen Wort

1.3.1 Allgemeines

Neben dem »gesprochenen« Wort ist auch das geschriebene Wort in gewis-   113
sem Umfang gegen unbefugte Kenntnisnahme durch das strafrechtlich abgesicherte **Briefgeheimnis**[30] geschützt. Auf den Versand von Botschaften

---

26 BGH, NJW 1982, S. 277 oder zur Feststellung erpresserischer Drohungen: BGH, NJW
1985, S. 1344 oder im Falle eines auf andere Weise nicht abwehrbaren Angriffs auf die
berufliche Existenz: BGH, NJW 1994, S. 2289

27 BVerfG, NJW 2002, S. 3619

28 BAG, NZA 2013, S. 142; zur strafbaren heimlichen Aufzeichnung von Kundengesprä-
chen mit digitalem Diktiergerät: Aufsichtsbeh. Thüringen, 5. TB (2009/2010), S. 32

29 LAG Baden-Württemberg, RDV 2012, S. 312

30 *§ 202 Verletzung des Briefgeheimnisses*
(1) Wer unbefugt
1. einen verschlossenen Brief oder ein anderes verschlossenes Schriftstück, das nicht zu
seiner Kenntnis bestimmt ist, öffnet oder

auf elektronischem Wege ist der in § 202 StGB verankerte Schutz des Briefgeheimnisses jedoch nicht anwendbar.[31]

114   Faxe oder E-Mails können nicht unter den engen Begriff des verschlossenen, verkörperten **Schriftstücks** subsumiert werden.[32] Nach dem Ausdruck liegt zwar ein verkörpertes Schriftstück vor, dem jedoch das Merkmal des »Verschlossenseins« fehlt. Schutz bietet insofern jedoch das Post- und Fernmeldegeheimnis des § 206 StGB, der auch den **E-Mail-Verkehr** umfasst.

115   Bei »Dienstpost« greift der Schutz – gleichgültig, ob es sich um herkömmliche oder elektronische Post handelt – nicht gegenüber dem Zugriff des Arbeitgebers auf an den Mitarbeiter gerichtete Nachrichten.

116   Geht im Betrieb jedoch ein Brief ein, der erkennbar an einen einzelnen Beschäftigten persönlich gerichtet ist, so ist er diesem verschlossen zuzusenden.[33]

117   Eingehende private E-Mails sind jedoch auch bei einem Verbot privater Nutzung der E-Mail-Kommunikation letztlich nicht zu verhindern. Die Kenntnisnahme der erkannten privaten Nachricht verbietet sich für den Arbeitgeber – abgesehen von dem nachstehend erörterten § 202a StGB – aufgrund des Anspruchs des Arbeitnehmers auf Persönlichkeitsrechtsschutz.

---

2. sich vom Inhalt eines solchen Schriftstücks ohne Öffnung des Verschlusses unter Anwendung technischer Mittel Kenntnis verschafft, wird mit Freiheitsstrafe bis zu einem Jahr oder mit Geldstrafe bestraft, wenn die Tat nicht in § 206 mit Strafe bedroht ist.
(2) Ebenso wird bestraft, wer sich unbefugt vom Inhalt eines Schriftstückes, das nicht zu seiner Kenntnis bestimmt ist und durch ein verschlossenes Behältnis gegen Kenntnisnahme besonders gesichert ist, Kenntnis verschafft, nachdem er dazu das Behältnis geöffnet hat.
(3) Einem Schriftstück im Sinne der Absätze 1 und 2 steht eine Abbildung gleich.

31   Vgl. bei Gounalakis/Rhode, Persönlichkeitsschutz im Internet, Rdn. 178
32   Vgl. bei Barton, CR 2003, S. 839 mit Nachweisen
33   Vgl. LAG Hamm, RDV 2005, S. 227: *»Eine Verletzung des Briefgeheimnisses liegt nicht vor, wenn eine Dienststelle (hier: IHK) im Rahmen ihrer Büroordnung an Mitarbeiter und zugleich an die Dienststelle adressierte Sendungen, welche nicht als persönlich oder vertraulich gekennzeichnet sind, öffnet und mit Eingangsstempel versehen an die/den betreffende(n) Mitarbeiterin/Mitarbeiter weiterleitet.«*

1.3.2 Schutz gegen unbefugte Zugriffe des Arbeitgebers nach § 202a StGB

Relevant werden kann jedoch **§ 202a StGB,**[34] der das Briefgeheimnis in **118** gewissem Umfang auf elektronisch gespeicherte bzw. übermittelte Daten ausdehnt und diese vor der **unbefugten Einsichtnahme** schützt. Als E-Mail versandte und gespeicherte Daten fallen hierunter, wenn sie nicht für den Täter bestimmt sind und gegen unbefugten Zugriff besonders gesichert sind. Der Absender oder Empfänger muss daher besondere Vorkehrungen getroffen haben, die den Zugriff auf die Daten verhindern.

Dienstliche E-Mails sind – wie noch darzustellen ist[35] – **Post des Arbeit-** **119** **gebers,** d. h., der in seinem Betrieb stattfindende E-Mail-Verkehr enthält Daten, die zunächst einmal, d. h. mangels anderer konkreter Erkenntnis, für ihn bestimmt sind. Daran ändert nichts, dass die E-Mail an die Adresse eines bestimmten Mitarbeiters gerichtet ist. Entsprechend seinem Recht auf Offenlegung der **brieflichen Dienstkorrespondenz**[36] steht dem Arbeitgeber das Recht auf Einsicht in die dienstlichen E-Mails zu.[37] § 202a StGB scheidet somit, wenn im Betrieb nur dienstlicher E-Mail-Verkehr gestattet ist, tatbestandsmäßig regelmäßig aus.

Die Bestimmung für den Arbeitgeber liegt nicht vor, wenn der Betreff der **120** E-Mail oder ein Attachment oder der Adressat eine **private Nachricht** erkennen lassen. Hat der Arbeitgeber den privaten Charakter zur Kenntnis genommen, muss der Zugriff unterbleiben bzw. beendet werden.

Die gespeicherten Daten werden auch nicht dadurch zu privaten, d. h. nicht **121** mehr für den Arbeitgeber bestimmten Daten, dass der Arbeitgeber einen

---

34 *§ 202a StGB Ausspähen von Daten*
   (1) Wer unbefugt sich oder einem anderen Zugang zu Daten, die nicht für ihn bestimmt und die gegen unberechtigten Zugang besonders gesichert sind, unter Überwindung der Zugangssicherung verschafft, wird mit Freiheitsstrafe bis zu drei Jahren oder mit Geldstrafe bestraft.
   (2) Daten im Sinne des Absatzes 1 sind nur solche, die elektronisch, magnetisch oder sonst nicht unmittelbar wahrnehmbar gespeichert sind oder übermittelt werden.

35 Vgl. nachstehend Rdn. 467 ff.

36 Vgl. LAG Hamm, DuD 2004, S. 753: »Das Briefgeheimnis wird nicht verletzt, wenn an den Mitarbeiter und zugleich die Dienststelle adressierte Post, die als nicht persönlich oder vertraulich gekennzeichnet ist, geöffnet und mit einem Eingangsstempel versehen an den Mitarbeiter weitergeleitet wird.«

37 Vgl. Nägele/Meyer, KR 2004, S. 312; Jofer/Wegerich, KR 2002, S. 235; Fleck, BB 2003, S. 306; Beckschulze/Henkel, DB 2001, S. 1491; Lindemann/Simon, BB 2001, S. 1950

Rechner zur Verfügung stellt, der nur unter Verwendung eines **Passwortes** in Betrieb genommen werden kann, das der Arbeitnehmer selbst bestimmt. Auszugehen ist auch hier davon, dass dieser Schutzmechanismus primär dem dienstlichen Interesse dient.[38] Ohne Hinzutreten weiterer Umstände, z. B. der Erlaubnis privater Nutzung, kann der Arbeitnehmer nicht davon ausgehen, dass ihm nunmehr besondere Vertraulichkeit hinsichtlich der geschützt gespeicherten Daten gewährt werden soll.[39] Dem Arbeitgeber obliegt das Recht, **Zugriffsberechtigungen** auf höherer Ebene festzulegen.[40] Insoweit steht dem Arbeitgeber auch das Recht zu, anzuordnen, das Passwort im Vertretungsfall weiterzugeben oder bei Abwesenheit systemseitig zu ermitteln.

122 Vom Arbeitgeber inzident zugesagte **Vertraulichkeit,** und damit der Tatbestand der besonderen Sicherung, liegt vor, wenn der Arbeitnehmer eine separate passwortgeschützte E-Mail-Adresse für private Nachrichten eingerichtet hat.[41] Dass auch dann der Arbeitgeber über den Administrator unmittelbaren Zugriff hat, ändert an der erkennbar im privaten Interesse erfolgten besonderen Sicherung nichts.

1.3.3 Das unbefugte Abfangen von Daten nach § 202b StGB

123 Kommt § 202a StGB nicht zum Zuge, so kann **§ 202b StGB**[42] greifen. Entgegen § 202a StGB stellt sich die Frage nach der besonderen Sicherung der Daten nicht. Dafür sind andere Tatbestandsmerkmale klärungsbedürftig.

124 Ein Hauptanwendungsbereich betrifft das sich **unbefugte Verschaffen** von Daten aus einer nicht-öffentlichen Datenübermittlung zwischen verschiedenen Computersystemen.[43] Ein solches unbefugtes Verschaffen kann auf Seiten des Arbeitgebers beim Zugriff auf die Daten der privaten Kommuni-

---

38 Barton, CR 2003, S. 839; Nägele/Meyer, K&R 2004, S. 312 (315); Trödle/Fischer, 51. Aufl., StGB, § 202a Rdn. 4

39 LAG Hamm, DuD 2004, S. 633

40 LAG Köln, RDV 2005, S. 32 = NZA-RR 2004, S. 527

41 Barton, CR 2003, S. 839

42 *§ 202b StGB Abfangen von Daten:*
Wer unbefugt sich oder einem anderen unter Anwendung technischer Mittel nicht für ihn bestimmte Daten (§ 202a Abs. 2) aus einer nichtöffentlichen Datenübermittlung oder aus der elektromagnetischen Abstrahlung einer Datenverarbeitungsanlage verschafft, wird mit Freiheitsstrafe bis zu zwei Jahren oder mit Geldstrafe bestraft, wenn die Tat nicht in anderen Vorschriften mit schwererer Strafe bedroht ist.

43 Zu diesbezüglichen Abgrenzungsproblemen vgl. Kusnik, MMR 2011, S. 720

kation des Arbeitnehmers vorliegen. Das **Abfangen** muss unter Einsatz technischer Mittel geschehen. Das Entwenden per körperlichen Datenträger übermittelter Daten wird von § 242 StGB erfasst. Nicht öffentlich ist eine Übermittlung, die an einen konkreten Empfänger gehen soll. Die Übertragung innerhalb des WLAN ist erfasst.[44] § 202b StGB greift nicht mehr, wenn die Übermittlung beendet ist, d. h. der Empfänger die Herrschaft über die Daten erlangt. Das trifft auch für ungelesene E-Mails zu, die sich noch ungelesen auf dem Server des Providers befinden.[45] Befindet sich eine E-Mail noch auf dem Transportweg, so ist sie geschützt.[46]

Geschützt werden auch Daten, die aus der **elektronischen Ausstrahlung**   **125** einer Datenverarbeitungsanlage stammen. Erfasst werden Ausdrucke, die Daten aus den elektromagnetischen Abstrahlungen bzw. Wellen aus dem Computersystem wiederherstellen.[47]

1.3.4 Hilfestellung beim Ausspähen und Abfangen von Daten nach § 202c StGB

Nach § 202c StGB wird bestraft, wer die technischen Möglichkeiten zur   **126** Begehung der Taten nach § 202a oder § 202b StGB herstellt oder zugänglich macht.[48]

1.3.5 Sonstiger Schutz vor Computerkriminalität

Nicht oder nicht vorrangig dem Persönlichkeitsrecht der Betroffenen, son-   **127** dern dem Schutz des die Daten verarbeitenden Unternehmens dienen die sich gegen die verschiedenen Formen der **Computerkriminalität** wenden-

---

44 Fischer, StGB § 202b Rdn. 3

45 Härting, CR 2009, S. 581

46 Zur unterschiedlichen Bewertung der Nichtöffentlichkeit bei der Nutzung des Internets vgl. Kusnik, MMR, 2011, S. 720; Sankol, MMR 2006, S. 361

47 Gröseling/Höfinger, MMR 2007, S. 549; Vassiliki, CR 2008, S. 131

48 *§ 202c StGB Vorbereiten des Ausspähens und Abfangens von Daten:*

   (1) Wer eine Straftat nach § 202a oder § 202b vorbereitet, indem er

   1. Passwörter oder sonstige Sicherungscodes, die den Zugang zu Daten (§202a Abs. 2) ermöglichen oder

   2. Computerprogramme, deren Zweck die Begehung einer solchen Tat ist,

   herstellt, sich oder einem anderen verschafft, verkauft, einem anderen überlässt, verbreitet oder sonst zugänglich macht, wird mit Freiheitsstrafe bis zu einem Jahr oder mit Geldstrafe bestraft.

   (2) § 149 Abs. 2 und 3 gilt entsprechend.

49

den Straftatbestände des StGB. Neben den bereits erwähnten § 202a, b und c StGB sind das folgende Normen:

§ 263a StGB – Computerbetrug

(1) Wer in der Absicht, sich oder einem Dritten einen rechtswidrigen Vermögensvorteil zu verschaffen, das Vermögen eines anderen dadurch beschädigt, dass er das Ergebnis eines Datenverarbeitungsvorgangs durch unrichtige Gestaltung des Programms, durch Verwendung unrichtiger oder unvollständiger Daten, durch unbefugte Verwendung von Daten oder sonst durch unbefugte Einwirkung auf den Ablauf beeinflusst, wird mit Freiheitsstrafe bis zu fünf Jahren oder mit Geldstrafe bestraft.

(2) § 263 Abs. 2 bis 5 gilt entsprechend.

§ 269 StGB – Fälschung beweiserheblicher Daten

(1) Wer zur Täuschung im Rechtsverkehr beweiserhebliche Daten so speichert und verändert, dass bei ihrer Wahrnehmung eine unechte oder verfälschte Urkunde vorliegen würde, oder derart gespeicherte oder geänderte Daten gebraucht, wird mit Freiheitsstrafe bis zu fünf Jahren oder mit Geldstrafe bestraft.

(2) Der Versuch ist strafbar.

(3) § 267 Abs. 3 ist anzuwenden.

§ 303a StGB – Datenveränderung

(1) Wer rechtswidrig Daten (§ 202a Abs. 2) löscht, unterdrückt, unbrauchbar macht oder verändert, wird mit Freiheitsstrafe bis zu zwei Jahren oder mit Geldstrafe bestraft.

(2) Der Versuch ist strafbar.

(3) Für die Vorbereitung einer Straftat nach Absatz 1 gilt § 202a entsprechend.

§ 303b StGB – Computersabotage

(1) Wer eine Datenverarbeitung, die für einen anderen von wesentlicher Bedeutung ist, dadurch erheblich stört, dass er

- eine Tat nach § 303a Abs. 1 begeht,
- Daten (§ 202a Abs. 2) in der Absicht, einem anderen Nachteil zuzufügen, eingibt oder übermittelt oder
- eine Datenverarbeitungsanlage oder einen Datenträger zerstört, beschädigt, unbrauchbar macht, beseitigt oder verändert,

wird mit Freiheitsstrafe bis zu drei Jahren oder mit Geldstrafe bestraft.

(2) Handelt es sich um eine Datenverarbeitung, die für einen fremden Betrieb, ein fremdes Unternehmen oder eine Behörde von wesentlicher Bedeutung ist, ist die Strafe Freiheitsstrafe bis fünf Jahre oder Geldstrafe.

(3) Der Versuch ist strafbar.

(4) In besonders schweren Fällen des Absatzes 2 ist die Strafe Freiheitsstrafe von sechs Monaten bis zu zehn Jahren. Ein besonders schwerer Fall liegt in der Regel vor, wenn der Täter

- einen Vermögensverlust großen Ausmaßes herbeiführt,
- gewerbsmäßig oder als Mitglied einer Bande handelt, die sich zur fortgesetzten Begehung von Computersabotage verbunden hat,

> • durch die Tat die Versorgung der Bevölkerung mit lebenswichtigen Gütern oder Dienstleistungen oder die Sicherheit der Bundesrepublik Deutschland beeinträchtigt.
>
> (5) Für die Vorbereitung einer Straftat nach Absatz 1 gilt § 202c entsprechend.

1.4 Das Recht am eigenen Bild

1.4.1 Allgemeines

Teil des Persönlichkeitsrechts bildet auch das **Recht am eigenen Bild**.[49] Das **128** Recht am eigenen Bild schützt den Betroffenen vor jeder Art der unbefugten Anfertigung, Verbreitung oder Veröffentlichung einer bildlichen Darstellung seiner Person durch stoffliche Fixierung und auch vor der mittels technischer Geräte bewirkten Direktübertragung seines Erscheinungsbildes.[50] Mit anderen Worten: Auch hinsichtlich der Herstellung und Verbreitung seines Bildes steht dem Betroffenen ein **Selbstbestimmungsrecht** zu, nach dem regelmäßig nur er selbst darüber zu befinden hat, ob und wie er sich in der Öffentlichkeit oder gegenüber Dritten darstellen will[51] und wer Daten – hier in Form eines Bildes – über ihn speichert, nutzt und übermittelt.[52] Eingriffe in dieses Selbstbestimmungsrecht können jedoch im Falle eines für den Schutz anderer Rechtsgüter vorrangigen Interesses gerechtfertigt sein.[53]

Fotografiert ein Vorgesetzter einen krankgeschriebenen Arbeitnehmer, den **129** er zufällig in einer Autowaschanlage antrifft, zu Beweiszwecken, so ist der Eingriff in das Persönlichkeitsrecht des Betroffenen durch überwiegende Interessen des Arbeitgebers gerechtfertigt.[54] Derartige Befugnisse können sich für den Arbeitgeber im Hinblick auf die erforderliche Identifizierung von Mitarbeitern ergeben. Ein Beispiel ist die Erstellung von mit Lichtbildern versehenen **Werksausweisen**.[55] Die Lichtbilder der Ausweise dienen

---

49 Vgl. auch bei Brink, in Wolff/Brink, Datenschutzrecht in Bund und Ländern, Rdn. 48 ff.

50 BGH, NJW 1971, S. 698; 1996, S. 985

51 BVerfGE 63, S. 131 und 142; BGH, NJW 1979, S. 2205; 1996, S. 985

52 Zum Einstellen von Bildern der Beschäftigten ins Intra- oder Internet vgl. nachstehend Rdn. 658 ff.

53 Zum insoweit ggf. bestehenden überwiegenden Interesse des Arbeitgebers an Videoaufzeichnungen am Arbeitsplatz vgl. BAG, RDV 2003, S. 294 und 2005, S. 21

54 LAG Rheinland-Pfalz, ZD 2013, S. 631 mit Anm. von Tiedemann

55 Vgl. Aufsichts- und Dienstleistungsdirektion Rheinland-Pfalz, 1. Tätigkeitsbericht über den Datenschutz im nicht-öffentlichen Bereich (1.6.2001–31.5.2003) für die Ausstattung von Betriebsausweisen mit Lichtbildern. Die Ausweise sollten nur innerbetrieblich

der Erfüllung der Arbeitsverträge. Das Sicherheitsinteresse des Unternehmens überwiegt gegenüber der Beeinträchtigung der Persönlichkeit durch ein unerwünschtes Bild.

130   Die Angaben auf Werksausweisen, die zur Identifikation der Mitarbeiter als Angehörige des Unternehmens dienen, müssen sich jedoch auf das Erforderliche beschränken, wozu der Name und ein Foto zählt, nicht jedoch die Sozialversicherungs- und Steueridentifikationsnummer.[56] Das KUG greift nicht, da durch die Pflicht zum Vorzeigen des Ausweises im Einzelfall das Bild nicht verbreitet oder öffentlich zur Schau gestellt wird.[57]

131   Seine Grundlagen findet das Recht am eigenen Bild

- im Persönlichkeitsrecht der Art. 1 Abs. 1 und 2 Abs. 1 GG
- in §§ 22, 23 KUG i. V. m. § 33 KUG
- in § 201a StGB
- in § 90 TKG
- in § 6b BDSG
- und schließlich in den allgemeinen Vorschriften des BDSG.

132   Grundsätzlich gilt, dass das Fotografieren zulässig ist, wenn die Bilder veröffentlicht werden dürften. Anderenfalls bedarf es einer Güterabwägung. Ggf. besteht das Recht auf **Notwehr** (§ 227 BGB, § 32 StGB), sofern der gegenwärtige Angriff noch andauert.[58]

1.4.2 Unbefugte Verbreitung von Bildern nach § 22 KUG

133   Das Recht am eigenen Bild ist teilweise – nämlich hinsichtlich der unbefugten Verbreitung bzw. **Veröffentlichung des Bildes** einer Person – strafrechtlich durch § 33 KUG geschützt, der ein in **§ 22 KUG** enthaltenes Verbot sanktioniert. Danach dürfen Bildnisse nur mit Einwilligung des Abgebildeten verbreitet oder zur Schau gestellt werden (§ 22 Abs. 1 KUG),

---

genutzt werden, damit das Wachpersonal die Mitarbeiter leichter identifizieren kann. Eine Veröffentlichung der Bilder in der Hauszeitung, im Inter- oder Intranet erfolgte nicht.

56   BremLDI, 35. JB, Ziff. 12.2.7

57   Bayer. Landesamt zur Datenschutzaufsicht für den nichtöffentlichen Bereich, 5. TB (2011/2012), Ziff. 13.7

58   Vgl. bereits OLG Karlsruhe, NStZ 1981, S. 124: »Wird eine Person unbefugt fotografiert, so stellt dies einen rechtswidrigen Angriff im Sinne des § 32 StGB dar. Die Person darf sich unter den Voraussetzungen des § 32 StGB mit dem Ziel zur Wehr setzen, dem Täter den Film wegzunehmen.« Vgl. ferner OLG Düsseldorf, NJW 1994, S. 1971; OLG Hamburg, RDV 2013, S. 96

wobei unter Bildnis – unabhängig von dem eingesetzten Verfahren – jede Wiedergabe des äußeren Erscheinungsbildes einer identifizierbaren Person zu verstehen ist.[59] Ausnahmen enthält § 23 KUG u. a. für Personen der Zeitgeschichte oder Bilder, bei denen Personen nur Begleitwerk bilden.[60] Zu Personen der Zeitgeschichte können auch Unternehmensangehörige gehören, wenn sie an herausragender Stelle stehen (z. B. Vorstandsvorsitzender). Zu den zulässigen Veröffentlichungen von Versammlungen können auch Bilder von **Betriebsversammlungen** oder -feiern gehören. Eine Einwilligung der Arbeitnehmer ist dagegen erforderlich, wenn per **Livecam** Bilder aus einem Restaurant etc. übertragen werden.[61]

Auf keine Erlaubnis aus § 23 KUG konnte sich ein Bäcker berufen, der anlässlich des 125-jährigen Firmenjubiläums eine **Webcam** im Laden installiert hatte, die die Kundschaft und Belegschaft ohne deren Einwilligung oder wenigstens Information abbildete. Das Erfordernis der Einwilligung begründet das Innenministerium Hessen[62] wie folgt: »Dies ergibt sich aus **134**

---

59   Vgl. zur erforderlichen Einwilligung nachstehend Rdn. 658 ff.

60   *§ 22 KUG*

Bildnisse dürfen nur mit Einwilligung des Abgebildeten verbreitet oder öffentlich zur Schau gestellt werden. Die Einwilligung gilt im Zweifel als erteilt, wenn der Abgebildete dafür, dass er sich abbilden ließ, eine Entlohnung erhielt. Nach dem Tode des Abgebildeten bedarf es bis zum Ablaufen von 10 Jahren der Einwilligung der Angehörigen des Abgebildeten. Angehörige im Sinne dieses Gesetzes sind der überlebende Ehegatte oder Lebenspartner und die Kinder des Abgebildeten und, wenn weder ein Ehegatte oder Lebenspartner noch Kinder vorhanden sind, die Eltern des Abgebildeten.

§ 23 KUG

(1) Ohne die nach § 22 erforderliche Einwilligung dürfen verbreitet und zur Schau gestellt werden:

1. Bildnisse aus dem Bereiche der Zeitgeschichte;

2. Bilder, auf denen die Personen nur als Beiwerk neben einer Landschaft oder sonstigen Örtlichkeit erscheinen;

3. Bilder von Versammlungen, Aufzügen und ähnlichen Vorgängen, an denen die dargestellten Personen teilgenommen haben;

4. Bildnisse, die nicht auf Bestellung angefertigt sind, sofern die Verbreitung oder Schaustellung einem höheren Interesse der Kunst dient.

(2) Die Befugnis erstreckt sich jedoch nicht auf eine Verbreitung und Schaustellung, durch die ein berechtigtes Interesse des Abgebildeten oder, falls dieser verstorben ist, seiner Angehörigen verletzt wird.

§ 33 KUG

(1) Mit Freiheitsstrafe bis zu einem Jahr oder mit Geldstrafe wird bestraft, wer entgegen den §§ 22, 23 ein Bildnis verbreitet oder öffentlich zur Schau stellt.

(2) Die Tat wird nur auf Antrag verfolgt.

61   Thüsing, Compliance, Rdn. 350

62   22. TB der Aufsichtsbehörde im nichtöffentlichen Bereich, S. 36

der gebotenen Abwägung nach § 6b Abs. 1 Nr. 3 BDSG und im Hinblick auf § 22 KUG, wonach Bildnisse in der Regel nur mit Einwilligung des Abgebildeten oder öffentlich zur Schau gestellt werden dürfen.« Die in § 23 KUG geregelten Ausnahmen werden als nicht einschlägig erkannt. Fraglich ist jedoch, ob aus berechtigten Interessen des Bäckers an der Werbeaktion aus § 6b BDSG überhaupt eine neben den Tatbeständen des §§ 22, 23 KUG stehende Erlaubnis ableitbar wäre oder ob § 23 KUG für den Vorgang der Veröffentlichung nicht richtigerweise als abschließende und damit nach § 1 Abs. 3 BDSG **vorrangige Regelung** zu bewerten ist.[63]

1.4.3 Bilder aus dem höchstpersönlichen Lebensbereich

135   Seit dem 6. August 2004 ist mit § 201a StGB eine unbefugte Bildaufnahmen und -übertragungen betreffende Norm in Kraft.[64] Die neue Strafnorm[65] erfasst die unbefugte Herstellung bzw. Übertragung und den Gebrauch bzw. die Weiterverbreitung von Bildaufnahmen, die von einer sich in einer **Wohnung** oder einem gegen Einblick besonders geschützten Raum aufhaltenden Person gemacht wurden. Weiteres Tatbestandsmerkmal ist, dass durch die genannte Handlung der **höchstpersönliche Lebensbereich**[66] der

---

63   Unzutreffend der Sächsische Landesdatenschutzbeauftrage (4. TB (2007/2008), S. 35), der – ohne §§ 22, 23 KUG zu erwähnen – unter Heranziehung von § 28 Abs. 1 S. 1 Nr. 2 BDSG die Übertragung der Bilder in einer Fabrikationshalle Arbeitenden im Rahmen der Interessenabwägung bei entsprechender Transparenz des überwachten Bereichs als zulässig ansieht.

64   36. Strafrechtsänderungsgesetz vom 30. Juli 2004; BGBl. I, 2012 vom 5. August 2004

65   *§ 201a StGB Verletzung des höchstpersönlichen Lebensbereichs durch Bildaufnahmen*
(1) Wer von einer anderen Person, die sich in einer Wohnung oder einem gegen Einblick besonders geschützten Raum befindet, unbefugt Bildaufnahmen herstellt oder überträgt und dadurch deren höchstpersönlichen Lebensbereich verletzt, wird mit Freiheitsstrafe bis zu einem Jahr oder mit Geldstrafe bestraft.
(2) Ebenso wird bestraft, wer eine durch eine Tat nach Abs. 1 hergestellte Bildaufnahme gebraucht oder einem Dritten zugänglich macht.
(3) Wer eine befugt hergestellte Bildaufnahme von einer anderen Person, die sich in einer Wohnung oder einem gegen Einblick besonders geschützten Raum befindet, unbefugt gebraucht oder einem Dritten zugänglich macht und dadurch deren höchstpersönlichen Lebensbereich verletzt, wird mit Freiheitsstrafe bis zu einem Jahr oder mit Geldstrafe bestraft.
(4) Die Bildträger sowie die Bildaufnahmegeräte oder andere technische Mittel, die der Täter oder Teilnehmer verwendet hat, können eingezogen werden. § 74a ist anzuwenden.

66   Vgl. hierzu auch LAG Hamm, RDV 2007, S. 176, das das zwecks Beweisführung über »Schlafen im Dienst« gefertigte Foto eines auf der Toilette sitzenden Mitarbeiters zu-

betroffenen Person verletzt wird.[67] Damit verbietet sich im Hinblick auf § 201a StGB z. B. die **Videobeobachtung** von sich auf **Toiletten** oder in **Duschräumen** aufhaltenden Arbeitnehmern.[68]

Durch die Beschreibung des **höchstpersönlichen Lebensbereichs** als Bereich, der grundsätzlich einer Abwägung zwischen den Interessen der Allgemeinheit oder sonstiger Dritter und dem Schutzinteresse des Einzelnen entzogen ist, ist gleichzeitig zum Ausdruck gebracht, dass Eingriffe in diesen Bereich nicht im Rahmen einer **Rechtsgüterabwägung** auch ohne oder gegen den Willen des Betroffenen erfolgen dürfen, d. h., der Einwilligung des Betroffenen bedürfen. Gleichwohl kann sich ein Eingriffsrecht auch aus gesetzlich normierten Befugnisnormen und Rechtfertigungsgründen, hierzu gehören die Fälle der **Notwehr** (§ 32 StGB) und des gesetzlichen **Notstands** (§ 34 StGB), ergeben.

136

1.4.4 Missbrauch von Sendeanlagen gemäß § 90 TKG

Eine den Schutz des Rechts am gesprochenen Wort bzw. dem Schutz des Rechts am eigenen Bild ergänzende Vorschrift enthält § 90 TKG, der »getarnte« **Geräte** zur Bild- und Videoübertragung oder Aufzeichnung verbietet, d. h. untersagt, **Sendeanlagen** herzustellen, zu vertreiben oder einzuführen, die ihrer Form nach einen anderen Gegenstand vortäuschen oder die mit Gegenständen des täglichen Gebrauchs verkleidet sind und aufgrund dieser Umstände in besonderem Maße geeignet sind, das nicht öffentlich gesprochene Wort eines anderen von diesem unbemerkt abzuhören oder das Bild eines anderen von diesem unbemerkt aufzunehmen. Die Strafbarkeit des Verstoßes gegen dieses Verbot folgt aus § 148 Abs. 1 Nr. 2 TKG.[69]

137

---

mindest als derartigen Verstoß des Arbeitgebers würdigte, dass es dem Arbeitnehmer im Kündigungsschutzprozess die Auflösung des Arbeitsverhältnisses gegen Abfindungszahlung zugestand.

67 Borgmann, NJW 2004, S. 2133; Gola, RDV 2004, S. 115; Flechsig, ZUM 2004, S. 605

68 Vgl. hierzu auch LDI NW, 17. TB (2004), S. 122 = RDV 2005, S. 133, die jedoch auf § 28 Abs. 1 Nr. 2 BDSG abstellt, dessen Voraussetzungen jedoch bei einer Überwachung von Umkleide-, Dusch- und Toilettenräumen niemals als gegeben ansieht.

69 Vgl. BGH, NJW 2013, S. 2530 zur Strafbarkeit wegen unzulässiger GPS-Überwachung nach § 148 Abs. 1 Nr. 2a i. V. m. § 90 Abs. 1 TKG.

1.5 Die Videobeobachtung

1.5.1 Nicht-öffentlich zugängliche Arbeitsplätze

1.5.1.1 Allgemeines

138 Durch jede Form der **Videoüberwachung,** gleichgültig, ob nur beobachtet oder auch aufgezeichnet wird, ist die freie Entfaltung der Persönlichkeit der Beschäftigten tangiert. Schon die Möglichkeit der jederzeitigen Überwachung erzeugt einen mit dem Anspruch des Arbeitnehmers auf Wahrung seiner Persönlichkeitsrechte regelmäßig nicht zu vereinbarenden ständigen **Überwachungsdruck.**[70] Daran ändert sich auch nichts, wenn die Videoüberwachung nur sporadisch erfolgt, die Mitarbeiter aber den Zeitpunkt nicht kennen und jederzeit mit der Überwachung rechnen müssen. Werden Kameras direkt auf die Arbeitsplätze gerichtet, so dass die dort beschäftigten Mitarbeiter permanent erfasst werden, kann dieser durchgehende Überwachungsdruck nicht mit einem allgemeinen Interesse des Arbeitgebers an der Vermeidung von Diebstählen oder Verringerung von **Inventurverlusten** begründet werden.[71]

139 Dass der sich aus dem Arbeitsvertrag ergebende besondere Anspruch des Arbeitnehmers (§ 75 Abs. 2 BetrVG) auf **Persönlichkeitsschutz** nur ausnahmsweise gegenüber Sicherheitsinteressen des Arbeitgebers zurücktreten muss, hat die Rechtsprechung wiederholt deutlich gemacht.[72] Für die erforderliche Abwägung bei der Installation der Videoüberwachung in einem **Briefverteilungszentrum** der Deutschen Post hat das BAG[73] wie folgt festgehalten: »*Der Eingriff in das Persönlichkeitsrecht der Arbeitnehmer kann nur durch überwiegende schutzwürdige Belange des Arbeitgebers gerechtfertigt sein. Dient die Videoüberwachung dem Zweck, die Entwendung von Postsendungen zu verhindern, so sind das **Postgeheimnis,** das Eigentum der Postkunden und die eigenen wirtschaftlichen Interessen des Arbeitgebers als hohe (Grund-)Rechtsgüter und schutzwürdige Belange zugunsten des Arbeitgebers zu beachten. Ob diese Belange es rechtfertigen, das ebenfalls grundrechtlich geschützte Interesse der Arbeitnehmer an der Beachtung ihres allgemeinen Persönlichkeitsrechts – zumindest zeitweilig – hint-*

---

70 BAG, NZA 1992, S. 43

71 Hess. Innenministerium, Bericht 2009, LT-Drs. 18/1015, Ziff. 12.2; vgl. allgemein: Koch/Francke, NZA 2009, S. 646; Kratz/Gubbels, NZA 2009, S. 654

72 BAG, NZA 1988, S. 92 = RDV 1988, S. 41; RDV 1992, S. 178 = CR 1993, S. 230

73 RDV 2005, S. 21

anzusetzen, hängt von den Umständen des Einzelfalls ab.« Hinsichtlich der erforderlichen Interessenabwägung hatte das BAG bereits zuvor wie folgt ausgeführt: *»Dabei ist für die Angemessenheit der grundrechtsbeschränkenden Maßnahme die Eingriffsintensität mitentscheidend. Daher ist bedeutsam, wie viele Personen wie intensiven Beeinträchtigungen ausgesetzt sind und ob die Personen hierfür einen Anlass gegeben haben. ... Die Intensität hängt ferner maßgeblich von der Dauer und der Art der Überwachungsmaßnahme ab.«*

1.5.1.2 Die Zulässigkeitsnorm

Nachdem die für die Verarbeitung von Beschäftigtendaten maßgebende Zulässigkeitsnorm des § 32 Abs. 1 BDSG auf jedwede Art der Erhebung und Verarbeitung von Daten Anwendung findet (§ 32 Abs. 2 BDSG), ist der Arbeitgeber zu derartigen Überwachungsmaßnahmen befugt, wenn sie für die Durchführung des Beschäftigungsverhältnisses erforderlich sind. Zu klären sind damit für die Zulässigkeitsprüfung zwei Tatbestände: nämlich einmal, ob der Verwendungszweck z. B. der **Durchführung** des Arbeitsverhältnisses zuzuordnen ist, und zum anderen, ob der Tatbestand der **Erforderlichkeit** erfüllt ist.[74] Ist die Zweckbestimmung »Durchführung des Beschäftigungsverhältnisses« nicht gegeben, stellt sich die Frage des Rückgriffs auf § 28 Abs. 1 S. 1 Nr. 2 BDSG. Zur Durchführung des Arbeitsverhältnisses bestimmt sind die Daten, die der Arbeitgeber zur Erfüllung seiner Pflichten, aber auch zur Wahrnehmung seiner Rechte gegenüber dem Arbeitnehmer vernünftigerweise benötigt. Gestattet sind auch Maßnahmen zur Kontrolle, ob der Arbeitnehmer den geschuldeten Pflichten nachkommt. Schließlich können der Durchführung des Beschäftigungsverhältnisses Überwachungsmaßnahmen zugerechnet werden, die sich nicht auf die Mitarbeiter beziehen, sondern die Organisation der Arbeitsabläufe, Sicherheitsaspekte etc. betreffen, denen sich der Mitarbeiter unterwerfen muss, weil er anderweitig seinen Arbeitspflichten nicht nachkommen kann. Zulässig ist daher eine offene Beobachtung der Beschäftigten nur, wenn bei gleichzeitiger Berücksichtigung des **Verhältnismäßigkeitsprinzips** überwiegende **Sicherheitsinteressen** des Arbeitgebers oder auch der Beschäftigten selbst diese erforderlich machen und weniger einschneidende Kontrollmaßnahmen nicht greifen.

140

---

74 Vogel/Glas, DB 2009, S. 1747

Zur Steuerung der operativen Abläufe in einem Hafenbetrieb ist der Einsatz von einer alle 30 Sekunden ein Livebild übertragenden Kamera zulässig. Das bloße Monitoring von Standbildern ohne Zoomfunktion, die alle 30 Sekunden überschrieben werden, beeinträchtigt das Persönlichkeitsrecht der rein zufällig anwesenden Mitarbeiter nach Ansicht des LAG Schleswig-Holstein[75] in einer hinzunehmenden Weise.

141 Auf das in § 6b BDSG für die Videoüberwachung öffentlich zugänglicher Bereiche als Rechtfertigungsgrund genannte **Hausrecht** kann sich der Arbeitgeber im Rahmen des § 32 Abs. 1 S. 1 BDSG nicht berufen, da die Intensität der Überwachung am Arbeitsplatz erheblich intensiver ist als von Personen, die sich regelmäßig nur kurzfristig und vorübergehend und dem Beobachtenden auch weitgehend unbekannt in derartigen Bereichen aufhalten.[76]

142 Zulässig wird eine Videoübertragung auch sein, wenn die Videokamera – so z. B. bei der Verbindung von **Telearbeitsplätzen** mit Kontaktpersonen im Betrieb – von dem betroffenen Beschäftigten selbst aktiviert wird.

1.5.1.3 Heimliche Überwachung am nicht-öffentlichen Arbeitsplatz

143 **Heimliche Überwachung** akzeptiert § 32 Abs. 1 S. 2 BDSG, und zuvor auch die Rechtsprechung,[77] nur, wenn der konkrete Verdacht einer strafbaren Handlung oder einer anderen schweren Verfehlung zu Lasten des Arbeitgebers besteht, weniger einschneidende Mittel zur Aufklärung des Verdachts ausgeschöpft sind, die verdeckte Überwachung praktisch das einzig verbleibende Mittel darstellt und insgesamt nicht unverhältnismäßig ist.

144 Die **Verhältnismäßigkeit** ist gewahrt, wenn bei konkretem Tatverdacht in Abstimmung mit dem Betriebsrat ein abgegrenzter Bereich **befristet überwacht** wird.[78] Über die grundsätzliche Möglichkeit der Überwachung sind die Mitarbeiter über die insoweit abgeschlossene Betriebsvereinbarung informiert.

---

75   NZA-RR, 2013, S. 577

76   BAG, RDV 2005, S. 21 = NJW 2005, S. 313 und RDV 2005, S. 216 = AuR 2005, S. 346

77   BAG, RDV 2003, S. 293; LG Zweibrücken, RDV 2004, S. 86; vgl. auch den Fall der heimlichen Bild- und Tonaufnahme: HessLAG, RDV 2002, S. 86; ferner LAG Köln, BB 1997, S. 476; LAG Baden-Württemberg, BB 1999, S. 1439; LAG Hamm, RDV 2001, S. 28; ArbG Düsseldorf, RDV 2004, S. 225

78   BAG, RDV 2008, S. 238

Die Überwachung einer Kaufhof-Schuhreparatur-Zentrale hat die Auf-   **145**
sichtsbehörde Hessen[79] demgemäß als zulässig angesehen, weil sie auf den
engeren Theken- und Kassenbereich beschränkt blieb und in einem »abgestuften« Verfahren nur bei einem mit den Mitarbeitern zuvor erörterten
Diebstahls- und Unterschlagungsverdacht aktiviert wurde. Für die Aktivierung forderte die Aufsichtsbehörde ein **»Vier-Augen-Prinzip«**, in dem
ein Vertreter des Arbeitgebers und möglichst der Datenschutzbeauftragte
diese mittels Passwortschutz nur gemeinsam vornehmen können. Dass die
Mitarbeiter, deren Filiale nicht überwacht wurde, gleichwohl aufgrund der
technischen Überwachungsmöglichkeit einem gewissen Überwachungsdruck unterworfen waren, wurde als akzeptabel angesehen, weil allen Mitarbeitern die Möglichkeit eingeräumt wurde, sich bei dem betrieblichen
Datenschutzbeauftragten anhand der bei ihm geführten Dokumentation im
Nachhinein zu informieren, ob ihre Filiale unter Beobachtung stand.

1.5.1.4 Fazit

Auch ohne spezifische Regelung ist eine auf der Basis des § 32 Abs. 1 S. 1   **146**
BDSG stattfindende Videoüberwachung nur zulässig bei Wahrung folgender Grundsätze:

- Das einen Eingriff in das Persönlichkeitsrecht rechtfertigende **schutzwürdige Interesse** des Arbeitgebers, etwa zum Schutz vor Verlust von
  Firmeneigentum durch Diebstahl, Unterschlagung oder Verrat von Betriebsgeheimnissen, muss vor Beginn der Videoüberwachung durch
  konkrete Anhaltspunkte und **Verdachtsmomente** belegt sein. Eine vage
  Vermutung oder ein pauschaler Verdacht gegen die gesamte Belegschaft
  reicht nicht aus.
- Eine unter diesen Voraussetzungen statthafte Videoüberwachung ist
  grundsätzlich offen mittels einer **sichtbaren Anlage** nach vorheriger Information der Belegschaft durchzuführen.
- Eine Überwachung durch verdeckte Kameras ist im Rahmen einer Notwehrsituation als **»Ultima Ratio«** nur zulässig, wenn dieses Mittel die
  einzige Möglichkeit darstellt, berechtigte, schutzwürdige Interessen des
  Arbeitgebers zu wahren. Dabei kann es jedoch nicht nur um die Aufdeckung von Straftaten gehen (so § 32 Abs. 1 S. 2 BDSG). Auch bei sons-

---

[79] 14. Bericht für die Aufsicht im nicht-öffentlichen Bereich (2000), Ziff. 7.5

tigen schweren Pflichtverletzungen kann berechtigter Aufklärungsbedarf bestehen.[80]

1.5.2 Videoüberwachung öffentlich zugänglicher Arbeitsplätze

1.5.2.1 Anwendungsbereich des § 6b BDSG

147 In § 6b BDSG[81] enthält das BDSG eine Bestimmung, die sich mit der **Videoüberwachung** von »öffentlich zugänglichen Räumen« befasst. Die Bestimmung betrifft auch Arbeitnehmer, wenn sie ihren Arbeitsplatz in einem **»öffentlich zugänglichen Raum«** haben. Entscheidend ist, ob der Bereich jedem oder einem nach allgemeinen Merkmalen bestimmten Personenkreis zugänglich sein soll. Maßgebend ist der Wille desjenigen, der das **Hausrecht** ausübt. Öffentlich zugänglich sind Geschäfte mit Publikumsverkehr, Kinos oder Museen. Dass ein Eintrittsgeld zu zahlen ist oder der Zugang z. B. für Jugendliche ausgeschlossen ist, ändert an der öffentlichen Zugänglichkeit nichts. Nicht öffentlich zugänglich ist im Regelfall ein Büro- oder Fabrikgebäude, auch wenn am Eingang kein Pförtner den Zutritt kontrolliert. Auch die Videoüberwachung des ausdrücklich nur für Mitarbeiter

---

80 Vgl. BAG, RDV 2012, S. 297 = NZA 2012, S. 1025

81 *§ 6b Beobachtung öffentlich zugänglicher Räume mit optisch-elektronischen Einrichtungen*
(1) Die Beobachtung öffentlich zugänglicher Räume mit optisch-elektronischen Einrichtungen (Videoüberwachung) ist nur zulässig, soweit sie
1. zur Aufgabenerfüllung öffentlicher Stellen,
2. zur Wahrnehmung des Hausrechts oder
3. zur Wahrnehmung berechtigter Interessen für konkret festgelegte Zwecke
erforderlich ist und keine Anhaltspunkte bestehen, dass schutzwürdige Interessen der Betroffenen überwiegen.
(2) Der Umstand der Beobachtung und die verantwortliche Stelle sind durch geeignete Maßnahmen erkennbar zu machen.
(3) Die Verarbeitung oder Nutzung von nach Absatz 1 erhobenen Daten ist zulässig, wenn sie zum Erreichen des verfolgten Zwecks erforderlich ist und keine Anhaltspunkte bestehen, dass schutzwürdige Interessen der Betroffenen überwiegen. Für einen anderen Zweck dürfen sie nur verarbeitet oder genutzt werden, soweit dies zur Abwehr von Gefahren für die staatliche und öffentliche Sicherheit sowie zur Verfolgung von Straftaten erforderlich ist.
(4) Werden durch Videoüberwachung erhobene Daten einer bestimmten Person zugeordnet, ist diese über eine Verarbeitung oder Nutzung entsprechend den §§ 19a und 33 zu benachrichtigen.
(5) Die Daten sind unverzüglich zu löschen, wenn sie zur Erreichung des Zwecks nicht mehr erforderlich sind oder schutzwürdige Interessen der Betroffenen einer weiteren Speicherung entgegenstehen.

ausgewiesenen **Parkplatzes,** selbst wenn mangels **Zugangsschranke** faktisch jeder parken kann, fällt nicht unter § 6b BDSG, da eine physische Abgrenzung nicht erforderlich ist.[82]

1.5.2.2 Zulässigkeitsgrenzen

Trotz der die Öffentlichkeit in der Vergangenheit wegen unzulässiger Videobeobachtung beschäftigenden »**Datenschutzskandale**« ist u. a. aus den Tätigkeitsberichten der Aufsichtsbehörden festzustellen, dass – wie der Niedersächsische Landesdatenschutzbeauftragte[83] statuiert –, »die Videoüberwachung in der Wirtschaft seuchenartig zunimmt«. Als Gründe genannt werden häufig **generalpräventive Zwecke** wie Furcht vor Ladendiebstählen, Einbruch, Sachbeschädigung und der Schutz von Beschäftigten vor tätlichen Übergriffen. Verkannt wird, dass die berechtigten Interessen an der Überwachung an konkret festgelegten Zwecken festzumachen,[84] in der Regel in einer **Verfahrensbeschreibung** zu beschreiben und im Rahmen der **Vorabkontrolle** (§ 4d Abs. 5 Nr. 2 BDSG)[85] zu überprüfen sind.[86] Anhand einer auf tatsächliche Vorkommnisse oder Erfahrungen gestützten **Risikoanalyse** sind die Geeignetheit, die Erforderlichkeit und die Verhältnismäßigkeit der Maßnahme zu überprüfen.

148

Dies gilt z. B. für Eingangsbereiche zu Kirchen, Partei- und Gewerkschaftsräumen, Nachtclubs und Bordellen, HIV-/AIDS-, Suchtberatungsstellen oder Treffpunkten von Homosexuellen. Darüber hinaus gelten auch **Umkleidekabinen** in Kaufhäusern, Frei- und Hallenbädern als sensitiv, wenn sich Personen in diesen Bereichen entkleiden und die Videoüberwachung damit in den **Kernbereich der Intimsphäre** eingreift. Gleiches trifft auf Behandlungszimmer von Arztpraxen oder sonstigen medizinischen Einrichtungen zumindest dann zu, wenn die Videoaufnahmen Rückschlüsse auf die Krankheit einer bestimmten Person zulassen.

149

---

82 Thüsing, Compliance, Rdn. 346; Gola/Schomerus, BDSG, § 6b Rdn. 8; Lang, Private Videoüberwachung im öffentlichen Bereich, S. 242; Scholz in Simitis (Hrsg.), § 6b Rdn. 48

83 XX. TB (2009/2010), S. 114

84 Auf das Hausrecht kann sich der Arbeitgeber gegenüber den Arbeitnehmern in der Regel nicht berufen, da er verpflichtet ist, die Mitarbeiter vertragsgemäß zu beschäftigen; vgl. BAG RDV 2005, S. 21 = NJW 2005, S. 313

85 Zum Erfordernis der Vorabkontrolle Gola/Schomerus, BDSG, § 6b Rdn. 33

86 Daraus folgt, dass die Videobeobachtung den Arbeitgeber, unabhängig von der Zahl seiner Beschäftigten, zur Bestellung eines die erforderliche Vorabkontrolle durchzuführenden Datenschutzbeauftragten verpflichtet (§ 4f Abs. 1 S. 6 BDSG)

150 Das gilt auch für die Mitarbeiter in der Gastronomie. Wenn sich in einer **Gaststätte,** bedingt durch ihre besondere Lage, oft alkoholisierte Gäste aufhalten, die in der Vergangenheit vermehrt Straftaten begingen, ist zwar die Kameraüberwachung des Kassenbereichs und ausnahmsweise auch des Gastraums zulässig. Gleiches gilt nach bayerischen Erfahrungen regelmäßig für die Videoüberwachung in **Bierzelten.**[87] Eine mitarbeiterbezogene Auswertung darf nur erfolgen, um ihr Verhalten bei den Auseinandersetzungen mit den Gästen festzuhalten.

151 Auch in **Taxis** kann die Überwachung zur Abwehr von Gefahren für die Fahrer zulässig sein.[88] Zuvor sind weniger einschneidende Maßnahmen zu prüfen, wie die anlassbezogene Auslösung eines »stillen Alarms« oder eines GPS-gestützten Notrufsignals. Dem Taxifahrer sollte die Möglichkeit eröffnet werden, die Aufzeichnung selbst zu aktivieren, wenn nach eigener Einschätzung eine bedrohliche Situation gegeben ist. Ansonsten ist unter Berücksichtigung sowohl der Sicherheitsinteressen des Fahrpersonals als auch des Persönlichkeitsrechts der betroffenen Fahrgäste die Aufzeichnung in der Regel auf das Anfertigen einzelner Standbilder beim Einsteigen zu beschränken.[89]

152 Unfallkameras, mit denen das Geschehen im Verkehrsraum zur Dokumentation eventueller Schadensereignisse erfasst werden soll, erlaubt § 6b BDSG nach Ansicht der Aufsichtsbehörden nicht.

153 Die **Erforderlichkeit** setzt voraus, dass die Maßnahme geeignet ist, d. h. das Überwachungsziel tatsächlich erreicht wird, und dass dafür kein anderes, gleich wirksames, aber den Betroffenen weniger in seinen Rechten beeinträchtigendes Mittel zur Verfügung steht. Insofern ist eine Beobachtung mit Aufzeichnung nicht erforderlich, wenn auch die bloße Beobachtung genügt bzw. nur das aktuelle **Monitoring** den beabsichtigten Schutz bewirkt. Eine zur Abschreckung von Straftätern gedachte Überwachung ist ungeeignet, wenn sie für die potenziellen Täter nicht gut erkennbar ist.[90]

---

87 Bayerisches Landesamt für Datenschutzaufsicht, TB 2009/2010, S. 91 und 93

88 Zu den Voraussetzungen, Hamb, BfDI, TB 2010/2011, S. 152

89 Beschluss des Düsseldorfer Kreises der Aufsichtsbehörden vom 26./27.2.2013 = RDV 2013, S. 267

90 Scholz in: Simitis (Hrsg.), BDSG, § 6b Rdn. 87

Andererseits wird nicht verlangt, dass die Überwachung kompletten Schutz gewährleistet.[91]

Die objektiv mildere, aber gleich wirksame Alternative, die auch unter dem **154** Gebot der Datensparsamkeit oder Datenvermeidung geboten sein kann, muss jedoch auch objektiv zumutbar sein. Dabei spielt der **Kostenfaktor** eine wesentliche Rolle. Hilft bereits bessere Beleuchtung des Geländes oder häufigere Rundgänge durch das bereits vorhandene **Sicherheitspersonal**, kann sich die Überwachung erübrigen. Wenn durch Einsatz der Videoüberwachung Kosten für Sicherheitspersonal eingespart werden sollen, kann dem der Datenschutz nicht entgegengesetzt werden.[92]

Scheiden weniger einschneidende Mittel, wie z. B. eine andere Kassenorga- **155** nisation, aus, kann z. B. nach festgestellten **Kassendifferenzen** eine offene Videoüberwachung zulässig sein, um Zahlungen von Kunden an Mitarbeiter einer Autovermietung nachzuweisen.[93] Verhältnismäßig ist auch die Überwachung des Anlieferungsbereichs einer Postfiliale zwecks Überwachung und Beweisführung bei der **Paketanlieferung.**[94]

Erfolgt die Videoüberwachung in **sensitiven Bereichen,** ist fraglich, ob **156** direkt oder indirekt die Anwendung der § 28 Abs. 6–9 BDSG zum Tragen kommt. Jedenfalls hebt § 6b BDSG nicht den in § 26 Abs. 6–9 gewahrten Schutzgedanken auf.[95] Eine Videobeobachtung von **Streikenden,** die die Zufahrt zum Betrieb blockieren, ist im Hinblick auf die Koalitionsfreiheit erst verhältnismäßig, wenn sie bei tatsächlichen Ausschreitungen erfolgt.[96]

Liegt der Überwachungszweck in der Beobachtung der Besucher und Kun- **157** den (z. B. bei der zum Schutz vor Überfällen erfolgenden Videoüberwachung einer Bank), ist durch geeignete Maßnahmen sicherzustellen, dass **zweckentfremdende Leistungskontrollen** der Mitarbeiter ausgeschlossen sind.[97] Bewirkt die Videoüberwachung eine lückenlose Dauerüberwachung

---

91 So OVG NRW, RDV 2009, S. 232, wenn die Videoüberwachung der Bibliothek nur bestimmte »Brennpunkte« beobachtet.

92 Vgl. zu einem Drei-Stufen-Modell zur grundrechtschonenden Gestaltung der Videoüberwachung Roßnagel/Desoi/Hornung, DuD 2011, S. 695

93 Aufsichtsbeh. Thüringen, 5. TB (2009/2010), S. 29

94 BAG, RDV 2008, S. 238 = NZA 2008, S. 1187

95 Nguyen, DuD 2011, S. 715

96 Nds. LDSB, XX. TB (2009/2010), S. 121, wobei der besondere Schutz des § 3 Abs. 9 BDSG zu beachten war, da durch die Kleidung die Mitgliedschaft zur Gewerkschaft erkennbar war.

97 Vgl. Gola/Wronka, Handbuch Arbeitnehmerdatenschutz, Rdn. 817

der Mitarbeiter, stellt das in der Regel einen unzulässigen Eingriff in das Persönlichkeitsrecht der Mitarbeiter dar.[98] Beispielhaft ist ein Fall,[99] in dem eine Friseurkette in ihren Geschäften Videokameras, zur zentralen Kontrolle durch den Inhaber, installiert hatte, die ihm auch dazu dienten, die Mitarbeiter per Telefon anzuweisen, freundlicher zu lachen oder sparsamer zu schamponieren. Die angegebene Berechtigung der Zweckbestimmung des Schutzes vor Diebstahl konnte dagegen nicht belegt werden.[100]

158   Datenschutzrechtliche Fragen treten nicht auf, wenn Mitarbeiter nicht erfasst werden. Zu dem Ergebnis kam das ULD[101] bei Überprüfung der Videoüberwachung in einer Bäckerei. Diese hatte der Bäcker ausschließlich dazu installiert, um die Attraktivität der **Präsentation der Backwaren** ständig überprüfen zu können. Das Problem einer Leistungskontrolle der die Regale auffüllenden bzw. Brote und Kuchen entnehmenden Beschäftigten wurde nicht gesehen, da die jeweils tätigen Beschäftigten nicht erkennbar waren. Wobei wohl anzumerken ist, dass bei der Beschäftigung nur einer Verkäuferin deren Verhalten bei der dem Bäcker wohl sehr wichtigen Präsentation seiner Backwaren personenbeziehbar ermittelt werden würde.

1.5.2.3 Heimliche Überwachung öffentlich zugänglicher Arbeitsplätze

159   Nach § 6b Abs. 2 BDSG ist die Tatsache der Videoüberwachung den Betroffenen transparent zu machen.[102] Eine Ausnahme von der Transparenzpflicht sieht § 6b BDSG i.G. zu anderen Benachrichtigungs- und Auskunftsregelungen nicht vor. Fraglich ist, ob die Erfüllung der Hinweispflicht Rechtmäßigkeitsvoraussetzung[103] ist, mit der Folge, dass eine **heimliche Überwachung** in öffentlich zugänglichen Räumen generell nicht mehr zulässig ist. Zutreffend ist, dass der Gesetzgeber Ausnahmetatbestände, wie sie z. B. bei der Benachrichtigungpflicht des § 33 BDSGbestehen, nicht vorgesehen hat. Andererseits hat er den Verstoß gegen die Informationspflicht nicht in § 43 BDSG sanktioniert.

---

98   BremLDSB TB 2007, S. 60

99   ULD-SH, 33. TB (2011), Ziff. 514

100   Zur Videoüberwachung in der Gastronomie, die sich auf Sicherheitsbereiche zu beschränken hat, vgl. ULD-SH, 32. TB (2010), Ziff. 552; siehe auch Nds.LDSB, XX. TB (2009/2010), S. 121 über 4 Filialen der Systemgastronomie, in denen 94 Kameras installiert waren.

101   TB 2013, Ziff. 5.9.11

102   Zum Verfahren vgl. Gola/Schomerus, BDSG, § 6b Rdn. 24 ff.

103   Ablehnend Thüsing, Compliance, Rdn. 358; Lang, Private Videoüberwachung im öffentlichen Raum, S. 311

Bejaht man die Rechtmäßigkeitsvoraussetzung, ist auch eine zur Abwehr **160** bzw. Überführung eines konkret verdächtigen Diebes durchgeführte heimliche Aufzeichnung unzulässig.[104] Daraus wird dann ein **Beweisverwertungsverbot** gefolgert.[105] Anders und zutreffend hat das BAG[106] entschieden, wonach die Verwertung heimlicher Videoaufnahmen von öffentlich zugänglichen Räumen – etwa im Kassenbereich eines Getränkemarktes – im Kündigungsschutzprozess zulässig sei. Eine notwehrähnliche Situation des Arbeitgebers könne eine diesbezügliche verfassungskonforme Einschränkung des § 6b Abs. 2 BDSG rechtfertigen.[107]

Heimliche Videoüberwachung ist daher – entgegen dem Wortlaut der Norm **161** – zulässig, wenn gegen einen zumindest räumlich und funktional abgrenzbaren Kreis von Arbeitnehmern der konkrete Verdacht einer strafbaren Handlung oder einer anderen schweren Verfehlung zu Lasten des Arbeitgebers besteht und die verdeckte Überwachung – nach Ausschöpfung möglicher weniger einschneidender Mittel – das einzig verbleibende Mittel darstellt und unter Beachtung des Verhältnismäßigkeitsprinzips erfolgt.[108]

1.5.2.4 Exkurs: Attrappen

Nicht von den Regelungen des BDSG erfasst wird die Installation von – für **162** den Betroffenen als solche nicht erkennbaren – Kameraattrappen. Die Zulässigkeitsgrenzen sind die nämlichen wie bei funktionsfähiger Technik, da der regelmäßig unzulässige und mit dem Persönlichkeitsrecht unvereinbare Überwachungsdruck gleich ist. Der Abwehranspruch aus § 1004 BGB ist jedoch erledigt, wenn der Arbeitgeber den Charakter der Attrappe offenlegt.

---

104 Kritisch Gola/Klug, RDV 2004, S. 65 (73)

105 So z. B. ArbG Frankfurt a.M., RDV 2006, S. 214; Bayreuther, NZA 2005, S. 1038, mit der Empfehlung an den Gesetzgeber, die unbefriedigende Rechtslage zu ändern.

106 RDV 2012, S. 297 = NZA 2012, S. 1025 = ZD 2012, S. 568

107 Vgl. auch LAG Köln, ZD 2011, S. 47; Vietmeyer/Byers, DB 2010, S. 1462; Grimm/Schiefer, RdA 2009, S. 329 (334)

108 Vgl. hierzu: Bayreuther, DB 2012, S. 222; Bergwitz, NZA 2012, S. 1205; Bourguignon, BB 2012, S. 1087; Kraska, BB 2012, S. 2815; Pötters/Traut, RDV 2013, S. 132; Wortmann, ArbR 2012, S. 279

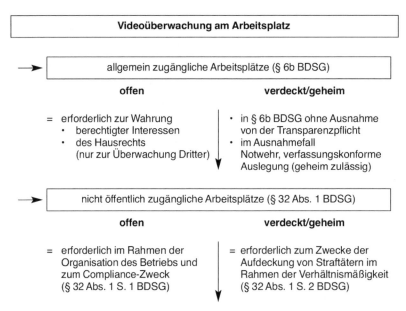

Abb. 2: Videoüberwachung

1.5.3 Entwurf des Beschäftigtendatenschutzgesetzes zur Video-überwachung

1.5.3.1 Offene Videoüberwachung

163   Der mit Ablauf der Legislaturperiode 2013 erledigte Entwurf des Beschäf-tigtendatenschutzgesetzes enthielt zwei Normen die sich mit der Zulässigkeit der Videoüberwachung befassten.[109] § 32f BDSG-E[110] regelte quasi als Pa-

---

109   Zur Kommentierung im Einzelnen siehe Forst, Seifert, DuD 2011, S. 98; Vietmey-er/Byers, DB 2010, S. 1462; Thüsing/Forst, RDV 2011, S. 163; Forst, NZA 2010. S. 1043; Heinson/Sörup/Wytibul, CR 2010, S. 751 (776)

110   *§ 32f BDSG-E Beobachtung nicht öffentlich zugänglicher Betriebsstätten mit op-tisch-elektronischen Einrichtungen*
(1) Die Beobachtung nicht öffentlich zugänglicher Betriebsgelände, Betriebsgebäude oder Betriebsräume (Betriebsstätten) mit optisch-elektronischen Einrichtungen (Vi-deoüberwachung), die auch zur Erhebung von Beschäftigtendaten geeignet ist, ist nur zulässig
1. zur Zutrittskontrolle,
2. zur Wahrnehmung des Hausrechts,
3. zum Schutz des Eigentums,
4. zur Sicherheit des Beschäftigten,
5. zur Sicherung von Anlagen,
6. zur Abwehr von Gefahren für die Sicherheit des Betriebes,
7. zur Qualitätskontrolle,

rallelnorm zu § 3b BDSG die **offene Videoüberwachung** im nicht öffentlich zugänglichen Betriebsgelände und Betriebsräumen, egal ob in diesem Zusammenhang Beschäftigtendaten gezielt oder zufällig mit erfasst werden können. Zum Schutz des Persönlichkeitsrechts der Beschäftigten ist die Videobeobachtung nur im Zusammenhang mit dem Vorliegen von **wichtigen betrieblichen Interessen** und einer darauf beruhenden Interessenabwägung zulässig.[111]

Wichtige betriebliche Interessen sind nur in den in Abs. 1 S. 1 genannten Fällen anzunehmen. Nummer 3 bezieht sich auf das Eigentum des Arbeitgebers, der Beschäftigten und auch Dritter, z. B. Kunden oder Vertragspartner des Arbeitgebers. **164**

Hinsichtlich der Verarbeitung und Nutzung der erhobenen Daten sowie der Benachrichtigung von Betroffenen sollten die Regelungen des § 6b Absatz 3 und 4 BDSG entsprechend gelten. **165**

Auch hier hat der Arbeitgeber die Pflicht zur Transparenz für die Beschäftigten und die Beobachtung durch geeignete Maßnahmen wie beispielsweise deutlich sichtbare **Hinweisschilder** erkennbar zu machen. **166**

Da bereits eine nicht funktionsfähige oder ausgeschaltete Kamera sowie eine Einrichtung, die nur wie eine Kamera aussieht, zu gleichem **Überwachungsdruck** und Verhaltensänderungen der Beschäftigten führen können, gelten die oben genannten Voraussetzungen auch für Einrichtungen, die für die Videoüberwachung geeignet erscheinen. **167**

Absatz 2 stellte klar, dass schutzwürdige Interessen verletzt werden, wenn Betriebsräume, die einem Beschäftigten als **privater Rückzugsraum** zur **168**

---

soweit sie zur Wahrung wichtiger betrieblicher Interessen erforderlich ist und wenn nach Art und Ausmaß der Videoüberwachung keine Anhaltspunkte dafür bestehen, dass schutzwürdige Interessen der Betroffenen am Ausschluss der Datenerhebung überwiegen.
Der Arbeitgeber hat den Umstand der Videoüberwachung durch geeignete Maßnahmen erkennbar zu machen. § 6b Absatz 3 und 4 gilt entsprechend. Die Sätze 1 und 2 gelten entsprechend, wenn von einer Einrichtung lediglich der Anschein einer Videoüberwachung ausgeht.
(2) Eine Videoüberwachung von Teilen von Betriebsstätten, die überwiegend der privaten Lebensgestaltung des Beschäftigten dienen, ist unzulässig. Dies gilt insbesondere für Sanitär-, Umkleide- und Schlafräume.
(3) Die Daten sind unverzüglich zu löschen, wenn sie zur Erreichung des Speicherungszwecks nicht mehr erforderlich sind oder schutzwürdige Interessen des Beschäftigten einer weiteren Speicherung entgegenstehen.

111 Diese und nachfolgende Ausführungen sind der Gesetzesbegründung entnommen.

Verfügung gestellt werden, überwacht werden dürfen. Dies gilt insbesondere für Sanitär-, Umkleide- und Schlafräume.

169 Das Speichern bzw. das **Löschen** der durch die Videoüberwachung erhobenen Daten regelte Absatz 3. Sie sind davon abhängig, ob die Speicherung zur Erreichung des Zwecks noch erforderlich ist und ob schutzwürdige Interessen des Beschäftigten einer weiteren Speicherung entgegenstehen. Zum Zweck der Speicherung kann im Einzelfall auch eine spätere arbeitsgerichtliche Auseinandersetzung zählen.

170 Die Norm ist u. a. auf Gewerkschaftsseite in Hinblick auf die eröffneten Spielräume auf erhebliche Kritik gestoßen. Nicht hinreichend deutlich wird, dass die Überwachung nicht einer **allgemeinen Leistungskontrolle** dienen darf. Zumindest der Tatbestand der Qualitätskontrolle könnte in diese Richtung verstanden werden. Andererseits ist nicht zu vermuten, dass das BAG seine bisherige Rechtsprechung bei der durch § 32f Abs. 1 BDSG-E gebotenen Abwägung ändern sollte.

1.5.3.2 Heimliche Videoüberwachung

In § 32e BDSG-E[112] wird die bisherige Regelung **heimlicher Überwa-**   171
chung in § 32 Abs. 1 S. 2 BDSG erweitert und konkretisiert. Von Relevanz
ist vorliegend das Verbot bestimmter Überwachungstechniken (§ 32 Abs. 3
BDSGE). Dies gilt für das **Abhören und Aufzeichnen** des nicht öffentlich
gesprochenen Wortes (Abs. 3 Nr. 2) und für sonstige besondere technische
Mittel, die für Beobachtungszwecke bestimmt sind. Gemeint ist hiermit
vorrangig die Videoüberwachung.

---

112 *§ 32e BDSG-E Datenerhebung ohne Kenntnis des Beschäftigten zur Aufdeckung*
und Verhinderung von Straftaten und anderen schwerwiegenden Pflichtverletzungen
im Beschäftigungsverhältnis
(1) Der Arbeitgeber darf Beschäftigtendaten nur mit Kenntnis des Beschäftigten erhe-
ben.
(2) Der Arbeitgeber darf Beschäftigtendaten ohne Kenntnis des Beschäftigten nur er-
heben, wenn
1. Tatsachen den Verdacht begründen, dass der Beschäftigte im Beschäftigungsverhält-
nis eine Straftat oder eine andere schwerwiegende Pflichtverletzung begangen hat, die
den Arbeitgeber bei einem Arbeitnehmer zu einer Kündigung aus wichtigem Grund be-
rechtigen würde, und
2. die Erhebung erforderlich ist, um die Straftat oder die andere schwerwiegende
Pflichtverletzung aufzudecken oder um damit im Zusammenhang stehende weitere
Straftaten oder schwerwiegende Pflichtverletzungen des Beschäftigten zu verhindern.
(3) Die Erhebung nach Absatz 2 muss nach Art und Ausmaß im Hinblick auf den Anlass
verhältnismäßig sein. Sie ist nur zulässig, wenn die Erforschung des Sachverhalts auf
andere Weise erschwert oder weniger erfolgversprechend wäre. Die Erhebung ist ab-
zubrechen, wenn der Zweck nicht zu erreichen ist; sie ist zu unterbrechen, wenn der
Zweck nur vorübergehend nicht zu erreichen ist. Die Dauer ist auf das Unerlässliche zu
beschränken.
(4) In den Fällen des Absatzes 2 ist die Erhebung von Beschäftigtendaten unzulässig,
wenn sie erfolgt mit Hilfe
1. einer planmäßig angelegten Beobachtung, die länger als 24 Stunden ohne Unter-
brechung oder an mehr als vier Tagen stattfinden soll,
2. technischer Mittel zum Abhören oder Aufzeichnen des nicht öffentlich gesprochenen
Wortes oder 3. sonstiger besonderer technischer Mittel, die für Beobachtungszwecke
bestimmt sind.
Satz 1 Nr. 3 gilt nicht für den Einsatz von Ferngläsern und Fotoapparaten.
(5) ... (7)

1.6 Erfassung von Bewegungsdaten

1.6.1 Allgemeines

172   Elektronische Überwachungstechniken geben dem Arbeitgeber die Möglichkeit, den jeweiligen **Aufenthaltsort** von Beschäftigten zu erfassen, was insbesondere bei »mobil«, d. h. nicht an einem ständigen Arbeitsplatz tätigen Beschäftigten von Interesse sein kann. Neben die praktizierte Erfassung der **Bewegungsdaten** im Betrieb durch Videobeobachtung oder Zutrittskontrollsysteme tritt die Erfassung durch den Einsatz von **RFID** (Radio Frequency Identification). Die fortdauernde Feststellung des Aufenthalts extern eingesetzter Beschäftigter ermöglichen **GPS** (Global Positioning System/GPS-Track) oder **Handy-Ortung** (GSM-Ortung). Die Auswertungen der erfassten und dem Arbeitgeber übertragenen Standortdaten können über »Location Based Services« beliebig gesteuert werden.[113]

1.6.2   RFID-Anwendungen im Betrieb

173   Besondere Beachtung findet insoweit der Einsatz der RFID-Technik (Radio Frequency Identification), die darauf beruht, dass mithilfe von **Funketiketten** (RFID-Chips, auch Tags genannt) gespeicherte Daten berührungslos an ein Empfangsgerät (Computer) übermittelt werden, d. h., das Lesegerät verbindet die Informationen mit einer Datenbank, in die die gesendeten Informationen gespeichert und dort ggf. mit weiteren Informationen zusammengeführt werden.[114] Die Chips sind derart winzig, dass sie z. B. auf Konsumgütern untergebracht werden können, ohne dass ihre Existenz bemerkt wird. Ihre Reichweite zum Auslesegerät ist jedoch auf kurze Entfernungen im zweistelligen Meterbereich begrenzt.[115] Anwendung findet die Technik bereits im Bereich der **Logistik**, indem z. B. Waren anhand von Artikelnummer, Produktherkunft oder Preis im Betriebsablauf identifiziert und bestimmungsgemäß verteilt werden können. Ein Beispiel hierfür bietet

---

113   Vgl. Gola, NZA 2007, S. 1139

114   Zur Funktionsweise und zu Einsatzmöglichkeiten im Endkundenbereich in Supermärkten etc. vgl. bei von Westerholt/Döring, CR 2004, S. 710

115   Zur insoweit unterschiedlich aufwendigen Technik vgl. Handen/Wiese, DuD 2004, S. 109

der Bereich der **Warenhäuser,**[116] wo per RFID ggf. auch das **Inkasso** durch Personal eingespart werden kann.

Mit Chips versehen werden können nicht nur Waren etc., sondern auch Arbeitnehmer bzw. von ihnen mitzuführende Gegenstände. So kann die Technik bei **Hausausweisen** Anwendung finden. Hierbei werden die gespeicherten Ausweisdaten z. B. von den berührungslos funktionierenden Türöffnern gelesen und ggf. mit einem Zeitstempel versehen in einer Datenbank abgespeichert. Festgehalten werden kann, ob der Mitarbeiter auch tatsächlich zu der vorgegebenen Zeit (z. b. beim Rundgang eines **Wachmannes,** bei Routineuntersuchungen von Wartungstechnikern etc.) an dem vorgeschriebenen Ort war, oder im **Supermarkt,** welcher Mitarbeiter wann welches Regal mit wie viel Produkten welcher Art nachgefüllt hat, wodurch detaillierte **Bewegungsprofile** der Ausweisträger entstehen können.

174

Die Tatsache, dass der mit RFID versehene Ausweis auch – in der Regel unbefugt – einem Dritten ausgehändigt werden kann, ändert an dem Personenbezug nichts, da die Daten zunächst dem Mitarbeiter zugeordnet werden.[117]

175

Möglich ist allein schon aufgrund der minimalen Größe der Technik auch, dass diese Erfassung des Mitarbeiters an verschiedenen Stellen des Betriebes für ihn verdeckt erfolgt.

176

1.6.3 Zulässigkeitsgrenzen

Entgegen den sich regelmäßig erhebenden Stimmen nach neuen gesetzlichen Regelungen[118] sah die Bundesregierung 2004 »nach dem derzeitigen Stand der Technik keinen ergänzenden datenschutzrechtlichen Regelungsbedarf«[119] für den Einsatz der RFID-Technik. Dabei weist sie u. a. auf die auch insoweit geltenden Verarbeitungsrestriktionen und Sicherheitsanfor-

177

---

116 Vgl. hierzu die Gesamtbetriebsvereinbarung zum RFID-Einsatz bei der Kaufhof Warenhaus AG, RDV 2005, S. 192

117 Zur diesbezüglichen Problematik des Personenbezugs zu RFID-Tags auf Produkten vgl. bei Löw, ZD 2013, S. 309 (310)

118 Eisenberg/Puschke/Singelstein, ZRP 2005, S. 9

119 BT-Drs.15/3025 = RDV 2004 S. 196; ebenso von Westerholt/Döring, CR 2004, S. 710 (715); vgl. aber auch zu einem datenschutzkonformen Einsatz durch datenschutzfreundliche Technik: Müller/Handy, DuD 2004, S. 655

derungen des BDSG und die Informationspflichten nach § 6c BDSG[120] hin. Auch die geplanten Beschäftigtendatenschutznormen regeln den RFID-Einsatz nicht.

178 Rechtsprechung zur Anwendung von RFID und speziell zu deren Einsatz im Arbeitsverhältnis gibt es – auch aufgrund der noch geringen Verbreitung – bisher nicht. Zur Auslotung der Zulässigkeit können jedoch die Grenzen herangezogen werden, die Gesetzgeber und Rechtsprechung der **Video-überwachung** gesetzt haben. Ein arbeitsvertragliches Kontrollrecht (§ 32 Abs. 1 Nr. 1 BDSG) wird z. B. hinsichtlich der Erfassung des Anlaufens bestimmter Kontrollpunkte bei dem Rundgang eines Wachmannes nicht zu verneinen sein. Gerechtfertigt sein kann die Kontrolle hier aus Sicherheitsgründen oder zur vertragsgemäßen Abrechnung. Dagegen ist z. B. eine lückenlose Erfassung, welcher für den Warenbestand der Regale des **Supermarkts** zuständige Mitarbeiter wann welche Waren wo nachgefüllt bzw. welche Arbeitsleistung er insoweit aggregiert über den Tag, die Woche, den Monat erbracht hat – abgesehen davon, dass für die Erfassung derartiger **Organisationsabläufe** i. d. R. anonymisierte Daten ausreichen –, mit dem Anspruch auf Persönlichkeitsschutz (vgl. § 75 Abs. 2 BetrVG) nicht vereinbar und würde wohl auch kaum die erforderliche Zustimmung einer Mitarbeitervertretung (u. a. nach § 87 Abs. 1 Nr. 6 BetrVG) finden.[121]

179 Erforderlich ist zudem die **Transparenz** der Überwachung. Nach § 6c BDSG ist der Betroffene über die Funktionsweise des Mediums einschließlich der Art der zu verarbeitenden Daten zu informieren. Kommunikationsvorgänge, die auf dem Medium eine Datenverarbeitung auslösen, müssen für ihn eindeutig erkennbar sein. Insoweit muss er auch über den Stand der Lesegeräte informiert sein. Konkrete Auskunftsansprüche bezüglich der über ihn gespeicherten Daten ergeben sich aus § 34 BDSG.

---

120 Dazu inwieweit – abhängig von der jeweiligen Ausgestaltung des RFID-Chips – § 6c BDSG zum Tragen kommt, siehe bei Lahner, DuD 2004, S. 723; Schmitz/Eckardt, CR 2007, S. 171

121 Vgl. zum Inhalt einer Betriebsvereinbarung: ver.di (Hrsg.), RFID Basisinformation für Betriebsräte; sowie die Gesamtbetriebsvereinbarung zum RFID-Einsatz bei der Kaufhof Warenhaus AG, RDV 2005, S. 192

1.6.4 RFID und Biometrie

RFID-Technik bietet sich insbesondere an beim Einsatz **biometrisch** ge- **180**
stützter **Authentisierungs- und Zutrittskontrollsysteme** beim Zugang zu
IT-Systemen bzw. beim Zutritt in Räume.[122] Statt oder neben der vom Betroffenen parat zu haltenden Passwörter oder PINs, die aufgrund von Erin-
nerungslücken beim Betroffenen bzw. möglichen Missbrauch durch Unbefugte nicht unproblematisch sind, bieten **biometrische Verfahren** aufgrund
der nahezu unverwechselbaren Authentifizierung des Betroffenen eine höhere Sicherheit. Beim Einsatz der Technik sind Verfahren zu wählen, die
einen Missbrauch der Daten weitgehend ausschließen. Dies ist u. a. der Fall,
wenn die biometrischen Daten ausschließlich auf der Chipkarte gespeichert
sind und dort mit den »Echtdaten« verglichen werden.[123]

1.6.5 Die Ortung extern Beschäftigter

1.6.5.1 Allgemeines

Bereits bisher bestanden vielfältige Möglichkeiten der Kontrolle eines nicht **181**
an einen betrieblichen Arbeitsplatz gebundenen Mitarbeiters. So konnte der
Arbeitgeber die Beschäftigten mit **Mobiltelefonen** ausstatten, über die sie
jederzeit erreichbar sind, um ihren **Aufenthaltsort** und die dortige Tätigkeit
nachzufragen oder um ihnen einen geänderten Arbeitsplan mitzuteilen.[124]
Der Mitarbeiter konnte auch verpflichtet werden, derartige **Standortmel-
dungen** von sich aus nach bestimmten Regeln abzugeben. Rüstet man dann
den Mitarbeiter mit einem mobilen Zeiterfassungsgerät aus, mit dem nicht
nur die Arbeitszeit insgesamt, sondern die für die jeweiligen Arbeitsvorgänge aufgewendeten Zeiten erfasst und dem Arbeitgeber übermittelt werden, so ist auch der externe Mitarbeiter im Kontrollbereich, wenngleich die
von ihm gemachten Angaben nicht in jedem Fall verifizierbar sind.

Insoweit können dann von dem Mitarbeiter nicht beeinflussbare Kontroll- **182**
techniken weiterhelfen, wobei das Navigationssystem **GPS** (Global Positioning System) die unmittelbare Bestimmung des Aufenthaltsorts von Fahr-

---

122 Hornung/Steidle, AuR 2005, S. 201
123 Nach § 32h Abs. 1 S. 1 BDSG-E darf der Arbeitgeber biometrische Daten eines Beschäftigten nur erheben, verarbeiten oder nutzen, soweit dies aus betrieblichen Gründen
 zu Autorisierungs- oder Authentifikationszwecken erforderlich ist und schutzwürdige
 Interessen nicht verletzt werden.
124 Auf den Vorrang dieser Möglichkeit vor der Standort-Überwachung weist der LfD
 Rheinland-Pfalz, TB 2008–2009, Ziff. 6.3.2, hin.

zeugen, Waren und auch von Menschen ermöglicht. Auch der Standort des mitgeführten Mobiltelefons lässt sich mit Hilfe des jeweiligen Kommunikationsanbieters ermitteln. Die Erfassung der Standortdaten beruht darauf, dass Mobiltelefone ständig – auch im Stand-by-Betrieb – Signale zu den sie umgebenden Sendemasten senden.[125] Die Netzbetreiber bieten das Verfahren ihren Netznutzern an, wobei der jeweilige Vertragspartner des TK-Dienstleisters die Ortung seines Telefons beantragen muss. Die Information über die Ortung erfolgt über den Mobilfunkanbieter oder einen LGS-Anbieter.[126]

183   Anbieter von sogenannten »**Location Based Services**« führen die Standortermittlung durch und geben das Ergebnis per Internet ihrem Webportal bekannt. Auch andere Informationswege sind im Angebotsspektrum, je nachdem, ob es sich um eine einmalige **Locations-Erfassung** oder um eine **Routenverfolgung** handelt. Rechtsgrundlage bilden, vorbehaltlich der Regelung des § 98 TKG, die Regelungen des TMG.

184   Einen Beispielfall schildert die Aufsichtsbehörde Baden-Württemberg.[127] In dem beurteilten Fall war in Dienstwagen von im **Außendienst** tätigen Verkäufern neben dem Navigationsgerät auch eine Telematik-Rechnereinheit mit GPS-Empfänger und Mobilfunkmodul zur Übertragung der **Positionsdaten** in Echtzeit an ein webbasiertes Portal eingebaut. Das webbasierte Portal wurde von einem EDV-Dienstleister im Auftrag des Unternehmens betrieben. In dem Portal konnte der jeweilige Standort der Fahrzeuge von allen Vorgesetzten der betreffenden Fahrer eingesehen werden. In der dazu abgeschlossenen Betriebsvereinbarung war auch dem örtlich zuständigen **Betriebsrat** ein Einsichtsrecht eingeräumt. Außerdem wurden Datum, Uhrzeit und Aufenthaltsort zu Beginn und Ende der jeweiligen Einzelfahrt sowie der jeweilige Kilometerstand des Fahrzeugs (**Fahrtenbuch**) notiert.

185   Die GPS-Kontrolle gehört auch zum Leistungsangebot von **Detekteien**, welche dann die heimliche Überwachung im Auftrag des Arbeitgebers durchführen.[128]

---

125 Auch diese Daten sind im Schutzbereich des Fernmeldegeheimnisses, BGH, DuD 1999, S. 478; CR 2001, S. 668.
126 Vgl. hier LDI NRW, 20. TB 2011, Ziff. 7.6
127 LfD Baden-Württemberg, 30. TB (2010/2011), 2. Abschn., Ziff. 7
128 Siehe bei Gola, NZA 2007, S. 1139

1.6.5.2 Die Zulässigkeit des Verfahrens

1.6.5.2.1 Die Zulässigkeit nach dem TKG

Die Zulässigkeit der Ermittlung der Mobil-Standortdaten durch den **186**
TK-Dienstleister richtet sich nach dem TKG. Sie ist durch § 98 Abs. 1
TKG gestattet, wenn der Teilnehmer (also hier der Arbeitgeber als Partner
des mit dem Anbieter der Telekommunikationsdienste abgeschlossenen
Vertrages (§ 3 Nr. 20 TKG)) seine **Einwilligung** erteilt hat.[129] Einer Einwilligung der jeweiligen Arbeitnehmer als Nutzer des Geräts bedarf es jedenfalls gegenüber dem Anbieter des Telekommunikationsdienstes nicht.
Der Teilnehmer (Arbeitgeber) ist aber gemäß § 98 Abs. 1 Satz 2 TKG verpflichtet, die Nutzer (Arbeitnehmer) über eine erteilte Einwilligung, d. h.
über die Standorterfassung, zu **unterrichten.**[130]

Zudem erfolgt eine Information über die Ortung, da § 98 Abs. 1 S. 2 TKG **187**
den Anbieter des Dienstes mit Zusatznutzen verpflichtet, den Nutzer durch
eine Textmitteilung an das Endgerät, dessen Standortdaten ermittelt wurden,
über die Ortung – im Nachhinein – zu benachrichtigen.

1.6.5.2.2 Die datenschutzrechtliche Zulässigkeit

1.6.5.2.2.1 Offene Überwachung

Sowohl nach § 98 Abs. 1 S. 2 TKG als auch auf Grund des Gebots der Di- **188**
rekterhebung des § 4 Abs. 3 BDSG ist die Überwachung dem Mitarbeiter
transparent zu machen. Ob hiervon im Ausnahmefall abgewichen werden
kann, wenn die Voraussetzungen des § 32 Abs. 1 S. 2 BDSG vorliegen,
wird nachfolgend erörtert.

Die Information des Arbeitnehmers über die GPS- oder Handy-Ortung oder **189**
die Aufwendung einer Kombination beider Techniken und die Akzeptanz
dieser Arbeitsbedingung heißt keineswegs, dass der Arbeitnehmer gleichzeitig sein Einverständnis mit der Datenerfassung und -verarbeitung erklärt.
Eine dem Gebot der **Freiwilligkeit** entsprechende **Einwilligung** setzt zumindest voraus, dass der Mitarbeiter das Ortungssystem, ohne Nachteile zu
befürchten, auch ausschalten kann. Besteht keine Möglichkeit, der Überwachung zu entgehen, so entspricht deren »Akzeptanzerklärung« nicht den
Anforderungen des § 4a BDSG.

---

129 Vgl. ausführlich bei Jandt, MMR 2007, S. 74
130 Einige LBS-Dienste bieten ein zusätzliches Sicherheitsmerkmal an, indem sie den
     Nutzer per SMS informieren oder seine Zustimmungserklärung durch Abgabe einer
     Freistellungserklärung per SMS vor Abgabe der Daten anfordern.

190 Eine freiwillige Einwilligung liegt auch vor, wenn die Erhebung und Speicherung der Wegzeiten erfolgt, falls Außendienstmitarbeiter diese Daten für
ihre **Einkommensteuer** benötigen und die Fahrtenbuchfunktion nach Belieben ein- und abgestellt werden kann.[131] Sichergestellt sein muss jedoch,
dass nur der betroffene Mitarbeiter Ausdrucke der Daten erhält.

191 Ohne Einwilligung des Beschäftigten kann sich eine Rechtfertigung jedoch
aus arbeitsvertraglichen Kontrollrechten des Arbeitgebers ergeben (§ 32
Abs. 1 S. 1 BDSG)[132] bzw. aus anderweitigen berechtigten Interessen (§ 28
Abs. 1 S. 1 Nr. 2 BDSG), wenn der Arbeitgeber die Daten nicht zur
»Durchführung des Beschäftigtenverhältnisses« erhebt.[133]

192 Im Rahmen der Durchführung des Beschäftigungsverhältnisses ist der Arbeitgeber befugt, die **Einhaltung der Arbeitszeit** – ggf. unter Einsatz von
Zeiterfassungstechnik – zu kontrollieren. So wie die Kontrolle der Einhaltung der Arbeitszeit durch **Zeiterfassungsgeräte** erfolgen kann, kann sie bei
externen Mitarbeitern auch mit Ortungstechnik erfolgen, wenn Beginn oder
Ende der Arbeitszeit mit Beginn bzw. Ende der Fahrt mit dem Dienstwagen
zusammenfällt.

193 Ggf. besteht aber auch ein berechtigtes Interesse an der nachkontrollierbaren
zeitgenauen Erfassung des Beginns und des Endes der Arbeitszeit am jeweiligen Arbeitsort. Die Erfassung der An- und Abfahrtszeiten nebst Tag, Kilometerstand und bei Kunden verbrachter Zeit kann auch zur Abrechnung
der dem Kunden in Rechnung zu stellenden Beträge erforderlich sein. Der
Arbeitgeber muss sich nicht darauf beschränken, dass ihm entsprechende
Notizen des Beschäftigten ausgehändigt werden.[134] Die Daten dürfen über
die **Abrechnung beim Kunden** hinaus so lange gespeichert werden, wie
normalerweise mit **Kundenreklamationen** zu rechnen ist.[135] Es kann auch
der Feststellung von in der Vergangenheit liegenden Arbeitsleistungen dienen, um z. B. Zulagen für Außendiensttätigkeiten abzurechnen.[136]

---

131 LfD Baden-Württemberg, 30. TB (2010/2011), Ziff. 7

132 Vgl. 4. TB (2009) der Datenschutzaufsicht Thüringen für den nicht-öffentlichen Bereich, S. 15/16 = RDV 2010, S. 96

133 LfD Baden-Württemberg, 30. TB (2010/2011), Ziff. 7

134 Zur Berechtigung diesbezüglicher Kontrollen siehe auch Innenministerium Baden-Württemberg, TB 2007–2009, Abschnitt B 10.5; RDV 2009, S. 243

135 Der LfD Baden-Württemberg (a. a. O.) sieht eine Frist von 90 Tagen noch als angemessen an.

136 LDI NRW, 20. TB 2011, Ziff. 76

Legitime Ziele sind darüber hinaus die Unterstützung des Managements des **194** externen Kundendienstes und die Optimierung der **Transportplanung,** d. h. die Senkung von Verwaltungsaufwand, **Zeitersparnis** und **Überstundenabbau**. Für die Speicherung von Daten besteht jedoch nur so lange ein berechtigter Anlass, wie der Standort sich noch nicht verändert hat.[137]

Zu nennen ist natürlich auch eine GPS-Überwachung des Fuhrparks oder **195** von Baumaschinen, die allein der Nachspürung bei einem **Autodiebstahl** oder bei einem Unfall dient. Hier ist aber genügend, wenn der Sender erst in einem solchen Fall aktiviert wird, um dann die Position des Fahrzeugs zu übermitteln. Dabei sollte die Aktivierung auch seitens des Fahrers – so z. B. bei einem **Unfall** oder Betriebsschaden – erfolgen können.

Ein unzulässiger Eingriff in das Persönlichkeitsrecht des Beschäftigten ist **196** jedoch gegeben, wenn der Mitarbeiter, losgelöst von einem bestimmten konkreten Informationsbedarf des Arbeitgebers, einer **Rundumkontrolle**[138] seiner Bewegungen außerhalb des Betriebes unterworfen würde. Damit verbietet sich auch eine allgemeine Überwachung zur Kontrolle des **Verbotes privater Nutzung**. Diesem Überwachungsinteresse genügt die Führung eines manuellen Fahrtenbuches. Gleiches gilt für die Unverhältnismäßigkeit der Überwachung des Verbots **Umwegfahrten** zu ermitteln und zu sanktionieren.[139] Liegt ein konkreter Missbrauchsverdacht vor, so würde die Überwachung nur Sinn machen, wenn sie nicht offen erfolgt.

1.6.5.2.2.2 Zugriffs- und Einsichtsrechte

Zugang zu den Standortdaten dürfen alle die Vorgesetzten haben, die diese **197** zur Wahrnehmung ihrer Funktion benötigen. Dazu gehört beispielsweise der **Transportleiter,** nicht aber der Personalleiter. Jedenfalls ein ständiges Einsichtsrecht steht dem Betriebsrat im Rahmen seiner Kontrollaufgaben nicht zu und kann ihm auch nicht durch Betriebsvereinbarung eingeräumt werden.[140]

Das Einsichtsrecht der betroffenen Beschäftigten ergibt sich aus § 34 **198** BDSG.

---

137 LfD Baden-Württemberg, 30. TB (2010/2011), Ziff. 7
138 Zur Unzulässigkeit permanenten Kontrolldrucks vgl. NdsLDSB, XX. TB (2009–2010), Ziff. 6
139 LDI NRW, 20. TB (2011), Ziff. 76
140 LfD Baden-Württemberg, 30. TB (2010/2011), Ziff. 7

1.6.5.2.3 Vorabkontrolle

199 Bereits im Rahmen der gemäß § 4 BDSG vor Einführung des Verfahrens erforderlichen **Vorabkontrolle** ist festzulegen, für welche Zwecke und wie lange die Informationen gespeichert und genutzt werden dürfen. Eine Nutzung zu einer allgemeinen **Leistungs- und Verhaltenskontrolle** ist auszuschließen. Zu regeln sind die Einsichtsrechte der Betroffenen. Es müssen **Löschungsfristen** festgelegt werden, die sich an der Erforderlichkeit ausrichten. Während Angaben über den Standort der Kundendienstfahrzeuge alsbald nach Beendigung der Betriebsfahrten gelöscht werden müssen, können Abrechnungsdaten so lange gespeichert werden, wie erfahrungsgemäß mit Reklamationen hinsichtlich der Abrechnung zu rechnen ist. Diese Festlegungen werden normativ, wenn sie Gegenstand einer Betriebsvereinbarung sind.[141]

200 Nicht mehr von den insoweit zu bejahenden Arbeitgeberinteressen gedeckt ist, d. h. ausgeschlossen sein muss, die Überwachung des **privaten Bereichs** des Beschäftigten, so wenn der Arbeitnehmer das Dienst-Handy mit nach Hause nehmen und auch für private Zwecke nutzen darf oder wenn der Arbeitnehmer den Dienst-Pkw außerhalb des Dienstes auch für **Privatfahrten** verwenden darf.

1.6.5.2.4 Geheime Überwachung

201 Eine **geheime Überwachung** kann nach der geltenden Rechtslage durch § 32 Abs. 1 S. 2 BDSG gerechtfertigt sein. Voraussetzung ist, dass tatsächliche Anhaltspunkte zur missbräuchlichen Verwendung des Fahrzeugs oder zu sonstigem Fehlverhalten des Mitarbeiters vorliegen, dass der Fahrer des Dienstwagens bei seiner beruflichen Tätigkeit **Straftaten** oder vergleichbare Verfehlungen begangen hat. Die Datenerhebung und -speicherung muss zur Aufklärung und Verhinderung weiterer Taten unabdingbar erforderlich sein und zudem darf das schutzwürdige Interesse des Betroffenen am Unterbleiben der Maßnahme nicht überwiegen, was z. B. bei Unverhältnismäßigkeit der Maßgabe gegeben sein kann.

202 Dies kann nach Auffassung der Aufsichtsbehörde Thüringen[142] der Fall sein, wenn ein Mietwagenunternehmer auf Grund konkreter Hinweise den Verdacht hat, dass der Mitarbeiter den Dienstwagen während und nach dem

---

141 Zu den wesentlichen Inhalten vgl. ULD SH TB 2010, Ziff. 5.6.1
142 4. TB (2009), S. 15 = RDV 2010, S. 96

Dienst **unbefugt** für **Privatfahrten** nutzt, und er den Mitarbeiter befristet für fünf Tage überwacht.

In die gleiche Richtung geht die Entscheidung des BGH[143] zur ausnahms-   **203** weise gerechtfertigten GPS-Überwachung durch Detektive. Danach berechtigen die § 28 Abs. 1 S. 1 Nr. 2 und § 29 Abs. 1 S. 1 BDSG i. V. m. Art. 7 lit. F EU-DSRL Detektive regelmäßig nicht zu einer heimlichen GPS-Überwachung. Die Datenerhebung und -speicherung ist jedoch dann nicht unbefugt und damit nicht strafbar nach §§ 44 Abs. 1, 43 Abs. 2 Nr. 1 BDSG, wenn ein konkreter – nicht auf eine Straftat beschränkter – Verdacht gegen den Observierten besteht, die detektivische Tätigkeit zur Klärung der Beweisfrage erforderlich ist und nicht andere mildere Mittel als genügend erscheinen, wobei die berechtigten Interessen des Detektivs bzw. seines Auftraggebers auch dann einer Abwägung mit den Interessen des Betroffenen zugänglich sein müssen, wenn Eingriffsbefugnisse des Staates nach § 100h Abs. 1 S. 2 StPO nicht gegeben wären. Dass das BAG diese Aussagen bei Interpretationen des § 32 Abs. 1 S. 2 BDSG – wie es das bei heimlicher Videoüberwachung [144] schon getan hat – hinsichtlich einer GPS-Überwachung durch einen Arbeitgeber übernehmen wird, ist wohl anzunehmen.

In einer zuvor ergangenen zivilgerichtlichen Entscheidung lehnte das Ge-   **204** richt[145] – ohne die Notwehrsituation näher zu prüfen – die Berechtigung der Überwachung bereits deshalb ab, weil sie unverhältnismäßig war. Der Leitsatz lautet: »Detektivkosten, die einer Partei zur Beschaffung von Beweismitteln (hier: zur Feststellung des Bestehens einer verfestigten Lebensgemeinschaft des Unterhaltungsberechtigten) entstehen, können zu den erstattungsfähigen Kosten im Sinne des § 91 Abs. 1 Satz 1 ZPO gehören. Das ist allerdings nur der Fall, wenn das Beweismittel im Rechtsstreit verwertet werden darf. Daran fehlt es, soweit die Kosten auf Erstellung eines umfassenden personenbezogenen Bewegungsprofils mittels eines Global Positioning Systems (GPS)-Geräts beruhen, eine punktuelle persönliche Beobachtung aber ausgereicht hätte.«

---

143 NJW 2013, S. 2530 = RDV 2013, S. 337
144 Vgl. vorstehend Rdn. 159
145 BGH, RDV 2013, S. 248

1.6.6 Entwurf des Beschäftigtendatenschutzgesetzes zur Standortermittlung

205 Der Entwurf **bereichsspezifischer Beschäftigtendatenschutznormen** enthält in § 32g BDSG-E[146] eine Zulässigkeitsregelung zum Einsatz von elektronischen Standortermittlungen. Geregelt wird die Zulässigkeit des Einsatzes »elektronischer Einrichtungen zur Bestimmung eines geografischen Standorts«. Die Gesetzesbegründung nennt als beispielhaft die Standortbestimmung mit Handys bzw. das in ein Auto eingebaute Global Position System (GPS).

206 Dabei werden zwei Anwendungsfälle unterschieden. Die Erfassung und Verwendung der Daten eines geografischen Standorts eines Beschäftigten mit Hilfe elektronischer Einrichtungen darf zunächst – nur – erfolgen (§ 32g Abs. 1 S. 1 BDSG-E)

• zur Sicherheit der Beschäftigten
  oder
• zur Koordinierung des Einsatzes der Beschäftigten.

207 Beschränkt ist die Erhebung auf die Arbeitszeit der Beschäftigten. Der **Sicherheit des Beschäftigten** mag das Ortungssystem im **Überlebensanzug** des Mitarbeiters einer Bohrinsel dienen, um ihn im Falle des Überbordge-

---

146 *§ 32g BDSG-E Ortungssysteme*
(1) Der Arbeitgeber darf Beschäftigtendaten durch elektronische Einrichtungen zur Bestimmung eines geografischen Standortes (Ortungssysteme) nur erheben, verarbeiten und nutzen, soweit dies aus betrieblichen Gründen erforderlich ist
1. zur Sicherheit des Beschäftigten oder
2. zur Koordinierung des Einsatzes des Beschäftigten
und wenn keine Anhaltspunkte bestehen, dass schutzwürdige Interessen des Beschäftigten am Ausschluss der Datenerhebung, -verarbeitung oder -nutzung überwiegen. Eine Erhebung nach Satz 1 darf nur während der Arbeitszeit des Beschäftigten erfolgen. Der Arbeitgeber hat den Einsatz des Ortungssystems durch geeignete Maßnahmen für den Beschäftigten erkennbar zu machen und ihn über den Umfang der Aufzeichnungen und deren regelmäßige oder im Einzelfall vorgesehene Auswertung zu informieren. Beschäftigtendaten, die beim Einsatz von Ortungssystemen erhoben werden, dürfen nicht zu anderen Zwecken als nach Satz 1 verarbeitet oder genutzt werden.
(2) Der Arbeitgeber darf Ortungssysteme auch zum Schutz beweglicher Sachen einsetzen. In diesem Fall darf eine Ortung des Beschäftigten nicht erfolgen, solange der Beschäftigte die bewegliche Sache erlaubterweise nutzt oder diese sich erlaubterweise in seiner Obhut befindet.
(3) Die Daten sind unverzüglich zu löschen, wenn sie zur Erreichung des Zwecks der Speicherung nicht mehr erforderlich sind oder schutzwürdige Interessen des Beschäftigten einer weiteren Speicherung entgegenstehen.

hens schnell finden und retten zu können. Dem Einsatz der Beschäftigten kann die Ortung beim Einsatz von LKWs einer Spedition dienen.

Eine Verwendung von Ortungsdaten für andere Zwecke wird in § 32 Abs. 1 **208** S. 3 BDSG untersagt. Unzulässig ist es demgemäß, mit Hilfe der aufgezeichneten Ortungsdaten **Pflegeleistungen** durch Beschäftigte eines ambulanten Pflegedienstes nachzuweisen.[147] Daraus ergibt sich, dass eine Kontrolle der im Außendienst tätigen Mitarbeiter zwecks Kontrolle ihrer **Kundenbesuche** unzulässig wäre. Das gilt auch für den Fall, dass der Arbeitgeber den begründeten Verdacht hat, dass der Arbeitnehmer den ihm zur Verfügung gestellten Dienstwagen unerlaubt für Privatfahrten nutzt. Die Möglichkeit, diesen Missbrauch durch Einsatz der GPS-Technik nachzuweisen, steht ihm nicht mehr zur Verfügung.[148] Zudem würde der Einsatz der GPS-Überwachung in diesem Falle nur Sinn machen, wenn sie heimlich erfolgen würde. Dies wäre jedoch mit dem **Überwachungsverbot** in § 32e BDSG-E unvereinbar.

Der Einsatz des Ortungssystems ist dem Beschäftigten durch geeignete **209** Maßnahmen erkennbar zu machen. Über den Umfang der Aufzeichnungen und deren regelmäßige oder im Regelfall vorgesehene Auswertungen ist er zu informieren.

Gemäß dem Erlaubnistatbestand des § 32g Abs. 2 BDSG-E darf Ortungs- **210** technik auch zum Schutz **beweglicher Sachen** eingesetzt werden, die vom Beschäftigten genutzt werden oder sich in der Obhut des Beschäftigten befinden. Solange der Beschäftigte die Sache nutzt, darf jedoch keine personenbezogene Ortung erfolgen. Ein Anwendungsfall kann der Diebstahlschutz von Baumaschinen oder Kraftfahrzeugen sein. Auch die Kontrolle von Frachtgut fällt hierunter.

Da die Pflicht zur Interessenabwägung und zur Transparenz gegenüber dem **211** Betroffenen sich ausdrücklich nur auf die im Rahmen des Absatzes 1 erfolgende Verarbeitungen bezieht, stellt sich die Frage, ob derartige Pflichten nach Speicherungen zum Zwecke des Absatzes 2 bewusst nicht gewollt sind.[149]

---

147 Vgl. LDI NW 20. TB (2011), Ziff. 7.6

148 Anders zuvor noch Aufsichtsbehörde Thüringen für den nicht öffentlichen Bereich, 5. TB (2009/2010), Ziff. 4.3.3.8

149 So die Gesetzesbegründung, da vorrangig Sachwerte geschützt werden sollen.

1.7 Die Unverletzlichkeit der Wohnung

212 Einem Aspekt des Schutzes des Persönlichkeitsrechts trägt auch der durch Art. 13 Abs. 1 GG gewährleistete **Schutz der Wohnung** als »räumliche Privatsphäre« Rechnung. Einzuräumen ist, dass ein Eindringen des Arbeitgebers in die Schutzsphäre der Privatwohnung des Arbeitnehmers verhältnismäßig selten ein Thema darstellen wird. Ausnahmen bestehen, wenn der Arbeitnehmer z. B. im Rahmen der **Telearbeit** seiner Arbeitspflicht in seiner Wohnung nachkommt. Die ihm insoweit obliegenden Kontrollpflichten kann der Arbeitgeber nur wahrnehmen, wenn der Arbeitnehmer hierzu vorab seine Einwilligung erteilt hat.[150] Heimliche Überwachungen des häuslichen Arbeitsplatzes durch Videotechnik würde abgesehen von § 32 Abs. 1 S. 2 BDSG auch gegen Art. 13 Abs. 1 GG verstoßen.[151] Strafrechtlich abgesichert ist der Schutz der Wohnung durch den Tatbestand des **Hausfriedensbruchs** (§§ 123, 124 StGB).

2 Schutz des TKG und TMG

2.1 Der Schutz der Vertraulichkeit der Kommunikation in Art. 10 GG

213 Als dem Persönlichkeitsrecht zuzurechnendes Schutzgut gewährleistet Art. 10 GG die Vertraulichkeit der Kommunikation, indem in Absatz 1 das Briefgeheimnis sowie das Post- und **Fernmeldegeheimnis** für unverletzlich erklärt werden. Art. 10 GG enthält eine gegenüber dem durch Art. 2 i. V. mit Art. 1 Abs. 1 GG geschützten **Recht auf informationelle Selbstbestimmung** vorrangige spezielle Freiheitsgarantie.[152] Die Vorschrift gilt unabhängig von dem Inhalt und der Art und Weise des Versands eines Briefes oder der per Telekommunikation erfolgenden Informationsübermittlung. Das Grundrecht des Fernmeldegeheimnisses erfasst somit alle mithilfe der verfügbaren Telekommunikationseinrichtungen erfolgenden Übermittlungen von Informationen.[153] Der verfassungsrechtliche Schutz des Persön-

---

150 Vgl. vorstehend Rdn. 96
151 Vgl. bei Pötters, Grundrechte und Beschäftigtendatenschutz, S. 39
152 BVerfG, RDV 2003, S. 236 (Ls)
153 Vgl. BVerfGE, 100, S. 313; 85, S. 386

lichkeitsrechts bzw. seine besondere Ausgestaltung in Form des **Fernmeldegeheimnisses** gelten aufgrund der Theorie der objektiven Werteordnung über die zivilrechtlichen Generalklauseln mittelbar auch im Arbeitsverhältnis. Eingriffe sind unter Anwendung des **Verhältnismäßigkeitsgrundsatzes** auf ihre Rechtfertigung zu prüfen, wobei im Hinblick auf die Kontrolle der betrieblichen Kommunikation zwischen dienstlicher und privater Nutzung zu differenzieren ist.[154]

Art. 10 Abs. 1 GG begründet zum einen ein Abwehrrecht gegenüber der **214** Kenntnisnahme des Inhalts und der näheren Umstände der Telekommunikation durch den Staat und zum anderen den Auftrag an den Staat, Schutz auch insofern vorzusehen, als private Dritte Telekommunikationsanlagen betreiben. Umgesetzt wird dieser Schutzauftrag insbesondere durch § 88 TKG, der das Fernmeldegeheimnis auf alle erstreckt, die **geschäftsmäßig Telekommunikationsdienste** erbringen oder daran mitwirken. Insofern erstreckt sich der Schutz des Art. 10 GG auch auf von Privaten betriebene Telekommunikationsanlagen.[155]

Zweck des Fernmeldegeheimnisses ist es, die Beteiligten so zu stellen, wie **215** sie ohne Inanspruchnahme der Telekommunikationstechnologie, aber bei unmittelbarer Kommunikation in beiderseitiger Gegenwart ständen.[156] Nicht geschützt ist das Vertrauen der Kommunikationspartner zueinander.

Geschützt ist durch Art. 10 GG nur die Vertraulichkeit des zur Nachrich- **216** tenübermittlung eingesetzten Übertragungsmediums; **Normadressaten** sind diejenigen, die als Betreiber/Dienstleister hierüber die Herrschaft haben. Der Gewährleistungsbereich ist nicht beeinträchtigt, wenn ein Gesprächspartner in seinem Einfluss- und Verantwortungsbereich einem Dritten das **Mithören** gestattet oder ein Gespräch aufzeichnet. Hier ergibt sich der Schutzanspruch jedoch aus dem bereits dargestellten **Recht am gesprochenen Wort.**[157] Gleiches gilt, wenn unbefugt eine Mithöreinrichtung genutzt wird.

So hat das BVerfG[158] bei der Feststellung der regelmäßigen Unzulässigkeit **217** des heimlichen **Mithörens** von Dienstgesprächen durch den Arbeitgeber,

---

154 Vgl. bei Mengel, BB 2004, S. 2014 m. N.; diess., BB 2004, S. 1445
155 Vgl. BVerfG, RDV 2003, S. 22 = NJW 2002, S. 3619
156 Vgl. Eckhardt in Heun (Hrsg.), Handbuch Telekommunikationsrecht, S. 1449, Rdn. 10
157 BVerfG, RDV 2003, S. 22 = NJW 2002, S. 3619
158 RDV 1992, S. 128 = NJW 1992, S. 815; vgl. im Einzelnen nachstehend Rdn. 307 ff.

d. h. durch einen Vorgesetzten des Beschäftigten, auf den Schutzanspruch aus Art. 2 Abs. 1 GG abgestellt.

2.2 Das Fernmeldegeheimnis des § 88 TKG

2.2.1 Allgemeines

218 § 88 TKG[159] erstreckt den Schutz des Art. 10 GG auf von Privaten betriebene Telekommunikationsdienste. Verpflichteter **Diensteanbieter** ist jeder, der ganz oder teilweise geschäftsmäßige Telekommunikationsdienste erbringt oder hieran mitwirkt (§ 3 Nr. 6 TKG). Verpflichtet sind also auch Mitarbeiter, die bei der Erbringung der Telekommunikationsdienste mitwirken, also Zugriff zu den Daten bzw. Inhalten der Kommunikation gemäß ihrer Aufgabenstellung haben und dadurch das Schutzgut beeinträchtigen können.

219 **Normadressaten** der datenschutzrelevanten Verpflichtungen des TKG sind **Diensteanbieter,**

- die geschäftsmäßig Telekommunikationsdienste erbringen (§ 3 Nr. 6 TKG),
- was als nachhaltiges, d. h. auf Dauer angelegtes Angebot von Telekommunikation für Dritte mit oder ohne Gewinnabzielungsabsicht verstanden wird (§ 3 Nr. 10 TKG),

---

159 *§ 88 TKG Fernmeldegeheimnis*
(1) Dem Fernmeldegeheimnis unterliegen der Inhalt der Telekommunikation und ihre näheren Umstände, insbesondere die Tatsache, ob jemand an einem Telekommunikationsvorgang beteiligt ist oder war. Das Fernmeldegeheimnis erstreckt sich auch auf die näheren Umstände erfolgloser Verbindungsversuche.
(2) Zur Wahrung des Fernmeldegeheimnisses ist jeder Diensteanbieter verpflichtet. Die Pflicht zur Geheimhaltung besteht auch nach dem Ende der Tätigkeit fort, durch die sie begründet worden ist.
(3) Den nach Absatz 2 Verpflichteten ist es untersagt, sich oder anderen über das für die geschäftsmäßige Erbringung der Telekommunikationsdienste einschließlich des Schutzes ihrer technischen Systeme erforderliche Maß hinaus Kenntnis vom Inhalt oder den näheren Umständen der Telekommunikation zu verschaffen. Sie dürfen Kenntnisse über Tatsachen, die dem Fernmeldegeheimnis unterliegen, nur für den in Satz 1 genannten Zweck verwenden. Eine Verwendung dieser Kenntnisse für andere Zwecke, insbesondere die Weitergabe an andere, ist nur zulässig, soweit dieses Gesetz oder eine andere gesetzliche Vorschrift dies vorsieht ...

- wobei Telekommunikation als der technische Vorgang des Aussendens, Übermittelns und Empfangens von Signalen mittels Telekommunikationsanlagen definiert wird (§ 3 Nr. 22 TKG).

Die Eigenschaft eines Diensteanbieters setzt somit weder eine gewerbliche **220** Tätigkeit noch eine Gewinnerzielungsabsicht voraus. Das Angebot muss auch nicht an jedermann gerichtet sein, so dass sowohl an **geschlossene Benutzergruppen** (Corporate Networks) gerichtete Angebote als auch Angebote zur Nutzung von **Nebenstellen** (z. B. im Krankenhaus oder Hotel) in den Anwendungsbereich fallen.[160]

Kernelemente der bereichsspezifischen Datenschutzregelungen für Anbieter **221** von TK-Diensten – und ggf. ihre Mitarbeiter – bilden neben dem auch strafrechtlich abgesicherten (§ 206 StGB) **Fernmeldegeheimnis** (§ 88 TKG) mit seiner Konkretisierung durch das **Abhörverbot** (§ 89 TKG)

- das Gebot zur Gewährleistung der Datensicherheit durch technische Schutzmaßnahmen (§§ 109, 110 TKG);
- die bereichsspezifischen Erlaubnis- und Verbotsnormen hinsichtlich des Erhebens, Verarbeitens und Nutzens der personenbezogenen Daten der an der Kommunikation Beteiligten (§ 91 bis 107 TKG).

Des Weiteren haben Relevanz die Verbraucher- und Kundenschutzregelungen der TKV[161] und die TKÜV[162].

Das Fernmeldegeheimnis untersagt die **unbefugte Kenntnisnahme** und **222** Weitergabe des Inhalts der Kommunikation und auch von deren näheren Umständen. Zu den näheren Umständen zählen alle Verkehrsdaten (§§ 3, Nr. 30, 96 TKG) und sonstige Umstände, die den Vorgang individualisier-

---

160 Dagegen Schimmelpfennig/Wenning; DB 2006, S. 2290; Löwisch, DB-Online, DB034824; 2323

161 Telekommunikations-Kundenschutzverordnung (TKV) vom 11.12.1997, BGBl. I, S. 2910. Hier finden sich auch einzelne Regelungen mit datenschutzrechtlichem Bezug; dies u. a. in Bezug auf die Rechnungserstellung mit Einzelverbindungsnachweisen oder die Wahrung des Schutzes von Mitbenutzern beim Nachweis einer beanstandeten Rechnung.

162 Überwachung des Telekommunikationsverkehrs durch Sicherheitsbehörden muss der Anbieter, d. h. also auch der Privatgespräche seiner Mitarbeiter gestattende Arbeitgeber, gemäß § 113 TKG i. V. m. der Telekommunikationsüberwachungs-Verordnung (TKÜV) – BGBl. 2001, S. 458 – hinnehmen. Den zunächst bei Gestattung privater Nutzung befürchteten kostenaufwendigen Sicherungs- und Kontrollaufwand sehen die gesetzlichen Regelungen für Arbeitgeber oder Hotelbesitzer etc., die ihr Angebot an eine geschlossene Benutzergruppe richten, nicht mehr vor; vgl. bei Eckhardt, DuD 2002, S. 197; Pernice, DuD 2002, S. 207; König/Koch/Braun, K&R 2002, S. 289 (297)

bar machen. Auch **erfolglose Verbindungsversuche** fallen hierunter (§ 88 Abs. 1 S. 2 TKG). **Standortdaten** fallen wohl nicht nur während einer aktiven Telekommunikationsbeziehung, sondern auch bei Ermittlung der Funkzelle während des Stand-by-Betriebs unter den Schutz.[163]

223   Beim E-Mail-Verkehr endet der Schutz, wenn die Korrespondenz »eingegangen« ist, d. h. im **Posteingang** liegt.

224   Schutz gegen die rechtswidrige Auswertung dieser nach Beendigung des Übertragungsvorgangs angelegten Daten wird durch die Grundrechte auf informationelle Selbstbestimmung bzw. auf Gewährleistung der Vertraulichkeit und Integrität informationstechnischer Systeme gewährt.[164]

Für die Anwendung der TKG-Normen im Arbeitsverhältnis ist maßgebend, ob zwischen Arbeitgeber und Arbeitnehmer ein **Anbieter-Nutzer-Verhältnis** besteht.

2.2.2 Das Anbieter-Nutzer-Verhältnis

225   Das Fernmeldegeheimnis hat der Arbeitgeber ggf. auch seinen Beschäftigten gegenüber zu gewährleisten, und zwar dann, wenn dem Arbeitnehmer die **private Mitnutzung** der betrieblichen oder behördlichen **Telekommunikationsanlagen** (Telefon, Fax, E-Mail-System etc.) gestattet ist.

226   Die nur eingeschränkte Anwendung des TKG auf »rein« private Kommunikation erklärt sich daraus, dass für die Anwendung des TKG ein **Anbieter-Nutzer-Verhältnis** vorausgesetzt wird.[165] Dieses liegt jedoch unstrittig bei dienstlicher Nutzung der betrieblichen oder behördlichen Kommunikationstechniken nicht vor. Der Arbeitgeber stellt die Informationstechnik im Rahmen der »Eigennutzung« sich selbst bzw. den für ihn tätigen Mitarbeitern zur Verfügung. Er macht kein Angebot, das der Arbeitnehmer auch ablehnen kann.

227   Anders ist die Beziehung Arbeitgeber/Arbeitnehmer jedoch bei der privaten Nutzung der betrieblichen Kommunikationsmittel. Hier ist der Arbeitnehmer »Dritter«, der ein – ggf. von ihm zu bezahlendes – Angebot des Arbeitgebers als Nutzer[166] in Anspruch nimmt. Diese zunächst eindeutig herr-

---

163 Bock in Beck-TKG-Komm., § 88 Rdn. 19; BGH, CR 2001, S. 668
164 HessVGH RDV 2010, S. 39; zuvor VG Frankfurt, RDV 2009, S. 130
165 Vgl. grundlegend Gola, MMR 1999, S. 328; Schierbaum, CuA 3/2012, S. 5
166 Nutzer ist nach § 3 Nr. 14 TKG jede natürliche Person, die einen Telekommunikationsdienst für private oder geschäftliche Zwecke nutzt, ohne notwendigerweise Teilnehmer,

schende Meinung ist zwischenzeitlich in der Rechtsprechung[167] und auch in der Literatur[168] auf Widerspruch gestoßen,[169] der jedoch nicht geteilt werden kann.[170] Das heißt andererseits, dass die Eigenschaft des Arbeitgebers als Diensteanbieter ausscheidet, solange eine private Nutzung nicht erlaubt ist und auch nicht stattfindet.[171]

Abwegig wäre es auch, dem Arbeitgeber die Funktion eines »Diensteanbie-   **228** ters« zuzuweisen, weil auf den dem Dienstgebrauch zugewiesenen Geräten auch private Nachrichten eingehen können.

---

d. h., jemand zu sein, der mit dem Anbieter einen Vertrag über die Erbringung der Dienste abgeschlossen hat (§ 3 Nr. 20 TKG).

167 LAG Niedersachsen, MMR 2010, S. 639, das seine Auffassung irrig als nunmehr herrschend bezeichnet; LAG Berlin-Brandenburg, ZD 2011, S. 43; Hess. VGH, RDV 2010, S. 39 (Ls)

168 Deiters, ZD 2012, S. 109; Schimmelpfennig/Wennig, DB 2006, S. 2280; Kratz/Gubbels, NZA 209, S. 652; Schuster, CR 2014, S. 21; Dierks, K&R 2014, S. 1

169 Hieraus folgert Barton, RDV 2012, S. 217 ff., dass zumindest § 206 StGB nicht zur Anwendung kommt

170 Vgl. zur Begründung ausführlich bei Däubler, Internet und Arbeitsrecht, Rdn. 236a ff.; ferner Behring, BB 2010, S. 895; Fischer, ZD 2012, S. 265; Panzer-Heemeier, DuD 2012, S. 49; Schierbaum, CuA 3/2012, S. 5; Tiedemann, ZD 2011, S. 46

171 Aktuell: OVG Lüneburg, ZD 2012, S. 44

**Datenschutz
bei Telekommunikation (Fernmeldegeheimnis)**
= Bei Verarbeitung personenbezogener Daten beim Aussenden, Übermitteln und
Empfangen von Nachrichten jeglicher Art mittels Telekommunikationsanlagen

Nutzung der TK-Anlage für betriebliche Zwecke durch die Beschäftigten
= BDSG; BetrVG; allg. Persönlichkeitsrecht (Recht am gesprochenen Wort)
(Problem innerbetrieblicher und eingehender privater Kommunikation = hierdurch
wird der Arbeitgeber nicht gegen seinen Willen zum Anbieter von
Telekommunikation)

**Bei Nutzung der TK-Anlage für private Zwecke = geschäftsmäßiges Erbringen
von TK-Diensten durch den Arbeitgeber**
(= das nachhaltige Angebot von Telekommunikation einschließlich des Angebots von
Übertragungswegen für Dritte oder das Mitwirken hierbei)
= § 88 ff. TKG; BDSG; BetrVG)

**Erbringen von Telekommunikationsdienstleistungen für unbestimmte Dritte
(Öffentlichkeit)**
(= Telekom und Wettbewerber)
= §§ 88–107 TKG; BDSG

Abb. 3:   Datenschutz bei Telekommunikation

2.3   Die strafrechtliche Absicherung des Fernmeldegeheimnisses in § 206 StGB

2.3.1 Verletzung der Schweigepflicht

229   Bei Verstößen gegen ihre **Schweigepflicht** können die Adressaten des Fernmeldegeheimnisses strafrechtlich verfolgt werden. Nach § 206 Abs. 1 StGB[172] ist strafrechtlich sanktioniert jedoch nicht die durch § 88 TKG

---

172 *§ 206 StGB – Verletzung des Post- und Fernmeldegeheimnisses*
*(1) Wer unbefugt einer anderen Person eine Mitteilung über Tatsachen macht, die dem
Post- und Fernmeldegeheimnis unterliegen und die ihm als Inhaber oder Beschäftigten
eines Unternehmens bekannt geworden sind, das geschäftsmäßig Post- oder Telekommunikationsdienste erbringt, wird mit Freiheitsstrafe bis zu fünf Jahren oder mit Geldstrafe bestraft.*
*(2) Ebenso wird bestraft, wer als Inhaber oder Beschäftigter eines in Absatz 1 bezeich-
neten Unternehmens unbefugt 1. eine Sendung, die einem solchen Unternehmen zur
Übermittlung anvertraut worden und verschlossen ist, öffnet oder sich von ihrem Inhalt
ohne Öffnung des Verschlusses unter Anwendung technischer Mittel Kenntnis verschafft, 2. eine einem solchen Unternehmen zur Übermittlung anvertraute Sendung un-*

verbotene unbefugte Kenntnisnahme, sondern nur die Mitteilung der befugt oder unbefugt erlangten Kenntnisse über Tatsachen, die dem Fernmeldegeheimnis unterliegen, also die **Bekanntgabe des Inhalts** oder der **näheren Umstände** einer »vermittelten« Kommunikation. Dies kann auch durch Mitteilungen im Betrieb und auch an Vorgesetzte geschehen, wenn diese die Information nicht in ihrer Funktionen bei Betreiben des Telekommunikationsdienstes im Auftrag ihres Arbeitgebers, also des Diensteanbieters, erhalten. Der Tatbestand kann auch durch **pflichtwidriges Unterlassen** erfüllt sein (§ 13 StGB), d. h. wenn Sicherheitsmaßnahmen nicht ergriffen werden.[173] Hier können Pflichten nach § 109 TKG verletzt sein.

Unterliegt die Information dem Fernmeldegeheimnis, so führt eine mit § 206 Abs. 1 StGB nicht zu vereinbarende Mitteilung zu einem **Beweisverwertungsverbot**[174], d. h., der Arbeitgeber ist gehindert, sein Wissen in ein Kündigungsverfahren einzubringen. Mitteilungen an die **Staatsanwaltschaft** sind nur zulässig, sofern er sich im Falle des Unterlassens nach § 138 StGB strafbar machen würde.[175] **230**

2.3.2 Die unbefugte Kenntnisnahme

Die **unbefugte Kenntnisnahme** sanktioniert § 206 StGB in Abs. 2 Nr. 1 nur für bestimmte Ausforschungshandlungen von Insidern. Geschützt sind nur **Postsendungen,** verschlossene körperliche **Verschlusssachen**[176]. **Elektronische Post** fällt nicht hierunter, auch wenn sie z. B. durch Verschlüsselung oder Passwort besonders geschützt ist. **231**

---

terdrückt oder 3. eine der in Absatz 1 oder in Nummer 1 oder 2 bezeichneten Handlungen gestattet oder fördert.

(3) ...

(4) ...

(5) ... Dem Fernmeldegeheimnis unterliegen der Inhalt der Telekommunikation und ihre näheren Umstände, insbesondere die Tatsache, ob jemand an einem Telekommunikationsvorgang beteiligt ist oder war. Das Fernmeldegeheimnis erstreckt sich auch auf die näheren Umstände erfolgloser Verbindungsversuche.

173 Eckhardt in Heun (Hrsg.), Handbuch TK-Recht, S. 1460, Rdn. 69

174 Vgl. auch nachstehend Rdn. 294, 569

175 Altenburg/v. Reinersdorff/Leister, MMR 2005, S. 135 (138)

176 Vgl. bei Barton, CR 2003, S. 839

2.3.3 Unterdrückung von Sendungen

2.3.3.1 Allgemeines

232 Nach § 206 Abs. 2 Nr. 2 StGB wird ferner das **Unterdrücken von Sendungen** bestraft. Hier, wo vom Wortlaut nicht das zusätzliche Tatbestandsmerkmal des »Verschlossenseins« gefordert ist, sollen nach Stimmen der Literatur[177] und nach dem OLG Karlsruhe[178] auch **nicht verkörperte Sendungen** erfasst werden, da ansonsten die Vorschrift in Bezug auf das Fernmeldegeheimnis leerliefe. Tatobjekte des § 206 Abs. 2 Nr. 2 StGB sind daher nicht nur unverschlossene Postsendungen, sondern auch jede Form der dem Fernmeldegeheimnis unterliegenden Telekommunikation, d. h. dem Schutz des Fernmeldegeheimnisses nach § 206 StGB unterliegt auch die Kommunikation mittels E-Mails. Hingewiesen wird auf das für jede Art von Sendung bestehende Schutzziel der Norm, nach dem die ungehinderte Zustellung einer Sendung sichergestellt werden soll.

233 Die Sendung muss dem Diensteanbieter/Arbeitgeber »anvertraut« sein, was der Fall ist, wenn sie vorschriftsmäßig in den Telekommunikationsverkehr gelangt ist und sich im **Gewahrsam des Dienstleisters,** also hier des Arbeitgebers, befindet. Für die Beurteilung des ungeschriebenen Tatbestandsmerkmals »vorschriftsmäßig« sind maßgebend die äußeren, objektiven Umstände des Inverkehrbringens und nicht z. B. die verwerflichen subjektiven Motive des Absenders[179] von **rechtswidrigem Spam.** Anvertraut ist die E-Mail spätestens dann, wenn die Anfrage von Daten den Mailserver des Unternehmens erreicht hat und der versendende Mailserver die Daten dem empfangenden Server übermittelt hat.[180]

234 Nicht mehr dem Dienstleister Arbeitgeber, sondern dem Empfänger ist die private E-Mail **anvertraut,** wenn sie in dessen Herrschaftsbereich eingegangen ist. Das ist eindeutig der Fall, wenn sie auf dem PC des Beschäftigten gelandet ist, weil das laufende Kommunkationsverfahren beendet ist.[181]

---

177 Bock in Beck-TKG-Komm. § 83, Rdn. 6; Lehnhardt, DuD 2003, S. 487; Lenckner in: Schönke/Schröder, StGB § 206 Rdn. 20; Tröndle/Fischer, StGB § 206 Rdn. 15; Schmidl, DuD 2005, S. 267 (268) m. w. N.: a. A.: Altenburg/v. Reinersdorff/Leister, MMR 2005, S. 135 (138); Barton, CR 2003, S. 839 (844); Kühl in: Lackner/Kühl, StGB § 206 Rdn. 8

178 OLG Karlsruhe, RDV 2005, S. 67

179 Heidrich/Tschoepe, MMR 2004, S. 75 (77); Stadler, DuD 2005, S. 344 (345) m. w. N.

180 OLG Karlsruhe, RDV 2005, S. 67; Heidrich/ Tschoepe, MMR 2004, S. 75

181 BVerfG, MMR 2006, S. 217, VGH Kassel, MMR 2009, S. 714

Befindet sich die E-Mail noch oder zusätzlich[182] als ruhende Kommunikation auf dem E-Mail-Server des Arbeitgebers, ist dies nach dem BVerfG[183] jedenfalls gegenüber dem Empfänger nicht der Fall. Fraglich ist, ob das auch für den Absender gilt, was Kempermann[184] zu Recht ablehnt.[185] Daraus ergibt sich, dass der Arbeitnehmer die Strafbarkeit aufhebende Einwilligung zum Löschen abgeben kann.[186]

Ein **Unterdrücken** von E-Mails liegt vor, wenn durch technische Eingriffe 235 bewirkt wird, dass die Nachricht ihren Empfänger nicht, verspätet oder nicht vollständig oder verstümmelt erreicht, was mit dem Ausfiltern von E-Mails gegeben ist;[187] sei es, dass die E-Mail gelöscht wird, sei es, dass ihre Zustellung blockiert und sie bis zur Löschung in einer »Quarantänestation« geparkt wird.[188]

2.3.3.2 Der Einsatz von E-Mail-Filtern

2.3.3.2.1 Allgemeines

In Unternehmen und Behörden werden vielfach zum Aussortieren uner- 236 wünschter Mails technische **Filtersysteme** eingesetzt. Dabei werden eingehende E-Mails entweder nach Schlüsselworten, Absendern oder verdächtigen Formaten und Anhängen durchsucht. So werden anhand systemtechnischer Voreinstellungen E-Mails, die **schadenstiftende Software** wie Viren und Trojaner beinhalten, identifiziert und ausgefiltert.[189] Weiterhin soll durch Mailfilter die Zustellung von unverlangt zugesandten (Massen-)Werbe-E-Mails **(Spam)** verhindert werden. Schließlich soll durch technische Maßnahmen auch vom Unternehmen **unerwünschter Content** mit z. B. pornografischem, sexistischem oder kriminellem Inhalt von der Zustellung an den Adressaten ausgefiltert werden.

---

182 Vgl. hierzu Kempermann, ZD 2012, S. 129

183 MMR 2009, S. 673

184 ZD 2012, S. 12

185 Vgl. auch Wytibul, ZD 2011, S. 69

186 Siehe auch vorstehend Rdn. 186

187 OLG Karlsruhe, RDV 2005, S. 67

188 Wird der Empfänger über letzteren Vorgang mit der Möglichkeit der Kenntnisnahme informiert, so ändert das an dem Vorgang des »Unterdrückens« nichts, kann aber ggf. zu einer Einwilligung führen; vgl. vorstehend Rdn. 189

189 Vgl. zu der diesbezüglichen Interessenlage des Arbeitgebers bei Elschner in: Hoeren/Sieber, Handbuch Mulimedia-Recht, Teil 22.1 Rdn. 9 f m. w. N.

237 Fraglich ist, ob diese Filterung – sofern sie den insoweit ggf. relevanten Vorgang der »Unterdrückung« des § 206 Abs. 2 Nr. 2 StGB erfüllt[190] – im strafrechtlichen Sinne »unbefugt« erfolgt. Hier ist nach dem jeweiligen Filterungszweck zu differenzieren.

2.3.3.2.2 Rechtfertigungsgründe gemäß TKG

238 Werden aus Gründen der **Datensicherheit** virenbehaftete oder sonstige die Sicherheit gefährdende private Nachrichten nicht an den adressierten Arbeitnehmer weitergeleitet, so kann sich der Arbeitgeber auf § 88 Abs. 3 TKG i. V. m. § 109 TKG berufen.[191] § 88 Abs. 3 TKG gestattet dem Diensteanbieter u. a., sich Kenntnis vom Inhalt und der näheren Umstände der Kommunikation zu verschaffen, soweit dies zum Schutz der technischen Systeme erforderlich ist. § 109 Abs. 1 Nr. 2 TKG[192] schreibt technische Vorkehrungen oder sonstige angemessene Maßnahmen zum Schutz gegen **unbefugte Zugriffe** auf die Telekommunikations- und Datenverarbeitungssysteme vor.[193] Die **Selbstschutzmaßnahmen** dürfen auch ohne Einverständnis des Mitarbeiters, dem die Privatnutzung gestattet wurde, erfolgen,[194] bzw. es kann dessen mutmaßliche Einwilligung unterstellt werden.[195]

239 Problematisch ist jedoch die Filterung des Inhalts von E-Mails mit Blick auf unerwünschte Nachrichten. Handelt es bei der Zusendung, dem Abrufen etc. einer Sendung um einen **Straftatbestand**, so kann der Arbeitgeber sich ggf. auf § 100 Abs. 3 Satz 1 TKG berufen, der dem Diensteanbieter gestattet, bei Vorliegen zu dokumentierender tatsächlicher Anhaltspunkte die Bestands-

---

190 Zu den differierenden Meinungen vorstehend Rdn. 157; ferner gegen das doppelte Einverständnis Eckhardt in Heun (Hrsg.), S. 1463 Rdn. 63

191 OLG Karlsruhe, RDV 2005, S. 67; Der Berliner Beauftragte für Datenschutz und Informationsfreiheit, Tätigkeitsbericht 2004, Kap. 5.2

192 *§ 109 Technische Schutzmaßnahmen*
(1) Jeder Diensteanbieter hat erforderliche technische Vorkehrungen und sonstige Maßnahmen zu treffen
1. zum Schutz des Fernmeldegeheimnisses und
2. gegen die Verletzung des Schutzes personenbezogener Daten.
Dabei ist der Stand der Technik zu berücksichtigen.

193 Zur Beseitigung akuter Störungen kann sich der Arbeitgeber ggf. auch auf § 100 Abs. 1 TKG berufen, wobei aber auch nur Bestands- und Verkehrsdaten Verwendung finden dürfen; vgl. bei Elschner in: Hoeren/Sieber, Handbuch Multimedia-Recht, Teil 22.1, Rdn. 112

194 Schmidl, MMR 2005, S. 343 (344); Gola/Wronka, Handbuch Arbeitnehmerdatenschutz, Rdn. 366

195 Eckhardt in Heun (Hrsg.), S. 1463 Rdn. 84

und Verkehrsdaten zu erheben und zu verwenden, die zum Aufdecken von rechtswidriger Inanspruchnahme, d. h. dem Mitarbeiter verbotener Inanspruchnahme der Telekommunikation erforderlich sind.[196]

Greift ein Mitarbeiter im Rahmen ansonsten erlaubter Privatnutzung auf **strafbare Inhalte** zu oder versendet oder empfängt er solche E-Mails, so liegt hierin auch ein im Verhältnis Arbeitgeber/Arbeitnehmer kommunikationsspezifischer **Nutzungsmissbrauch** i. S. von § 100 Abs. 3 TKG[197]. Verwendet werden dürfen aber nur die Verbindungsdaten. Eine **Content-Filterung** wäre unzulässig.[198] Zulässig ist somit die Ausfilterung **pornografischer** und sexistischer Inhalte, da das Unternehmen aufgrund **jugendschutzrechtlicher** Vorschriften sowie nach den Maßgaben des Beschäftigtenschutzgesetzes verpflichtet ist, jugendgefährdende bzw. andere Mitarbeiter sexuell belästigende Darstellungen zu verhindern. **240**

---

196 Vgl. Raffler/Hellich, NZA 1997, S. 862; Bijok/Class, RDV 2001, S. 52 (54); Hess-LDSB, 29. TB (2000), S. 164 = RDV 2001, S. 207; a. A. Elschner, in: Hoeren/Sieber, Handbuch Multimedia-Recht, Teil 22.1, Rdn. 108, der durch § 100 Abs. 3 TKG die Verletzung betrieblicher Interessen durch die Übermittlung bestimmter Kommunikationsinhalte als nicht erfasst ansieht.

197 *§ 100 TKG Störungen von Telekommunikationsanlagen und Missbrauch von Telekommunikationsdiensten*

(1) Soweit erforderlich, darf der Diensteanbieter zum Erkennen, Eingrenzen oder Beseitigen von Störungen oder Fehlern an Telekommunikationsanlagen die Bestandsdaten und Verkehrsdaten der Teilnehmer und Nutzer erheben und verwenden.

...

(3) Wenn zu dokumentierende tatsächliche Anhaltspunkte für die rechtswidrige Inanspruchnahme eines Telekommunikationsnetzes oder -dienstes vorliegen, insbesondere für eine Leistungserschleichung oder einen Betrug, darf der Diensteanbieter zur Sicherung seines Entgeltanspruchs die Bestandsdaten und Verkehrsdaten verwenden, die erforderlich sind, um die rechtswidrige Inanspruchnahme des Telekommunikationsnetzes oder -dienstes aufzudecken und zu unterbinden. Der Diensteanbieter darf die nach § 96 erhobenen Verkehrsdaten in der Weise verwenden, dass aus dem Gesamtbestand aller Verkehrsdaten, die nicht älter als sechs Monate sind, die Daten derjenigen Verbindungen des Netzes ermittelt werden, für die tatsächliche Anhaltspunkte den Verdacht der rechtswidrigen Inanspruchnahme von Telekommunikationsnetzen und -diensten begründen. Der Diensteanbieter darf aus den Verkehrsdaten und Bestandsdaten nach Satz 1 einen pseudonymisierten Gesamtdatenbestand bilden, der Aufschluss über die von einzelnen Teilnehmern erzielten Umsätze gibt und unter Zugrundelegung geeigneter Kriterien das Auffinden solcher Verbindungen des Netzes ermöglicht, bei denen der Verdacht einer rechtswidrigen Inanspruchnahme besteht. Die Daten anderer Verbindungen sind unverzüglich zu löschen. Die Bundesnetzagentur und der Bundesbeauftragte für den Datenschutz sind über Einführung und Änderung eines Verfahrens nach Satz 1 unverzüglich in Kenntnis zu setzen.

...

198 Elscher in: Hoeren/Sieber, Handbuch Multimedia-Recht, Teil 22.1 Rdn. 109

241 Erforderlich ist ein **konkreter Tatverdacht**, wobei der Verdacht auch dadurch gegeben sein kann, dass bei anonymisierten Protokollierungen Verbindungsdaten zu strafbar relevanten Adressen auftauchen.[199]

242 Fraglich ist es ferner, ob eine Kontrolle im Rahmen der allgemeinen strafrechtlichen Rechtfertigungstatbestände – so im Rahmen des rechtfertigenden **Notstands** des § 34 StGB – zulässig sein kann, mit dem Ziel, E-Mails mit kriminellen oder geschäftsschädigenden (z. B. Verstoß gegen § 17 UWG) Inhalten auszusondern.[200] Auch hier kann jedoch nur eine konkrete Kenntnis einer Straftat den Eingriff rechtfertigen.

243 Die Datenschutzaufsichtsbehörden fordern aber selbst für den Fall einer gerechtfertigten E-Mail-Filterung, dass den Beschäftigten die genaue Verfahrensweise der E-Mail-Filterung **vorher bekannt** gegeben wird. Zudem soll der Beschäftigte unterrichtet werden, wenn eine an ihn gerichtete E-Mail unterdrückt wird.[201] Ist ihm an dem Empfang gelegen, kann er den Absender kontaktieren.

2.3.3.2.3 Die Filterung von unerwünschter Werbung

244 Die Erfahrung zeigt, dass trotz gesetzlichen Verbots (§ 7 Abs. 3 UWG) die Menge der **unerwünscht** eingehenden **Werbe-E-Mails** derart zunimmt, dass sie zu einer für Unternehmen und Privatleute gleichermaßen unzumutbaren, rechtswidrigen Belästigung bzw. sogar zu Störungen der Kommunikationsabläufe führt.[202] Das Aussortieren dieser inzwischen mit dem Begriff

---

199 Vgl. Elscher in: Hoeren/Sieber, Handbuch Multimedia-Recht, Teil 22.1 Rdn. 108; a. A. Raffler/Hellich, NZA 1997, 862; Balke/Müller, DB 1997, S. 326 (328)

200 Ablehnend Elschner in: Hoeren/Sieber, Handbuch Multimedia-Recht, Teil 22.1 Rdn. 108, da sich die Notwehrvorschriften nicht ausdrücklich auf Telekommunikationsvorgänge beziehen. Zudem sei der Arbeitgeber nicht zur Wahrnehmung der Aufgaben der Strafverfolgungsbehörden berufen; bejahend Schmidl, DuD 2005, S. 267 (271) m. w. N.

201 Bln. DSB, Jahresbericht 2004, Kap. 5.2; Orientierungshilfe des AK Medien der Konferenz der Datenschutzbeauftragten des Bundes und der Länder: *»Wie bei der dienstlichen Nutzung dürfen aus Gründen der Datensicherheit eingegangene private Mails oder deren Anhänge unterdrückt werden, wenn sie ein Format aufweisen, das ausführbare Codes enthalten kann. Die Verfahrensweise ist den Beschäftigten zuvor bekannt zu geben. Generell sind die Beschäftigten darüber zu informieren, wenn an sie gerichtete oder von ihnen abgesendete Mails ganz oder teilweise unterdrückt werden oder virenverseucht sind. Eine Untersuchung von virenverseuchten Mails mit Kenntnisnahme des Inhalts, etwa durch den Systemadministrator, ist nur unter Einbeziehung der betroffenen Beschäftigten zulässig.«*

202 Um Werbesendungen frühzeitig erkennen zu können, schreibt § 6 TMG folgende Informationspflicht vor bzw. verbietet eine »Verschleierung des Werbecharakters«:

»**Spam**«[203] gekennzeichneten Massen unerwünschter E-Mails bindet Arbeitszeit, verursacht Kosten, blockiert den E-Mail-Posteingang und birgt die Gefahr des Übersehens oder Löschens erwünschter Nachrichten. Allein insofern ist das unternehmerische Interesse an Anti-Spam-Strategien[204], d. h. der Abwehr und der Ausfilterung von Spam-Mails, evident.

Trotz der evidenten **Störungen der betrieblichen Kommunikation** sind Rechtfertigungsgründe, wie sie bei der Abwehr von Viren etc. bestehen, wohl weder aus § 109 TKG[205] noch aus § 34 StGB ableitbar. Daraus folgt, dass der Eingriff in den Fernmeldeverkehr nur bei **Einwilligung** des Empfängers erfolgen darf.   **245**

Unabhängig von den zur Differenzierung zwischen erwünschten und unerwünschten E-Mail-Nachrichten gewählten Verfahren[206] ist bei erlaubter Privatnutzung zu beachten, dass hier die Beurteilung, ob eine Mail als unerwünschte Spam anzusehen ist, nicht dem Arbeitgeber als E-Mail-Provider, sondern dem Arbeitnehmer als Adressat der Sendung obliegt; dies aber immer unter der Voraussetzung, dass die Mail an den Mitarbeiter als privater Nutzer gerichtet ist. Handelt es sich um an den Arbeitgeber bzw. den Mitarbeiter in seiner betrieblichen Funktion gerichtete Werbung, so ist der Arbeitgeber ohne Weiteres berechtigt, diese auszufiltern und »ungelesen« zu vernichten. Andererseits ist jedoch bei einer an die betriebliche E-Mail-Adresse des Mitarbeiters adressierten Mail nicht erkennbar, ob es sich von der Sache her um eine an den Betrieb gerichtete Werbe-Mail oder um »Privatpost« handelt, an deren Zustellung ein Interesse besteht.   **246**

---

§ 6 TMG Besondere Informationspflichten bei kommerziellen Kommunikationen
(1) ...
(2) Werden kommerzielle Kommunikationen per elektronischer Post versandt, darf in der Kopie- und Betreffzeile weder der Absender noch der kommerzielle Charakter der Nachricht verschleiert oder verheimlicht werden. Ein Verschleiern oder Verheimlichen liegt dann vor, wenn die Kopf- und Betreffzeile absichtlich so gestaltet sind, dass der Empfänger vor Einsichtnahme in den Inhalt der Kommunikation keine oder irreführende Informationen über die tatsächliche Identität des Absenders oder den kommerziellen Charakter der Nachricht erhält.

203 Zu »Historie des an amerikanisches Dosenfleisch angelehnten Begriffs« vgl. Fox, Gateway, DuD 2004, S. 364

204 Bundesamt für Sicherheit in der Informationstechnik, Antispam-Strategien

205 Auf § 109 Abs. 2 S. 1 TKG will jedoch Stadler bei als »Ultima Ratio« ergriffenen Schutzmaßnahmen zur Erhaltung einer reibungslosen E-Mail-Kommunikation abstellen; DuD 2005, S. 344

206 Vgl. hierzu bei Stadler, DuD 2005, S. 344 mit der Vorstellung des sog. Greylistings; Ungerer, DuD 2004, S. 343; ferner Dietrich/Pohlmann, DuD 2005, S. 548

247 Auch wenn davon auszugehen ist, dass auch der Arbeitnehmer grundsätz-lich nicht an der Zustellung von zu seiner Privatpost zählendem »Spam« interessiert ist, kann sich der Arbeitgeber hinsichtlich der Rechtfertigung der tatbestandlichen **Nachrichtenunterdrückung** nicht auf ein unterstelltes Einverständnis des betroffenen Mitarbeiters berufen. Die Entscheidung, ob der Mitarbeiter eine als Spam identifizierte Mail, z. B. einen bestimmten Massen-Newsletter, zur Kenntnis nehmen will, kann der Arbeitgeber dem Arbeitnehmer nicht pauschal abnehmen.[207]

248 Der Arbeitgeber, der eingehende E-Mails bei erlaubter Privatnutzung zur Qualifizierung als Spam filtert, verletzt – z. B. bei der Durchsuchung nach **Schlüsselworten** – nicht nur das Fernmeldegeheimnis, sondern macht sich überdies ggf. auch der Nachrichtenunterdrückung gem. § 206 Abs. 2 Nr. 2 StGB sowie der **Datenveränderung** gem. § 303a StGB strafbar. Danach handelt deliktisch, wer rechtswidrig Daten löscht oder unterdrückt,[208] wobei die Einwilligung des Adressaten genügt, um die Strafbarkeit aufzuheben.

249 Zulässig sind die aufgezeigten Eingriffe in den Fernmeldeverkehr durch Filterung gegenüber dem Arbeitnehmer als geschütztem Adressaten jedoch bei dessen **Einwilligung**. Diese kann bereits darin liegen, dass die Gestat-tung der Privatnutzung vom Arbeitgeber bestimmten Einschränkungen, d. h. hier einer bekannt gegebenen E-Mail-Filterung, unterworfen wurde, in die der Mitarbeiter bei Annahme des Angebots zur Privatnutzung einwilligt.[209]

250 Wie aufgezeigt,[210] ist die **Einwilligung des Absenders** jedenfalls dann nicht erforderlich, wenn das Aussortieren nach Abschluss des Kommunika-tionsvorgangs erfolgt.

251 Aber auch ansonsten muss die Einwilligung des Versenders von rechtswid-rigen Massen-Werbe-E-Mails aus einer Reihe von Gründen nachgefragt werden. Abgesehen davon, dass infrage gestellt werden kann, ob eine wahl-los massenhaft an betriebliche E-Mail-Adressen versandte E-Mail dem Ar-beitgeber im Hinblick auf den Schutzzweck des § 206 Abs. 2 Nr. 2 StGB im

---

207 Berl. DSB, Jahresbericht 2004, Kap. 5.2; Schmidl, MMR 2005, S. 345

208 *§ 303a StGB Datenveränderung*
     (1) Wer rechtswidrig Daten (§ 202a Abs. 2) löscht, unterdrückt, unbrauchbar macht
     oder verändert, wird mit Freiheitsstrafe bis zu zwei Jahren oder mit Geldstrafe bestraft.
     (2) der Versuch ist strafbar.

209 Gegen eine generelle Einwilligung: Schmidl, MMR 2005, S. 343, »da dann der Arbeit-geber die Befugnis hätte, sämtliche nach seiner Auffassung verdächtige E-Mail zu lö-schen«.

210 Vgl. vorstehend Rdn. 159

Vertrauen der Allgemeinheit in die Sicherheit und Zuverlässigkeit des Fernmeldeverkehrs »**anvertraut**« ist,[211] erscheint es jedenfalls als abwegig, ausgerechnet dem rechtswidrig handelnden Spam-Versender das Recht einzuräumen, sich auf dieses Vertrauen dann zu berufen, wenn der Adressat der Sendung sich mit der »Unterdrückung« der Sendung vor der Zustellung einverstanden erklärt hat.

Es ist nicht zu erkennen, weshalb der Empfänger, der die Nachricht nach **252** Zustellung zweifelsohne, ohne Rechte des Absenders zu verletzen, ungelesen vernichten kann, nicht insoweit auch bereits im Vorfeld tätig werden kann[212] und seinen Provider beauftragt, nach akzeptierten Kriterien Nachrichten nicht zuzustellen. Ein derartiges »informationelles Selbstbestimmungsrecht« muss ihm schon deshalb zustehen, weil er sich damit gleichzeitig gegen **rechtswidrige Belästigungen** (§ 7 Abs. 3 UWG) zur Wehr setzt.[213] Der Spam-Versender ist darüber hinaus auch deshalb nicht schutzwürdig, weil er einmal gar nicht weiß, ob der Mitarbeiter zur privaten Nutzung der betrieblichen Kommunikation berechtigt ist, so dass er damit rechnen muss, dass die Mail vom Arbeitgeber als Dienstpost behandelt und berechtigt aussortiert wird, und weil es aufgrund der ungezielten massenhaften Versendung letztlich auch an der eine »private« Nachricht ausmachenden Absicht der individuellen Ansprache fehlt. Sinnvoll mag es aufgrund der zurzeit bestehenden Unsicherheit der Rechtslage sein, der Empfehlung von Schmidl[214] zu folgen und dem Mitarbeiter die Entscheidung zu überlassen, ob die Spam-Software installiert und aktiviert wird.[215]

---

211 Vgl. im Einzelnen bei Schmidl, DuD 2005, S. 262 m. w. N.

212 So Köcher, DuD 2005, S. 163, der die auf Veranlassung des Empfängers von dem Provider (Arbeitgeber) erfolgte Unterdrückung dem Empfänger zurechnet, da diesem das Recht zusteht, auch insoweit nach seinem Belieben mit an ihn gerichteten Nachrichten zu verfahren. *»Übertragen auf den analogen Bereich kann es im Hinblick auf die Schutzgüter des § 206 Abs. 2 Nr. 2 StGB keinen Unterschied machen, ob der Empfänger den in seinen Briefkasten eingeworfenen Brief eines bestimmten Absenders selbst zerreißt oder ob der Postbote dies in seinem Auftrag tut.«*; ders. DuD 2004, S. 272

213 Im Ergebnis ebenso, da sie das Erfordernis des doppelten Einverständnisses verneinen: Heidrich/Tschoepe, MMR 2004, S. 78

214 DuD 2005, S. 262; ders., MMR 2005, S. 343

215 Ein entsprechendes Verfahren empfiehlt Koecher, DuD 2004, S. 272

2.3.3.3 URL-Filter

253 Wie schon aufgezeigt, entscheidet der Arbeitgeber bei dienstlicher und auch privater Kommunikation frei darüber, welche Techniken er für welche Zwecke zur Verfügung stellt. Hinsichtlich der Zwecke kann er **Nutzungsregelungen** und -verbote aufstellen, wobei sich bestimmte Verbote bereits aus gesetzlichen Vorgaben ergeben.[216]

254 Um sowohl den zeitlichen Aufwand bei der **Nutzung des Internets** zu reduzieren, als auch zur Vermeidung des Aufrufs unerwünschter Inhalte werden von Unternehmen vielfach sog. **URL-Filter** (Uniform Resource Locator, mit dem die Adressierung der abzurufenden Seiten erfolgt)[217] eingesetzt. Diese verhindern den Zugriff auf bestimmte Websites, und zwar, indem sie den Zugriff nur auf bestimmte Adressen zulassen (Positivliste) oder bestimmte Adressen von vornherein sperren, so dass Missbrauchsmöglichkeiten und damit Kontrollerfordernisse weitgehend entfallen.

255 Bei den Filtern ist zu unterscheiden zwischen Restriktionen, die durch den Administrator gesetzt werden, wobei das Internet ansonsten frei zugänglich bleibt (bsp. Webmanager), und solchen, bei denen die URL grundsätzlich gesperrt sind und nach Abgleich mit dynamischem **Filterkategorien** freigegeben werden (bsp. Webwasher). Möglich ist auch die Regelung des Besuchs bestimmter Webseiten nur zu bestimmten Tageszeiten (z. B. private Internetnutzung nur nach Feierabend) oder in bestimmten **Zeitlimits** (z. B. 10 Minuten für Onlineshopping pro Tag).

256 Möglich ist auch ein **Coaching**, indem die Mitarbeiter nach entsprechender Warnung durch das System selbst entscheiden, ob sie die angesurften Webseiten aufsuchen wollen.

257 Auch der Einsatz von URL-Filtern ist bei erlaubter Privatnutzung vor dem Hintergrund des Straftatbestandes der **Nachrichtenunterdrückung** gem. § 206 Abs. 2 Nr. 2 StGB problematisch. Die Unterdrückung kann in einer Verhinderung des **Zugangsservers** liegen, da beim Aufruf eines bestimmten Internetdienstes die entsprechenden Daten zum Verbindungsaufbau durch den Internet-Access-Server des Arbeitgebers blockiert und nicht an den adressierten Server weitergeleitet werden. Hierauf wird der Teilnehmer im Regelfall hingewiesen.

---

216 Vgl. vorstehend Rdn. 164
217 Siehe bei Sieber in: Hoeren/Sieber, Handbuch Multimedia-Recht, Teil 1 Rdn. 79

Wenn jedoch das Vorgehen des Arbeitgebers Teil der dem Beschäftigten **258** bekannt gegebenen Bedingungen ist, unter denen die **Privatnutzung** gestattet wurde, ist eine Strafbarkeit – unabhängig von der Frage, ob die Nicht-Eröffnung einer Telekommunikationsverbindung überhaupt tatbestandsmäßig ist – auch deshalb nicht gegeben, da der Arbeitnehmer bei Annahme des Angebots des Arbeitgebers die damit verbundenen Einschränkungen akzeptiert bzw. mangels Rechtsanspruch auf Privatnutzung akzeptieren muss.[218]

Bei der Gestaltung der gefilterten URL-Adressen wird sich das Unterneh- **259** men jedoch streng an Sicherheits- und Effektivitätskriterien orientieren müssen. Die Ausfilterung von Internetadressen, die dem Arbeitgeber aus politischen Gründen missliebig sind, z. B. die Blockade des Aufrufs von **Gewerkschaftsseiten,** wird man unter dem Gesichtspunkt der Drittwirkung der Grundrechte im Arbeitsverhältnis als unzulässig erachten müssen.

Festzuhalten ist somit, dass der Schutz des Persönlichkeitsrechts der Be- **260** schäftigten im Rahmen der Nutzung der betrieblichen Informations- und Kommunikationstechnik nicht nur durch die verfassungsrechtliche Grundnorm des Art. 2 GG, sondern zudem durch eine Reihe von Facetten der Persönlichkeitsrecht garantierenden Strafnormen gewährleistet wird, wobei dann, wenn Daten der Mitarbeiter mit der Möglichkeit automatisierter Auswertung gespeichert werden, auch die allgemeinen Datenschutznormen des BDSG greifen.

2.4 Der Schutz der Nutzer von Telemediendiensten

2.4.1 Allgemeines

Das **Telemediengesetz**[219] (TMG)[220] widmet sich insbesondere in dem dem **261** Thema Datenschutz gewidmeten Abschnitt 4 (§§ 11 bis 15) dem Schutz personenbezogener Daten der Nutzer von Telemedien, d. h., es regelt die Rechte und Pflichten, die Anbieter von Telemedien in Bezug auf den Da-

---

218 Vgl. nachstehend Rdn. 278 ff.

219 Vom 26. Februar 2007, BGBl. I, S. 179

220 Zum Inhalt des am 1.3.2007 in Kraft getretenen Gesetzes vgl. Hoeren, NJW 2007, S. 801; Spindler, CR 2007, S. 239; Schmitz, K&R 2007, S. 135

tenschutz zu beachten haben.[221] Daneben enthält es aber Transparenz-pflichten, die primär dem **Verbraucherschutz** dienen (§§ 5 und 6 TMG).

262 Unter den Begriff des **Telemediendienstes** fallen nach § 1 Abs. 1 TMG alle elektronischen Informations- und Kommunikationsdienste, die nicht als Telekommunikationsdienste oder Rundfunk zu klassifizieren sind. Das Gesetz gilt ebenso wie das TKG für alle Anbieter einschließlich öffentlicher Stellen und unabhängig davon, ob für die Nutzung ein Entgelt erhoben wird.

263 Für die Klassifizierung als Telemediendienst ist es unerheblich, ob der Dienst von dem Nutzer abgerufen werden muss oder vom Anbieter elektronisch verteilt wird. Voraussetzung des Telemediendienstes ist jedoch, dass die Information, die Geschäftsabwicklung etc. elektronisch und ohne Medienbruch (so beim Onlinebanking), d. h. ohne Einschaltung weiterer Kommunikationsmittel bzw. menschlichen Kontakt (so beim **Telefonbanking**) erfolgt. Der per Telekommunikation mit einem Agenten eines **Call-Centers** stattfindende Informationsfluss stellt, auch wenn der Agent selbst auf ihm intern zur Verfügung stehende Informationssysteme zugreift und Daten in diese eingibt, keinen Telemediendienst dar.

264 Zielrichtung ist, die Nutzung des **Internets** – insbesondere im Rahmen von E-Commerce und E-Government – durch dem Medium angemessene Datenschutzregelungen für den Bürger »sicher« und im Hinblick auf den Schutz des Persönlichkeitsrechts »akzeptabel« zu machen. Dies geschieht im Wesentlichen durch ein striktes **Verbot mit Erlaubnisvorbehalt** in § 12 TMG, wonach eine Erhebung und Verwendung nur durch bereichsspezifische Erlaubnisregelungen, d. h. das TMG selbst oder eine andere Rechtsvorschrift, die sich ausdrücklich auf Telemedien bezieht, erlaubt ist.[222] Daneben ist natürlich die Erlaubnis durch – ggf. elektronische (§ 13 Abs. 2

---

221 Vom 26. Februar 2007 (BGBl. I, S. 179); zuletzt geändert durch Gesetz vom 31. Mai 2010 (BGBl. I, S. 692)

222 *§ 12 TMG Grundsätze*
(1) Der Diensteanbieter darf personenbezogene Daten zur Bereitstellung von Telemedien nur erheben und verwenden, soweit dieses Gesetz oder eine andere Rechtsvorschrift, die sich ausdrücklich auf Telemedien bezieht, es erlaubt oder der Nutzer eingewilligt hat.
(2) Der Diensteanbieter darf die für die Bereitstellung von Telemedien erhobenen personenbezogenen Daten für andere Zwecke nur verwenden, soweit dieses Gesetz oder eine andere Rechtsvorschrift, die sich ausdrücklich auf Telemedien bezieht, es erlaubt oder der Nutzer eingewilligt hat.
(3) ...
(4) ...
(5) ...

TMG) – Einwilligung des Betroffenen nicht ausgeschlossen. Die Erlaubnistatbestände des TMG gehen dann von einer strikten Zweckbindung der zur Realisierung des **Telemediendienstes** erforderlichen personenbezogenen Daten aus, d. h., die gemäß ihrer Zweckbestimmung unterschiedenen Bestands-, Nutzungs- und Abrechnungsdaten dürfen nur verarbeitet werden, um die Inanspruchnahme des Telemediendienstes zu ermöglichen und ggf. abzurechnen.

2.4.2 Anwendung des TMG in der Beziehung Arbeitgeber/ Arbeitnehmer

In der Beziehung Arbeitgeber/Arbeitnehmer findet das TMG ebenso wie **265** das TKG[223] nur eingeschränkt Anwendung, da auch hier ein **Anbieter-Nutzer-Verhältnis** vorausgesetzt wird, was – wie § 11 Abs. 1 TMG[224] ausdrücklich klarstellt – bei der betriebsinternen Nutzung eines unternehmens- oder konzerneigenen Telemediendienstes bzw. durch die Eröffnung des Zugriffs auf Internetangebote zu rein dienstlichen Zwecken nicht vorliegt.

Bietet ein Unternehmen ein sog. **Mitarbeiterportal** zum Einstieg für die **266** Inanspruchnahme verschiedener Dienste an (Abruf von Unternehmensinformationen, schwarzes Brett, interne Stellenausschreibung und Bewerbung, Auskunftsrecht über die eigene Personalakte, Ausgangspunkt für Zugang zum Internet etc.), greifen TMG und TKG nicht; dies jedoch unter der Voraussetzung, dass das Portal ausschließlich zur dienstlichen Nutzung freigegeben ist.

Keine Anwendung findet das TMG auch bei sog. **In-House-Informa-** **267** **tionssystemen,** die den Arbeitnehmern innerhalb eines Betriebs oder Unternehmens zur Erledigung ihrer Arbeit bereitgestellt werden, oder für sog. **Business-to-Business-Dienste** (B2B-Bereich), d. h. bei der Nutzung von

---

223 Vgl. vorstehend Rdn. 225 ff.
224 *§ 11 TMG Anbieter-Nutzer-Verhältnis*
 (1) Die Vorschriften des Abschnitts gelten nicht für die Erhebung und Verwendung personenbezogener Daten der Nutzer von Telemedien, soweit die Bereitstellung solcher Dienste 1. im Dienst- und Arbeitsverhältnis zu ausschließlich beruflichen oder dienstlichen Zwecken oder 2. innerhalb von und zwischen nicht-öffentlichen Stellen oder öffentlichen Stellen ausschließlich zur Steuerung von Arbeits- und Geschäftsprozessen dient.
 (2) ...
 (3) ...

Informations- und Kommunikationssystemen, die zur ausschließlichen Steuerung von Arbeits- und Geschäftsprozessen innerhalb von oder zwischen Unternehmen bereitgestellt werden.

268   Zu beachten ist, dass der letztgenannte Ausschluss bereichsspezifischer Datenschutzbestimmungen bei unternehmensweiten Systemen nur für das TMG gilt, während das TKG bei **Konzern-Intranets** für den Betreiber des Systems als Normadressat Anwendung findet.[225]

2.4.3 Geltungsbereich

269   Da auch die Nutzung des Internets auf der Basis von Telekommunikation geschieht, ist hinsichtlich der anzuwendenden Datenschutznormen abzugrenzen zwischen dem Geltungsbereich des Telekommunikationsgesetzes und dem des TMG. Während das Telekommunikationsrecht den Schutz der an dem **Transport von Daten/Information** beteiligten Nutzer betrifft, bezieht sich das TMG auf den Schutz des Verbrauchers bei der Nutzung der anfallenden Daten. Während bei der Telekommunikation der technische Vorgang der Übertragung im Mittelpunkt steht, geht es bei Telemediendiensten um die Aufbereitung oder Verwendung der übertragenen Inhalte. Zu den bei der Nutzung von Telemediendiensten anfallenden Daten gehören ausgehend von der IP-Adresse auch Kennung und Passwort zur Nutzung des Onlinedienstes.

270   § 11 Abs. 3 TMG enthält eine Einschränkung für die Dienste, die zugleich dem Telekommunikationsgesetz unterliegen. Für deren Anbieter (Internet Access, E-Mail-Übertragung) gelten primär die Vorschriften des TKG.[226] Dies hat zur Folge, dass die den Mitarbeitern vom Arbeitgeber zur Privatnutzung angebotenen Dienste, z. B. die Gestattung privater E-Mail-Nutzung oder des privaten Surfens im Internet, primär dem TKG unterliegen. Für den Arbeitgeber besteht so oder so das Ergebnis, dass die Arbeitnehmerdaten, die bei privater Nutzung anfallen, für eine Kontrolle des Kommunikations- oder Leistungsverhaltens der Mitarbeiter regelmäßig nicht herangezogen werden dürfen.

---

225 Schaar, RDV 2003, S. 59
226 Vgl. auch bereits Schaar, RDV 2003, S. 59 mit Nachweisen; Härting, CR 2007, S. 312

2.5 Private Nutzung als Geltungsbereich des TKG und des TMG

2.5.1 Allgemeines

Bereichsspezifische Vorschriften des **Multimedia-Datenschutzes**, d. h. des 271
TKG und des TMG, greifen – wie festgestellt – erst dann und auch nur,
wenn die Nutzung von Telefon, E-Mail und Internet durch den Arbeitnehmer – kraft ausdrücklicher oder konkludenter Gestattung bzw. infolge betrieblicher Übung – legitimerweise für **private Zwecke**[227] erfolgt.

Eine dienstliche Nutzung liegt immer dann vor, wenn der Arbeitnehmer – 272
ob es zweckdienlich ist oder nicht, ist irrelevant – dadurch seine Arbeit vo-
ranbringen will.

Ob in einer Einführungsphase auch die private Nutzung noch **dienstlichen** 273
Zwecken dient, wenn sie vom Arbeitgeber gewünscht ist, damit die Mitarbeiter mit der neuen Materie vertraut werden, soll dabei dahinstehen.[228]

Grenzbereiche sind auch Nutzungen aus **dienstlich-privatem Anlass**, wie 274
Verabredungen mit Kollegen zur gemeinsamen Mittagspause,[229] ein Anruf
zu Hause, dass die Sitzung länger dauert, etc.; sie dürfen auch beim Verbot
privater Kommunikation getätigt werden.[230] Der Arbeitgeber wird dadurch
nicht zum Adressaten im Sinne von TKG oder TMG.

Dies gilt auch für **gelegentliche**, im Rahmen der **Fürsorgepflicht** erfolgen- 275
de Gestattungen privater **Kommunikation**, u. a. schon wegen der fehlenden
Geschäftsmäßigkeit des Arbeitgeberhandelns. Auf die Gestattung derartiger
Nutzungen steht dem Arbeitnehmer in zwingenden Not- bzw. Eilfällen, in
denen eine andersartige Kommunikation bzw. eine Verschiebung in die
Freizeit nicht möglich ist, ein Rechtsanspruch zu.[231]

---

227 So sollen Nutzungen des Internets an Hochschulen durch Hochschullehrer und Studen-
ten für Forschungs- und Studienzwecke dem persönlich-privaten Bereich zugerechnet
werden, so dass die Universität insoweit geschäftsmäßiger TKG-Anbieter sein soll: so
Lehnhardt, DuD 2003, S. 487, Däubler, Internet und Arbeitsrecht, Rdn. 177

228 ArbG Wesel, NZA 2001, S. 787; so Dickmann, NZA 2003, S. 1009

229 Dickmann, NZA 2003, S. 1009, neigt dazu, in der damit verbundenen Förderung der
Kollegialität den dienstlichen Anlass zu sehen.

230 Vgl. auch Hanau/Hoeren, Private Internetnutzung am Arbeitsplatz, S. 20; Däubler,
Internet und Arbeitsrecht, Rdn.181; Lindemann/Simon, BB 2001, S. 1950; Mengel, BB
2004, S. 1445; Müller, RDV 1998, S. 205

231 Hanau/Hoeren, Private Internetnutzung durch Arbeitnehmer, S. 20

276   Liegt keine ausdrückliche Gestattung **privater Nutzung** vor, so kann der Arbeitnehmer mangels entsprechenden Verbots keineswegs ohne Weiteres davon ausgehen, dass er zur privaten Nutzung berechtigt sei, und dies auch dann nicht, wenn die Nutzung seine Arbeitszeit nur unwesentlich in Anspruch nimmt und die Kostenbelastung des Arbeitgebers unerheblich ist.[232] Vielmehr muss er – wie bei anderen dem Arbeitnehmer zur Erledigung der Arbeit zur Verfügung gestellten Arbeitsmitteln – auch bei Telefon- und Internetzugang als selbstverständlich davon ausgehen, dass diese Infrastruktur nicht seinen privaten Zwecken dienen soll.[233]

277   Gleichwohl ist es angezeigt, dass der Arbeitgeber dieses – u. a. im Hinblick auf die Rechtsprechung zur Rechtmäßigkeit arbeitsrechtlicher Sanktionen[234] – noch einmal ausdrücklich klarstellt.[235]

278   Gestattet der Arbeitgeber die private Nutzung, so sollte er gleichzeitig den **Erlaubnisrahmen** präzisieren. Derartige Regelungen können ausdrücklich per Aushang, E-Mail an alle, als Klauseln im Arbeitsvertrag oder per Betriebsvereinbarung getroffen werden. Sie können die **Nutzung** auf bestimmte Zeiten (Pausen, nach Dienstende), auf einen bestimmten Zeitumfang oder auch bestimmte Inhalte beschränken.

---

232 Vgl. bei Beckschulze, DB 2003, S. 2777; Dickmann, NZA 2003, S. 1009; Ernst, NZA 2002, S. 585; Mengel, BB 2004, S. 1445; dies., BB 2004, S. 2014

233 OVG Lüneburg, ZD 2012, S. 44

234 Vgl. nachstehend zu Abmahnung und Kündigung Rdn. 537 ff.

235 Mitbestimmung scheidet hierbei aus, da nur die Rechtslage dargestellt wird; vgl. auch Weißgerber, Arbeitsrechtliche Fragen bei der Einführung und Nutzung vernetzter Computerarbeitsplätze, 2003, S. 63, wonach § 87 Abs. 1 Nr. 1 BetrVG deshalb ausscheide, weil es nicht um die Ordnung im Betrieb, sondern um die Sachherrschaft an den Betriebsmitteln gehe.

Beispiel einer Verbotsregelung[236]

1. Dem Arbeitnehmer wird der Internetzugang und die E-Mail-Adresse ausschließlich zu dienstlichen Zwecken zur Verfügung gestellt. Eine Nutzung zu privaten Zwecken ist abgesehen von sich aus der Fürsorgepflicht ergebenden Genehmigungen im Einzelfall nicht gestattet. Daher darf die E-Mail-Adresse auch nicht zu privaten Zwecken weitergegeben werden. Absender gleichwohl eingehender privater E-Mails sind auf die ausschließliche dienstliche Zweckbestimmung des E-Mail-Verkehrs hinzuweisen.

2. Die Nutzung des Intra- und Internets sowie der E-Mail-Verkehr des Mitarbeiters werden hinsichtlich der ordnungsgemäßen Inanspruchnahme überwacht. Hierzu gehören insbesondere die Adressen der aufgerufenen Internetseiten. Bei E-Mail-Verkehr gilt dies für Verbindungsdaten. Der Zugriff auf den Inhalt des aus- und eingehenden E-Mail-Verkehrs bleibt vorbehalten.

3. Näheres regeln die Nutzungsordnung und/oder die hierzu abgeschlossene Betriebsvereinbarung.

Ist dies nicht der Fall oder liegt eine nur **konkludent** erteilte **Erlaubnis** 279 vor, bedarf die Erklärung der Auslegung (§§ 133, 157 BGB), wobei für den Beschäftigten in jedem Falle erkennbar ist, dass die private Nutzung den Dienstbetrieb nicht beeinträchtigen darf[237] und sich daher regelmäßig auf Pausenzeiten[238] beschränken muss. Ferner dürfen die dem Arbeitgeber entstehenden Kosten nicht ins Gewicht fallen. Ferner sind, auch wenn es um private Nutzung geht, strafbare Nutzungen im betrieblichen Interesse nicht gestattet.

---

236 Angelehnt an die Formulierungshilfe in Hanau/Hoeren, Private Internetnutzung durch Arbeitnehmer, S. 125

237 Hanau/Hoeren, Private Internetnutzung durch Arbeitnehmer, S. 24, sehen das Spannungsfeld zwischen dem noch »Hinnehmbaren« und dem schon »Ausschweifenden«. Zum Übermaßverbot auch Ernst, NZA 2002, S. 585; Mengel, BB 2004, S. 1445

238 Vgl. Beckschulze, DB 2003, S. 2777

2.5.2 Konkludente Erlaubniserteilung

280   Ohne ausdrückliche Erlaubnis kann sich die Gestattung der **privaten Nutzung** aus **konkludentem Handeln**[239] des Arbeitgebers ergeben.[240] Dieses liegt für die jeweilige Kommunikationsform jedenfalls dann vor, wenn dem Mitarbeiter eine private E-Mail-Adresse eingerichtet oder das Telefon unter Vorwahl einer bestimmten Nummer für Privatgespräche freigeschaltet wird.[241] Ferner kann das konkludente Handeln darin bestehen, dass der Arbeitgeber gegen die ihm bekannten privaten Nutzungsgewohnheiten der Mitarbeiter länger nicht einschreitet, d. h., sie offensichtlich dulden will.[242]

2.5.3 Betriebliche Übung

281   Dem Mitarbeiter kann auch ohne ausdrückliche Vereinbarung sogar ein Rechtsanspruch auf die private Inanspruchnahme der betrieblichen Kommunikationstechnik aufgrund einer betrieblichen Übung zuwachsen.[243] Eine einen Rechtsanspruch des Beschäftigten begründende **betriebliche Übung** entsteht, wenn der Arbeitgeber eine bestimmte Leistung ohne erklärte Einschränkung, d. h. ohne Hinweis auf die Freiwilligkeit und Widerruflichkeit, wiederholt gewährt und damit bei den Beschäftigten das berechtige Vertrauen[244] hervorruft, dass diese Leistung auch in Zukunft erhalten bleiben

---

239 Vgl. bei Ernst, NZA 2002, S. 585 mit dem Beispiel der Aufstellung von Rechnern mit freigeschaltetem Netzzugang in Aufenthaltsräumen

240 Ob bei ausdrücklich oder stillschweigend gestatteten privaten Telefonaten von den Arbeitnehmern auch auf einen diesbezüglichen Willen des Arbeitgebers beim E-Mail-Versand und bei der Internetnutzung geschlossen werden kann, ist umstritten; so z. B. Ernst, NZA 2002, S. 585; Däubler, Internet und Arbeitsrecht, Rdn. 184a; Hanau/Hoeren, Private Internetnutzung durch Arbeitnehmer, S. 21; ablehnend Uecker, ITRB 2003, S. 158: Beckschulze/Henkel, DB 2001, S. 1491; Dickmann, NZA 2003, S. 1009, der schon im Hinblick auf die Gefährdung des Betriebsnetzes durch Viren eine Vergleichbarkeit verneint; jedenfalls wird gegenüber dem Mitarbeiter ohne ausdrückliche Regelung zunächst keine arbeitsrechtliche Maßnahme in Betracht kommen; vgl. ArbG Frankfurt a. M., NZA 2002, S. 1093

241 Noch keine konkludente Gestattung ist anzunehmen, wenn in der Voreinstellung des Rechners, so z. B. im Favoriten-Ordner, außerdienstliche Internetseiten aufgeführt werden, so Beckschulze, DB 2003, S. 2777; Dickmann, NZA 2003, S. 1009 (1020); a. A. Däubler, Internet und Arbeitsrecht, Rdn. 184

242 Däubler, Internet und Arbeitsrecht, Rdn. 185a, der eine Frist von ein bis zwei Jahren ansetzt

243 Beckschulze/Henkel, BB 2001, S. 1491; Dickmann, NZA 2003, S. 1009; Ernst, NZA 2002, S. 585; Kramer, NZA 2004, S. 457; a. A. Mengel, BB 2004, S. 2014

244 Dieses Vertrauen ist in der Regel ausgeschlossen, wenn Änderungen oder Ergänzungen der vertraglichen Ansprüche nur schriftlich wirksam werden können; vgl. hierzu BAG,

soll. Ein rein passives Verhalten des Arbeitgebers allein kann einen solchen Vertrauensschutz nicht rechtfertigen. Dies gilt insbesondere, wenn der Beschäftigte sich bewusst über entgegenstehende betriebliche Regelungen einseitig hinwegsetzt[245] und gar nicht erkennen kann, in welchem Umfang der Arbeitgeber es dulden will, dass seine bisherige Regelung durchbrochen werden kann.

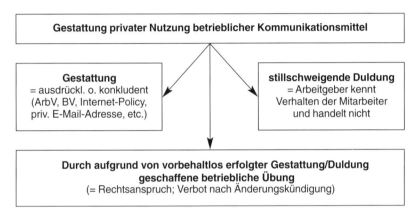

Abb. 4:   Gestattung privater Kommunikation

Im Falle der Schaffung der betrieblichen Übung durch bloße **Duldung** ist es also erforderlich, dass der Arbeitgeber die sich eingebürgerte private Nutzung der Beschäftigten offensichtlich kennt und über einen längeren Zeitraum[246] ohne Beanstandung hinnimmt.   282

Der Umfang der Duldung ist aus der Sicht eines verständigen Arbeitnehmers unter Berücksichtigung der gegenseitigen vertraglichen Interessen gemäß §§ 133, 157 BGB auszulegen.[247] Daraus folgt auch, dass der Arbeitgeber die sich insoweit ergebenden Grenzen auch nachträglich noch präzisieren kann. Die Schaffung einer Duldung wird ausgeschlossen, wenn   283

DB 2003, S. 2339; BAG, NJW 1993, S. 2333: *»Der Arbeitnehmer des öffentlichen Dienstes muss in aller Regel davon ausgehen, dass ihm sein Arbeitgeber nur Leistungen gewähren will, zu denen er rechtlich verpflichtet ist.«*

245 Vgl. auch bei Beckschulze, DB 2007, S. 1526, der unter Berufung auf die BAG-Rechtsprechung aus einem rein passiven Verhalten des Arbeitgebers in der Regel keinen Rechtsanspruch des Arbeitnehmers entstehen lässt; ferner u. a. Mengel, BB 2004, S. 2014; Barton, NZA 2006, S. 460

246 Beckschulze/Henkel, DB 2001, S. 1491; Ernst, NZA 2020, S. 585 sehen diese schon bei halbjähriger, nicht unter Widerrufsvorbehalt erteilter Genehmigung bzw. Duldung als gegeben an; Kramer, NZA 2004, S. 457, setzt ein Jahr an.

247 BAG, NZA 2006, S. 107

der Arbeitgeber die Einhaltung des Verbots der Privatnutzung auch in Abständen **stichprobenartig kontrolliert** und gegen Verstöße einschreitet,[248] um nicht doch durch Duldung eine von der »offiziellen« Regelung abweichende betriebliche Übung zu schaffen und zum Adressaten des TKG zu werden. Diese Kontrolle ist auch Gegenstand der Prüfung hinsichtlich der Anwendung des TKG durch den insofern zuständigen BfDI (gemäß § 1 BDSG).

2.5.4 Rücknahme der Erlaubnis privater Nutzung

284   Damit stellt sich die Frage, ob der Arbeitgeber, wenn die Privatnutzung im Betrieb zu Problemen geführt hat, die Erlaubnis rückgängig machen kann. Dabei ist zu differenzieren: Hat der Arbeitgeber die private Nutzung deutlich als eine **freiwillige Leistung** ohne Bindungswillen gewährt, so kann er sie auch wieder zurücknehmen.

285   Hat der Arbeitnehmer jedoch einen **Rechtsanspruch** aufgrund Arbeitsvertrag oder betrieblicher Übung erworben, so setzt das nunmehrige Verbot eine **Änderungskündigung** voraus.[249]

286   Weist der Arbeitgeber die Mitarbeiter in Abweichung von dem erworbenen Rechtsanspruch einseitig an, private Nutzungen zu unterlassen, und befolgen die Mitarbeiter diese Weisung, so liegt hierin keine akzeptierte Änderungskündigung. Es entsteht hierdurch auch nicht per se eine negative betriebliche Übung, die den erworbenen Rechtsanspruch wieder zum Wegfall bringt.[250]

287   Ist eine **Betriebsvereinbarung** Grundlage der Nutzungsregelung, so kann diese gekündigt werden, wobei zu ermitteln ist, ob die Vereinbarung sich eventuell nur auf die Handhabung der privaten Nutzung und deren Kontrolle bezieht,[251] die bei Beendigung der Leistungsgewährung gegenstandslos wird.

---

248 Vgl. aber auch Beckschulze, DB 2007, S. 1526, der eine solche Kontrolle zur Verhinderung einer betrieblichen Übung nicht als geboten ansieht.

249 Ggf. kann sich bei Befolgung des Verbots nun eine diesbezügliche betriebliche Übung ergeben.

250 Vgl. BAG, RDV 2010, S. 68

251 Vgl. hierzu Däubler, K&R 2000, S. 323

2.5.5 Einschränkende Vorgaben bei der Erlaubnis privater Nutzung

Gestattet der Arbeitgeber die private Nutzung, so kann dies unter ein- **288**
schränkenden Vorgaben geschehen. Dabei sind zwei Vorgaben auch ohne
ausdrückliche Regelung selbstverständlich. Dies gilt zum einen für den
Ausschluss von **gesetzwidrigen** bzw. den Arbeitgeberinteressen konträren
Nutzungen und zum anderen für ein **Übermaßverbot**, d. h., dass der Arbeitnehmer Nutzungen nicht in dem Umfang vornehmen darf, der in unver-
hältnismäßigem Maße Arbeitszeit in Anspruch nimmt bzw. ansonsten den
Arbeitsablauf beeinträchtigt. Ein Missbrauch liegt auch vor, wenn der Arbeitgeber privat genutzte kostenpflichtige Dienste bezahlen soll.[252]

Gleichwohl ist es zweckmäßig, diese Einschränkungen deutlich zu machen **289**
und zu präzisieren. In Betracht kommen zeitliche (z. B. nur während der
Pausen, nach Dienstschluss), örtliche (nur an bestimmten PCs in Aufenthaltsräumen) und inhaltliche Begrenzungen (kein Öffnen von Attachments
zur Virenvermeidung, Festlegung des Downloads von Software etc.).[253]

Eine zu überlegende Bedingung ist auch die Frage der **Kostenerstattung**, **290**
wobei Voraussetzung ist, dass die von dem einzelnen Beschäftigten verursachten Kosten messbar sind.

Letztlich stellt sich die Frage der Haftung des Arbeitgebers. Wickelt der **291**
Arbeitnehmer beispielsweise Bankgeschäfte per **Onlinebanking** ab und
entsteht dem Arbeitnehmer durch **Sicherheitslücken** (§ 109 Abs. 1 TKG)
im System des Arbeitgebers ein Schaden, so kann der Arbeitgeber ggf.
haftbar sein. Wird die Nutzung den Beschäftigten kostenlos angeboten, so
ist eine Einschränkung der **Haftung** auf grobe Fahrlässigkeit auch unter
dem AGB-Gesichtspunkt (§ 309 Abs. 7 BGB) nicht unangemessen.

2.5.6 Generelle Verbote

Sowohl bei dienstlicher als auch bei gestatteter privater Kommunikation **292**
sind Nutzungen untersagt, die gegen Gesetze oder eindeutig gegen Unter-
nehmensinteressen verstoßen. Dies gilt für das Abrufen und Verbreiten be-
leidigender, rassistischer, sexistischer, gewaltverherrlichender, verfassungs-

---

252 Däubler, Internet und Arbeitsrecht, Rdn. 193a; zur Situation bei Telefongesprächen vgl.
　　Däubler, a. a. O. Rdn. 209b
253 Vgl. im Einzelnen bei Dickmann, NZA 2003, S. 1009

feindlicher[254] oder **pornografischer**[255] **Inhalte** ebenso wie bei Inhalten, die gegen persönlichkeitsrechtliche, urheberrechtliche oder strafrechtliche Bestimmungen verstoßen.[256] Vielfach weisen Behörden und Betriebe hierauf nochmals besonders hin,[257] wodurch jedoch die Pflicht zur Unterlassung derartiger Nutzungen nicht erst begründet wird.

293   Auch wenn der Arbeitgeber sich z. B. beim Abrufen strafbarer kinderpornografischer Darstellungen[258] durch einen Mitarbeiter nicht als **Täter durch Unterlassen** selbst strafbar macht,[259] hat er ein für den Mitarbeiter erkenn-

---

254 Strafbar sind nach § 86 StGB die Verbreitung, z. B. per Versendung einer E-Mail, oder diesbezügliche Vorbereitungshandlungen von Propagandamitteln verfassungswidriger Organisationen.

255 Der Straftatbestand des § 184 StGB erfasst die Verbreitung einfacher und sog. harter Pornografie insbesondere bei Jugendlichen sowie diesbezügliche Vorbereitungshandlungen. Der Tatbestand der Verbreitung wird erfüllt sowohl bei Ermöglichung des Zugriffs auf die Datei als auch bei deren Übermittlung (BGH, NZStZ 2001, S. 597). Das bloße Verschaffen oder der Besitz wird nur im Bereich der Kinderpornografie bestraft (§ 184b StGB).

256 Vgl. auch bei Lindemann/Simon, BB 2001, S. 1950 (1955); Jofer/Wegerich, K&R 2002, S. 235 (240)

257 Vgl. die Formulierungen in der vom BfDI entwickelten Muster-Dienstvereinbarung:
§ 4 Verhaltensgrundsätze
(2) Unzulässig ist jede absichtliche oder wissentliche Nutzung des Internets, die geeignet ist, den Interessen der Dienststelle oder deren Ansehen in der Öffentlichkeit zu schaden oder die Sicherheit des Behördennetzes zu beeinträchtigen. Dies gilt vor allem für
• das Abrufen oder Verbreiten von Inhalten, die gegen persönlichkeitsrechtliche, urheberrechtliche oder strafrechtliche Bestimmungen verstoßen,
• das Abrufen oder Verbreiten von beleidigenden, verleumderischen, verfassungsfeindlichen, rassistischen, sexistischen, gewaltverherrlichenden pornografischen Äußerungen oder Abbildungen.

258 *§ 184b StGB Verbreitung pornographischer Schriften*
(1) Wer pornographische Schriften (§ 11 Abs. 3), die den sexuellen Missbrauch von Kindern (§§ 176 bis 176b) zum Gegenstand haben (kinderpornographische Schriften) 1. verbreitet, 2. öffentlich ausstellt, anschlägt, vorführt oder sonst zugänglich macht, 3. herstellt, bezieht, liefert vorrätig hält, anbietet, ankündigt, anpreist, einzuführen oder auszuführen unternimmt, um sie oder aus ihnen gewonnene Stücke im Sinne der Nummer 1 oder Nummer 2 zu verwenden oder einem anderen eine solche Verwendung zu ermöglichen, wird mit Freiheitsstrafe von drei Monaten bis zu fünf Jahren bestraft.
(2) ...
(3) ...
(4) Wer es unternimmt, sich den Besitz von kinderpornographischen Schriften zu verschaffen, die ein tatsächliches oder wirklichkeitsnahes Geschehen wiedergeben, wird mit Freiheitsstrafe bis zu drei Jahren oder mit Geldstrafe bestraft. Ebenso wird bestraft, wer die in Satz 1 bezeichneten Schriften besitzt.
(5) ...

259 Vgl. im Einzelnen bei Wüstenberg, TKMR 2003, S. 4

bares schützenswertes Interesse daran, dass er und seine Behörde/sein Unternehmen mit derartigen Aktionen gar nicht erst in Verbindung gebracht werden. Dies ergibt sich auch daraus, dass er kein Interesse daran haben kann, dass bei begründetem Verdacht derartiger Straftaten die **Strafverfolgungsbehörden** das Unternehmen aufsuchen und ggf. Beschlagnahmen vornehmen. Daher ist eine derartige Nutzung auch bei gestatteter Privatnutzung nicht etwa »Privatsache« des Arbeitnehmers; sie tangiert auch die arbeitsrechtliche Beziehung[260] und kann damit arbeitsrechtliche Konsequenzen zur Folge haben.

Ist die private Internetnutzung erlaubt, so wird auch geregelt sein, ob und **294** wie der Arbeitgeber – mit der erforderlichen Einwilligung des Beschäftigten – die Einhaltung der hierbei zu beachtenden Vorgaben kontrollieren darf. Besteht hinsichtlich der Privatnutzung jedoch eine »Grauzone« im Unternehmen, so stellt sich im Streitfall – hier kann es um die Berechtigung einer Abmahnung oder um eine Kündigung gehen[261] – die Frage, ob die Kontrollergebnisse durch einen unzulässigen Eingriff in das **Fernmeldegeheimnis** erlangt wurden. Nach überwiegender und auch vom BAG vertretener Auffassung[262] führt die unzulässige Beweiserhebung nur dann zu einem **Beweisverwertungsverbot,** wenn der Beweis durch einen unzulässigen Eingriff in das **Persönlichkeitsrecht** erlangt wurde. Dieser Tatbestand wird bei einer Verletzung des Fernmeldegeheimnisses regelmäßig gegeben sein.

2.6 Datenschutz bei Mischnutzung

2.6.1 Allgemeines

Die bei erlaubter privater Nutzung zu beachtenden bereichsspezifischen **295** Datenschutznormen erstrecken sich ggf. auch auf die dienstliche Nutzung, und zwar dann, wenn der Arbeitgeber keine Vorkehrungen zur Unterscheidung dienstlicher und privater Nutzungsvorgänge getroffen hat. Zur Gewährleistung des Fernmeldegeheimnisses der privaten Kommunikationsan-

---

260 Vgl. auch Hanau/Hoeren, Private Internetnutzung durch Arbeitnehmer, S. 25; a. A. Däubler, Internet und Arbeitsrecht, Rdn. 192

261 Vgl. nachfolgend Rdn. 537 ff.

262 RDV 2003, S. 293; NZA 2003, 1193 = DB 2003, S. 2232; RDV 2009, S. 206; vgl. auch Gola/Wronka, Handbuch Arbeitnehmerdatenschutz, Rdn. 1165 ff.

teile müssen dann dienstliche und private Telefonate, E-Mails oder Internetzugriffe hinsichtlich der grundsätzlichen Unzulänglichkeit für den Arbeitgeber gleichbehandelt werden.

2.6.2 Trennung privater und dienstlicher Nutzung

296   Insoweit können und sollten – soweit möglich – Probleme dadurch vermieden werden, dass dienstliche und private Nutzungen getrennt voneinander stattfinden.[263] Während dies bei Telefonaten regelmäßig unschwer möglich ist, ergeben sich bei der Internetnutzung und dem E-Mail-Verkehr Probleme.

297   Verfügt der Arbeitgeber über eine Telekommunikationsanlage, so kann bei Telefonaten die Unterscheidung durch die Eingabe **unterschiedlicher Kennziffern** erfolgen. Die Daten der Privatgespräche werden ausschließlich zu Abrechnungszwecken gespeichert und anschließend zeitnah gelöscht, die Kosten für die Privatgespräche werden von den monatlichen Bezügen einbehalten. Die insoweit erhobenen Daten dürfen während ihres Speicherungszeitraums ausschließlich dem Betroffenen zur Verfügung gestellt werden und gehen den Arbeitgeber nichts an.

298   Bei Beschäftigten, die ein Mobilfunkgerät vom Arbeitgeber erhalten haben, kann die datenschutzgerechte Lösung darin bestehen, dass dienstliche und private Gespräche auf technischem Wege getrennt werden. Das Gerät erhält zwei SIM-Karten mit **unterschiedlichen Rufnummern**, eine für die betriebliche und eine zweite für die private Nutzung. Die private Nutzung erfolgt aufgrund eines privaten Vertrags zwischen dem Beschäftigten und dem Mobilfunkanbieter. Auf diese Weise erhält der Beschäftigte einen Einzelverbindungsnachweis seiner privat geführten Telefongespräche und eine Rechnung an seine Privatadresse zugesandt. Der Arbeitgeber hingegen erhält den Einzelverbindungsnachweis über die dienstlich geführten Telefonate. Man spricht vom sog. **»Twin-Bill-Verfahren«**.

299   Beim E-Mail-Verkehr bietet die Bereitstellung **getrennter E-Mail-Adressen** eine Möglichkeit der Vermeidung von Mischnutzung. Der Arbeitgeber weiß dann, auf welche Nachrichten er Zugriff hat. Ferner wird die dienstliche E-Mail-Adresse nicht an private Personen weitergeleitet, so dass das

---

263 Vgl. hierzu ausführlich Zilkens, DuD 2005, S. 253; ferner ULD Schleswig-Holstein, Tätigkeitsbericht 2007, S. 111: *»Die private Nutzung dienstlicher E-Mail-Accounts sollte zur Vermeidung von Rechtsverstößen ausgeschlossen werden.«*

Risiko von Angriffen gemindert wird. Diese Lösung begegnet jedoch zahlreichen Nachteilen: Für den Arbeitgeber entsteht zusätzlicher Verwaltungsaufwand. Zu dem werden Verkehrsdaten protokolliert. Durch die Vergabe einer zweiten E-Mail-Adresse wird das System zusätzlich belastet. Gerade im Hinblick auf die Spam-Mail-Problematik müssen mehr E-Mails auf Schadprogramme untersucht werden. Es kann zu erheblichen Verzögerungen bei der Zustellung von E-Mails kommen.

Eine andere Lösung besteht darin, die Beschäftigten anzuhalten, für den   **300**
privaten E-Mail-Verkehr ausschließlich einen **Webmail-Dienst** zu verwenden. Aufgrund einer bestehenden Internet-Standleitung ist dies am Arbeitsplatz meist problemlos möglich. Dadurch wird ausgeschlossen, dass der Arbeitgeber vom Inhalt, von Absendern oder Empfängern privater Nachrichten Kenntnis nimmt, da keine Daten hierüber gespeichert werden. Aber auch hier bedarf es einer formalen Trennung zwischen privaten und dienstlichen E-Mails. Außerdem ist der Sicherheitsstandard von Webmail-Programmen regelmäßig geringer.[264]

2.6.3 Archivierung von E-Mails bei erlaubter Privatnutzung

Nach den gesetzlichen Aufbewahrungsvorschriften des Handelsgesetzbuchs   **301**
und der Abgabenordnung sind dienstliche E-Mails als Geschäftspost zu archivieren. Soweit keine Trennung von dienstlichen und privaten E-Mails möglich ist, muss auch für die Archivierung der privaten E-Mails eine Einwilligung eingeholt werden. Dies ergibt sich nicht aufgrund des Fernmeldegeheimnisses, das nach Abschluss des Übermittlungsvorgangs nicht mehr greift, sondern aufgrund des datenschutzrechtlichen Persönlichkeitsrechts. Gegenüber dem Absender eingehender privater E-Mails besteht keine derartige Verpflichtung. Das bayerische Landesamt für Datenschutzaufsicht[265] stellt dazu u. a. fest: »Wenn jemand eine private E-Mail an einen dienstlichen E-Mail-Account versendet, muss er sich darüber im Klaren sein, dass möglicherweise auch andere Personen als der Adressat die Mail lesen und dass solche Mails auch archiviert werden könnten. Der gleiche Standard an Privatheit wie bei Versendung an eine private E-Mail-Adresse kann in einem solchen Fall nicht erwartet werden.«

---

264 Vgl. ULD Schleswig-Holstein, Tätigkeitsbericht 2007, S. 113: »*Aus Sicherheitsgründen sollte der Down- oder Upload von Dateien über Webmail aber ausgeschlossen sein.*«

265 TB 2011/12, Ziff. 13.4

2.6.4 Einsichtnahme in die Dienstpost

302 Die Erlaubnis der Privatnutzung kann nicht dazu führen, dass dem Arbeitgeber die Dienstpost unzugänglich wird. Der Mitarbeiter muss dem Arbeitgeber den Zugriff auf die eingegangene Dienstpost eröffnen. Dies kann dadurch geschehen, dass er die privaten Mails getrennt und gesondert gesichert speichert. Der Vorgesetzte ist nicht darauf beschränkt, nur Ausdrucke von dienstlichen E-Mails oder deren Weiterleitung an ihn zu verlangen.[266]

303 Ist der Mitarbeiter vorübergehend abwesend und ist keine Vertretungsregelung mit dem Mitarbeiter vereinbart, so darf der Arbeitgeber im Bedarfsfall zur Fortführung des Dienstbetriebs auf die eingehende Post zugreifen, wobei die Privatpost auszusortieren ist.[267] Diese Möglichkeit muss er im Rahmen der Nutzungsbedingungen offengelegt haben.

2.7 Fazit

304 Festzuhalten ist somit, dass je nach der Art der eingesetzten Überwachungs- und Kontrolltechniken der elektronischen Kommunikation auf unterschiedliche Rechtsquellen zurückzugreifen ist, um den Datenschutz, d. h. den Persönlichkeitsrechtschutz der Beschäftigten in Gestalt des informationellen Selbstbestimmungsrechts, sicherzustellen.

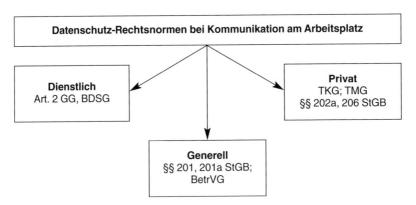

Abb. 5: Datenschutznormen bei Kommunikation am Arbeitsplatz

---

266 So aber Däubler, Internet und Arbeitsrecht, Rdn. 286a

267 Lassen sich die E-Mails äußerlich nicht aufteilen, soll nach Däubler, Internet am Arbeitsplatz, Rdn. 286 mit Nachweisen, eine außenstehende neutrale Person die Sichtung vornehmen.

Generell festzuhalten ist, dass unabhängig von den anzuwendenden Normen   **305**
die Zulässigkeitsgrenzen weitgehend auf gleicher Schutzebene zu ziehen
sind.

3   Persönlichkeitsrechtsschutz durch das BDSG

3.1   Allgemeines

Werden im Rahmen der Kontrolle des Arbeitnehmerverhaltens **personen-**   **306**
bezogene Daten verarbeitet, so wird der dem Arbeitgeber gezogene datenschutzrechtliche Erlaubnisrahmen zunächst durch das BDSG bzw. LDSG
bestimmt. Personenbezogene Daten sind jegliche Angaben über die persönlichen oder sachlichen Verhältnisse einer bestimmten oder bestimmbaren
Person (§ 3 Abs. 1 BDSG). Hierzu gehört die Telefonnummer ebenso wie
die E-Mail-Adresse. Hinsichtlich der bei Protokollen notwendigerweise
festgehaltenen **IP-Adressen** gilt Gleiches, da der hinter der Adresse stehende Nutzer bestimmbar ist.[268] Der Anwendungsbereich des BDSG bei der
Verarbeitung der Kommunikationsdaten der Beschäftigten ist jedoch begrenzt, weil das BDSG gegenüber bereichsspezifischen Regelungen des
Bundes, wobei insoweit das TKG und das TMG von besonderem Belang
sind, subsidiär ist (§ 1 Abs. 3 S. 1 BDSG). Im Bereich der Privatwirtschaft
betrifft es – abgesehen von Ausnahmen – nur die Erhebung, Verarbeitung
und Nutzung personenbezogener Daten, die dateigebunden oder automatisiert erfolgen. Eine wesentliche Ausnahme bildet die Verarbeitung von **Be-**
schäftigtendaten (§§ 3 Abs. 11, 32 Abs. 1, 2 BDSG). Die Zulässigkeitsnorm des § 32 Abs. 1 BDSG erfasst auch **manuelle Vorgänge** (§ 32 Abs. 2
BDSG).

Den **Datenschutz** der Betroffenen gewährleistet es sodann zum einen   **307**
dadurch, dass diese Schritte zur Verwendung personenbezogener Daten
einer Erlaubnis bedürfen (**Verbot mit Erlaubnisvorbehalt** des § 4 Abs. 1
BDSG), und zum anderen dadurch, dass die »verantwortliche Stelle« (§ 3
Abs. 4 BDSG) zur **Transparenz** ihrer Datenverarbeitung gegenüber den

---

268   So mit Hinweisen zur datenschutzgerechten Protokollierung: ULD, TB 2009, S. 117 =
     RDV 2009, S. 141; Art.-29-Gruppe, RDV 2008, S. 80; vgl. aber auch AG München,
     RDV 2009, S. 76 mit Anm. Klug; Heidrich/Wegener, DuD 2010, S. 172; Gola/
     Schomerus, BDSG, § 3 Rdn. 10 f.

Betroffenen verpflichtet wird. Die dem Betroffenen eingeräumten Korrektur-, Löschungs- und Widerspruchsrechte ermöglichen die Abwehr unzulässiger Verarbeitungen.

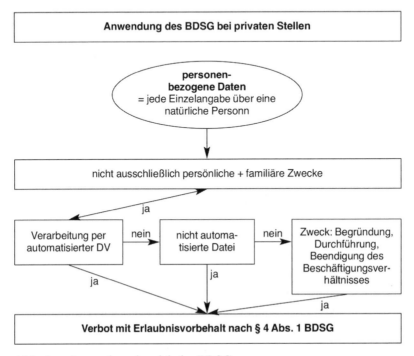

Abb. 6: Anwendungsbereich des BDSG

3.2 Zulässigkeit nach BDSG

3.2.1 Allgemeines

308 Die Zulässigkeit der Verarbeitung oder Nutzung der Daten bestimmt sich zunächst – sofern keine Einwilligung der Betroffenen vorliegt – gemäß § 4 Abs. 1 BDSG nach sonstigen, d. h. außerhalb des BDSG angesiedelten **Erlaubnis- oder Verbotsregelungen,** bevor auf Zulässigkeitstatbestände des BDSG – und damit auf die insoweit relevanten §§ 32, 28 BDSG – zurückgegriffen werden kann. Insoweit ist von besonderem Belang, dass auch Betriebs- und Dienstvereinbarungen zu den vorrangigen Erlaubnis- oder Verbotsregelungen zählen.

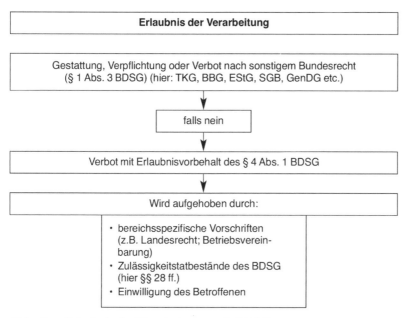

Abb. 7: Erlaubnis der Verarbeitung nach BDSG

3.2.2 Die Zulässigkeitsnorm des § 32 BDSG

Aufgabe des § 32 BDSG ist nach seiner Überschrift der Beschäftigtenda- **309**
tenschutz.[269] Der Begriff der **Beschäftigten** erfasst nach der Definition in
§ 3 Abs. 11 BDSG alle in einem abhängigen Beschäftigungsverhältnis ste-

---

269 *§ 32 BDSG Datenerhebung, -verarbeitung und -nutzung für Zwecke des Beschäftigungsverhältnisses*
(1) Personenbezogene Daten eines Beschäftigten dürfen für Zwecke des Beschäftigungsverhältnisses erhoben, verarbeitet oder genutzt werden, wenn dies für die Entscheidung über die Begründung eines Beschäftigungsverhältnisses oder nach Begründung des Beschäftigungsverhältnisses für dessen Durchführung oder Beendigung erforderlich ist. Zur Aufdeckung von Straftaten dürfen personenbezogene Daten eines Beschäftigten nur dann erhoben, verarbeitet oder genutzt werden, wenn zu dokumentierende tatsächliche Anhaltspunkte den Verdacht begründen, dass der Betroffene im Beschäftigungsverhältnis eine Straftat begangen hat, die Erhebung, Verarbeitung oder Nutzung zur Aufdeckung erforderlich ist und das schutzwürdige Interesse des Beschäftigten an dem Ausschluss der Erhebung, Verarbeitung oder Nutzung nicht überwiegt, insbesondere Art und Ausmaß im Hinblick auf den Anlass nicht unverhältnismäßig sind.
(2) Absatz 1 ist auch anzuwenden, wenn personenbezogene Daten erhoben, verarbeitet oder genutzt werden, ohne dass sie automatisiert verarbeitet oder in oder aus einer nicht automatisierten Datei verarbeitet, genutzt oder für die Verarbeitung oder Nutzung in einer solchen Datei erhoben werden.
(3) Die Beteiligungsrechte der Interessenvertretungen der Beschäftigten bleiben unberührt.

henden Personen. Wer diesen Schutz genießen soll, legt § 3 Abs. 11 BDSG fest. Hierzu zählen selbstverständlich primär die Arbeitnehmer im klassischen Sinne, d. h. Arbeiter und Angestellte. Die zur **Berufsbildung** Beschäftigten werden gesondert genannt. Es folgt ein weitgezogener Kreis von Personen, die eine arbeitnehmerähnliche Stellung haben. Sodann wird der Datenschutz auf das Vorfeld bzw. auf die Zeit nach dem Ende des Arbeitsverhältnisses erstreckt, indem **Bewerber** für ein Beschäftigungsverhältnis sowie Personen, deren Beschäftigungsverhältnis beendet ist, genannt werden.[270]

310 Für die Anwendung der Norm ist die Art und Weise der Datenverarbeitung entgegen der ansonsten geltenden Eingrenzung der Anwendung des BDSG auf dateigebundene bzw. automatisierte Verarbeitungen (§§ 1 Abs. 2 Nr. 2, 27 Abs. 1 BDSG) unerheblich. § 32 Abs. 1 gilt gemäß Abs. 2 der Norm für jede Form der Erhebung bzw. Verarbeitung, d. h. auch für nicht unter den **Dateibegriff** fallende Personalvorgänge und -akten. Die Verweisung gilt – bisher – nicht für andere Zulässigkeitsbestände oder für die Wahrnehmung der sich aus dem BDSG ergebenden **Betroffenenrechte**.[271]

3.2.3 Erforderlichkeit im Rahmen des Beschäftigungsverhältnisses

3.2.3.1 Allgemeines

311 Die nach § 28 Abs. 1 Nr. 1 Satz 1 BDSG allgemein die Zulässigkeit bestimmende **Erforderlichkeit** eines rechtsgeschäftlichen oder rechtsgeschäftsähnlichen Schuldverhältnisses wird für das Arbeitsverhältnis in § 32 Abs. 1 Satz 1 BDSG dahin konkretisiert, dass Beschäftigtendaten erhoben, verarbeitet oder genutzt werden dürfen, wenn dies im Rahmen der ver-

---

270 Vgl. im Einzelnen Gola/Schomerus, BDSG, § 3, Rdn. 59a; Däubler, Gläserne Belegschaften?, Rdn. 183

271 Das geplante Beschäftigtendatenschutzrecht will diese Begrenzung aufnehmen, indem § 27 folgender Absatz 3 angefügt werden soll:
»*(3) Für das Erheben, Verarbeiten und Nutzen von Beschäftigtendaten durch den Arbeitgeber für Zwecke eines früheren, bestehenden oder zukünftigen Beschäftigungsverhältnisses gelten die Vorschriften des zweiten, dritten und vierten Unterabschnitts. Satz 1 gilt auch, wenn Beschäftigtendaten erhoben, verarbeitet oder genutzt werden, ohne dass sie automatisiert verarbeitet oder in oder aus einer nicht automatisierten Datei verarbeitet, genutzt oder für die Verarbeitung oder Nutzung in einer solchen Datei erhoben werden.*«

schiedenen Phasen eines Arbeitsverhältnisses, d. h. seiner **Begründung,** seiner **Durchführung** oder seiner **Beendigung,** erforderlich ist.

Nach dem überwiegenden und sachgerechten Verständnis verlangt der Be-   **312** griff der **Erforderlichkeit,** dass die Daten zur Erfüllung des legitimen Vertragszwecks benötigt werden, d. h. gespeichert werden müssen, weil die berechtigten Interessen auf andere Weise nicht bzw. nicht angemessen gewahrt werden können. Wenn mehrere gleichermaßen wirksame Maßnahmen in Betracht kommen, ist die den Arbeitnehmer weniger belastende zu wählen, wobei insoweit auch das Gebot der Datensparsamkeit des § 3a BDSG zum Tragen kommt.

Der Arbeitgeber ist also keineswegs gehalten, bei manueller Datenverarbei-   **313** tung zu verbleiben, weil die Möglichkeiten automatisierter Verarbeitung eine **höhere Datenschutzgefahr** bedeuten könnten, was zudem auch nicht zutreffen muss. Regelmäßig ist davon auszugehen, dass das, was im Rahmen der Durchführung des Beschäftigungsverhältnisses (§ 32 Abs. 1 S. 1 BDSG) manuell zulässig war, in demselben Rahmen auch automatisiert geschehen darf.

Ein Beispiel ist die Führung **digitaler Personalakten,** da durch die Digitali-   **314** sierung der Datenschutz des Betroffenen einerseits verbessert, andererseits aber auch erschwert werden kann.[272] Werden die Dokumente in einem Dokumentenmanagementsystem vorgehalten, so können dessen Such- und Auswertungsfunktionen zu bisher nicht oder nicht in diesem Umfang gegebenen Aussagen zur Person des Mitarbeiters führen. Damit wächst die Gefahr, dass Personalentscheidungen automatisiert vorgegeben werden. Darüber hinaus ermöglicht die Automatisierung – worauf Hersteller entsprechender Software auch als ausdrücklichen Vorteil hinweisen – den unmittelbaren weltweiten Zugriff auf die Datenbestände, was bei herkömmlicher Aktenführung bereits an der praktischen Realisierbarkeit scheiterte. Es liegt nahe, dass derartige Zugriffsmöglichkeiten auch zum Wunsch ihrer Realisierung führen und dass das Problem weltweiter »Human Resource Systems« sich nun auch für die klassische Personalakte ergibt.

Die Technik muss und kann aber gewährleisten, dass **unbefugte Zugriffe**   **315** nicht stattfinden. Durch die nunmehr technisch abgesicherten **Rollen- und Berechtigungsstrukturen** können Zugriffsbefugnisse mit den Alternativen des Lesens oder auch des Speicherns und Veränderns sicherer und ggf. be-

---

272 Gola, RDV 2008, S. 135; Diller/Schuster, DB 2008, S. 928; Böker, CuA 6/2010, S. 14

fristet festgelegt werden. Von vornherein bzw. durch **Zeitablauf** unzulässig gespeicherte Daten können, ohne Spuren zu hinterlassen, entfernt/gelöscht werden. Bei Unzulässigkeit nach Fristablauf kann dies systembedingt geschehen.[273] Da der Arbeitgeber aber im Sonderfall, z. B. wegen zwischenzeitlich erneut eingetretener abmahnungsrelevanter Vorgänge, ein geändertes Interesse an der weiteren Aufbewahrung haben kann, sollte vor der Löschung eine »Vorwarnung« erfolgen.

316 Die digitale Speicherung ermöglicht, dass dem Mitarbeiter vom Arbeitsplatz aus lesender Zugriff auf »seine« Akte eingeräumt wird, so dass die beiderseitige – Arbeitszeit in Anspruch nehmende – **Einsichtnahme** in der Personalabteilung entfällt. Zudem kann die unbürokratische und nicht etwa zu protokollierende Einsichtsmöglichkeit[274] das Datenschutzinteresse der Mitarbeiter fördern. Das Einsichtsrecht kann auch nicht mehr vorübergehend dadurch »ausgesetzt« sein, dass die Akte von der Personalabteilung an Vorgesetzte etc. ausgeliehen wurde.

317 Hinsichtlich der Zulässigkeit der Erhebung, Verarbeitung oder Nutzung der beim Einsatz der Kommunikationsmittel anfallenden Daten ist bei der Anwendung des § 32 Abs. 1 BDSG maßgebend, ob der Arbeitgeber die Daten zur Wahrnehmung der ihm aus dem Arbeitsverhältnis zustehenden Organisations- und Kontrollbefugnisse benötigt.[275]

318 Hält der Arbeitgeber also im Rahmen der sog. **Telefondatenerfassung** fest, von welcher Nebenstelle im Betrieb wann mit wem zu welchen Kosten dienstliche Telefonate geführt wurden, so ist die Rechtfertigung derartiger Verarbeitungen zunächst anhand des § 32 Abs. 1 Satz 1 BDSG zu prüfen. Wurde zu der Thematik eine **Betriebs- und Dienstvereinbarung** geschlossen, so stellt diese zwar nun eine vorrangige Erlaubnisnorm i. S. von § 4 Abs. 1 BDSG dar; die Zulässigkeitsmaßstäbe, die das BDSG bzw. das informationelle Selbstbestimmungsrecht der Beschäftigten setzt, können jedoch nicht ausgehebelt werden.

319 Will der Arbeitgeber den dienstlichen **E-Mail-Verkehr** kontrollieren, setzt § 32 Abs. 1 S. 1 BDSG den Maßstab. Das gilt darüber hinaus für alle Kontrollen zur Einhaltung von **Compliance**-Regelungen.[276]

---

273 Zu Abmahnungen vgl. bei Gola/Wronka, Handbuch Arbeitnehmerdatenschutz, Rdn. 789 ff.
274 Vgl. Gola/Schomerus, BDSG, § 6 Rdn. 8a
275 Gola/Schomerus, BDSG, § 32 Rdn. 24
276 Gola/Wronka, Handbuch Arbeitnehmerdatenschutz, Rdn. 850 ff.

3.2.3.2 Datamining, Rasterfahndung, Screening und Fraud Detection

Die Selektion und die Bewertung von Personaldaten gehören zu den gängi- **320** gen **Compliance-Kontrollmaßnahmen**, um Hinweise aus Unterschlagungen, Korruption etc. zu erhalten.

Einen Weg der Filterung bildet die **Rasterfahndung**, indem die personen- **321** bezogenen Informationen nach definierten Ergebnissen und Auffälligkeiten durchsucht werden. Mitarbeiter, die die gesuchten Merkmale haben, bleiben im Raster hängen. Eine Variante der Rasterfahndung ist das **Screening**. Der aus dem medizinischen Bereich stammende Begriff beschreibt gleiche Vorgänge, nämlich das gezielte »Aussieben« von Massendaten. Ein weiterer Schritt ist es, aus den Erkenntnissen über eventuell korrupte Mitarbeiter allgemeine Erfahrungswerte zu ermitteln, an denen dann der einzelne Mitarbeiter gescort[277] wird. Ein Beispiel bilden unter den Bezeichnungen »**Lost Prevention**« oder »**Fraud Detection**«[278] geführte Programme, die ein typisches Profil von Beschäftigten an Kassen erstellen, um dann an dem Verhalten einzelner Beschäftigter festzustellen, wer mit welchem Verdachtswert von dem typischen Profil abweicht.[279]

Ein Überwachungsprogramm kann bei Telefonaten auf die Erkennung be- **322** stimmter Worte programmiert sein und bei deren Verwendung befristete Aufzeichnungen vornehmen.[280] Gleiches gilt, wenn bestimmte Daten befristet aufgerufen werden, z. B. Screenshots vom Bildschirm gemacht werden.[281] Auf die Möglichkeit unerlaubter Absprachen deutet hin, wenn in E-Mails mit bestimmten Partnern die Aufforderung »Call me« auftaucht.

Untersucht wird ggf. auch der E-Mail-Verkehr anhand einer Liste von **323** Suchwörtern z. B. zwecks Aufdeckung von Bestechungsfällen oder Wettbewerbsverstößen.[282] Der insoweit geltende Begriff der **Data Loss** bzw. **Data Leakage Prevention**[283] umfasst alle Maßnahmen, die darauf gerichtet sind, den versehentlichen Verlust und auch das Entwenden sensibler Daten

---

277 Vgl. vorstehend Rdn. 32 ff. und nachstehend Rdn. 683
278 Siehe hierzu bei Kiesche/Wilke, CuA 1/2014, S. 4 mit den Grundlagen für ein datenschutzkonformes Anti-Fraud-Management
279 Dass derartige Verfahren datenschutzgerecht gestaltet sein können, belegt die am 5.6.2013 erfolgte Verleihung des ULD Datenschutz-Gütesiegels an das von der Fa. Lidl eingesetzte »Zentrale Kassenprüfungssystem«.
280 Jordan/Bissels/Löw, BB 2008, S. 2626
281 Weitere Beispiele bei Däubler, Internet und Arbeitsrecht, Rdn. 215
282 Vgl. bei Wedde, CuA 7–8/2013, S. 4
283 Vgl.hierzu Kersten/Klett, Data Leakage Prevention, 2014

abzuwenden. Es geht um das Vermindern von Risiken, die insbesondere von Mitarbeitern oder Partnern des Unternehmens ausgehen.[284]

324 § 32 Abs. 1 S. 1 BDSG gestattet derartige Verfahren, wenn es im Rahmen der Durchführung des (Arbeits-)Verhältnisses erforderlich ist. Für die Erfüllung der Zweckbestimmung des Vertrages sind auch Maßnahmen erforderlich, mit denen der Arbeitgeber die Einhaltung der mit dem Arbeitnehmer vereinbarten Arbeitspflichten kontrolliert, d. h. der Vertragszweck berechtigt auch zur Ermittlung von gegen die Pflichten des Vertrages sprechendem Verhalten.

325 Auch bei einem bejahten arbeitgeberseitigen Informationsinteresse ist dem **Verhältnismäßigkeitsprinzip** Rechnung zu tragen. Die Kriterien, die das BAG für die Zulässigkeit offener und ggf. auch geheimer Videoüberwachung aufgestellt hat, geben den Maßstab vor.

326 Dabei ist zu unterscheiden, ob das Screening **präventiven Zwecken** dient, d. h. auf Grund einer betriebswirtschaftlichen Analyse aller Geschäftsprozesse ermittelten Gefährdungsgrundlage erfolgt, oder ob repressiv tatsächlichen Anhaltspunkten einer **Straftat** nachgegangen werden soll. Hier sind die Voraussetzungen in § 32 Abs. 1 S. 2 BDSG vorgegeben. Davon hängt auch der in die Untersuchung einzubeziehende Personenkreis ab.[285]

327 Die aus § 32 Abs. 1 S. 1 BDSG in **Risikobereichen** erfolgende präventive Kontrolle soll ja erst dazu dienen, Tatsachen zu ermitteln, die auf einen Strafverdacht hindeuten und gezielte Einzelmaßnahmen unter den Kriterien des § 32 Abs. 1 S. 2 BDSG rechtfertigen.

328 Bei präventiver Überwachung kann ausnahmsweise auch eine **Gesamtüberwachung** vorgenommen werden. Diese muss berechtigt sein, wenn für die Ermittlung des in die Analyse einzubeziehenden Personenkreises erst noch eine weitere datenschutzrechtlich relevante Erhebung von Daten erforderlich wäre. Eine Konkretisierung des Personenkreises anhand der betrieblichen Organisationsdaten kann jedoch nicht wegen des Arbeitsauf-

---

284 Höller, CuA 7–8/2013, S. 9 mit Beispielen aus der Praxis

285 Vgl. aber auch BVerfG, RDV 2009, 113, wonach bei einer staatsanwaltschaftlichen Datenerhebung bei einem Kreditkarteninstitut gegenüber Betroffenen, bei denen bei einem Datensuchlauf »kein Treffer erzielt wurde«, kein Eingriff in das informationelle Selbstbestimmungsrecht erfolgte

wands als unzumutbar gesehen werden. Eine Vollkontrolle wird regelmäßig nicht gerechtfertigt sein.[286]

Auswertungen müssen möglichst in **pseudonymisierter Form** erfolgen und dürfen erst im Verdachtsfall personalisiert werden (§ 3a BDSG). **329**

Abgesichert werden kann die Pseudonymisierung dadurch, dass die Kontrolle und Auswertung von einer »neutralen« Stelle erfolgt. Dadurch wird auch die Zweckbestimmung gewährleistet, d. h. dass eine indirekte Leistungskontrolle ausscheidet.[287]

Keine Gründe sprechen dafür, derartige Verfahren »geheim« durchzuführen. Die Gefahr, entdeckt zu werden, wird vielmehr ein nützlicher Abschreckungseffekt sein. Bei einem präventiven Screening genügt zunächst eine allgemeine Bekanntmachung und dann ggf. eine konkrete Information bei der Anhörung eventueller Verdächtiger. Bei repressivem Ermitteln ist es ggf. geboten, die Information der Betroffenen erst nach Abschluss der Untersuchung durchzuführen. An der Durchführung der Recherche bzw. Analyse sind Betriebsrat und Datenschutzbeauftragte zu beteiligen. Das Verfahren ist zu dokumentieren.[288] **330**

Phasen eines solchen Recherche- und Analyseverfahrens sind:[289] **331**

Phase 1: Festlegung des Recherche- und Analysezwecks

Phase 2: Identifikation geeigneter Indikatoren

Phase 3: Definition der abzugleichenden Datenbestände

Phase 4: Bereitstellung eines geeigneten Softwaretools bzw. Einsatz einer geeigneten Abfragesprache

---

286 Vgl. Wilke, AiB 2006, S. 155 zur Unzulässigkeit dauerhaften Screenings des Kassiererverhaltens

287 Vgl. das Beispiel einer Betriebsvereinbarung bei Böker, CuA 10/2012, S. 32: *»Die jeweilige Verkäufernummer des Bedieners wird zur Pseudonymisierung verschlüsselt. Der Schlüssel (Formel zur Pseudonymisierung der Personalnummer) wird nach Nutzung geändert. ... Der Schlüssel bzw. die Formel, mit der die Personalnummer wieder kenntlich gemacht werden kann, wird in der Personalabteilung gegen unbefugten Zugriff gesichert hinterlegt. Eine Aufdeckung der Identität des Betroffenen erfolgt nur bei begründetem Tatverdacht der Manipulation von Transaktionen.«*

288 Vgl. zu alldem: Schmid, RDV 2009, S. 193; Barton, RDV 2009, S. 203; Deutsch/Diller, DB 2009, S. 1462; Vogel/Glas, DB 2009, S. 343; Wybitul, BB 2009, S. 1582

289 Entnommen bei Albers, Compliance der Compliance: Elektronische Analyseverfahren personenbezogener Daten zur Prävention und Aufdeckung geschäftsschädigender Handlungen in Unternehmen, Forschungsbericht Ausgabe 6, 2009 des Fachbereichs Wirtschaft der FH Düsseldorf

Phase 5: Extraktion anonymisierter bzw. pseudonymisierter Daten aus den betrieblichen Datenbeständen

Phase 6: Durchführung des Datenabgleichs

Phase 7: ggf. Reduktion der Schnittmenge im Ausschlussverfahren durch Anwendung weiterer Indikatoren

Phase 8: Personalisierung der generierten Verdachtsfälle

Phase 9: Klärung der Verdachtsfälle

Letztendlich ist die Mitbestimmung bei dem Einsatz von Analyse-Software zur Aufdeckung von Unregelmäßigkeiten von Bedeutung (§ 87 Abs. 1 Nr. 6 BetrVG, § 75 Abs. 3 Nr. 17 BPersVG).[290]

3.2.3.3 Screening im Entwurf des Beschäftigtendatenschutzgesetzes

332 Das Thema **Screening** sollte in § 32d Abs. 3 BDSG-E eine spezielle Regelung erfahren.[291] Absatz 3 regelt, für welche Zwecke und in welcher Form der Arbeitgeber einen automatisierten Abgleich von für andere Zwecke des Beschäftigungsverhältnisses erhobenen Beschäftigtendaten durchführen darf. Nach der Gesetzesbegründung[292] ist der Abgleich nur zulässig zur **Aufdeckung von Straftaten** oder anderen schwerwiegenden Pflichtverletzungen durch den Beschäftigten im Beschäftigungsverhältnis. Eine schwerwiegende Pflichtverletzung kann auch z. B. die Begehung einer Ordnungswidrigkeit sein, wenn diese von entsprechender Erheblichkeit ist. Die Regelbeispiele machen deutlich, dass Abs. 3 eine Grundlage für die **Korruptionsbekämpfung** und die Durchsetzung von Compliance-Anforderungen darstellt. Der Datenabgleich ist nicht zur Aufdeckung jeder, sondern nur einer schwerwiegenden Pflichtverletzung, die in ihrer Gewichtigkeit den Regelbeispielen nahekommt, gerechtfertigt. Dieser Maßstab gilt auch für die Straftaten. Diese müssen zudem, wie die Pflichtverletzung, im Zusammen-

---

290 Das Beispiel einer Betriebsvereinbarung über die Nutzung von Analyse-Software und über forensische Analysen befindet sich bei Kiesche/Wilke, CuA 1/2014, S. 7

291 *§ 32d BDSG-E Datenverarbeitung und -nutzung im Beschäftigungsverhältnis*
Der Arbeitgeber darf zur Aufdeckung von Straftaten oder anderen schwerwiegenden Pflichtverletzungen durch Beschäftigte im Beschäftigtenverhältnis, insbesondere durch Aufdeckung von Straftaten nach den §§ 266, 299, 331 bis 334 des Strafgesetzbuchs, einen automatisierten Abgleich von Beschäftigtendaten in anonymisierter oder pseudonymisierter Form mit von ihm geführten Dateien durchführen. Ergibt sich ein Verdachtsfall, dürfen die Daten personalisiert werden. Der Arbeitgeber hat die näheren Umstände, die ihn zu einem Abgleich nach Satz 1 veranlassen, zu dokumentieren. Die Beschäftigten sind über Inhalt, Umfang und Zweck des automatisierten Abgleichs zu unterrichten, sobald der Zweck durch die Unterrichtung nicht mehr gefährdet wird.

292 BT-Drs. 17/4230, S. 18

hang mit dem Beschäftigungsverhältnis begangen worden sein. Im Sinne des in § 3a normierten Grundsatzes der Datenvermeidung und Datensparsamkeit dürfen die Beschäftigtendaten zunächst nur in **anonymisierter** oder **pseudonymisierter** Form für den Abgleich genutzt werden. Erst wenn sich aus dem Abgleich ein Verdacht ergibt, dürfen die hiervon betroffenen Daten personalisiert werden. Dem Transparenzgebot wird durch die **Dokumentations- und Unterrichtungspflicht** des Arbeitgebers Rechnung getragen.

3.2.4 Der Erlaubnisrahmen des § 32 Abs. 1 Satz 2 BDSG

Auch für nicht per Screening oder Scoring etc. erfolgende Kontrollen zeigt § 32 Abs. 1 Satz 2 BDSG die sich insoweit ergebenden Grenzen auf, wenn der Arbeitgeber der Ermittlung von **potenziellen Straftätern** nachgehen will.[293] Die besondere Gefährdung der Betroffenenrechte liegt hier zumeist

333

---

293 Die entsprechende ausführlichere Norm des Entwurfs des Beschäftigtendatenschutzgesetzes lautet wie folgt:

§ 32e BDSG-E Datenerhebung ohne Kenntnis des Beschäftigten zur Aufdeckung und Verhinderung von Straftaten und anderen schwerwiegenden Pflichtverletzungen im Beschäftigungsverhältnis

(1) Der Arbeitgeber darf Beschäftigtendaten nur mit Kenntnis des Beschäftigten erheben.

(2) Der Arbeitgeber darf Beschäftigtendaten ohne Kenntnis des Beschäftigten nur erheben, wenn

1. Tatsachen den Verdacht begründen, dass der Beschäftigte im Beschäftigungsverhältnis eine Straftat oder eine andere schwerwiegende Pflichtverletzung begangen hat, die den Arbeitgeber bei einem Arbeitnehmer zu einer Kündigung aus wichtigem Grund berechtigen würde, und

2. die Erhebung erforderlich ist, um die Straftat oder die andere schwerwiegende Pflichtverletzung aufzudecken oder um damit im Zusammenhang stehende weitere Straftaten oder schwerwiegende Pflichtverletzungen des Beschäftigten zu verhindern.

(3) Die Erhebung nach Absatz 2 muss nach Art und Ausmaß im Hinblick auf den Anlass verhältnismäßig sein. Sie ist nur zulässig, wenn die Erforschung des Sachverhalts auf andere Weise erschwert oder weniger erfolgversprechend wäre. Die Erhebung ist abzubrechen, wenn der Zweck nicht zu erreichen ist; sie ist zu unterbrechen, wenn der Zweck nur vorübergehend nicht zu erreichen ist. Die Dauer ist auf das Unerlässliche zu beschränken.

(4) In den Fällen des Absatzes 2 ist die Erhebung von Beschäftigtendaten unzulässig, wenn sie erfolgt mit Hilfe

1. einer planmäßig angelegten Beobachtung, die länger als 24 Stunden ohne Unterbrechung oder an mehr als vier Tagen stattfinden soll,

2. technischer Mittel zum Abhören oder Aufzeichnen des nicht öffentlich gesprochenen Wortes oder 3. sonstiger besonderer technischer Mittel, die für Beobachtungszwecke bestimmt sind.

Satz 1 Nr. 3 gilt nicht für den Einsatz von Ferngläsern und Fotoapparaten.

darin, dass die Datenerhebung bzw. Auswertung regelmäßig **heimlich** erfolgt. Als Voraussetzung für ein Tätigwerden sind zunächst tatsächliche, zu **dokumentierende Anhaltspunkte** für eine Straftat gefordert, wobei die Intensität der Überwachungsmaßnahme an dem Gewicht der Straftat zu messen ist. § 32 Abs. 1 Satz 2 BDSG konkretisiert somit das **Verhältnismäßigkeitsprinzip** für den genannten Fall.

Nicht ausgeschlossen sind durch § 32 Abs. 1 Satz 2 BDSG allgemeine zur Abschreckung vor bzw. Entdeckung von Straf- und Fehlverhalten durchgeführte Kontrollen in »Risikobreichen«. Basis für derartige präventive Maßnahmen ist in der Regel § 32 Abs. 1 S. 1 BDSG.[294] Dazu zählen offene Zugangskontrolle, Videoüberwachung und **Taschenkontrolle**. Auch bezüglich letztgenannter Verfahren besteht Informationspflicht nach § 4 Abs. 2 bzw. § 33 BDSG.

3.3 Neben bzw. statt § 32 BDSG geltende Zulässigkeitsregelungen

3.3.1 Keine abschließende Regelung in § 32 Abs. 1 BDSG

334 Obwohl der Wortlaut dies nicht erkennbar macht und man zunächst das Gegenteil vermuten könnte, ist – wie die Gesetzesbegründung ergibt – § 32 Abs. 1 BDSG **keine abschließende Regelung** für die Verarbeitung von

---

(5) Der Arbeitgeber darf die nach Absatz 2 erhobenen Daten nur für die Zwecke, für die sie erhoben wurden, verarbeiten und nutzen. Die den Verdacht begründenden Tatsachen sind vor der Datenerhebung zu dokumentieren. Die näheren Umstände der Datenerhebung nach den Absätzen 2 bis 4 sind unverzüglich nach der Datenerhebung zu dokumentieren. § 4d Absatz 5 ist anzuwenden. Der Beschäftigte ist über die Erhebung, Verarbeitung oder Nutzung zu unterrichten, sobald deren Zweck durch die Unterrichtung nicht mehr gefährdet wird.
(6) Die Daten sind unverzüglich zu löschen, wenn sie zur Erreichung des Zwecks nicht mehr erforderlich sind oder schutzwürdige Interessen des Beschäftigten einer weiteren Speicherung entgegenstehen. Der Grund der Speicherung der Daten und die Löschung sind zu dokumentieren. Die Dokumentation darf ausschließlich für Zwecke der Datenschutzkontrolle verwendet werden. Die Dokumentation ist zu löschen, wenn sie für diese Zwecke nicht mehr erforderlich ist, spätestens jedoch am Ende des Kalenderjahres, das dem Jahr der Dokumentation folgt.
(7) Daten, die den Kernbereich privater Lebensgestaltung betreffen, darf der Arbeitgeber nicht erheben, verarbeiten oder nutzen. Wurden solche Daten entgegen Satz 1 gespeichert, sind sie unverzüglich zu löschen. Absatz 6 Satz 2 bis 4 ist entsprechend anzuwenden.

294 Vgl. Gola/Wronka, Handbuch Arbeitnehmerdatenschutz, Rdn. 1066 ff.

Arbeitnehmerdaten. § 32 Abs. 1 Satz 1 BDSG verdrängt – ohne zu einer inhaltlichen Änderung zu führen – nur die allgemeinere Norm des § 28 Abs. 1 Satz 1 Nr. 1 BDSG.[295]

Weiterhin Geltung haben u. a. die Zulässigkeitsregelungen in § 28 Abs. 1 **335** Satz 1 Nr. 2, 3, Abs. 2 Nr. 1 und 2 BDSG; und dies nicht nur wenn sie auf außerhalb der Zweckbestimmung des § 32 Abs. 1 BDSG liegende berechtigte Interessen abstellen.[296] Weiterhin gilt auch § 28 Abs. 5 BDSG mit der **Hinweispflicht** gegenüber Dritten, denen Beschäftigtendaten übermittelt wurden, diese nur zweckgebunden zu verarbeiten.

Generell keine Anwendung findet nach Auffassung des BAG[297] § 32 Abs. 1 **336** BDSG, wenn es um die Verarbeitung **besonderer Arten personenbezogener Daten** (§ 3 Abs. 9 BDSG) geht, weil für diese § 28 Abs. 6 Nr. 3 BDSG die abschließende Zulässigkeitsnorm darstellt. Das Ergebnis ist richtig, die Begründung jedoch fraglich, weil offenbleibt, ob die Erweiterung der Zulässigkeitsnorm auf jedwede Art der Datenverarbeitung in § 32 Abs. 2 BDSG auch für § 28 Abs. 6 BDSG gilt, wenn die besonderen Arten personenbezogener Daten Beschäftigungszwecken dienen. Die gleiche Ausnahme muss aber auch für **öffentlich zugängliche Daten** nach § 28 Abs. 1 S. 1 Nr. 3 BDSG gelten.[298]

3.3.2 Interessenabwägung außerhalb der vertraglichen Erforderlichkeit des Beschäftigungsverhältnisses

Unstrittig ist, dass Arbeitnehmerdaten auch für sich außerhalb einer für das **337** **Beschäftigungsverhältnis** unmittelbaren Erforderlichkeit bestehende Interessen des Arbeitgebers oder eines Dritten weiterhin verarbeitet werden dürfen. Es geht um sog. »**beschäftigungsfremde**« Zwecke, für die nicht § 32 BDSG, sondern § 28 BDSG Erlaubnisnorm ist. Geht es jedoch um im Rahmen der arbeitsvertraglichen Beziehung erforderliche Daten, kommt unstrittig § 28 Abs. 1 Satz 1 Nr. 1 nicht in Betracht, da die Zulässigkeitsal-

---

295 A. A. Däubler, Internet und Arbeitsrecht, Rdn. 211g, der bei Beschäftigungszwecken dienenden Verarbeitungen § 28 Abs. 1 BDSG insgesamt ausschließt; ebenso Seifert in Simitis (Hrsg.), BDSG, § 32 Rdn. 17; Zöll in Taeger/Gabel (Hrsg.), BDSG, § 32 Rdn. 7

296 Vgl. u. a. Eckardt, DuD 2009, S. 587; Ehrfurth, NJOZ, 2009, S. 2914; Forst, RDV 2009, S. 204; Gola/Jaspers, RDV 2009, S. 212; Grenzenberg/Schreibauser/Schuppert, K&R 2009, S. 535; Schmidt, RDV 2009, S. 193

297 RDV 2012, S. 192

298 Vgl. dazu nachfolgend Rdn. 685

ternativen des § 32 Abs. 1 Satz 1 die Regelung des § 28 Abs. 1 Satz 1 Nr. 1 BDSG verdrängt. Gleiches gilt vom Ergebnis her für § 28 Abs. 1 Satz 1 Nr. 2 BDSG.

338 Wenn bereits im Rahmen der Zulässigkeitsregelung des § 32 Abs. 1 Satz 1 BDSG, d. h. zur Feststellung der Zweckbestimmung der vertraglichen Beziehungen und der insoweit begründeten Rechtmäßigkeit einer Datenverarbeitung, eine Abwägung der in der Regel gegensätzlichen Interessen der Vertragspartner stattfinden muss, so stellt sich die Frage, ob, wenn die **Interessenabwägung** negativ ausgefallen ist, nunmehr noch auf die weiteren, ebenfalls auf einer Interessenabwägung basierenden Zulässigkeitsalternativen zurückgegriffen werden kann. Dies kann nicht der Fall sein, wenn die Prüfung bereits ergeben hat, dass die beabsichtigte Erhebung oder Verarbeitung der Schutzpflicht des § 75 Abs. 2 zuwiderlaufen würde.

339 Die Zulässigkeitsalternative des § 28 Abs. 1 S. 1 Nr. 2 BDSG kann jedoch greifen, wenn es um gleichfalls **mit dem Arbeitsverhältnis in Bezug** stehende Vorgänge geht, die jedoch nicht der Zweckbestimmung Begründung, Durchführung, Beendigung des Beschäftigtenverhältnisses dienen sollen.

340 § 28 Abs. 1 S. 1 Nr. 1 BDSG ist maßgebend, wenn der Arbeitnehmer ein sonstiges Vertragsverhältnis mit dem Arbeitgeber eingeht, also z. B. eine **Werkswohnung** mietet oder einen **Jahreswagen** kauft.

341 Ein Beispiel für die Anwendung des § 28 Abs. 1 S. 1 Nr. 2 BDSG ist die Übermittlung von personenbezogenen Daten an einen potenziellen Erwerber des Unternehmens im Rahmen der **Due-Dilligence-Prüfung**.[299] Auch hier sind ggf. vorrangige Interessen an der Weitergabe personenbezogener Daten zu bejahen. Maßgebend ist, welche Informationen für den potenziellen Erwerber für eine sachgerechte Kaufentscheidung objektiv vonnöten sind.

342 Erfolgt eine Betriebsübernahme nach § 613a BGB, so soll nach wohl überwiegender Meinung[300] auch hier die Zulässigkeitsalternative des § 28 Abs. 1 S. 1 Nr. 2 BDSG die Grundlage für den Zugriff auf die Personaldaten durch den Erwerber bilden.[301]

---

299 Siehe ausführlich bei Gola/Wronka, Handbuch Arbeitnehmerdatenschutz, Rdn. 910 ff.

300 U.a. Zöll in Taeger/Gabel, BDSG, § 32 Rdn. 32

301 Vgl. hier Woerz, Arbeitnehmerdatenschutz beim Betriebsübergang, 2011, S. 80 ff. und S. 240 ff., die wohl eher zutreffend § 32 BDSG heranzieht.

Die Normen des BDSG zur Zulässigkeit der Verarbeitung personenbezoge- **343**
ner Daten der Mitarbeiter eines Unternehmens bieten ein zumindest auf den
ersten Blick konfuses Bild:

* Beschäftigtendaten, d.h. Daten, die der Begründung, Durchführung oder
  Beendigung des Beschäftigungsverhältnisses dienen, fallen unter § 32
  Abs. 1 S. 1 BDSG. Die Bestimmung gilt unabhängig von der Art der
  Datenverarbeitung (§ 32 Abs. 2 BDSG).
* Für besondere Arten personenbezogener Daten (§ 3 Abs. 9 BDSG) ist,
  auch wenn sie der Zweckbestimmung des § 32 BDSG dienen, § 28 Abs.
  6 Nr. 3 BDSG anwendbar.
* Auf allgemein zugängliche Daten darf auch zu Zwecken des Beschäfti-
  gungsverhältnisses nach § 28 Abs. 1 Nr. 3 BDSG zugegriffen werden.
* Für Daten, die anderen als den in § 32 Abs. 1 BDSG genannten Zwecken
  dienen, kann auf § 28 Abs. 1 S. 1 und Abs. 2 BDSG zurückgegriffen
  werden. Die Bestimmung und das die Zulässigkeitsregelung fordernde
  Verbot mit Erlaubnisvorbehalt des § 4 Abs. 1 BDSG gilt erst bei Verarbeitungen nach § 1 Abs. 3 BDSG.

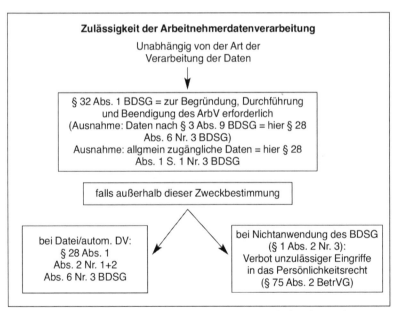

Abb. 8:   Zulässigkeit der Verarbeitung von Arbeitnehmerdaten

Kapitel 3
Kontrolle dienstlicher Telefonate

1 Telefondatenerfassung

1.1 Die Erfassung der Daten ausgehender Gespräche

Ein schon »klassisches« Beispiel automatisierter Mitarbeiterkontrolle stellt **344** die **Telefondatenerfassung** dar.[1] Ähnlich wie ansonsten der Empfang und Verbrauch von Arbeitsmitteln durch einzelne Arbeitnehmer seitens des Arbeitgebers registriert und kontingentiert wird, muss auch die Benutzung des Telefons nicht unkontrolliert geschehen. Demgemäß gestattet die Rechtsprechung[2] dem Arbeitgeber, die von jeder **Nebenstelle,** d. h. also bezogen auf den Mitarbeiter, dem diese Nebenstelle zugeordnet ist, dienstlich verursachten Kosten aufgeschlüsselt nach Zeitpunkt und Dauer festzuhalten, wobei jedoch nicht nur hinsichtlich der Speicherung der kompletten Zielnummer auch abweichende Auffassungen bestehen.

So wird hinsichtlich der **Zielnummer** die Erforderlichkeit der Speicherung **345** der kompletten Nummer deshalb infrage gestellt werden, weil es auch in diesem Falle zur Identifizierung des Gesprächspartners und der Kontrolle des dienstlich bedingten Anlasses des Telefonats häufig der Rücksprache mit dem Mitarbeiter bedarf.[3]

Relevanter ist, dass die Telefondaten bei Speicherung der vollständigen **346** Zielnummer **Personenbezug** sowohl zu dem Anrufer als auch zu dem Angerufenen aufweisen[4] und dass der Arbeitgeber für die automatisierte Speicherung einer das Verarbeitungsverbot des § 4 Abs. 1 BDSG aufhebenden Ermächtigung bedarf. Mangels Einwilligung der angerufenen Betroffenen sind die Erlaubnistatbestände des § 28 Abs. 1 Satz 1 BDSG rele-

---

1 Vgl. ausführlich bei Gola/Wronka, Handbuch Arbeitnehmerdatenschutz, Rdn. 1153 ff.; Pfalzgraf, Arbeitnehmerüberwachung, S. 101 f.

2 Vgl. die grundlegenden Entscheidungen: BAG, DB 1986, S. 2086 = RDV 1986, S. 199; NZA 1997, S. 136 = RDV 1987, S. 136; BVerwG, RDV 1990, S. 24.

3 ArbG Hamburg, DB 1984, S. 2625; vgl. auch schon Wohlgemuth/Mostert, AuR 1986, S. 138; Pfalzgraf, Arbeitnehmerüberwachung, S. 104 ff. mit Nachweisen

4 Zum doppelten Personenbezug: vgl. Gola/Schomerus, BDSG, § 3 Rdn. 4

vant. Da zwischen Arbeitgeber und externen Gesprächspartnern ein die Telefondatenerfassung ggf. rechtfertigendes Vertragsverhältnis fehlt, ist gemäß § 28 Abs. 1 Satz 1 Nr. 2 BDSG das berechtigte Interesse des Arbeitgebers an der Kenntnis des Gesprächspartners mit dessen schutzwürdigen Interessen an der Nicht-Registrierung unter Beachtung des **Verhältnismäßigkeitsprinzips** gegeneinander abzuwägen.

347   Die Rechtsprechung[5] und ein Teil der Literatur gehen dabei zutreffend davon aus, dass jeder Teilnehmer am Telefonverkehr die Möglichkeit geschaffen hat, von jedermann jederzeit angerufen zu werden und es auch demjenigen, der diese Möglichkeit legitimerweise nutzt, nicht verwehrt sein könne, diesen Umstand festzuhalten. Gleichwohl empfiehlt es sich, um insoweit Probleme[6] zu vermeiden, den Empfehlungen der Aufsichtsbehörden[7] zu folgen und nur die **Vorwahl** und einen Teil der Rufnummer des Gesprächspartners zu speichern, da dies für eine stichprobenartige Kontrolle und Rückfrage beim Arbeitnehmer regelmäßig ausreicht. Insoweit wird den besonderen Schutzinteressen des Beschäftigten bei der Führung von **dienstlich veranlassten Privatgesprächen**[8] Rechnung getragen, wobei anzumerken bleibt, dass das BAG[9] auch die Speicherung der vollständigen Zielnummer aus dem Kontrollinteresse des Arbeitgebers hinsichtlich der ordnungsgemäßen Nutzung der Telefonanlage als gerechtfertigt angesehen hat.[10]

348   Abgesehen von der Problematik der Speicherung der vollständigen Zielnummer wird aber auch unter Reklamierung des Schutzes des Art. 10 GG die »**Vollkontrolle**« der Beschäftigten durch Erfassung der Details jedes Telefonats infrage gestellt.[11] Zumindest ist insoweit bemerkenswert, dass die Aufsichtsbehörden und die überwiegende Meinung der Literatur eine

---

5   BAG, RDV 1986, S. 199 (205) = DB 1986, S. 2080 = NZA 1986, S. 643; LAG Düsseldorf, DB 1984, S. 2624

6   Zur dann infrage stehenden Benachrichtigungspflicht gegenüber dem Angerufenen bzw. deren Fortfall vgl. bei Gola/Schomerus, BDSG, § 33 Rdn. 25

7   Vgl. auch Schapper/Schaar, CR 1990, S. 776

8   Diese unterliegen nicht dem Schutz des § 88 TKG; Matthes, CR 1987, S. 112

9   RDV 1986, S. 199 = DB 1986, S. 2080 = NZA 1986, S. 643

10 Das Argument des BAG, dass der Beschäftigte, wenn er die Zielnummer nicht offenbaren wolle, ein Privatgespräch führen könne, greift nur, falls dies gestattet wird. Eher kann auf die Nutzung des inzwischen zur Regel gewordenen privaten Mobiltelefons verwiesen werden.

11 Däubler, Gläserne Belegschaften?, Rdn. 794

derartige Vollkontrolle im vergleichbaren Fall der Registrierung der dienstlichen Nutzung des Internets mit dem Persönlichkeitsschutz der Beschäftigten als nicht vereinbar ansehen,[12] wobei anzuführen ist, dass jedenfalls der die Telefonkontrolle u. a. rechtfertigende **Kostenaspekt** bei der Internetnutzung weniger ins Gewicht fällt.

Andererseits hat die umfassende Kontrollbefugnis des Telefonierverhaltens des Arbeitnehmers auch Bestätigung durch den Gesetzgeber gefunden. Nach einer den Telekommunikationsunternehmen in § 99 Abs. 1 TKG[13] eröffneten Übermittlungsbefugnis braucht der Arbeitgeber/Dienstherr die Erfassung der **Kommunikationsdaten** nicht selbst durch den Einsatz eigener Erfassungsanlagen vorzunehmen. Das Telekommunikationsunternehmen ist ermächtigt, seinem Kunden die Daten der **Einzelverbindungsnachweise,** d. h. die Daten derjenigen Verbindungen, für die er entgeltpflichtig ist, unter bestimmten Bedingungen, nämlich bei Schaffung entsprechender Transparenz gegenüber den Beschäftigten und Beteiligung der **Mitarbeitervertretung,**[14] mitzuteilen.

349

---

12 Vgl. hierzu im Einzelnen nachstehend Rdn. 477 ff.

13 *§ 99 TKG Einzelverbindungsnachweis*
   (1) ... Bei Anschlüssen in Betrieben und Behörden ist die Mitteilung nur zulässig, wenn der Teilnehmer in Textform erklärt hat, dass die Mitarbeiter informiert sind und künftige Mitarbeiter unverzüglich informiert werden und dass der Betriebsrat oder die Personalvertretung entsprechend den gesetzlichen Vorschriften beteiligt worden ist oder eine solche Beteiligung nicht erforderlich ist ...
   (2) Der Einzelverbindungsnachweis nach Absatz 1 Satz 1 darf nicht Verbindungen zu Anschlüssen von Personen, Behörden und Organisationen in sozialen oder kirchlichen Bereichen erkennen lassen, die grundsätzlich anonym bleibenden Anrufern ganz oder überwiegend telefonische Beratung in seelischen oder sozialen Notlagen anbieten und die selbst oder deren Mitarbeiter insoweit besonderen Verschwiegenheitsverpflichtungen unterliegen. Dies gilt nur, wenn die Regulierungsbehörde die angerufenen Anschlüsse in eine Liste aufgenommen hat. Der Beratung im Sinne des Absatzes 1 dienen neben den in § 203 Abs. 1 Nr. 4 und 4a des Strafgesetzbuches genannten Personengruppen insbesondere die Telefonseelsorge und die Gesundheitsberatung. Die Regulierungsbehörde nimmt die Inhaber der Anschlüsse auf Antrag in die Liste auf, wenn sie ihre Aufgabenbestimmung nach Satz 1 durch Bescheinigung einer Behörde oder Körperschaft, Anstalt oder Stiftung des öffentlichen Rechts nachgewiesen haben. Die Liste wird zum Abruf im automatisierten Verfahren bereitgestellt. Der Diensteanbieter hat die Liste quartalsweise abzufragen und Änderungen unverzüglich in seinem Abrechnungsverfahren anzuwenden. Die Sätze 1 bis 6 gelten nicht für Diensteanbieter, die als Anbieter für geschlossene Benutzergruppen ihre Dienste nur ihren Teilnehmern anbieten.
   (3) ...

14 Zu den Grundlagen diesbezüglicher Mitbestimmung vgl. Gola, DuD 1997, S. 344

350 In § 99 Abs. 2 TKG wird die Mitteilung der Einzelverbindungsnachweise den Erbringern von Telekommunikationsdiensten für die Öffentlichkeit entsprechend den von der Rechtsprechung ggf. auch für vom Arbeitgeber durchgeführte Telefondatenerfassungen aufgezeigten Grenzen[15] untersagt, wenn die betroffenen Einrichtungen und Mitarbeiter im Rahmen einer Beratungstätigkeit im sozialen oder kirchlichen Bereich besonderen **Schweigepflichten** unterliegen.

1.2 Zweckbestimmung und Grenzen der Kontrollbefugnisse

351 Datenschutzrechtliche Grenzen sind dem Arbeitgeber jedoch bei der Nutzung dieser Daten gezogen. Im Rahmen der Durchführung des Arbeitsverhältnisses (§ 32 Abs. 1 Satz 1 BDSG) ist er einerseits befugt, die Daten mit dem Ziel der **Missbrauchskontrolle** (u. a. unerlaubte private Nutzung auf Kosten des Arbeitgebers, Verwendung der TK-Technik zwecks »Mobbings« von Kollegen u. Ä. m.) sowie der **Kostenkontrolle** und der **Kostenrechnung** oder der Weiterverrechnung an Auftraggeber auszuwerten; eine sonstige **Leistungskontrolle** hinsichtlich des allgemeinen Arbeitsverhaltens am Telefon, z. B. um in Kombination mit der automatisierten Arbeitszeiterfassung eine Ermittlung von »Ruhepausen«, vermuteten »Abwesenheitszeiten« o. Ä. durchzuführen, ist bzw. war bislang zu Recht mit dem Anspruch des Mitarbeiters auf freie Entfaltung seiner Persönlichkeit (§ 75 Abs. 2 BetrVG) als nicht vereinbar angesehen worden.

352 Im konkreten Fall mag es – abgesehen davon, dass sie häufig auch als Privatgespräche geführt werden dürfen – fraglich sein, ob es auch erforderlich ist, **Ortsgespräche** aufzuzeichnen. Betriebsvereinbarungen schließen dies regelmäßig aus.

353 Bei der Auswertung der gespeicherten Daten hinsichtlich des Verdachts unzulässiger Privatnutzung oder **unwirtschaftlicher Kostenverursachung** ist das Verhältnismäßigkeitsprinzip zu beachten. Zulässig ist es jedoch, den Datenbestand regelmäßig nach bestimmten Kriterien nach diesbezüglichen Auffälligkeiten zu untersuchen und Ergebnisse zunächst pseudonymisiert festzuhalten. Ferner kann **begründeten Verdachtsfällen** personenbezogen

---

15 BAG, RDV 1987, S. 136 = DB 1987, S. 1153; ferner im Einzelnen nachstehend Rdn. 463 ff.

nachgegangen werden. Festzulegen ist, wie lange die Daten nach der Speicherung und Auswertung noch – ggf. auf gesonderten Datenträgern – gespeichert werden bzw. gelöscht werden. Dies ist in der **Verfahrensbeschreibung** festzulegen, unabhängig davon, dass entsprechende detaillierte Regelungen auch Gegenstand einer entsprechenden Betriebsvereinbarung sein werden.[16]

1.3 Erfassung der Daten eingehender Gespräche

Die ISDN-Technik ermöglicht dem Arbeitgeber, auch die »Bedienung« von **eingehenden Gesprächen** durch den Mitarbeiter zu registrieren. Die Speicherung der Rufnummer des Anrufers und weiterer Daten bei eingehenden Telefonaten ist sowohl dem Mitarbeiter als auch dem Anrufer gegenüber zulässig, weil der Arbeitgeber ein berechtigtes Interesse daran hat, überprüfen zu können, in welchem Umfang und mit welchen Kunden seine Mitarbeiter Gespräche führen. Überwiegende schutzwürdige Interessen des Anrufers stehen einer solchen Speicherung regelmäßig nicht entgegen (§ 28 Abs. 1 Satz 1 Nr. 2 BDSG), u. a. weil der Inhaber eines ISDN-Anschlusses selbst entscheiden kann, ob er seine Telefonnummer übermittelt. Sind unter den eingehenden **Gesprächen** – trotz der nur für dienstliche Zwecke gestatteten Nutzung – nicht zu vermeidende private Anrufe, so führt dies nicht nur Anwendung des TKG,[17] d. h. der Speicherung der Daten dieser Gespräche steht nicht das **Fernmeldegeheimnis** des § 88 TKG entgegen.

354

1.4 Besonderheiten in Call-Centern

1.4.1 Allgemeines

Näherer Betrachtung bedarf die Frage, ob hinsichtlich der Kontrolle der Arbeitserledigung im **Call-Center** andere Maßstäbe gelten als bei sonstiger dienstlicher Nutzung der Telekommunikation, da das Führen von Telefonaten hier die eigentliche »Produktion« darstellt und vom Arbeitgeber hinsichtlich Auslastung, Kosten und Effektivität auch umfassender kontrolliert

355

---

16 Siehe z. B. Muster-Betriebsvereinbarung: Telefondatenerfassung und -auswertung, www.br-wiki.de.

17 Gola, MMR 1999, S. 322; Däubler, K&R 2000, S. 323

und gesteuert werden können muss, als es bei der Nutzung des Telefons als reines Hilfsmittel der Fall ist.

356   Nicht infrage zu stellen ist das berechtigte Interesse des Betreibers des Call-Centers, den Erfolg, d. h. die **Produktionsergebnisse** seiner Unternehmung zu beurteilen und zu optimieren.

Arbeitgeberinteressen beim Quality Monitoring

- **Optimierung der Call Center Software**
  (Produktivitätssteigerung durch Reduzierung der erforderlichen Kontaktzeit mit dem Kunden; Erhöhung der First Done Rate)
- **Gezieltes Coaching und Training der Agenten**
  (Kostenreduzierung durch gezielte Qualifizierungsmaßnahmen)
- **Qualitätsverbesserung des Kundenkontakts**
  (Kundenbindung durch bessere Lösung des Kundenproblems durch Bonus-/Malusregelung bei Outsourcing)
- **Erfassen realer Kundenkontakte**
  (Qualitätskontrolle am „Live-Mitschnitt")
- **gezielte Selektion von Beschwerde- und Eskalationspotenzialen**
  (Abbau von Eskalationsfaktoren)

Abb. 9:   Arbeitgeberinteressen beim Quality Monitoring[18]

357   Ist das Call-Center im Auftrag eines Dritten tätig, so wird auch dieser regelmäßig Aufschluss über die vom Call-Center hergestellten **Kundenkontakte** etc. haben wollen[19] und den Dienstleister zur Bereitstellung einer entsprechenden Dokumentation verpflichten.

358   Die Methoden der **Monitoring-Maßnahmen** reichen von der Echtzeitbeobachtung über die Telefondatenerfassung bis zum Mithören und Mitschneiden der Telefonate.

---

18   Entnommen bei Brandl, Technische Sprachanalyse im CC, tbs-Tagung, www.arbeitnehmerkammer.de/tbs

19   Vgl. das Beispiel einer Vertragsklausel bei Olbert, Recht im Call Center, S. 19 ff. und 35: *»Das Call Center führt eine Statistik über die Durchführung dieses Vertrages. Darin werden nach Anzahl, Datum und Uhrzeit festgehalten:*
- *Anrufe insgesamt*
- *nicht beantwortete Anrufe*
- *beantwortete Anrufe; aufgeschlüsselt nach Bestellannahme, Kundenservice/sonstiges Telefonmarketing*
- *Vertragsabschlüsse*
- *an den Auftraggeber weitergegebene Anrufe.«*

Verfahren der Verhaltenskontrolle der Agenten

- Echzeit (Real Time/Live-)Informationen über den Status aktueller Arbeitsvorgänge (am Supervisor-Arbeitsplatz oder offen sichtbar am Wallboard)
- Gezielte Auswertungen von Daten der ACD-Anlage über verschiedene Zeiträume (Reports)
- Mithören von Gesprächen (offen = Monitoring; heimlich = silent Monitoring)
- Testanrufe (Mystery Calls)
- Aufzeichnung und Auswertung von Gesprächen (ggf. mit Hilfe von Spracherkennungsprogrammen)
- Aufzeichnung und Auswertung von Tastaturanschlägen und Mausbewegungen

---

Abb. 10: Verfahren der Verhaltenskontrolle der Agenten[20]

Auszugehen ist dabei davon, dass für die Steuerung der Arbeitsabläufe und   **359** zur Planung und Organisation des Call-Centers Auswertungen in aggregierter und anonymisierter Form regelmäßig ausreichen[21] und personenbezogene Auswertungen sich auf Ausnahmefälle beschränken[22] müssen.

---

20   Entnommen bei Schweizer, tbs Tagung, Sprachanalyse im CC, www.arbeitnehmerkammer.de/tbs

21   Vgl. tse-Hamburg: Betriebsvereinbarung Service Center (www.tse-Hamburg.de/Betriebsvereinbarungen/Texte/CallCenter):
»4.12 Reporting
Es besteht Einvernehmen darüber, dass bezüglich des Reportings (Auswertung von Einsatzdaten über einen längeren Zeitraum) kunden- und aufgaben- bzw. problemorientierte Auswertungen anzustreben und auf einzelne Mitarbeiter bezogene Auswertungen auszuschließen sind. Ferner besteht Einvernehmen darüber, dass keine Auswertungen erstellt werden, deren Inhalt Vergleiche der Leistungen von Teams beabsichtigen ...«

22   Vgl. tbs Hamburg, TBS/Call Center/L+V/BV_DV/BvServiceCenter.doc:
»Ziff. 5 Daten- und Persönlichkeitsschutz
5.1 Es muss sichergestellt sein, dass sich jeder Mitarbeiter mit einer persönlichen Identifikationsnummer (PIN) im ACD-System anmelden kann.
5.2 Daten der Beschäftigten dürfen nur zur Steuerung des Vermittlungsbetriebes und für anonymisierte Gruppenstatistiken verwendet werden. Ausnahmen sind unter 5.3 beschrieben. Eine indirekte Ableitung von Einzelpersonendaten aus Gruppenstatistiken zur Leistungs- und Verhaltenskontrolle ist unzulässig. Eine Übersicht über die möglichen Gruppenstatistiken muss in der System- und Funktionsbeschreibung enthalten sein. Änderungen und Erweiterungen der Statistikauswertungen müssen mit dem Betriebsrat abgestimmt werden.
5.3 In besonderen Einzelfällen kann als letzter Schritt eine befristete Auswertung von Einzelpersonendaten erfolgen. Dazu ist die Zustimmung des Betriebsrats erforderlich. Im Einzelnen dürfen personenbezogene Statistiken nur erstellt werden, wenn
• Art und Umfang der betrieblichen und/oder persönlichen Gründe derartig gegeben sind, dass arbeitsrechtliche Maßnahmen angezeigt sind
und

Aggregierte Anzeigemöglichkeiten am Wallboard bzw. auf dem Bildschirm des Supervisors:

- Anrufvolumen
- Durchschnittliche Wartezeit
- Durchschnittliche Gesprächsdauer in bestimmten (einstellbaren) Zeitraum
- Servicelevel = Sekunden pro Anruf
- Wartezeit
- Lost Calls (Aufleger bei Ruf oder in Warteschleife in bestimmter, einstellbarer Zeit)
- Gespräche in der Warteschleife
- Quote fallabschließender Bearbeitung
- Anzahl der Agenten in der jeweiligen Arbeitssituation

Abb. 11: Anzeige der Gesprächssituation im Call-Center

360 In der Praxis geben sich Arbeitgeber und auch externe Auftraggeber mit aggregierten und anonymisierten Angaben über die »Produktionsergebnisse« des Call-Centers jedoch häufig nicht zufrieden, wobei die zum Betrieb des Call-Centers eingesetzte Software ihnen die Möglichkeit der »**Vollkontrolle**« des Arbeitsverhaltens der Mitarbeiter ohne Weiteres eröffnet.

361 Dabei spielt dann auch eine Rolle, inwieweit die Technik dem Mitarbeiter auch den **Arbeitsrhythmus** vorgibt, also fixe Zeiten für die **Nachbearbeitung**, für Regenerationspausen oder durch **Predictive Dialing** das Arbeitstempo bestimmt.[23]

- *persönliche Gespräche mit dem Vorgesetzten und dem betroffenen Mitarbeiter unter Beteiligung des Betriebsrats vorher stattgefunden haben und der Mitarbeiter über die Kontrollmaßnahme vorab informiert worden ist.«*

23 Vgl. tbs-Muster, vorstehende Anmerkung:
»Ziff. 4 ACD-Gruppen-Zusammensetzung, Zeitsouveränität und Nichterreichbarkeit
4.1 ACD-Gruppen werden nach betrieblichen Erfordernissen zusammengestellt. Individuelle Wünsche der Mitarbeiter sollen dabei berücksichtigt werden und die Mindestgröße der Gruppe sollte drei Personen möglichst nicht unterschreiten.
4.2 Die Dauer der Nachbearbeitungszeiten ist systemtechnisch nicht festgelegt. Sie wird durch die Beschäftigten selbst bestimmt.
4.3 Die tägliche Bildschirmarbeit ist auf der Basis der bestehenden Betriebsvereinbarung über die Tätigkeit an Bildschirmgeräten und der Bildschirmarbeitsplatzverordnung umzusetzen. Die einzelnen Mitarbeiter legen entsprechend ihren Belastungen eigenverantwortlich Regenerationspausen ein.
Ziff. 7. Preview Dialing
Telefonmarketing über computergesteuerte Ausgangsgespräche darf nur in Form des Preview Dialings stattfinden, bei dem der Agent und nicht das System den Wählvorgang auslöst.«

Die wichtigsten zur Call-Center-Technik integrierten Anwendungen sind:

- **ACD (Automatic Call Distribution)**
  programmierte Anrufverteilung und Erfassung der Bearbeitung (ggf. nach Anruf-gruppen und Skills der Mitarbeiter (Skill based Routing) anhand Erkennung der Rufnummer (ANI = Automatic Number Identifikation, CLIP = Calling Line Identifi-cation Presentation) oder Eingaben des Anrufers in das System vor Weiterleitung an den Agenten; z.B. Interactive Voice Response) und Auswerten der Kunden-daten zur intelligenten Verteilen der Anrufe (CBS = Called Based Data Selection)

- **CTI (Computer Telephony Integration)**
  Zusammenspiel von DV-System (Mitarbeiter PC) und Telephonie. Weiterleitung des Anrufs auf einen bestimmten Arbeitsplatz mit Bereitstellung der Kundenda-ten.

- **Front End System**
  PC Anwendungen, die der Agent am Bildschirm sieht; u.a. Kontakt Historie = Iden-tifizierungsdaten und bisheriges Interesse etc. (Problem der „Softdaten")

- **Predictive Dialing**
  programmierbares Wählsystem zum ggf. automatischen (hier mit Erkennen der Situation beim Anrufer, u.a. Anrufbeantworter oder echte Person) oder zum Ange-bot für den Agenten zum Initiieren von ausgehenden Anrufen

- **Personaleinsatzsoftware**

Abb. 12: Call-Center-Software

Darüber hinaus ist der Datenschutz zu wahren, wenn im Rahmen eines **362** **Skill-based Routings** Fähigkeiten/Kompetenzen (Skills) der Mitarbeiter erfasst werden.

1.4.2 Gesprächsdaten des Call-Center-Agenten

Daher ist es fraglich, inwieweit die Daten eingehender und auch ausgehen- **363** der Gespräche in der besonderen Arbeitssituation eines **Call-Centers** auch zu einer mitarbeiterbezogenen **Leistungskontrolle** verwendet werden dür-fen. In seiner ersten und bisher einzigen Entscheidung zur diesbezüglichen Leistungskontrolle hat das BAG[24] es nicht für unzulässig angesehen, wenn der Arbeitgeber im Rahmen automatisierter Telefondatenerfassung Zahl und Dauer der eingehenden Anrufe registriert und in Form sog. »Bedien-platzreports«, aus denen sich u. a. ergibt, wie häufig sich Mitarbeiter eines Call-Centers beim Einsatz automatischer Anrufverteilung (**ACD = Auto-matic Call Distribution**) aus der Bearbeitung ankommender Gespräche ausgeschaltet haben, auswertet.

---

24   NZA 1996, S. 218 = RDV 1996, S. 30

364 Allgemeingültige Aussagen zum zulässigen Umfang der Leistungs- und Verhaltenskontrolle an Arbeitsplätzen, bei denen Anzahl, Qualität und Erfolg von Telefonaten das »Produkt« der Arbeit darstellt, lassen sich jedoch aus dieser Entscheidung nur bedingt ableiten. Unzulässig wäre es in jedem Falle, das Arbeitsverhalten des einzelnen Agenten lückenlos erfassen zu wollen.[25] Das Ergebnis wäre die Erstellung eines den Betroffenen als Arbeitnehmer beschreibenden **Persönlichkeitsprofils,** d. h. einer mit dem besonderen arbeitsrechtlichen Anspruch auf Persönlichkeitsrechtschutz aus § 75 Abs. 2 BetrVG nicht zu vereinbarenden Abbildung der Stärken und Schwächen eines Menschen innerhalb eines bestimmten Lebensbereichs.

365 Andererseits muss es nach § 32 Abs. 1 S. 1 BDSG als zulässig angesehen werden, wenn die jeweilige **konkrete Arbeitssituation** des Mitarbeiters erfasst und dem Supervisor an seinem »Leitstand« angezeigt wird.[26] Eine Speicherung der Daten und ihre Auswertung zu dem aufgezeigten Bedienplatzreport dürfen jedenfalls nicht die zweifelsohne schwierig auszulotende Grenze zum Persönlichkeitsprofil überschreiten.

---

25 Vgl. bei Däubler, Internet und Arbeitsrecht, Rdn. 255: *»Auch wenn es allein um das Arbeitsverhalten einzelner Beschäftigter geht, ist eine kontinuierliche, jede informelle Pause und jeden Gang zur Toilette einschließende Überwachung unzulässig.«*

26 Vgl. die sich hierauf beschränkende Regelung des BV-Musters (tse Hamburg):
»4.11 Monitoring

...

Das Online-Monitoring dient der Steuerung der Service Center, vor allem der Anrufströme einer Linie und nicht der Mitarbeiterüberwachung. Für diese Steuerung sind insbesondere die Line Supervisors verantwortlich. Die Tätigkeit ist in Anlage X beschrieben.

Einzelpersonenbezogene Anzeigen des Telefonierverhaltens sind nur den Line Supervisors möglich. Sie dürfen diese Informationen ausschließlich im Rahmen ihrer Aufgabenstellung einsehen und keine einzelpersonenbezogenen Informationen an andere Stellen weitergeben. Einzelpersonenbezogene Anzeigen dürfen nicht ausgedruckt und gespeichert werden.

...

Die Systeme werden ausschließlich – im Sinne einer Leitstand-Software – zur Beobachtung des aktuellen Zustands und zur Steuerung des Service Centers benutzt. Bei Anzeigen über die Zustände an einzelnen Arbeitsplätzen wird lediglich der jeweilige Zustand selbst (Login, Telefonieren, Warten, Nachbearbeitung), nicht jedoch die Zeit, wie lange der jeweilige Zustand bereits andauert, angezeigt.

...

Das ausdrückliche Beobachten einzelner Arbeitsplätze über längere Zeiten ist verboten.«

Computergesteuerte und -kontrollierte Arbeit des Agenten
per ACD (Automatic Call Distribution) und CTI (Computer Telephony Integration)

Ggf. gezielte Verteilung der Anrufe auf die Agenten gem. Identifizierung des Kunden
Erledigung zugesagter Rückrufe (Voice Box)
Automatische Erstellung von Telefonmarketingverbindungen
Registrierung der jeweiligen Arbeitssituation des Agenten mit Zeitangabe

= Telefonat ggf. mit Angabe des Gegenstands über Funktionstaste
  (Beratung, Verkauf, Reklamation etc.)
= Arbeitsbereitschaft (= Warteposition)
= Nachbearbeitung
= Pause (z.B. für Raucher)
= Abwesend (= im Hause mit anderen Tätigkeiten beschäftigt,
  ggf. noch differenziert mit Grund, z.B. Schulung)
= Abgemeldet (= nicht im Hause)

Abb. 13: Überwachung der Call-Center-Agenten

Daher gebietet es sich, die **ACD-Daten** nur kurzfristig beschäftigtenbezogen zu speichern. 366

Vermieden werden können derartige Probleme für den einzelnen Beschäftigten, ohne dem Arbeitgeber konkrete Informationen über typisches Arbeitsverhalten auch im Vergleich von Beschäftigten untereinander zu nehmen, durch Zusammenfassung von Mitarbeitern in **Arbeitsgruppen** bzw. Teams; eine Regelung, die sich auch häufig in Betriebsvereinbarungen wiederfindet. Dabei ist die Gruppengröße einerseits und der ausgewertete Überwachungszeitraum andererseits wesentlich dafür, ob nicht gleichwohl eine »personenbezogene« Mitarbeiterüberwachung vorliegt.[27] 367

Ob es sich bei den erfassten **Gruppendaten** gleichwohl um **personenbezogene Daten** der Gruppenangehörigen, d. h. um Einzelangaben über persönliche oder sachliche Verhältnisse einer bestimmten natürlichen Person (§ 3 Abs. 1 BDSG) handelt, hängt zum einen von der Größe der Gruppe und zum anderen von der Aussagekraft und ggf. den Konsequenzen ab, die der 368

---

27 Vgl. das BV-Muster (tse Hamburg):
   »*Ziff. 4.12 Reporting*

   ...
   Für tagesbezogene Auswertungen über Aktivitäten am Arbeitsplatz gilt die Regel, dass für Teamauswertungen die Teamgröße nicht unter fünf Personen – bei einer Mindest-Login-Zeit größer als eine Stunde und einer Mindest-Talktime größer als 20 Minuten – liegen darf, anderenfalls darf nur ein Wochenbericht erstellt werden.
   ...«

Arbeitgeber aus den über die Gruppe gewonnenen Erkenntnissen für die einzelnen Gruppenangehörigen zieht. Die Gruppendaten sind – ebenso wie auf eine bestimmte Person bezogene statistische Werte (z. B. Bewertung einer Person im Rahmen eines »Scoring«-Verfahrens) – dann als personenbezogene Daten einzuordnen, wenn der einzelne Gruppenangehörige so behandelt wird, als ob das Gruppenergebnis auch auf ihn zutrifft.[28]

369 Das BAG[29] stellt im Zusammenhang damit, ob derartige Datenverarbeitungen zur Überwachung von Leistung und Verhalten einzelner Beschäftigter geeignet sind und damit dem Mitbestimmungstatbestand des § 87 Abs. 6 BetrVG unterliegen, darauf ab, ob die Daten auf den einzelnen Beschäftigten »durchschlagen«, d. h. konkrete Konsequenzen zeitigen, z. B. indem das einzelne Gruppenmitglied entsprechenden Anpassungszwängen ausgesetzt wird.[30] Ob dies der Fall ist, hängt u. a. auch von der Gruppengröße ab und davon, ob die Gruppe – z. B. bei Akkordarbeit oder der Gewährung von **Leistungszulagen** aufgrund des Gruppenergebnisses – gemeinsam für ihr Arbeitsergebnis verantwortlich gemacht wird.[31]

370 Dieses Problem der **Gruppenüberwachung** tritt auch dann nicht auf, wenn die Gruppen variabel sind und bei der Auswertung nicht – jedenfalls nicht ohne Hinzuziehung von Zusatzwissen – erkennbar ist, welche Mitarbeiter in einer bestimmten Schicht zu einer Gruppe zusammengefasst sind. Diese Lösung ist jedoch nicht praktikabel, wenn es für die statistischen Erkenntnisse erforderlich ist, die Gruppen nach spezifisch wahrgenommenen Aufgaben (Ticketbestellung, VIP-Kunden etc.) zusammenzufassen, und die zusammenzufassenden Beschäftigten eine einzige Gruppe ausmachen.

371 Eine andere Methode der anonymisierten Auswertung der »Arbeitsdaten« des Call-Centers ist der routinemäßige, zufallsgesteuerte tägliche Wechsel der **PIN-Nummern,** unter denen die Agenten sich anmelden[32].

---

28 Vgl. auch Dammann, in: Simitis (Hrsg.), BDSG, § 3 Rdn. 19: »*Immer wenn die zu einer Personenmehrheit gespeicherten Daten zugleich etwas über die Verhältnisse der einzelnen Mitglieder aussagen und diese bestimmbar sind, sind es deren personenbezogene Daten. Dies gilt vor allem, wenn Gruppendaten nach dem Verarbeitungskontext Konsequenzen für die einzelnen Gruppenmitglieder haben ... und individuelle arbeitsrechtliche Konsequenzen auslösen.*«

29 RDV 1995, S. 29 = NZA 1995, S. 185

30 Vgl. hierzu auch bei Gola/Schomerus, BDSG, § 3 Rdn. 10

31 Vgl. zur Problematik bei Däubler, Gläserne Belegschaften?, Rdn. 747 ff.

32 Vgl. hierzu bei Tammen, Call Center: Neue Aufgaben für Betriebsräte, in: Menzler-Trott (Hrsg.), Call Center Management, S. 399 f.

1.5 Besonderheiten bei Mitarbeitern/Gremien mit Sonderstatus

1.5.1 Allgemeines

Eingeschränkt ist die Registrierung der äußeren Umstände der Nutzung des **372** Telefons ggf. bei Mitarbeitern, deren Tätigkeiten aufgrund einer besonderen Rechtsstellung unkontrolliert vom Arbeitgeber ablaufen sollen; dies z. B. deshalb, weil sie über den Kontakt mit bestimmten Betroffenen zur **Verschwiegenheit** auch dem Arbeitgeber gegenüber verpflichtet oder berechtigt sind, so dass den geschilderten Informationsinteressen des Arbeitgebers bei dienstlichen Gesprächen vorrangige schutzwürdige Interessen des Beschäftigten oder seines Telefonpartners entgegenstehen können.

Kontrollwünsche des Arbeitgebers müssen insbesondere zurückstehen, **373** wenn die Kommunikationsdaten und hierbei speziell die Identität des Gesprächspartners als **Berufsgeheimnis**[33] zu werten sind (§ 1 Abs. 3 Satz 2 BDSG).

Kontrollwünsche müssen ggf. auch deshalb zurückstehen, weil dem Ar- **374** beitgeber aufgrund gesetzlich gewährter **Unabhängigkeit** des Arbeitnehmers ein Kontrollrecht nicht oder nur eingeschränkt zusteht.

Geschützt ist nur der unmittelbare berufliche Bereich, d. h. das Gespräch **375** mit dem Betreuten, Beschwerdeführer etc. Soweit diese **Korrespondenz** nicht von anderer Kommunikation getrennt werden kann, gilt der Kontrollschutz für die gesamte Korrespondenz.

1.5.2 Einer Schweigepflicht unterliegende Beschäftigte

Eine solche Vorrangstellung der Persönlichkeitsrechte des Arbeitnehmers **376** bzw. betroffener Dritter findet sich im Urteil des BAG vom 18.01.1987,[34] demzufolge es einem Arbeitgeber untersagt ist, bei einem in einer **öffentlichen Beratungsstelle** tätigen **Psychologen** die Zielnummern der mit den zu betreuenden Personen geführten Telefongespräche zu erfassen. Maßgebend für die Aussage des BAG ist, dass »*eine fachgerechte, psychologische Beratung und Behandlung, die Aussicht auf Erfolg haben soll, ein Vertrau-*

---

33 Vgl. bei Gola/Schomerus, BDSG, § 1 Rdn. 25
34 RDV 1987, S. 136 = DB 1987, S. 1153 = BB 1987, S. 1037 = DuD 1987, S. 413 = CR 1987, S. 592; kritisch dazu Rott, RDV 1987, S. 117

ensverhältnis zwischen der zu betreuenden Person und dem Psychologen voraussetzt, dessen Entstehen wesentlich dadurch bedingt ist, dass die Beratung und Behandlung vertraulich bleibt, d. h. anderen Personen nicht bekannt wird.«

377   Darüber hinaus weist das BAG auf die dem Psychologen nach § 203 StGB obliegende **Schweigepflicht** hin: *»Ist der angestellte Berufspsychologe auch seinem Arbeitgeber gegenüber verpflichtet, das ihm anvertraute fremde Geheimnis, nämlich die Beratung oder Behandlung einer anderen Person, zu wahren, so ist auf der anderen Seite der Arbeitgeber kraft seiner Fürsorgepflicht gegenüber dem angestellten Berufspsychologen gehalten, alles zu unterlassen, was diesen in einen Konflikt mit seiner Geheimhaltungspflicht bringen kann. Er darf vom angestellten Diplom-Psychologen nicht Auskunft darüber verlangen, wer ihn in seiner Eigenschaft als Berater in Anspruch genommen hat. Er muss die Arbeitsbedingungen so gestalten, dass der angestellte Diplom-Psychologe seiner Geheimhaltungspflicht auch nachkommen kann und bei der Erfüllung seiner Arbeitspflicht mit den ihm zur Verfügung gestellten Arbeitsmitteln nicht notwendig und unvermeidbar von ihm zu wahrende fremde Geheimnisse offenbart.«*

378   Auszunehmen sind daher aus der Telefondatenerfassung, jedenfalls hinsichtlich der Erfassung der Gesprächspartner, Träger von Berufsgeheimnissen wie Psychologen, Ärzte, Geistliche sowie Sozialarbeiter und Bewährungshelfer bei Gerichten.[35]

379   Für Richter hat der VGH Mannheim[36] eine derartige Sonderstellung angesichts der Art des Tätigkeitsfeldes verneint, wobei jedoch Däubler[37] darauf verweist, dass der Speicherung insoweit die Zweckbestimmung fehlt, als dass **Richter** aufgrund ihrer fachlichen Unabhängigkeit niemandem Rechenschaft schulden, weshalb sie in einer bestimmten Rechtssache eine Auskunft einholen oder mit einem Prozessvertreter telefonieren.

380   Fraglich ist, ob sich bei angestellten **Journalisten** die Speicherung angewählter oder eingehender Nummern im Hinblick auf das diesem Personenkreis zustehende Zeugnisverweigerungsrecht (§§ 53 Abs. 1 StPO, 383 Abs. 1 Nr. 5 ZPO) verbietet. Jedoch dürfen durch die Speicherung ausge-

---

35   Vgl. auch die parallele Regelung in § 99 Abs. 2 TKG
36   RDV 1991, S. 145
37   Gläserne Belegschaften?, Rdn. 383

wählter Nummern oder sogar die Speicherung von E-Mails Rückschlüsse auf die Informationsgehalte nicht ermöglicht werden.[38]

Zu bejahen ist der Schutzbedarf bei dem betrieblichen oder behördlichen **Datenschutzbeauftragten,** der gemäß § 4f Abs. 4 BDSG »zur Verschwiegenheit über die Identität des Betroffenen sowie über Umstände, die Rückschlüsse auf den Betroffenen zulassen, verpflichtet, soweit er nicht davon von dem Betroffenen befreit wird«. Auch Wissenschaftler können sich je nach der Art ihrer **Forschertätigkeit** auf eine gewisse Kontrollfreiheit berufen.[39]

381

1.5.3 Telefondaten des Betriebs-/Personalrats

Keinen Verstoß gegen Geheimhaltungsverpflichtungen[40] oder das Prinzip der Unabhängigkeit[41] erkennt die Rechtsprechung – entgegen Stimmen der Literatur[42] –, wenn die Gesprächsdaten der **Telefonate** festgehalten werden, die von den der **Mitarbeitervertretung** zur Verfügung gestellten Dienstapparaten geführt werden. Dies gilt jedenfalls, soweit bei Ferngesprächen Zeitpunkt, Dauer und auch die Zielnummer erfasst werden. Da der Arbeitgeber im Rahmen der Erforderlichkeit die Kosten der Betriebsratstätigkeit zu tragen habe, habe er ein legitimes Interesse daran, diese Erforderlichkeit ggf. auch anhand von Informationen nachprüfen zu können,[43] wobei hierfür nach Ansicht des BVerwG[44] »*die Aufzeichnung der Zielnummer der Ferngespräche die Möglichkeit einer solchen Nachprüfung, die sich durch Stichproben schonungsvoll durchführen lässt«,* eröffne.

382

---

38 So Däubler, Internet und Arbeitsrecht, Rdn. 265; Beckschulze/Henkel, DB 2001, S. 1495

39 Däubler, Gläserne Belegschaften?, Rdn. 385 f.

40 Vgl. BVerwG, PersR 1989, S. 297 = CR 1990, S. 132 = DÖV 1990, S. 576 (Ls) = DuD 1990, S. 426: »*Die Schweigepflicht von Personalratsmitgliedern wird durch die Registrierung der Telefongespräche, die sie in Ausübung ihres Amtes führen, nicht berührt. Insoweit ist die Situation anders als bei der Erfassung von Telefondaten angestellter Psychologen, denn anders als dort können bei der Beratungstätigkeit des Personalrats aus der Offenbarung des Namens eines Gesprächspartners keine Rückschlüsse auf Angelegenheiten persönlicher Art gezogen werden.«*

41 Vgl. OVG Münster, RDV 1988, S. 32

42 Vgl. hierzu z. B. Wohlgemuth/Mostert, AuR 1986, S. 146

43 BAG, RDV 1991, S. 81 = PersR 1991, S. 35

44 ZTR 1989, S. 366 = RDV 1990, S. 24

383 Unzulässig ist es jedoch – jedenfalls ohne konkreten Anlass –, Mitglieder der Mitarbeitervertretung gezielt zu kontrollieren.[45]

384 Da die Kontrolle der Nutzung der Telekommunikation der Mitarbeitervertretung ausschließlich unter **Kostenkontrollgesichtspunkten** gerechtfertigt ist, scheidet die Erfassung der bei der Mitarbeitervertretung eingehenden Telefonate aus.

1.5.4 Telefondatenerfassung im Entwurf des Beschäftigtendatenschutzgesetzes

385 § 32i BDSG-E[46] sollte die Befugnisse und Grenzen der Kontrolle der Beschäftigten bei der dienstlichen Nutzung betrieblicher Kommunikationstechnik konkretisieren. Zur Kontrolle **privater Nutzung** und zum Streitpunkt der Frage, ob hierbei das Fernmeldegeheimnis greift, äußert sich, trotz mancher diesbezüglicher Anregung, der Gesetzesentwurf nicht.

386 Absatz 1 regelt die sog. **Telefondatenerfassung,** wobei er die bereits bestehende Rechtslage wiedergibt. Der Arbeitgeber darf diese Daten erheben, verarbeiten und nutzen, sofern es für folgende Zwecke erforderlich ist,

---

45 Vgl. LAG Sachsen-Anhalt, RDV 2001, S. 28: *»Will der Arbeitgeber die missbräuchliche Nutzung der betrieblichen Telefonanlage kontrollieren, so verstößt er gegen § 75 Abs. 1 BetrVG (Behandlung aller Beschäftigten nach Recht und Billigkeit), wenn er ohne besondere Anhaltspunkte und außerhalb einer allgemeinen Stichprobenregelung ausschließlich Gesprächsdaten des Betriebsratsvorsitzenden auswertet.«*

46 *§ 32i BDSG-E Nutzung von Telekommunikationsdiensten*
(1) Soweit dem Beschäftigten die Nutzung von Telekommunikationsdiensten ausschließlich zu beruflichen oder dienstlichen Zwecken erlaubt ist, darf der Arbeitgeber bei dieser Nutzung anfallende Daten nur erheben, verarbeiten und nutzen, soweit dies erforderlich ist
1. zur Gewährleistung des ordnungsgemäßen Betriebs von Telekommunikationsnetzen oder Telekommunikationsdiensten, einschließlich der Datensicherheit,
2. zu Abrechnungszwecken oder
3. zu einer stichprobenartigen oder anlassbezogenen Leistungs- oder Verhaltenskontrolle
und soweit keine Anhaltspunkte dafür bestehen, dass schutzwürdige Interessen des Beschäftigten an einem Ausschluss der Erhebung, Verarbeitung oder Nutzung überwiegen. Werden nach Satz 1 Nummer 3 erhobene Daten einem bestimmten Beschäftigten zugeordnet, ist dieser über eine Verarbeitung und Nutzung zu unterrichten, sobald der Zweck der Verarbeitung oder Nutzung durch die Unterrichtung nicht mehr gefährdet wird.
(2) ...

1. zur Gewährleistung des ordnungsgemäßen Betriebes von Telekommunikationsnetzen oder Telekommunikationsdiensten, einschließlich der Datensicherheit,
2. zu Abrechnungszwecken oder
3. zu einer stichprobenartigen oder anlassbezogenen Leistungs- oder Verhaltenskontrolle.

Nummer 1 betrifft Daten, deren Kenntnis der Arbeitgeber benötigt, um **387** Schäden von seinen Anlagen und den verarbeitenden Daten abzuhalten.

Nummer 2 betrifft insbesondere den Fall, dass die Daten erforderlich sind, **388** um angefallene Entgelte z. B. im Rahmen der **Kostenrechnung** bestimmten Anschlüssen oder Beschäftigten zuordnen zu können.

Der Arbeitgeber darf die Daten auch auswerten, um feststellen zu können, **389** ob Telefonate tatsächlich nur zu **beruflichen oder dienstlichen Zwecken** erfolgt sind oder ob Kosten unwirtschaftlich verursacht wurden. Die Überprüfung der Daten kann auch ein taugliches Mittel für den Arbeitgeber sein, um sonstige Vertragsverletzungen zu seinen Lasten, Ordnungswidrigkeiten oder Straftaten zu verhindern oder aufzuklären.

Gleichwohl sind zuvor Anhaltspunkte dafür zu prüfen, ob entgegenstehende **390** schutzwürdige Interessen des Beschäftigten überwiegen. Solche schutzwürdigen Interessen können etwa dann vorliegen, wenn der Arbeitgeber bereits anhand der Daten Sachverhalte erkennen kann, die einer berufsbezogenen oder sonstigen gesetzlichen **Schweigepflicht** unterfallen.[47] Sie überwiegen regelmäßig bei der Kommunikation der Beschäftigten mit ihren Interessenvertretungen wie z. B. dem **Betriebsrat.**

Sofern Daten zu einer stichprobenartigen oder anlassbezogenen **Leistungs-** **391** **oder Verhaltenskontrolle** nach Nummer 3 erhoben und einem bestimmten Beschäftigten zugeordnet werden, ist dieser durch den Arbeitgeber über die Verarbeitung und Nutzung der Daten zu unterrichten, sobald die Leistungs- oder Verhaltenskontrolle dadurch nicht mehr gefährdet wird.

---

47   Vgl. Rdn. 463 ff.

2 Mithören und Aufzeichnen dienstlicher Gespräche

2.1 Heimliches Mithören und Aufzeichnen

2.1.1 Allgemeines

392 Nach von BVerfG und BAG inzwischen wiederholt bestätigter Rechtsprechung enthält die Befugnis des Arbeitgebers, die Kommunikation per Telefon zu kontrollieren (§ 32 Abs. 1 S. 1 BDSG), regelmäßig nicht das Recht, auch den **Inhalt der Gespräche** ohne oder gegen den Willen des Beschäftigten zur Kenntnis zu nehmen. Der insoweit »unbefugt« handelnde Arbeitgeber verletzt nicht nur das **Persönlichkeitsrecht** (§ 75 Abs. 2 BetrVG) der Mitarbeiter, er verstößt ggf. zudem gegen § 201 StGB, der das unbefugte Aufzeichnen oder per Abhörtechnik realisierte Mithören eines Telefonats strafrechtlich sanktioniert.[48]

393 Nach der hierzu grundlegenden Entscheidung des BVerfG[49] gilt der aus den Art. 1 und 2 GG abgeleitete Persönlichkeitsschutz[50] in der Form des **»Rechts am gesprochenen Wort«** auch bei geschäftlichen Telefonaten und auch im Verhältnis Arbeitnehmer/Arbeitgeber, d. h. auch bei dienstlichen Telefonaten steht dem Arbeitnehmer das Recht zu, selbst zu bestimmen, ob seine Worte allein dem Gesprächspartner oder auch Dritten zugänglich sein oder gar auf Tonträger aufgenommen werden sollen. Das BVerfG[51] und nachfolgend der BGH[52] sehen keine Rechtfertigung für ein **heimliches Mithören** darin, dass die moderne Technik dieses ohne Weiteres ermöglicht und dass der Telefonierende deshalb damit zu rechnen habe bzw. bei Benutzung der Technik in Kenntnis der Mithörmöglichkeit hierin konkludent einwillige. Der Gesprächspartner, der Vertraulichkeit wünscht, braucht sich auch deshalb nicht vorher zu erkundigen, ob jemand das Gespräch mithört. Andererseits kann Einverständnis mit dem Mithören/Aufzeichnen

---

48 Vgl. vorstehend Rdn. 107

49 BVerfG, NJW 1992, S. 815 = RDV 1992, S. 128= DB 1992, S. 786; bestätigt durch BVerfG, RDV 2003, S. 27

50 Das Persönlichkeitsrecht ist nach dem BVerfGE 34, S. 238 nicht tangiert, wenn die Person des Sprechenden hinter die Information zurücktritt, so z. B. bei der Durchsage von Börsennotierungen.

51 RDV 2003, S. 18 = NJW 2002, S. 3619

52 RDV 2003, S. 237

auch in dem **konkludenten Handeln** liegen, indem der Betroffene nach entsprechendem Hinweis das Gespräch aufnimmt oder fortführt.[53]

Diesen Schutz des Gesprächspartners hat das BAG[54] auch für den Fall eines heimlichen Mithörens oder Mithörenlassens bei Gesprächen zwischen Arbeitgeber und Arbeitnehmer zugunsten des Arbeitgebers bestätigt. **394**

Nach Auffassung des BAG[55] setzt Mithören ein **aktives, zielgerichtetes Handeln** voraus. Die Ergebnisse des Mithörers, die er zufällig, ohne dass der Beweispflichtige etwas dazu beigetragen hat, durch **Mithören** gewinnt, sind nicht rechtswidrig erlangt.[56] Derartige Fälle werden z. B. in Büros mit mehreren Arbeitsplätzen häufig vorkommen. Ob der Gesprächspartner über das Mithören unterrichtet werden muss, hängt von der Situation ab (wer erkennbar aus einem Eisenbahnabteil telefoniert, muss keine Angaben über eventuelle Mithörer machen). **395**

Das BVerfG[57] hat im Zusammenhang mit einer heimlichen **Tonbandaufnahme** eine Verletzung des Persönlichkeitsrechts verneint, wenn der objektive Gehalt des Gesagten, wie z. B. bei fernmündlichen Durchsagen von **Börsenkursen,** so sehr im Vordergrund stehe, dass die Persönlichkeit des Sprechenden dahinter nahezu vollends zurücktrete und das gesprochene Wort seinen privaten Charakter einbüße. Bei der Aufzeichnung von Mitarbeitergesprächen und auch bei Standardgesprächen eines Call-Center-Agenten wird dieser Aspekt jedoch regelmäßig nicht greifen, zudem dient die **396**

---

53 BVerfG, RDV 2003, S. 290 (Ls): »*Wird zu Beginn eines Telefonats darauf hingewiesen, dass der Lautsprecher eingeschaltet wird und eine anwesende Person mithört, so kann entsprechend dem Grundgedanken des § 157 BGB nach Treu und Glauben und mit Rücksicht auf die Verkehrssitte vernünftigerweise von einer Zustimmung des Betroffenen ausgegangen werden, sofern dieser nicht ausdrücklich widerspricht.*«

54 RDV 1998, S. 69 mit Nachweisen der zuvor zahlreich ergangenen instanzgerichtlichen Entscheidungen.

55 RDV 2009, S. 276

56 BAG, RDV 2009, S. 276 = NJW 2010, S. 104
1. Das zivilrechtlich allgemeine Persönlichkeitsrecht des Gesprächspartners eines Telefongesprächs ist verletzt, wenn der andere einen Dritten durch aktives Handeln zielgerichtet veranlasst, das Telefongespräch heimlich mitzuhören. Aus der rechtswidrigen Erlangung von Beweismitteln folgt ein Beweisverwertungsverbot: Der Dritte darf nicht als Zeuge zum Inhalt der Äußerungen des Gesprächspartners vernommen werden, der von dem Mithören keine Kenntnis hat.
2. Konnte ein Dritter zufällig, ohne dass der Beweispflichtige etwas dazu beigetragen hat, den Inhalt des Telefongesprächs mithören, liegt keine rechtswidrige Verletzung des zivilrechtlichen allgemeinen Persönlichkeitsrechts des Gesprächspartners vor. In diesem Fall besteht deshalb auch kein Beweisverwertungsverbot.

57 BVerfGE 34, S. 238; 80, S. 367

Aufzeichnung der Kontrolle der »Gesprächsqualität« und damit der das Persönlichkeitsrecht tangierenden Beurteilung des Mitarbeiters.

2.1.2 Der strafbare Einsatz von Abhörtechnik

397   Erfolgt das heimliche Mithören unter Einsatz von **Abhörtechnik,** so ist es nach § 201 Abs. 2 Satz 1 StGB strafrechtlich sanktioniert.[58] Das Abhören wird aber nicht von § 201 StGB erfasst, wenn es sich bei dem Abhörgerät um die üblichen und zugelassenen Mithöreinrichtungen handelt.[59] Ob diese für geheimes Mithören eingesetzt werden dürfen, ist damit nicht beantwortet.

2.1.3 Rechtfertigungsgründe

398   Unbefugt handelt der Arbeitgeber, wenn ihm das Aufzeichnen oder Abhören nicht durch **Einwilligung** der Gesprächsteilnehmer, durch eine entsprechende Eingriffsnorm oder ausnahmsweise aufgrund einer Rechtsgüterabwägung[60] gestattet ist – auf § 32 Abs. 1 S. 1 BDSG kann nicht zurückgegriffen werden.[61]

399   Die Unzulässigkeit heimlichen Mithörens hat das BVerfG[62] und ihm nachfolgend der BGH[63] unter Aufhebung instanzgerichtlicher Entscheidungen auch speziell für den Fall bestätigt, dass das Mithören der **Gewinnung von Beweismitteln** in zivilrechtlichen Streitigkeiten dienen soll. Allein das Interesse, sich ein Beweismittel für zivilrechtliche Ansprüche zu sichern, reicht für den Eingriff in das Recht am gesprochenen Wort nicht aus,[64] vielmehr muss eine über das »schlichte« Beweisinteresse hinausgehende Beweisführungsnot bestehen.[65] Diese Situation kann u. a. gegeben sein, wenn der Beweisführer sich in einer **Notwehrsituation** oder notwehrähnli-

---

58   Vgl. vorstehend Rdn. 107 ff.

59   BGH, NJW 1994, S. 5

60   Das Aufzeichnen bei einer Rettungsleitstelle eingehender Telefonate sieht der Landesdatenschutzbeauftragte Rheinland-Pfalz (19. TB (2003), Ziff. 17.5) im Interesse des Hilfesuchenden im Rahmen einer allgemeinen Notstandssituation als legitim an.

61   Zum Aufzeichnen von Anrufen bei einer Meldestelle von Gasversorgungsmaßnahmen, RDV 2011, S. 177

62   RDV 2003, S. 18 = NJW 2002, S. 3619

63   RDV 2003, S. 237

64   Vgl. auch BGH, NJW 1988, S. 1016; NJW 1998, S. 155

65   Vgl. BGH, RDV 2013, S. 249 und S. 297 zur heimlichen GPS-Überwachung mit Nachweis der Rechtsprechung

chen Lage[66] befindet. Jedoch darf eine mildere Eingriffsmöglichkeit, die auch zum gewünschten Erfolg geführt hätte, nicht bestehen.[67]

Gegenüber dem Interesse an der **Aufklärung schwerer Straftaten,**[68] wie **400** der Verfolgung von Erpressern oder anonymer Anrufer[69] oder bei dem konkreten Verdacht des Verrats von **Betriebsgeheimnissen,** kann sich der Anrufer – auch im Hinblick auf die Aufrechterhaltung einer funktionsfähigen Rechtspflege – daher ggf. nicht auf sein Recht am gesprochenen Wort berufen. Hier kann eine Datenverarbeitung unter Anwendung der Kriterien des § 32 Abs. 1 S. 2 BDSG zulässig sein.

2.2 Offenes Mithören/Aufzeichnen

2.2.1 Offenes Mithören

Auch von dem Mitarbeiter nicht erwünschtes **offenes Mithören** durch **401** Vorgesetzte tangiert das allgemeine Persönlichkeitsrecht in Form des Rechts am gesprochenen Wort; mag der Eingriff auch weniger schwer sein, weil sich der Mitarbeiter auf die Situation einstellen kann. Andererseits kann sich im Laufe des Gesprächs – ggf. veranlasst durch den Gesprächspartner – eine Situation ergeben, die der Mitarbeiter dem Arbeitgeber oder Vorgesetzten nicht offengelegt haben möchte.

Soll ein Gespräch offen mitgehört werden, so bedarf das einer Rechtfertigung **402** gegenüber beiden Gesprächspartnern, wobei eine **Einwilligung** in nicht arbeitsbedingtes Mithören nur bei eindeutiger »Freiwilligkeit« des Arbeitnehmers hierzu die Befugnis gibt. Dem externen Kunden wird die Aufzeichnungsmöglichkeit in der Regel per **Bandansage** mitgeteilt, wobei er dann

---

66 Zur regelmäßigen, momentanen Gesprächsaufzeichnung gefährdeter Einrichtungen zum Schutz vor Bombendrohungen vgl. die unterschiedlichen Standpunkte in den Tätigkeitsberichten des Hamburgischen Datenschutzbeauftragten (15. TB, 26.1.2; Bericht 1998, 8.4); danach sollen auch in gefährdeten Einrichtungen eingehende Telefongespräche mit Drohungen lediglich in begründeten Einzelfällen und nach manueller Aktivierung der Erfassungsgeräte aufgezeichnet werden dürfen. In der Praxis ist in »gefährdeten« Einrichtungen ein Verfahren vorzufinden, nach dem jedes bei der Zentrale eingehende Telefonat aufgezeichnet und im Normalfall nachfolgend wieder überspielt wird.

67 BGH RDV 2013, S. 249

68 BVerfGE 34, S. 238; 80, S. 367

69 Zur Ermittlung des Täters bei sexuell belästigenden Anrufen vgl. Post-Ortmann, RDV 1999, S. 97

entscheiden kann, ob er das Gespräch aufnimmt.[70] Während nämlich der Gesprächspartner/Kunde nach der grundsätzlich erforderlichen Information über das Mithören ggf. das Gespräch beenden kann, wird der Arbeitnehmer es wohl selten wagen, dem Mithörwunsch nicht zu entsprechen bzw. bei nicht gewünschtem Mithören durch den Arbeitgeber das Gespräch mit einem Kunden zu beenden. Die Berechtigung wird sich daher regelmäßig aus der **Notwendigkeit von Arbeitsabläufen**, d. h. insbesondere aus Kontrollerfordernissen ergeben müssen.[71] Wird die Einwilligung zum Mithören durch einen Dritten während des Telefonats eingeholt, so führt das im Streitfall zu **Beweisproblemen**, da ggf. Aussage gegen Aussage steht und der eventuell bereits die Einwilligung mithörende Dritte zu diesem Zeitpunkt noch unberechtigt handelt und nicht als Zeuge über die Erteilung der Einwilligung gehört werden kann.[72] Daher sollte man sich nach erteilter Einwilligung diese auch gegenüber dem Dritten bestätigen lassen.

403 Zwangläufiges, mehr **zufälliges Mithören** ergibt sich, wenn mehrere Personen sich ein Arbeitszimmer teilen oder der Vorgesetzte zu dem Zeitpunkt des Telefonats den Mitarbeiter aufsucht, wobei hier der Gesprächsanteil des externen Partners nur partiell erraten werden kann. Stellt der Arbeitgeber aber z. B. bei dieser Gelegenheit fest, dass es sich offensichtlich um ein nicht gestattetes Privatgespräch handelt, so steht die Art und Weise der Wahrnehmung einer Verwertung der gewonnenen Erkenntnis für eine Abmahnung nicht entgegen.

404 Als zulässig sieht das BAG[73] auch das für die Sprechenden erkennbare **Aufschalten** in ein laufendes Gespräch an; z. B. mit dem Ziel, dieses Telefonat zwecks Durchführung eines vom Vorgesetzten als wichtiger angesehenen Gesprächs zu unterbrechen.

2.2.2 Offenes Aufzeichnen

405 Hinsichtlich des **Aufzeichnens** ist eine die Strafbarkeit nach § 201 Abs. 1 STGB aufhebende Befugnis erforderlich, d. h., der Tatbestand entfällt, wenn der Sprechende eingewilligt hat. Auch wenn ein Aufzeichnen offen

---

70   Vgl. aber auch Brem LfD, www.datenschutz-bremen.de

71   Zur Zulässigkeit des offenen Mithörens durch Vorgesetzte vgl. BAG, NZA 1996, S. 218 = RDV 1996, S. 30 = BB 1995, S. 1960; ferner Linnenkohl/Gressierer, AuA 1999, S. 410

72   Vgl. LAG Kiel, RDV 2007, S. 274 für einen Fall des Mithörens auf Arbeitnehmerseite.

73   BAGE 25, S. 80 (86)

geschieht, bedeutet dies noch nicht, dass der in Kenntnis der **Aufzeichnung** Sprechende hierin wirksam einwilligt. Ob eine konkludente **Einwilligung** vorliegt, hängt von den Umständen des Einzelfalls ab und davon, ob der Sprechende in seiner Entscheidung, unter dieser Bedingung das Gespräch abzubrechen, frei war.

Die Notwendigkeit des Mithörens und ggf. Aufzeichnens von Gesprächen **406** aufgrund einer besonderen Arbeitssituation zeigt sich bei den Arbeitsabläufen in Call-Centern.

2.3 Besonderheiten in Call-Centern

2.3.1 Arbeitsplatzbedingte Notwendigkeiten

In einem **Call-Center** können **Aufzeichnungen** – wie beim **Telefon-** **407** **banking**[74] – aus Beweiszwecken notwendig sein. Zweckbestimmung der Datenspeicherung ist dann zunächst allein die Kontrolle bzw. Nachweis-führung der Geschäftsbeziehung und – von Beschwerdefällen etc. abgese-hen – nicht eine allgemeine Leistungs- und Verhaltenskontrolle der Be-schäftigten. Zur **Qualitätskontrolle** darf eine Auswertung nur stichprobenartig oder z. B. im Beschwerdefall erfolgen.[75]

Darüber hinaus kann sich der Bedarf der Gesprächskontrolle aber auch un- **408** ter dem Aspekt des »**Coachings**« der Agenten ergeben. Die Mitarbeiter des Call-Centers müssen nicht nur die erforderlichen Fachkenntnisse auf dem Arbeitsgebiet des Call-Centers beherrschen, sondern auch Fähigkeiten, mit dem Kunden so »umzugehen«, dass der von den Unternehmen erstrebte Erfolg des Kundenkontakts eintritt. Derartiges Verhalten muss gelernt und auch nachfolgend einem Kontroll- und Verbesserungsprozess unterworfen sein.

Daher kann dem Arbeitgeber im Rahmen der Durchführung des Beschäf- **409** tigtenverhältnis (§ 32 Abs. 1 S. 1 BDSG) grundsätzlich nicht ein Interesse daran abgesprochen werden, die diesbezügliche »Qualität« der Arbeit der Call-Center-Agenten für Zwecke des »Coachings« der Agenten, den An-lern- und weiteren Schulungsprozess zu kontrollieren und zu verbessern. Andererseits hat er jedoch den bereits aufgezeigten Grenzen des Persön-

---

74 Vgl. zum Telefonbanking auch LfD NRW, Datenschutzbericht 2001, S. 141 f.
75 Vgl. insgesamt Jordan/Bissels/Löw, BB 2008, S. 2626

lichkeitsrechts in der Form des **Rechts am gesprochenen Wort** Rechnung (§ 201 StGB) zu tragen.[76]

410 Zur Auswahl der Gespräche, die für eine genauere Auswertung gespeichert werden sollen, bzw. zur nachträglichen Auswertung des Gesprächsinhalts selbst stehen Technologien der **automatisierten Spracherkennung** zur Verfügung. Erfasst werden können nicht nur die zeitlichen Anteile der einzelnen Arbeitsschritte (Telefonat, Nachbearbeitung etc.), sondern auch die Tastatur- und Mausbenutzung und die Speicherung der mit dem aufgezeichneten Gespräch korrespondierenden Bildschirminhalte. Über das Internet können alle Daten, einschließlich der aufgezeichneten Gespräche, Externen (Auftraggebern, QM-Dienstleistern) zur Verfügung gestellt werden. Dies bedarf u. a. einer eindeutigen Einwilligung des Gesprächspartners.[77]

2.3.2 Gesprächsinhaltskontrolle

2.3.2.1 Das Mithören

411 Bei allein der Qualitätskontrolle dienenden Maßnahmen ist zunächst zur Wahrung des Gebots der **Verhältnismäßigkeit** zu beachten, dass dem geringeren Eingriff des bloßen Mithörens der Vorzug vor dem Aufzeichnen zu geben ist, wenn dies für die angestrebten Schulungszwecke ausreichend ist.

412 Bei dem **Mithören** ist entsprechend zu differenzieren zwischen offenem und verdecktem Mithören **(Silent Monitoring)**. Beim offenen »Side by Side«-Coaching sitzt ein Trainer neben dem Mitarbeiter und analysiert anschließend dessen Aussagen bzw. das gesamte Gespräch über einen Kopfhörer. Zum offenen Monitoring gehört auch das **Aufschalten** des Arbeitgebers oder Supervisors in ein laufendes Gespräch, wenn das Mithören durch ein akustisches Signal angezeigt wird. In jedem Falle zulässig ist es, wenn der Mitarbeiter z. B. bei einem »schwierigen« Kunden den Supervisor bit-

---

76 Zur daraus folgenden Unzulässigkeit der Einholung der Einwilligung zur unbegrenzten Kontrolle im Arbeitsvertrag: LDI NRW, TB 2009, S. 120

77 Vgl. ferner Brem LBfDI: www.datenschutz-bremen.de/recht/callcenter.phb:
Manche Call-Center wollen im Zusammenhang mit der Veröffentlichung der Servicetelefonnummern etwaige Kunden auf die Aufzeichnung eingehender Kundengespräche hinweisen. Da die Service-Nummern in der Regel nur unter dem jeweiligen Firmennamen veröffentlicht und Call-Center dabei nicht ausdrücklich erwähnt werden, können die Kunden nicht beurteilen, ob und wann welche Gespräche mit den eigentlichen Firmen oder über Call-Center geführt werden. Daher stellt ein allgemeiner Hinweis auf die Aufzeichnung von Telefongesprächen keine wirksame Einwilligung dar.

tet, als Zeuge mitzuhören. Erfolgen derartige offene Leistungskontrollen unter Beachtung des Verhältnismäßigkeitsprinzips, sind sie durch § 32 Abs. 1 S. 1 BDSG gerechtfertigt. Während eine kontinuierliche Kontrolle unzulässig ist, ist dies bei einer verteilten Überwachung von etwa fünf Stunden verteilt in der Woche zulässig. Höher kann der Umfang sein, wenn es um die Einarbeitung der Mitarbeiter geht.[78]

Das offene **Mithören** wird vom BAG[79] jedenfalls als zulässig angesehen, wenn es dem **Anlernprozess** dient und in der »schonendsten Art« – hier beschränkt auf die Probezeit – erfolgt.[80] Ferner sah das BAG die Mitarbeiterinteressen nur als gering tangiert an, weil die Gespräche sich ausschließlich auf Flugreservierungen bezogen und daher die geschützte Eigensphäre des Arbeitnehmers kaum berührten. **413**

Kriterien einer Auswertung

– Korrekte Standardbegrüßung
– Namentliche Kundenansprache
– Hörbares Lächeln
– Kundenfreundlichkeit allgemein
– Aktives Zuhören
– Verständlichkeit und Freundlichkeit der Erklärung
– Abwechslungsreicher und persönlicher Dialog bei der Aufnahme der Kundenangaben (auch beim Ausfüllen der Maske)
– Verabschiedung

Abb. 14: Qualitätsmerkmale der Gesprächsführung

Ein zweifelsohne starker Eingriff ist das **verdeckte Mithören** (Silent Monitoring). Man spricht von verdecktem Mithören, weil die Mitarbeiter zwar über die Praxis und den Umfang des Mithörens informiert sind, nicht aber über das Mithören im konkreten Fall. Auch diese Praxis wird von der h. M. als zulässig angesehen. Es soll – was Sinn macht – vermieden werden, dass der Mitarbeiter ggf. unter Prüfungsdruck gerät oder sich bei dem kontrollierten Gespräch mehr Mühe gibt als im Regelfall.[81] **414**

---

78   Zur Problematik genauer Schweizer, CuA 3/2011, S. 24

79   RDV 1996, S. 30 = NZA 1996, S. 218

80   Zur angemessenen Regelung derartiger Verfahren durch Betriebsvereinbarung vgl. bei Tammen, Neue Aufgaben für Betriebsräte, in: Menzler-Trott (Hrsg.), Call Center Management, S. 391 (409 f.)

81   Vgl. hierzu das Beispiel einer verhältnismäßigen Regelung nachfolgend in Rdn. 423

415 Trotz der auf die Anlernzeit beschränkten Aussage des BAG wird der Arbeiter zum Zweck der Aufrechterhaltung der Qualität des Call-Centers auch nachfolgend das Coaching der Mitarbeiter fortsetzen dürfen.

2.3.2.2 Das Aufzeichnen

416 Die Kontrollbefugnisse des Arbeitgebers im Rahmen des § 32 Abs. 1 S. 1 BDSG lassen Aufzeichnungen nicht als erforderlich zu, d. h. bieten keinen Rechtfertigungstatbestand. Vielmehr ist, wie aufgezeigt, im Hinblick auf § 201 Abs. 1 StGB die Einwilligung der Agenten erforderlich. Kein datenschutzrechtliches bzw. persönlichkeitsrechtliches Problem stellt sich somit, wenn bei vereinbarten **»Trainingstelefonaten«** Aufzeichnungen zu Schulungszwecken erfolgen.[82]

417 Akzeptabel mag auch noch sein, d. h., kein »ständiger Überwachungsdruck« besteht ggf. auch dann, wenn – wie in einer in der Praxis vorgefundenen **Betriebsvereinbarung** geregelt wurde – Aufzeichnungen zur Qualitätskontrolle und zu Schulungszwecken stichprobenartig in einem per Betriebsvereinbarung legitimierten Umfang stattfinden, der Mitarbeiter die Aufzeichnung aber auch zeitweise unterbinden kann, d. h. zu Zeiten, in denen er nicht kontrolliert werden will, die Aufzeichnungsmöglichkeit ausschaltet, und er auch erfährt, wann die bei ihm vereinbarte Zahl der Aufzeichnungen für einen bekannten Kontrollzeitraum abgeschlossen ist. Fraglich bleibt jedoch, ob sich die im Hinblick auf § 201 StGB erforderliche Befugnis des Arbeitgebers zum Eingriff in das Recht am gesprochenen Wort aus einer Betriebsvereinbarung ableiten lässt oder ob für die Aufhebung der Rechtswidrigkeit nur Erlaubnissätze in Betracht kommen, die in einer gesetzlichen Vorschrift enthalten sind.[83] Fraglich ist ferner, ob der Betriebsrat für den Mitarbeiter auf die Kenntnis der Aufzeichnung im konkreten Fall verzichten kann. Vertretbar mag es jedoch auch hier sein – wie bei der per Betriebsvereinbarung legitimierten Kontrolle von Privatgesprächen –, dass der Mitarbeiter, der in Kenntnis der betrieblichen Regelung seine Arbeit aufnimmt, in die per Betriebsvereinbarung geregelte Arbeitsbedingung konkludent **einwilligt.** Eine schriftliche, individuelle Erklärung erscheint jedoch gleichwohl angebracht.

---

82   Vgl. hierzu im Einzelnen bei Menzler-Trott/Hasenmaile, Arbeitnehmer im Call-Center, S. 135 ff.

83   Vgl. Tröndle/Fischer, § 203 Rdn. 27

Wird der Mitarbeiter – wie geboten[84] – durch ein entsprechendes »Rufzeichen« über die anschließend stattfindende Aufzeichnung informiert[85] und fühlt er sich durch die Kenntnis der Überwachung im konkreten Fall verunsichert, so sollte ihm die Möglichkeit eingeräumt werden, dieses Signal abzuschalten. In diesem Fall bestehen hinsichtlich der Freiwilligkeit der Akzeptanz nunmehr »heimlich« stattfindender Aufzeichnungen keine Zweifel.

418

In der Praxis werden solche Aufzeichnungen bzw. Auswertungen auch zur Grundlage von **Leistungsbewertungen** und leistungsorientierter Vergütung gemacht. Geschieht dies unter obigen, den Verhältnismäßigkeitsgrundsatz und das Selbstbestimmungsrecht des Mitarbeiters wahrenden Voraussetzungen, so ist dies auch im Hinblick auf den Anspruch des Beschäftigten auf Wahrung des »Rechts am gesprochenen Wort« akzeptabel.

419

2.3.2.3 »Keyword Spotting« und Stimmanalyse

In Einzelfällen bereits eingesetzte Verfahren ermöglichen es, die Gespräche hinsichtlich bestimmter Schlüsselworte und Sätze zu analysieren. Dabei geht es um die Praktizierung von zuvor vermittelten Verkaufstechniken. Es kann überprüft werden, wie oft der Agent das zu verkaufende Produkt oder das Preis-Leistungs-Verhältnis erwähnt. Das **»Keyword Spotting«** bietet auch die Möglichkeit, die aufzuzeichnenden Gespräche im Vorfeld per Technik auszuwählen, indem die Aufzeichnung ansetzt, wenn ein »kritischer« Inhalt des Gesprächs erkennbar wird. Das Verfahren kann nur unter denselben Vorgaben zulässig sein, wie sie für die Gesprächsaufzeichnung oder das Mithören generell gelten. Auch bei erteilter **Einwilligung** ist unter

420

---

84 Vgl. auch Berliner Beauftragter für Datenschutz und Informationsfreiheit, Jahresbericht 2002, S. 76: »*Das heimliche Ab- und Mithören ... ist daher auch im Bereich von Call Centern und Unternehmen der Markt- und Meinungsforschung grundsätzlich unzulässsig ... Daher können sie weder durch allgemeine Regelungen in individuell abgeschlossenen Arbeitsverträgen noch durch kollektivrechtliche Vereinbarungen auf betrieblicher oder tariflicher Ebene legitimiert werden*«. Anders Innenministerium Baden-Württemberg, 4. TB (2007), S. 199, wonach das Aufzeichnen unter den für das heimliche Mithören geltenden Voraussetzungen zulässig sein soll. Es soll genügen, wenn der Mitarbeiter generell über die Aufzeichnung informiert ist.

85 Die vorherige Informationspflicht bejahend auch BfD, 18. TB (1999/2000), S. 185; großzügigcr und abweichend von zuvor geäußerter Auffassung (vorstehende Anmerkung) nunmehr BlnBDI, Jahresbericht 2004, Kap. 4.4.1, der es genügen lässt, wenn der Mitarbeiter darüber in Kenntnis gesetzt wird, dass innerhalb eines halben Arbeitstages bzw. maximal 4 Stunden pro Woche ein Mithören als Qualitätskontrolle erfolgt.

dem Aspekt der Verhältnismäßigkeit nur eine stichprobenartige Auswertung zulässig.[86]

421   Ein erheblich gravierender Eingriff in das Persönlichkeitsrecht liegt vor, wenn durch entsprechende Software[87] der **emotionale Zustand**, d. h. die **Stimmung** des Agenten und des Kunden im Verlauf des Gesprächs festgestellt werden soll.[88] Dies kann anhand der Verwendung bestimmter Worte, aber auch anhand der Tonlage, der Sprechgeschwindigkeit und des Atemrhythmus erfolgen, wobei die Vermittlung einer positiven Stimmung den Mitarbeitern antrainiert wird. Der Aufzeichnung bzw. Auswertung der hier erfassten **biometrischen Daten**[89] steht generell der Persönlichkeitsschutz der Betroffenen entgegen. Zudem wird es an der Einwilligung des Kunden, falls er in die Überwachung einbezogen ist, fehlen, wobei kaum zu erwarten ist, dass er eine solche Einwilligung bei erforderlicher Aufklärung erteilen würde.

2.3.2.4 Die Einwilligung des Agenten

422   An der nach § 4a Abs. 1 BDSG geforderten Freiwilligkeit der **Einwilligung** des Agenten fehlt es regelmäßig, da er ohne deren Abgabe den Arbeitsplatz nicht erhalten wird. Die Freiwilligkeit besteht im Grunde darin, dass er von dem Abschluss des Arbeitsvertrages zu den aufgezeigten Bedingungen absehen kann. Daher enthält die Einwilligung auch hier im Grunde nur die notwendige Information über legitime und vom Arbeitnehmer bei Eingehung des Arbeitsverhältnisses zu akzeptierende Eingriffe in sein Persönlichkeitsrecht.[90]

423   Auch wenn die Gesprächsaufzeichnung wie z. B. beim **Telefonbanking** aus Gründen der Beweisführung zwingend geboten ist, so bedarf sie zur Wahrung des »**Rechts am gesprochenen Wort**«[91] der Akzeptanz der Betroffenen. Dem Mitarbeiter bleibt jedoch hinsichtlich der Abgabe der Erklärung nur die Wahl, entweder zuzustimmen oder auf die Eingehung des Arbeitsvertrages zu verzichten. Der Mitarbeiter muss andererseits jedoch den **arbeitsplatznotwendigen Eingriff** in sein Persönlichkeitsrecht kennen, um

---

86   Zur generellen Unzulässigkeit: Kiesche/Wilke, CuA 4/2012, S. 5
87   Zum Verfahren: Zoebisch, DuD 2011, S. 394
88   Kiesche/Wilke, CuA 4/2012, S. 5
89   Zum Personenbezug dieser Daten: Zoebisch, DuD 2011, S. 394
90   Vgl. bei Gola, RDV 2002, S. 109
91   Vgl. BVerfG, NJW 1992, S. 815 = RDV 1992, S. 128

dann über die Akzeptanz dieser Arbeitsbedingung entscheiden zu können. Dass jedoch der Arbeitsvertrag und die hierin vereinbarte Art der Arbeitspflicht die Grundlage für die Befugnis des Arbeitgebers zum Eingriff in die Rechte des Mitarbeiters bedingen muss, erscheint selbstverständlich.[92]

---

92 Fragwürdig insofern Landesdatenschutzbeauftragter Bremen; www.datenschutz-bremen.de/recht/print/callcenter.htm: *»Eine arbeitsvertragliche Regelung ist ebenfalls nicht als wirksame Einwilligung eines Beschäftigten in die Aufzeichnung seiner Gespräche mit Kunden zu werten. Aufgrund des Abhängigkeitsverhältnisses des Mitarbeiters zu seinem Arbeitgeber würde eine Einwilligung in die Aufzeichnung seiner geschäftlichen Gespräche unter faktischem Zwang und demnach nicht ohne jeden Zweifel gegeben. Eine Rechtsgrundlage, die die Aufzeichnung der Gespräche der Mitarbeiter ohne deren Einwilligung erlaubt, besteht nicht, weil die Voraussetzungen des § 28 Abs. 1 S. 1 Nr. 1 BDSG nicht vorliegen ... Bei der Abwägung der Rechtsgüter überwiegen die Interessen der Beschäftigten und Kunden, weil die Gesprächsinhalte umfangreicher sein können, als für die Erfüllung des Geschäftszwecks erforderlich ist ... Daher ist eine Aufzeichnung von Gesprächen in Call Centern nur zulässig, wenn sowohl der Kunde als auch der Mitarbeiter vor jedem Gespräch in die Aufzeichnung eingewilligt haben, wobei die Einwilligung jederzeit widerruflich sein kann.«*

Muster einer Einwilligungserklärung

„Gesprächsaufzeichnung" in Call Centern

„Agent" wird bei „Betreiber" als Telefonagent für Inbound- und Outbound-Gespräche eingesetzt. Die im Rahmen dieser Tätigkeit durchgeführten Inbound-Gespräche werden automatisch von einem Aufzeichnungsgerät mitgeschnitten. Dies geschieht aus revisionstechnischen Gründen. Agent wird ausdrücklich darauf hingewiesen, dass auch nicht dienstliche Gespräche aufgezeichnet werden, sofern sie am Telefon des Arbeitsplatzes stattfinden, da eine technische Kennung von eingehenden Dienst- und Privatgesprächen nicht möglich ist. Die Aufnahme beginnt mit dem Klingeln des Telefons und endet mit dem Auflegen des Hörers bzw. mit dem Drücken der „Ende-Taste".

Die Aufzeichnungen werden für einen Zeitraum von sechs Monaten ausschließlich für zwei Zwecke aufbewahrt:

1. Reklamationsfälle
Sollte es seitens des Kunden oder des Auftraggebers zu Reklamationen kommen, werden die den betreffenden Geschäftsvorfall betreffenden Gespräche von dem Revisionsbeauftragten in Zusammenarbeit mit dem Agenten abgehört. Bei Gefahr im Verzuge und bei Abwesenheit des Agenten wird ersatzweise der jeweilige Supervisor (oder der Datenschutzbeauftragte) zum Abhörvorgang zugezogen. In einem solchen Fall wird der Agent vom Abhörvorgang (schriftlich) informiert.

2. Qualitätssicherungsmaßnahmen
Der Erfolg des Betreibers im Allgemeinen und Agent im Speziellen hängt insbesondere von der Qualität der Gespräche ab. Der Betreiber bildet den Agent kontinuierlich durch geeignete Maßnahmen weiter. In diesem Zusammenhang werden pro Monat mindestens zwei, höchstens sechs Gespräche programmgesteuert dem Coach übermittelt. Der Coach analysiert zusammen mit dem Agenten das Gesprächsmaterial und stimmt mit ihm weitere Entwicklungsmaßnahmen ab. Dies wird dokumentiert. Der Agent erhält ein Exemplar, sein Teamleiter erhält die Kurzübersicht.
Ausgehende Gespräche werden nicht mitgeschnitten, d.h. Agent entscheidet selbst, ob ein Gespräch (nach Einwilligung des Angerufenen) aufgezeichnet werden soll, indem er die „Memo-Taste" drückt.

Der Betreiber versichert, dass er die schutzwürdigen Belange des Agenten beachtet und keine anderen als die o.a. Zwecke mit der Aufzeichnung verfolgt.
Im Übrigen gelten die Bestimmungen der Betriebsvereinbarung ..., die dem Agenten ausgehändigt wurde.

Der Agent stimmt durch Unterschrift der Gesprächsaufzeichnung im genannten Rahmen zu.

Abb. 15: Muster einer Einwilligungserklärung

2.3.2.5 Fazit

424 Zusammengefasst kann festgehalten werden: Über die Einzelfallentscheidung des BAG zu sog. **Bedienplatzreports**[93] hinaus ist eine Kontrolle durch **Mithören** regelmäßig dann mit dem allgemeinen Persönlichkeitsrecht des Agenten vereinbar, wenn der Umstand des Mithörens signalisiert wird und überwiegende Firmeninteressen das Mithören rechtfertigen oder wenn der Betroffene wirksam eingewilligt hat.[94]

---

93 RDV 1996, S. 30 = NZA 1996, S. 218
94 Vgl. LBDI NW, ldi.nrw.de/fachbereich/fach_9_3_1.htm

Das **Aufzeichnen** bedarf dagegen im Hinblick auf § 201 StGB jedoch ge- **425**
nerell der Einwilligung oder einer speziellen Ermächtigungsnorm. Da die
Abgabe der Einwilligungserklärung aber im Regelfall »**sine qua non**« für
den Abschluss des Arbeitsvertrages ist, d. h. der Arbeitnehmer ohne die
Einwilligung in die Aufzeichnungen nicht eingestellt wird, kann sich der
Arbeitgeber per Einwilligung nur solche Eingriffe in das Persönlichkeitsrecht gestatten lassen, an denen er ein im Hinblick auf die Arbeitsabläufe
des Call-Centers berechtigtes Interesse hat.[95]

Mithören und Aufzeichnen von dienstlichen Telefonaten

- Offenes Mithören ist im Rahmen des betrieblich Erforderlichen und bei Wahrung des Verhältnismäßigkeitsprinzips ohne Einwilligung gestattet.
- Heimliches Mithören ist in Ausnahmefällen (Verdacht strafbarer Handlungen etc.) gestattet.
- Das Aufzeichnen von Gesprächen bedarf der Einwilligung und der Kenntnis im konkreten Fall. Der Arbeitgeber hat das Verhältnismäßigkeitsprinzip zu wahren.
- Heimliches Aufzeichnen bedarf einer gesetzlichen Befugnis.

Abb. 16: Mithören und Aufzeichnen dienstlicher Gespräche

2.3.3 Mithören/Aufzeichnen durch Auftraggeber des Call-Centers

Im Auftrag tätige Call-Center sehen sich ggf. dem Begehren ihres **Auf-** **426**
traggebers gegenüber, die Qualität der Gesprächsführung selbst kontrollieren und zu diesem Zweck Gespräche mithören und aufzeichnen zu können.
Mag auch der Wunsch aus Sicht des Auftraggebers nicht unberechtigt sein,
so kann der Call-Center-Betreiber dem nicht nachkommen, selbst wenn er
Gefahr läuft, dann den Auftrag nicht zu erhalten.

Dies folgt bereits daraus, dass die hierzu auch erforderliche Informati- **427**
on/Einwilligung des Kunden jedenfalls bei **Outbound-Gesprächen** nicht
praktikabel ist. Daher wird zum Teil so verfahren, dass der Auftraggeber
nur den Gesprächsanteil des Agenten zur Kenntnis erhält.

Selbst wenn die Mitarbeiter insoweit in Kenntnis gesetzt sind bzw. formal **428**
ihre **Einwilligung** erteilen, kann dies nicht das Mithören oder Aufzeichnen
gestatten. Die Kontrolle erfolgt durch einen Dritten und bei mehreren Auftraggebern des Call-Centers eine Reihe von Dritten, mit denen der Agent in

---

95 Vgl. hierzu im Einzelnen nachstehend Rdn. 489 ff.

keiner arbeitsvertraglichen Rechtsbeziehung steht, aus der sich eine Kontrollbefugnis ergeben könnte. Der mit der Einholung einer Einwilligung abverlangte Eingriff in das **Persönlichkeitsrecht** ist mit dem **Verhältnismäßigkeitsprinzip** nicht zu vereinbaren.

429 Unbenommen bleibt es dem Auftraggeber dagegen, die Qualität des Call-Centers durch selbst gesteuerte Testanrufe zu kontrollieren.

2.3.4 Testanrufe

2.3.4.1 Allgemeines

430 Zur Verbesserung der Servicequalität des Call-Centers werden ggf. **Testanrufe** durchgeführt. Dienstleister, die Unternehmen Qualitätstests ihrer Produkte mithilfe von Testkäufen, Testreisen oder eben auch Testanrufen anbieten, finden sich vielfach auf dem Markt, wobei diese Tests regelmäßig mit dem Vorwort »Mystery« verbunden sind, was deutlich macht, dass der Testcharakter des vermeintlichen Kundenkontakts dem Mitarbeiter verborgen bleiben soll.[96]

431 Datenschutzrechtlich relevant ist bei der Beauftragung des Dienstleisters, ob er nur nach vorgegebener Weisung Daten erhebt, so dass noch eine **Auftragsdatenverarbeitung** vorliegt (§ 11 BDSG), oder ob– was aufgrund der jeweils individuellen Gesprächssituation und der darauf abzustimmenden Gesprächsführung durch den Tester sowie der ggf. nachfolgenden Bewertung durch den Tester wohl regelmäßig vorliegen wird – es sich, wie z. B. bei der Einschaltung von Personalberatern oder **Psychologen**, um eine sog. **Funktionsübertragung** handelt.

2.3.4.2 Offene Trainingsanrufe

432 Erfolgen Testanrufen für den Agenten offen – ggf. unter Mithören von gleichzeitig zu schulenden Kollegen – oder handelt es sich um gestellte Gespräche (Rollenspiele), so sind datenschutz- oder persönlichkeitsrechtliche Probleme nicht zu erkennen.

2.3.4.3 Verdeckte Testanrufe

433 Um einen »neutralen« Eindruck von der Kompetenz und dem Kommunikationsverhalten des Agenten zu bekommen, werden auch als solche nicht vorab kenntlich gemachte Kontroll-/Testanrufe, sog. **»Mystery Calls«,**

---

96 Für die grundsätzliche Unzulässigkeit vgl. Wedde in D/K/W/W, BDSG, § 32 Rdn. 121; Däubler, Gläserne Belegschaften?, Rdn. 294

durch den Arbeitgeber bzw. von ihm beauftragte Berater u. Ä. praktiziert. Testanrufe werden ferner von Auftraggebern von Call-Centern zwecks Kontrolle der Qualität ihres Auftragnehmers bzw. seiner Mitarbeiter[97] durchgeführt.

Insoweit stellt sich die Frage, ob die Zulässigkeit des heimlichen Telefon- **434** anrufs an den gleichen Kriterien festzumachen ist wie das zu Qualitätssicherungs- und Coaching-Zwecken erfolgende Mithören und Aufzeichnen, das grundsätzlich für den Mitarbeiter auch im konkreten Fall transparent sein muss.

Während bei der **Aufzeichnung** des Testanrufs im Hinblick auf § 201 StGB **435** die Rechtssituation – gleichgültig, ob ein Gespräch des Agenten mit einem Kunden vom Arbeitgeber oder ein Gespräch mit dem Tester von diesem aufgezeichnet wird – die nämliche ist, kann die personenbezogene **Auswertung** des Gesprächs **durch den Gesprächspartner/Tester** nicht ohne Weiteres mit dem heimlichen Mithören durch einen am Gespräch nicht beteiligten Dritten (Arbeit- oder Auftraggeber) gleichgesetzt werden. Der Agent muss immer damit rechnen, dass sein Gesprächspartner die »Qualität« des mit ihm geführten Gesprächs bzw. der gegebenen Informationen bewertet und sich ggf. diesbezüglich mit dem Betreiber des Call-Centers bzw. dem Auftraggeber, in dessen Namen der Agent anruft, in Verbindung setzt.

Rechtliche Bedenken gegenüber diesem Verfahren bestehen somit, zumal **436** die Beachtung des **Verhältnismäßigkeitsprinzips** hier verfahrensimmanent ist, grundsätzlich nicht.[98] Das Recht am gesprochenen Wort oder das Persönlichkeitsrecht allgemein wird nicht etwa dadurch verletzt, dass der Tester seine Bewertungen personenbezogen an den Arbeitgeber weitergibt.[99]

---

97 Ist das Call-Center als Auftragsdatenverarbeiter im Sinne von § 11 BDSG tätig, so verpflichtet § 11 Abs. 2 Satz 4 BDSG den Auftraggeber ausdrücklich, sich auch während der Durchführung des Auftrags von der Einhaltung der in Auftrag gegebenen Vorgaben auf technischem und organisatorischem Gebiet zu überzeugen, was ggf. auch durch Testanrufe geschehen kann.

98 A. A. Wedde, CF 6/2000, S. 20

99 A. A. der Berliner Beauftragter für Datenschutz und Informationsfreiheit, Jahresbericht 2004, Kap. 4.4.1: »*So genannte Mystery-Calls, bei denen Anrufe durch ein beauftragtes Unternehmen erfolgen, die als Testanrufe gestaltet werden und deren Ergebnisse Qualitätsabweichungen bei Standardgesprächsszenarien wiedergeben, sind dagegen datenschutzrechtlich dann zulässig, wenn die Identität des getesteten Telefonagenten dabei nicht erfasst und auch nicht im weiteren Procedere verwendet wird (unpersonalisierte Mystery-Calls).*«

Der mit der gezielten Beobachtung und Qualitätsbewertung verbundene Eingriff in das Persönlichkeitsrecht ist ebenso durch berechtigte Kontrollinteressen des Arbeitgebers gerechtfertigt wie Testkäufe[100] oder **Ehrlichkeitskontrollen.**[101]

437   Eine **Aufzeichnung des Testanrufs** ist jedoch unzulässig bzw. nicht praktizierbar, da dies die konkrete Einwilligung des Arbeitnehmers voraussetzen würde. Der Zweck des »Mystery Calls« ist jedoch, dass dieser Kontrollanruf als solcher nicht erkennbar ist. Die beabsichtigte »neutrale« Kontrolle würde entfallen, wenn der externe Anrufer zuvor das Einverständnis des Agenten für die Aufzeichnung des Gesprächs einholen würde. Allein zulässig ist es daher, das Gespräch durch die beauftragte Agentur bzw. den beauftragten Trainer mithilfe eines **Gesprächsbewertungsbogens** zu dokumentieren, um das Ergebnis später mit dem Agenten zu analysieren.

438   Werden Daten über das **Gesprächsverhalten** festgehalten und bei dem Testanrufer – hierbei handelt es sich ggf. um einen **externen Personalberater** – automatisiert aufgezeichnet, so greifen ferner ggf. die Vorgaben des BDSG u. a. mit der Folge, dass der Mitarbeiter hierüber zu benachrichtigen ist (§ 33 Abs. 1 BDSG). Zu beachten ist insofern auch das Sparsamkeitsprinzip des § 3a BDSG, das den **Verzicht auf den Personenbezug** gebietet, wenn statistische oder anonymisierte Angaben jedenfalls in einem ersten Schritt zur Qualitätskontrolle ausreichen.

439   Testanrufe sind für ein gezieltes Schulungsprogramm zudem nur bedingt verwertbar, weil das **ACD-System** die Zuteilung der eingehenden Gespräche vornimmt und der Trainer nur schwerlich bestimmte Kandidaten erreichen kann. Für die Gewinnung von Erkenntnissen über den allgemeinen Leistungsstand und stichprobenartige Kontrollen des Arbeitsverhaltens einzelner Mitarbeiter ist das Verfahren aber sinnvoll.

2.3.4.4 Mitbestimmung bei Mystery Calls

440   Die Beteiligung der Mitarbeitervertretung bei den vom Arbeitgeber zur Beurteilung der Mitarbeiter veranlassten Testanrufen kann sich daraus ergeben, dass es sich bei der Einführung dieser **Bewertungsmethode** um die Praktizierung allgemeiner Beurteilungsgrundsätze bzw. eines Beurteilungsverfahrens[102] (§ 94 Abs. 2 BetrVG) handelt. Ferner greift § 87 Abs. 1 Nr. 6

---

100   Zur Kundenbefragung: BAG, RDV 1992, S. 176
101   BAG, RDV 2000, S. 166
102   Vgl. Fitting, BetrVG, § 94 Rdn. 29

BetrVG, wenn personenbezogene Testergebnisse dem Arbeitgeber von dem Tester als »Computerergebnis« (§ 27 Abs. 2 BDSG) übermittelt werden bzw. vom Arbeitgeber automatisiert gespeichert werden.

Nicht der Mitbestimmung und auch nicht datenschutzrechtlichen Vorgaben **441** unterliegen jedoch Mystery Calls, deren Ergebnisse nur in **anonymisierter Form** zur Aufgabenoptimierung und Schulungsvorbereitung herangezogen werden.[103] So hat das BAG[104] zu in unmittelbaren Gesprächen durchgeführten nicht-personenbezogenen **Mitarbeitertests** wie folgt entschieden: *»Lässt eine Bank ohne Kenntnis der Arbeitnehmer durch ein anderes Unternehmen Tests zur Überprüfung der Beratungsqualität an zufällig ausgewählten Schaltern durchführen, wobei die Arbeitgeberin die Ergebnisse nicht mit einzelnen Arbeitnehmern oder Gruppen von Arbeitnehmern in Verbindung bringen kann, so hat der Betriebsrat weder nach § 87 Abs. 1 Nr. 1 noch nach Nr. 6 BetrVG noch nach § 94 BetrVG ein Mitbestimmungsrecht.«*

2.4   Exkurs: »Voice over IP«

Der Begriff »**Voice over IP**« (VoIP) bezeichnet eine Form der Sprach- und **442** Bildkommunikation. VoIP ermöglicht Telefonie oder Bildtelefonie über den normalen Internetanschluss.[105] Diese Telefonie kann in den E-Mail-Verkehr integriert werden. IT-Systeme können angebunden werden, um die Kundenbeziehung zu managen. Der Vorteil von VoIP liegt für ein Unternehmen im Wesentlichen darin, dass für Kommunikation per Sprache, Daten und Video ein einziges Netz genutzt werden kann. Es wird erleichtert, die verschiedenen Kommunikationswege mit anderen IT-Systemen zu verknüpfen. Funktionen, die bisher bei Call-Centern üblich sind, können bei jedem Arbeitsplatz zur Anwendung kommen, mit gleichzeitiger Durchführung bisher nicht vorhandener Überwachungsmaßnahmen. Im Hinblick auf **Datensicherheit und Datenschutz** ist relevant, dass durch die Verlagerung der Telekommunikation auf die IP-Technologie Gefahren der klassischen Telefonie und denen der Datennetze zu begegnen ist. Damit stellt sich die Aufgabe, sowohl die **Netzintegrität** als auch die vertraulichen Daten und Informationen zu schützen.

---

103   Müller/Siegert, Call Center – Der Rechtsguide, S. 57 f.
104   RDV 2000, S. 24
105   Zu den verschiedenen Erscheinungsaspekten vgl. GDD e.V. (Hrsg.), Praxisleitfaden Voice over IP

443 Gleichwohl sind die sich aus der Sicht des Datenschutzes der das System nutzenden Arbeitnehmer ergebenden Fragen durchweg die gleichen, wie sie bei den Einsatzmöglichkeiten herkömmlicher Telefonie und ihrer Verknüpfung mit anderen Medien (z. B. der sog. »Computer Telephony Integration«) bestehen.[106] VoIP-Dienste sind in allen ihren unterschiedlichen Gestaltungen Telekommunikation (§ 3 Nr. 22 TKG). Bei erlaubter Privatnutzung wird der Arbeitgeber zum **TK-Diensteanbieter**[107] gegenüber den Arbeitnehmern. Ansonsten bildet zunächst § 32 Abs. 1 Satz 1 BDSG den Maßstab für die Erfassung von Daten der nutzenden Arbeitnehmer.

444 Für den Datenschutzbeauftragten stellen sich dazu die gleichen Prüffragen wie für den Betriebsrat.[108] Die als Beispiel nachfolgend wiedergegebene Checkliste der TBS NRW belegt dies.

Nr.	Regelung	Prüffrage	Prüfhandlung	Prüfergebnis
1	Ein Abhören, Aufschalten, Aufzeichnen der Telefonate ist ausgeschlossen	1.1 Kann man sich auf Telefonate aufschalten?	Konfigurationsdatei prüfen!	
		1.2 Werden Telefonate verschlüsselt?	Existiert ein Sicherheitskonzept? Datenschutzbeauftragten bzw. Administrator befragen!	
		1.3 Werden Telefonate aufgezeichnet?	Konfigurationsdatei prüfen!	
2	Daten privater Telefonate sind nach sechs Monaten zu löschen	Existieren Telefondaten privater Telefonate, die älter als sechs Monate sind?	Archivierte Daten und Protokolle auswerten!	

---

106 Vgl. TBS NRW, VoIP – Telefonieren übers Internet – Handlungshilfe für die betriebliche Interessenvertretung

107 Eine Ausnahme bildet die sog. Peer-to-Peer-Anwendung, bei der die Sprachkommunikation softwarebasiert direkt zwischen den Gesprächspartnern erfolgt.

108 Vgl. Heine/Pröpper, CuA 2/2010, S. 22 mit Mustertext für eine Betriebsvereinbarung

Nr.	Regelung	Prüffrage	Prüfhandlung	Prüfergebnis
3	Auf die Voice-Mails darf nur die jeweilige Person zugreifen können	Kann z. B. der Administrator auf die Voice-Mailbox zugreifen?	Konfigurationsdatei prüfen! Arbeitsplatz des Administrators prüfen!	

Abb. 17: Prüffragen bei VoIP

2.5 Regelung zur Inhaltskontrolle von Telefonaten im Entwurf des Beschäftigtendatenschutzgesetzes

§ 32i Abs. 2 BDSG-E[109] betraf die Erhebung, Verarbeitung und Nutzung von Inhalten dienstlich in Anspruch genommener Telefondienste (§ 3 Nummer 17 TKG). Erfasst wird nicht nur die Nutzung von Telefonnetzen, sondern auch die Nutzung anderer sprachgestützter Kommunikationsangebote, wie Telefonieren über das Internet (VoIP).   **445**

Der Arbeitgeber darf die **Inhalte von Telefondiensten** nur erheben, verarbeiten und nutzen, sofern er hierzu ein berechtigtes Interesse hat und sowohl der Beschäftigte als auch seine Kommunikationspartner vorher in die Datenerhebung, -verarbeitung oder -nutzung durch den Arbeitgeber eingewilligt haben und über das Tätigwerden des Arbeitgebers auch konkret unterrichtet worden sind. Eine Einwilligung des Kommunikationspartners liegt vor, wenn er nach der Unterrichtung das Telefonat fortsetzt. Ein **heim-**   **446**

---

109 *§ 32i BDSG-E Nutzung von Telekommunikationsdiensten*
(1) ...
(2) Inhalte einer ausschließlich zu beruflichen oder dienstlichen Zwecken erlaubten Nutzung von Telefondiensten darf der Arbeitgeber nur erheben, verarbeiten und nutzen, soweit dies zur Wahrung seiner berechtigten Interessen erforderlich ist und der Beschäftigte und seine Kommunikationspartner im Einzelfall vorher darüber informiert worden sind und darin eingewilligt haben. Ist die ausschließlich zu beruflichen oder dienstlichen Zwecken erbrachte telefonische Dienstleistung wesentlicher Inhalt der geschuldeten Arbeitsleistung, darf der Arbeitgeber Inhalte dieser Nutzung ohne Kenntnis des Beschäftigten im Einzelfall zu einer stichprobenartigen oder anlassbezogenen Leistungs- oder Verhaltenskontrolle erheben, verarbeiten und nutzen, wenn
1. der Beschäftigte in geeigneter Weise vorab darüber informiert worden ist, dass er in einem eingegrenzten Zeitraum mit einer Kontrolle zu rechnen hat, und
2. die Kommunikationspartner des Beschäftigten über die Möglichkeit der Erhebung, Verarbeitung und Nutzung informiert worden sind und darin eingewilligt haben. Der Arbeitgeber hat den Beschäftigten unverzüglich über die Erhebung, Verarbeitung und Nutzung der Inhaltsdaten nach Satz 2 zu unterrichten.

liches Mithören von Telefonaten ist dem Arbeitgeber damit in den Fällen des Satzes 1 untersagt.

447 Satz 2 betrifft den Sonderfall, dass die Nutzung von Telefondiensten wesentlicher Inhalt der geschuldeten Arbeitsleistung des Beschäftigten ist (z. B. **Call-Center**). Hier soll dem Arbeitgeber die Möglichkeit gegeben werden, die Arbeitsleistung seines Beschäftigten ohne dessen konkretes Wissen im Einzelfall stichprobenhaft oder anlassbezogen authentisch zur Kenntnis nehmen zu können. Eine **lückenlose Kontrolle** des Beschäftigten ist ausgeschlossen. Der Beschäftigte muss nach Satz 2 zudem vorab über die Möglichkeit z. B. des Mithörens durch den Arbeitgeber in einem **eingegrenzten Zeitraum** informiert sein. Gleiches gilt für seine Kommunikationspartner, die darüber hinaus darin eingewilligt haben müssen.

448 Macht der Arbeitgeber von der Befugnis nach Satz 2 Gebrauch, hat er den Beschäftigten unverzüglich, d. h. ohne schuldhaftes Zögern, nachträglich darüber zu unterrichten.

Kapitel 4
Kontrolle der dienstlichen
E-Mail- und Internetnutzung

1 Allgemeines

Wenn Unternehmen Proxyserver oder Firewall-Systeme betreiben, um ihre **449** internen Netzwerke gegen Angriffe von außen zu schützen, ist hiermit regelmäßig die Erfassung und Speicherung von **Daten der Nutzer** des Systems verbunden. Zu unterscheiden sind Bestands-, Verkehrs- bzw. Verbindungs- und Inhaltsdaten, die beim **E-Mail-Verkehr** und Surfen anfallen. Die **Protokolldaten** enthalten alle Anfragen an den zentralen Proxyserver mit Datum, Uhrzeit, aufgerufener Internetadresse, Größe des angefragten Objekts, Zeit für die Beantwortung der Anfrage, Informationen zu Übertragungsmethoden und Zugriffswegen sowie die **IP-Adresse** des Netzes oder des Rechners, von dem die Anfrage kam. Wenn die IP-Adresse einem bestimmten Arbeitsplatz-PC zugeordnet und am Arbeitsplatz-PC ermittelt werden kann, wer zur fraglichen Zeit angemeldet war, kann der Personenbezug hergestellt werden.[1] Auch wenn diese Daten der **Datensicherung** dienen (§ 31 BDSG), ist eine Auswertung bezüglich des Arbeitsverhaltens des Mitarbeiters nicht grundsätzlich unzulässig, wenn auch diese Zweckbestimmung von vornherein[2] legitimerweise vorgesehen ist.

2 Die Erfassung und Auswertung der Nutzungsdaten beim E-Mail-Verkehr

2.1 Allgemeines

Bei der dienstlichen E-Mail-Kommunikation geht das **Kontrollinteresse** **450** des Arbeitgebers zum einen dahin, den **dienstlichen Charakter** feststellen

---

1   Gola/Schomerus, BDSG, § 3 Rdn. 10a
2   Vgl. Gola/Schomerus, BDSG, § 31 Rdn. 5 f.

zu können, d. h., unerlaubte **Nutzungen** zu verhindern, und zum anderen dahin, Schaden abzuwenden, sei es durch Entstehen von zu hohen Kosten oder durch Schädigung seines Eigentums.

451 Zu der Frage, in welchem Umfang der Arbeitgeber den dienstlichen E-Mail-Verkehr und die Nutzung des Internets kontrollieren darf, liegt **höchstrichterliche Rechtsprechung** bislang nicht vor. Gleichwohl können – wie es auch seitens der Aufsichtsbehörden[3] geschehen – durchaus Parallelen zu der Rechtslage bei der Kontrolle der Nutzung des Telefons gezogen werden.[4]

---

3   Vgl. Berliner LDSB, Jahresbericht 1998, S. 170; Innenministerium Baden-Württemberg, Hinweise zum BDSG für die Privatwirtschaft Nr. 37, Staatsanz. vom 18.1. 1999, S. 13 = RDV 1999, S. 13

4   Vgl. die Entschließung der 63. Konferenz der Datenschutzbeauftragten des Bundes und der Länder vom 7.3.2002 zur datenschutzgerechten Nutzung von E-Mail und Internet: *»1. Die Arbeitsplätze mit Internetzugang sind so zu gestalten, dass keine oder möglichst wenige personenbezogene Daten erhoben werden. Die Nutzung des Internets am Arbeitsplatz darf nicht zu einer vollständigen Kontrolle der Bediensteten führen. Präventive Maßnahmen gegen eine unbefugte Nutzung sind nachträglichen Kontrollen vorzuziehen.*
2. Die Beschäftigten sind umfassend darüber zu informieren, für welche Zwecke sie einen Internet-Zugang am Arbeitsplatz nutzen dürfen und auf welche Weise der Arbeitgeber die Einhaltung der Nutzungsbedingungen kontrolliert.
3. Fragen der Protokollierung und einzelfallbezogenen Überprüfung bei Missbrauchsverdacht sind durch Dienstvereinbarung zu regeln. Die Kommunikation von schweigepflichtigen Personen und Personalvertretungen muss vor einer Überwachung grundsätzlich geschützt bleiben.
4. Soweit die Protokollierung der Internet-Nutzung aus Gründen des Datenschutzes, der Datensicherheit oder des ordnungsgemäßen Betriebs der Anlage notwendig ist, dürfen die dabei anfallenden Daten nicht zur Leistungs- und Verhaltenskontrolle verwendet werden.
5. Wird den Beschäftigten die private E-Mail-Nutzung gestattet, so ist diese elektronische Post vom Telekommunikationsgeheimnis geschützt. Der Arbeitgeber darf ihren Inhalt grundsätzlich nicht zur Kenntnis nehmen und hat dazu die erforderlichen technischen und organisatorischen Vorkehrungen zu treffen.
6. Der Arbeitgeber ist nicht verpflichtet, die private Nutzung des Internets am Arbeitsplatz zu gestatten. Wenn er dies gleichwohl tut, kann er die Gestattung unter Beachtung der hier genannten Grundsätze davon abhängig machen, dass der Beschäftigte einer Protokollierung zur Durchführung einer angemessenen Kontrolle der Netzaktivitäten zustimmt.
7. Die gleichen Bedingungen wie bei der Nutzung des Internets müssen prinzipiell bei der Nutzung des Intranets gelten.«

2.2 Die arbeitsvertragliche Zweckbestimmung

Ihre Rechtgrundlage findet die Speicherung und Auswertung der **Ver-** **452** **kehrsdaten**[5] zu Kontrollzwecken in § 32 Abs. 1 S. 1 BDSG. Aus dem **Arbeitsverhältnis** ergeben sich Rechte und Pflichten und gleichzeitig die Notwendigkeit – hier das Recht des Arbeitgebers –, die Einhaltung der Pflichten zu kontrollieren. Dieses arbeitgeberseitige Kontrollrecht besteht auch hinsichtlich der **korrekten Nutzung** der betrieblichen Arbeitsmittel. Bei der Wahrnehmung seines Kontrollinteresses hat der Arbeitgeber den aufgezeigten Schutzinteressen der Beschäftigten Rechnung zu tragen, d. h., die Zulässigkeit der einzelnen Kontrollmaßnahme ist im Rahmen einer **Verhältnismäßigkeitsprüfung** zu ermitteln.

So wie beim Telefonat[6] bestehen bei dienstlicher Kommunikation keine **453** generellen Bedenken gegen die Erfassung der Verkehrsdaten des E-Mail-Verkehrs, d. h. der äußeren Daten (z. B. Absender und Empfänger, Zeitpunkt der Versendung[7] und bei WWW etwa Zeitpunkt des Aufrufs und insbesondere eventuelle Kosten[8]) zur Missbrauchs- und Kostenkontrolle.[9] Gleichwohl ist vor der **Protokollierung** zu prüfen und »konkret« festzule-

---

5   Verkehrsdaten sind nach § 3 Nr. 30 TKG Daten, die bei der Erbringung eines Telekommunikationsdienstes erhoben, verarbeitet oder genutzt werden. Zuvor waren diese Daten als Verbindungsdaten bezeichnet worden.

6   Hinsichtlich der Löschungsfrist vgl. das Beispiel einer Betriebsvereinbarung bei Skowronek, CF 8/2001, S. 8: »Die Protokolldateien werden jeweils für einen Monat geführt, zwei Monate in archivierter Form aufgehoben und danach gelöscht«, ferner Dienstvereinbarung der Stadt Düsseldorf, RDV 2005, S. 183

7   Vgl. Vehslage, AnwBl. 2001, S. 145; Däubler, Gläserne Belegschaften?, Rdn. 351 und 354; Naujock, DuD 2002, S. 592; einschränkend Ernst, NZA 2002, S. 585 (590) im Hinblick auf die Speicherung der kompletten Empfängeradresse.

8   Vgl. das Beispiel einer Betriebsvereinbarung bei Skowronek, CF 5/2001, S. 8: »Das Protokoll weist bei jedem Zugriff nachfolgende Informationen auf:
     • *Datum und Uhrzeit*
     • *Kennung von Sender und Empfänger*
     • *Mengen der übertragenen Daten (Zahl der übermittelten Bytes)*
     • *Unternehmensbereich*
     • *Fehlercode.*
     Die Protokolldaten können für folgende Zwecke verwendet werden:
     • *Kostenzuordnung für die Internetnutzung zu den Kostenstellen*
     • *Steuerung der Lastverteilung im Netzwerk und Optimierung des Netzes*
     • *Analyse und Korrektur von technischen Fehlern und Störungen.«*

9   Vgl. Raffler/Hellich, NZA 1997, S. 862

gen, ob ein alle Einzelheiten umfassendes Protokoll überhaupt benötigt wird bzw. welche Angaben ausgewertet werden sollen.[10]

454 Fraglich ist jedoch, ob die Zulässigkeit der Speicherung der **Empfänger-E-Mail-Adresse** anders als bei der Telefondatenerfassung bewertet werden muss, da hier – im Gegensatz zur Zielnummererfassung bei Telefonaten[11] – häufig auch der volle Name und bei dienstlichen Adressen auch der Arbeitgeber des Empfängers erkennbar ist, womit der Eingriff von höherer Intensität ist. Richtig ist es wohl auch, insoweit die **Parallele zur Dienstpost** zu ziehen, bei der selbstverständlich auch der Adressat dokumentiert wird.[12]

455 Hinsichtlich der Auswertung der Protokolldaten ist wiederum dem Persönlichkeitsrechtsschutz (Art. 2 GG) der Beschäftigten Rechnung zu tragen.

456 Fraglich ist, ob der Arbeitgeber auch bei **intern versandten E-Mails** die Absendung einer **Empfangs- und Lesebestätigung** anordnen und so das diesbezügliche »Arbeitstempo« kontrollieren kann. Der Verhältnismäßig-

---

10 Vgl. die hierfür vom BfD (www.bfd.bund.de) empfohlene, aber nicht grundsätzlich zwingende Vorgehensweise:
»1. Der Umfang der Protokolldaten muss festgelegt und den Beschäftigten bekannt gegeben werden (z. B. Datum, Uhrzeit, Rechner- oder Benutzeridentifikation, eventuell Zieladresse des angeforderten Dokuments, Fehlercode der Übertragung).
2. Die Verwendung der Protokolldaten muss an genau definierte Zwecke gebunden werden, so z. B. zur Aufrechterhaltung der Systemsicherheit, zur Analyse und Korrektur technischer Fehler im Netz, zur Optimierung der Rechnerleistungen im Netzwerk, zur Ermittlung der Kosten verbrauchter Ressourcen zwecks interner Leistungsverrechnung sowie zur Kontrolle der Einhaltung dienst-/arbeitsrechtlicher Vorgaben.
3. Der Zugriff auf Protokolldaten muss auf das technische Personal begrenzt bleiben, das für den Netzwerkbetrieb und die Bereitstellung der verfügbaren Services zuständig ist. Diese Personen sind verpflichtet, sich an die beschriebene (und ihnen bekannte gegebene) Zweckbindung zu halten und außerhalb der beschriebenen Zwecke keine Detailinformationen aus den Protokollen weiterzugeben.
4. Die Speicherung der Protokolldateien wird so kurz gehalten, wie dies zur Erfüllung der beschriebenen Zwecke erforderlich ist.
5. In begründeten Fällen von Missbrauch oder beim Verdacht strafbarer Handlungen kann eine weitergehende Einsicht in die Protokolldaten vorgenommen werden. Dabei sollte ein Verfahren gewählt werden, das die betroffene Person in Kenntnis setzt und die zuständige Personalvertretung einbezieht.
6. Um die Einhaltung der genannten Regelungen durch den Dienstherrn bzw. seinen Beauftragten zwingend zu machen, kann ein ›Beweisverwertungsverbot‹ verabredet werden, wonach Informationen aus den Protokolldateien, die unter Verletzung der vorgenannten Regelungen gewonnen oder weiterverarbeitet wurden, zur Begründung personeller Maßnahmen nicht verwertet werden dürfen.«
11 Vgl. hierzu vorstehend Rdn. 354 ff.
12 Vgl. bei Mengel, BB 2004, S. 2014 mit Nachweisen der herrschenden Meinung.

keit angemessen ist es, die Absendung der **Empfangsbestätigung** nur anzufordern, wenn der Vorgang eilig ist und sofortiger Bearbeitung bedarf.[13]

2.3 Verbot der »Vollkontrolle« bei der Internetnutzung

Die Kontrollmaßnahmen sind unter Beachtung des **Verhältnismäßigkeits-** **457**
prinzips an dem betrieblich Notwendigen auszurichten. Zur **Missbrauchs-**
kontrolle werden daher regelmäßig anlassbezogene, **stichprobenartige**
Überprüfungen genügen.[14]

Wickelt der Arbeitnehmer seine gesamte Arbeit über den PC ab, so würde **458**
eine **Vollprotokollierung**[15], d. h. eine Auswertung aller Internetzugriffe
und Aktivitäten, zur Erstellung eines mit dem Anspruch des Arbeitnehmers
auf Persönlichkeitsrechtsschutz nicht zu vereinbarenden »**Persönlichkeits-**
profils« führen.[16] Arbeitsplätze, bei denen ausschließlich Internettätigkeit
geschuldet ist und die Protokollierung zu einer unzulässigen »Komplett-
überwachung« führen würde, werden jedoch die Ausnahme sein.[17]

Nicht von einer unzulässigen Vollkontrolle kann jedenfalls gesprochen **459**
werden, wenn zwar alle Aktivitäten – u. a. zwecks anonymisierter Auswertung – protokolliert werden, aber die Auswertungen auf Stichproben oder –
hierfür ist die Gesamtprotokollierung erforderlich – aufgrund **konkreter**

---

13 LfD Bremen, 34. TB (2011), Ziff. 12.7: Aus datenschutzrechtlicher Sicht kann die
Nutzung der Sendeoption Empfangsbestätigung nur in einem begründeten Einzelfall
erforderlich sein; eine regelmäßige Einstellung dieser Option ist nicht zulässig.

14 Vgl. insoweit auch das den betrieblichen DSB aber unzutreffend außen vor lassende
Beispiel einer Betriebsvereinbarung bei Skowronek, CF 5/2001, S. 8: »*Bei begründetem Verdacht des Missbrauchs der Nutzung elektronischer Kommunikationssysteme
durch Mitarbeiter kann der Arbeitgeber nach vorheriger Information des Betriebsrats
unter Offenlegung der Verdachtsmomente die Protokolldateien einsehen. Bestätigt die
Einsichtnahme die Begründetheit des Verdachts, erfolgt eine gemeinsame Auswertung
durch Betriebsrat und Geschäftsleitung. Ergibt die gemeinsame Auswertung, dass sich
der Verdacht nicht bestätigt, sind alle im Zusammenhang mit der Verdachtsprüfung erstellten Daten und Unterlagen zu vernichten.*«

15 Vgl. zur Unverhältnismäßigkeit auch u. a. HessLDSB, 29. Tätigkeitsbericht (2000),
S. 164 = RDV 2001, S. 207; ferner zur nur stichprobenartigen Prüfungsberechtigung
hinsichtlich unerlaubter privater Nutzung: Empfehlung AK Medien der 63. Konferenz
der Datenschutzbeauftragten des Bundes und der Länder vom 7./8. 3. 2002 = RDV
2002, S. 156

16 Däubler, Gläserne Belegschaften?, Rdn. 356 ff.

17 Vgl. auch bei Hanau/Hoeren, Private Internetnutzung durch Arbeitnehmer, S. 53

Anhaltspunkte auf vergangenheitsbezogene[18] Einzelkontrollen beschränkt ist.[19]

460 Hinsichtlich der **Internetzugriffe** sollte unter dem Aspekt der Datensparsamkeit (§ 3a BDSG) so vorgegangen werden, dass zunächst nur die aufgerufenen Adressen auf einen offensichtlich fehlenden dienstlichen Bezug gesichtet werden, wobei dann in einem ggf. noch einmal abgestuften Verfahren einem nunmehr begründeten **Missbrauchsverdacht** nachgegangen werden kann.[20]

2.4 Mitbestimmung

461 Die Speicherung und Auswertung der bei der Nutzung des Internets protokollierten Daten unterliegt der **Mitbestimmung** nach § 87 Abs. 1 Nr. 6 BetrVG, § 68 BPersVG. Die insoweit geschlossene Betriebs- oder Dienstvereinbarung beinhaltet auch die betriebliche Nutzungsordnung bzw.

---

18 Insofern ist die Dauer der Speicherung der Protokolldaten relevant, die auf einen relativ kurzen Zeitraum (max. 6 Monate) zu begrenzen ist.

19 Vgl. BlnBDI, Jahresbericht 2012, Ziff. 10.1

20 Vgl. hierzu das in der Dienstvereinbarung der Stadt Düsseldorf geregelte Verfahren, RDV 2005, S. 183 (184 f.):
»§ 4 Verhaltensgrundsätze
...
(1) Zur Überprüfung der Einhaltung der Regelungen dieser Vereinbarung werden regelmäßige, nicht-personenbezogene Stichproben in den Protokolldateien durchgeführt. Ergänzend wird eine Übersicht über das jeweilige Gesamtvolumen des ein- und ausgehenden Datenverkehrs erstellt.
§ 6 Protokollierung und Kontrolle
(1) ...
(2) Die Protokolle werden durch das Informationsmanagement regelmäßig stichprobenhaft hinsichtlich der aufgerufenen Websites, aber nicht personenbezogen gesichtet und ausgewertet. Die Auswertung der Übersicht des Gesamtdatenvolumens erfolgt ebenfalls durch das Informationsmanagement. Der Datenschutzbeauftragte und der Gesamtpersonalrat werden informiert.
(3) ...
(4) Die Protokolldaten werden nach drei Monaten automatisch gelöscht. Hiervon ausgenommen sind Teildatenmengen zur Prüfung und Beweissicherung im Rahmen der Maßnahmen nach § 7.
§ 7 Maßnahmen bei Verstößen/Missbrauchsregelung
(1) Bei begründetem Verdacht auf unzulässige, missbräuchliche oder mehr als geringfügige private Nutzung des Internetzugangs erfolgt eine Prüfung durch die Personalverwaltung. Soweit hierfür personenbezogene Auswertungen der Protokolldateien erforderlich sind, erfolgen diese erst nach Beteiligung des Gesamtpersonalrats durch die damit beauftragten Mitarbeiter des Informationsmanagements in Abstimmung mit der Personalverwaltung.«

erübrigt sie. Als Mindestinhalt[21] einer Regelung sollten folgende Punkte festgelegt werden:

- der Umfang der erlaubten Nutzung
- der Zweck und mögliche Anlässe sowie der Umfang von Kontrollen und Protokollierungen
- die Aufbewahrungsfristen von Protokolldateien
- die Ausgestaltung personenbezogener Auswertungen
- Regelungen zur Sperrung von Kommunikationspartnern oder Webseiten
- die Berechtigung des Zugriffs auf Hard- und Software
- das Verfahren, unter welchen Umständen Administratoren auf personenbezogene Daten zugreifen dürfen.

Ferner sollte das **Kontrollverfahren** zur Aufdeckung von Missbräuchen folgende **vier Eskalationsstufen** vorsehen: **462**

- in der Firmenöffentlichkeit kommunizieren, dass Fälle von Missbräuchen oder Regelverstößen vorgekommen sind
- anonyme oder pseudonyme Protokollierung zentral am Proxy
- personenbezogene Protokollierung am Proxy
- personenbezogene Protokollierung auf dem Arbeitsrechner ohne Ankündigung.[22]

---

21 ULD; TB 2009, S. 128 = RDV 2009, S. 140

22 Stringenter der BlnBDI, 18. Jahresbericht 2012, Ziff. 10.1: *»Die Protokollierung anonymisierter Daten externer E-Mail-Domänen und aufgerufener Internet-Domänen ist dagegen zulässig. Dabei dürfen die erstellten Protokolle zunächst ausschließlich für Zwecke der Betriebssicherheit gespeichert werden. Das Protokoll kann im Rahmen einer Domäneanalyse der Systemadministration als statistische Aufbereitung der protokollierten anonymen Kontrolldaten monatlich oder aus gegebenem Anlass gesichert und ausgewertet werden. Zeigt sich bei diesen Auswertungen, dass eine nicht mehr tolerierbare Häufung offensichtlich privater oder unzulässiger IT-Nutzung vorliegt, kann als Stichprobenkontrolle ab dem Zeitpunkt der Feststellung und für die betreffenden Domänen für eine bestimmte, angemessene Dauer pseudonymisiert protokolliert werden. Bestätigen sich die Auffälligkeiten, kann eine Nutzeranalyse stattfinden. Dazu kann eine statistische Aufbereitung der protokollierten Kontrolldaten angefertigt werden, in der für die betreffenden Domänen und im Zeitraum der Protokollierung die Anzahl der Anrufe bzw. Übertragungsvolumina der pseudonymisierten Nutzenden dargestellt wird. Bevor die Kontrolldaten für die letzte Stufe der personenbezogenen Prüfung herangezogen werden, ist eine Verhältnismäßigkeitsprüfung durchzuführen. So kann z. B. schwerwiegendes vertragswidriges Verhalten oder der Verdacht einer Straftat oder eines Gesetzesverstoßes weitere Überprüfungsmaßnahmen rechtfertigen. Erst danach ist eine Entpseudonymisierung (Herstellung des direkten Personenbezugs) zulässig. Im Anschluss an diese Maßnahmen sind die personenbezogenen Kontrolldaten unverzüglich zu löschen, sofern sie nicht aus Beweissicherungsgründen für etwaige Gerichtsprozesse erforderlich sind. Die Betroffenen sind möglichst frühzeitig anzuhö-*

2.5 Kontrollfreie Beschäftigte/Gremien

463 Die bereits für die Telefondatenerfassung aufgezeigten Grenzen der Kontrollbefugnis des Arbeitgebers gegenüber Mitarbeitern, denen im Rahmen ihrer Tätigkeit dem Arbeitgeber gegenüber geheim zu haltende persönliche Daten anvertraut werden,[23] gelten ebenso für die elektronische Kommunikation.

464 Fraglich ist, inwieweit eine Kontrolle der betrieblichen **Netzwerkaktivitäten** der **Mitarbeitervertretung** bzw. einzelner BR-Mitglieder vorgenommen werden darf, ohne dass der Arbeitgeber gegen das **Behinderungsverbot** der § 78 Abs. 1 BetrVG, § 8 BPersVG und die »kontrollfreie« Unabhängigkeit[24] der Mitarbeitervertretung verstößt. Zudem hat auch der Mitarbeiter ein Recht darauf, dass er sich unkontrolliert an den Betriebsrat wenden kann.[25] Eine Kontrolle der Mitarbeitervertretung beim Führen von (Fern-)Telefonaten rechtfertigt die Rechtsprechung aus dem Gesichtspunkt der Kostenkontrolle,[26] so dass sie aufgrund der beim E-Mail-Verkehr nur geringfügig anfallenden und zumeist nicht unterschiedlichen Kosten regelmäßig unter Würdigung des hier maßgebenden § 28 Abs. 1 Satz 1 Nr. 2 BDSG nicht zulässig ist. Dem Arbeitgeber und auch dem Betriebsrat ist jedoch nicht das legitime Interesse abzusprechen, zu kontrollieren bzw. zu verhindern, dass ein Arbeitnehmer unter der Firmierung als Betriebsrat **unerlaubt private E-Mails** versendet oder im Internet surft. Insofern ist eine mit dem Betriebsrat vereinbarte Kontrolle der äußeren Umstände der Kommunikation zulässig, um eine **aufgabenfremde Nutzung** aufzudecken. Geht der Arbeitgeber bei der diesbezüglichen Kontrolle unter Beachtung der vereinbarten Befugnisse aufgetretenen Verdachtspunkten nach, so ist nicht erkennbar, weshalb ein mit der Betriebsvereinbarung nicht einverstandenes Betriebsratsmitglied von der Kontrolle ausgenommen sein soll.

---

ren und auch im Nachhinein über die durchgeführten Maßnahmen zu benachrichtigen.«

23 Vgl. vorstehend Rdn. 390

24 Insoweit beziehen sich Stimmen der Literatur (vgl. bei Elschner, in: Hoeren/Sieber, Handbuch Multimedia-Recht, Teil 22.1 Rdn. 194 ff.) auch auf die Entscheidung des BAG, RDV 1998, S. 64 = NJW 1998, S. 2466 zur fehlenden Kontrollkompetenz des betrieblichen Datenschutzbeauftragten; zur Problematik dieser Entscheidung vgl. bei Gola/Wronka, Handbuch Arbeitnehmerdatenschutz, Rdn. 866

25 Elschner, in: Hoeren/Sieber, Handbuch Multimedia-Recht, Teil 22.1, Rdn. 196 f.

26 Vgl. BAG, RDV 1991, S. 79; dagegen Däubler, CR 1994, S. 754 sowie vorstehend Rdn. 382

Im Regelbetrieb dürfen jedoch die aufgerufenen Internetadressen sowie die Empfänger- und Absenderadresse nicht ausgewertet werden.[27]

Dies gilt natürlich nur für die vom Betriebsratsausschuss aus bzw. unter der BR-E-Mail-Adresse geführte Kommunikation. Das einzelne BR-Mitglied kann darauf verwiesen werden, **Betriebsratskorrespondenz** nicht – sofern es nicht völlig freigestellt ist – von seinem Arbeitsplatz aus zu führen. **465**

Der Schutz der »vertraulichen« Dienstpost gilt auch bei der Archivierung dieser E-Mails. Es sind also Lösungen zu suchen, die dies berücksichtigen. Die kann z. B. eine Archivierung in verschlüsselter Form oder in der Weise sein, dass z. B. nur Betriebsrat, Betriebsarzt, Datenschutzbeauftragter zugreifen können und nicht der Arbeitgeber.[28] **466**

3 Zugriff auf den Inhalt der Kommunikation

3.1 Die elektronische Dienstpost

Anders als bei dienstlichen Telefonaten, bei denen im Hinblick auf das zu schützende **Recht am gesprochenen Wort**[29] ein Mithören oder Aufzeichnen regelmäßig die Einwilligung oder zumindest die Kenntnis des Arbeitnehmers voraussetzt und dies im Übrigen nur unter dem Aspekt der Verhältnismäßigkeit gestattet sein kann, können der E-Mail-Sender und -Empfänger nicht darauf vertrauen, dass der Inhalt dienstlicher Kommunikation nur dem Empfänger bekannt und der genaue Wortlaut nicht registriert wird und damit nicht nachweisbar ist.[30] Der Arbeitgeber hat grundsätzlich das Recht, vom Inhalt **geschäftlicher E-Mail-Korrespondenz** Kenntnis zu nehmen,[31] da sie als Teil der Unternehmenskommunikation **467**

---

27 So wohl auch Raffler/Hellich, NZA 1997, S. 862 (867); Hanau/Hoeren, Private Internetnutzung durch Arbeitnehmer, S. 75

28 Bayer. Landesamt für Datenschutzaufsicht, TB 2011/12, Ziff. 13.4

29 Vgl. vorstehend Rdn. 103

30 Vgl. bei Mengel, BB 2004, S. 2014

31 So auch die übereinstimmende Auffassung der Aufsichtsbehörden; ferner Beckschulze/Henkel, DB 2001, S. 1494; Lindemann/Simon, BB 2001, S. 1952; Schaub, Arbeitsrechts-Handbuch, 9. Aufl. § 108 Rdn. 51; vgl. auch bei Hanau/Hoeren, Private Internetnutzung durch Arbeitnehmer, S. 54 und 66, die dem Arbeitgeber bei unter einer einheitlichen E-Mail-Adresse erlaubterweise geführtem privaten E-Mail-Verkehr gestatten, die elektronische Post insoweit, z. B. unter Durchsicht der E-Mail-Köpfe,

dem Unternehmen zusteht. E-Mails stehen insoweit sonstigem dienstlichen Schriftverkehr gleich. So wie bei diesem – mag dieses auch unrealistisch und kaum praktikabel sein – kann auch hier der Vorgesetzte verfügen, dass ihm jede ein- oder ausgehende E-Mail-Post zur Kenntnis gegeben wird.[32] Zwingend geboten ist die elektronische oder nach Ausdruck erfolgende aktenmäßige, dem jederzeitigem Zugriff offenstehende **Archivierung** bei E-Post, die aufgrund gesetzlicher Dokumentations- und **Aufbewahrungsfristen** oder zur Beweissicherung[33] dem Unternehmen zur Verfügung stehen muss.[34]

468 Zwar führt die Gegenmeinung[35] sicherlich zutreffend an, dass E-Mails ähnlich wie Telefonate wenig formell gestaltet werden und ggf. mehr über die **Persönlichkeit des Schreibers** aussagen, als es bei herkömmlichem Schriftverkehr der Fall ist. Nicht zwingend ist es jedoch, deshalb dem Beschäftigten gleichen **Persönlichkeitsschutz** zuzusprechen, wie er ihm bei dienstlichen Telefonaten gewährt wird. Die Gegenmeinung[36] lässt einen verdeckten Zugriff auf die übermittelten Inhalte dienstlicher Post bei überwiegend Arbeitgeberbelangen zu, wobei § 32 Abs. 1 S. 2 BDSG als Rechtfertigungsnorm in Betracht gezogen wird.

---

durchzusehen, wie dies zum Aussortieren der dienstlichen Post erforderlich ist. Der Arbeitgeber hat durch den Einsatz entsprechender Software auszuschließen, dass bei Durchsicht des Headers gleichzeitig der Inhalt angezeigt wird.

32 Vgl. auch Empfehlung AK Medien der 63. Konferenz der Datenschutzbeauftragten des Bundes und der Länder vom 7./8. 3. 2002 = RDV 2002, S. 156

33 Vgl. das Beispiel bei Skowronek, CF 5/2001, S. 9: »*Wenn zur Beweissicherung für gerichtliche Verfahren und/oder zur Einhaltung gesetzlich zu beachtender Aufbewahrungsfristen E-Mails archiviert werden müssen, ist ein jederzeitiger Zugriff zu gewährleisten. Sollte dies aus datentechnischen Gründen nicht möglich sein oder bietet die datenmäßige Speicherung keinen ausreichenden Schutz vor Verlust, so sind die E-Mails in Papierform zu archivieren.*«

34 Vgl. auch das wenig konkrete und nähere Anweisungen erforderlich machende Beispiel einer Betriebsvereinbarung bei Bijok/Class, RDV 2001, S. 52:

»*Archivierung
Eine Speicherung von E-Mails erfolgt auf den speziellen E-Mail-Servern. Nach Kenntnis der E-Mail entscheidet der Benutzer eigenverantwortlich über die Löschung oder Archivierung unter Berücksichtigung der betrieblichen Anforderungen.*«

35 Die Literatur vertritt teilweise die Ansicht, dass E-Mails aus Gründen des Persönlichkeitsrechtsschutzes des Arbeitnehmers wie dienstliche Telefonate zu behandeln sind; vgl. bei Däubler, Internet am Arbeitsplatz, Rdn. 249; ders., Gläserne Belegschaften?, Rdn. 351; Raffler/Hellich, NZA 1997, S. 863; Bijok/Class, RDV 2001, S. 54; Naujock, DuD 2002, S. 592; Lehnhardt, DuD 2003, S. 487

36 Vgl. bei Däubler, Internet und Arbeitsrecht, Rdn. 249 ff. mit zustimmenden und ablehnenden Stimmen der Literatur

Sieht der Arbeitgeber für sich oder im Rahmen einer **Vertretungsrege-** 469
lung[37] für Vorgesetzte oder Kollegen ein Einsichtsrecht vor, so muss der
Arbeitnehmer dies wissen, um sich bei der Gestaltung seiner dienstlichen
E-Mails hierauf einstellen zu können.

Das **Kenntnisnahmerecht**[38] des Arbeitgebers bzw. des Vertreters erstreckt 470
sich gleichermaßen auf eingehende und ausgehende elektronische Post.

Es wird auch nicht deshalb eingeschränkt, weil trotz allein gestatteter 471
dienstlicher Nutzung **private E-Mails** eingehen. Dem **Absender** steht
schon aufgrund der unterschiedlichen betrieblichen Gepflogenheiten kein
Vertrauensschutz dahingehend zu, dass seine privaten E-Mails ausschließlich in die Hand des avisierten Empfängers gelangen.[39] Im Übrigen muss er
immer als sein Risiko hinnehmen, dass der Empfänger bewusst[40] oder
fahrlässig[41] die nur für ihn gedachten E-Mails anderen zugänglich macht.

---

37 Vgl. hierzu nachstehend Rdn. 475 ff.

38 Vgl. das auszugsweise wiedergegebene Beispiel einer Betriebsvereinbarung bei Bi-
jok/Class, RDV 2001, S. 52 (59):
  »Zugriffsrecht und Passwort
  Jeder Benutzer des E-Mail-Systems enthält eine Zugangsberechtigung (User Account)
  und einen eigenen Datenbereich (Mailbox).
  Der Zugriff auf die Mailbox erfolgt über eine vom Administrator vergebene Kennung
  (User-ID). Diese muss durch ein persönliches, geheimes Passwort geschützt werden.
  Bei begründetem Missbrauchsverdacht oder Verdacht von strafbaren Handlungen kann
  der Vorgesetzte oder Personalleiter ohne vorherige Kenntnis und Zustimmung des Be-
  schäftigten Einsicht in die E-Mails nehmen.
  Ohne Kenntnis und Zustimmung der Beschäftigten dürfen E-Mails, die in Bereiche
  weitergeleitet werden, die für Dritte zugänglich sind, eingesehen werden.
  Der Vorgesetzte kann verlangen, dass der Beschäftigte ihm den Inhalt der E-Mails
  zugänglich macht.«

39 A. A. Ernst, NZA 2002, S. 585

40 Ist die private Nutzung gestattet, setzt die Kenntnisnahme die Einwilligung des Mitarbeiters – nicht jedoch die des Absenders – voraus; zu beachten ist aber auch, dass die
Weitergabe der E-Mails an Dritte den Tatbestand der Übermittlung personenbezogener
Daten erfüllt, der an den Tatbeständen des BDSG zu messen ist; vgl. hierzu Landesdatenschutzbeauftragter Baden-Württemberg, TB 2003, S. 71 zur Mitteilung eines Bür-
germeisters über eine von einem Mitarbeiter von dem dienstlichen Arbeitsplatz an die
Gemeinde abgesandte, aber als privat gekennzeichnete Beschwerde-E-Mail an den Arbeitgeber.

41 Vgl. 16. Bericht der hessischen Landesregierung über die Tätigkeit der für den Datenschutz im nicht öffentlichen Bereich zuständigen Aufsichtsbehörden (LT-Drs. 16/1680
v. 11.12.2003) bei gewechselten bzw. vermeintlich doppelt vergebenen E-Mail-Adressen.

472 Ist der private Inhalt – z. B. bei Durchsicht des E-Mail-Kopfes – jedoch erkannt, so ist die Nachricht – ohne weitere Kenntnisnahme – an den Empfänger weiterzuleiten. Ggf. kann die Annahme unter **Rückmeldung** an den Absender auch »verweigert« werden, was bei **fehlender Zustellmöglichkeit** empfohlen wird.[42]

473 Das Zugriffsrecht des Arbeitgebers kann auch nicht durch die bei vertraulichen Informationen sogar gebotene **Verschlüsselung** ausgehebelt werden,[43] vielmehr ist der Arbeitnehmer zur Entschlüsselung verpflichtet und auch dem Arbeitgeber muss generell oder im Bedarfsfall die Möglichkeit der Entschlüsselung eröffnet sein, wobei – wie dargestellt[44] – der Zugriff auf derartige und/oder durch ein **persönliches Passwort** gesicherte Dateien so lange nicht mit § 202a StGB kollidiert, wie der Arbeitgeber nicht durch besondere hinzutretende Umstände bei dem Arbeitnehmer das Vertrauen geweckt hat, dass die Datenbestände auch gegen arbeitgeberseitige Zugriffe geschützt sein sollten.[45]

474 Ausgenommen sind jedoch solche E-Mails, die dem **privat-dienstlichen Bereich** zuzuordnen sind oder auch dem Arbeitgeber gegenüber vertraulich zu bleiben haben (z. B. Korrespondenz mit dem Betriebsrat, **Betriebsarzt, Datenschutzbeauftragten**).

---

42 Vgl. insoweit auch zu dem Verfahren zur Aufrechterhaltung einer E-Mail-Adresse bei längerer Abwesenheit oder nach Ausscheiden des Mitarbeiters 15. Bericht der Hess. Landesregierung über die Datenschutzaufsicht im nicht öffentlichen Bereich; RDV 2003, S. 156: »*Bei gestatteter privater Nutzung sollen im Hinblick auf den Eingang privater E-Mails an die gelöschte E-Mail-Adresse eingehende E-Mails automatisch – unter Benennung der Adresse des Nachfolgers/ Vertreters – zurückgesandt werden.*«

43 Vgl. auch das von Skowronek, CF 5/2001, S. 7 wiedergegebene Beispiel einer diesbezüglichen Regelung: »*Bei Vergabe von kryptografischen Schlüsseln behält der Arbeitgeber sich vor, diese Schlüssel zu speichern und im Bedarfsfall (Ausscheiden oder Krankheit des Mitarbeiters, Verlust des Schlüssels usw.) zur Entschlüsselung von verschlüsselten Inhalten einzusetzen*«.

44 Vgl. vorstehend Rdn. 118 ff.

45 LAG Hamm, DuD 2004, S. 633; Beckschulze, DB 2003, S. 2777 (2783), der u. a. darauf hinweist, dass das Kennwort den Zugriff Unbefugter ausschließen soll und dass der Arbeitgeber bei der Wahrnehmung des Kontrollrechts bezüglich seines Eigentums nicht unbefugt vorgeht; a. A. Weißgerber, NZA 2003, S. 1005

3.2 Vertretungsregelungen

Dazu, in welchem Umfang bei untersagter Privatnutzung dem Arbeitgeber **475**
bzw. Vorgesetzen oder Kollegen im **Vertretungsfall** bzw. bei Abwesenheit
des Mitarbeiters ein Einsichtsrecht in den dienstlichen E-Mail-Verkehr eingeräumt wird, finden sich in der Praxis, u. a. als Kompromissergebnis einer
Betriebsvereinbarung, unterschiedlich weit gehende Regelungen.[46]

Zu unterscheiden ist zwischen der von dem Mitarbeiter selbst verfügten **476**
Freigabe[47] der für ihn bestimmten Post und dem ggf. ohne sein Mitwirken,
z. B. bei **ungeplanter Abwesenheit**[48], erfolgenden Zugriff.

Insoweit ist auch häufig die Verpflichtung bzw. bei ungeplanter Abwesen- **477**
heit die Möglichkeit zur Aktivierung eines sog. **Abwesenheitsassistenten**
nebst Weiterleitungsfunktion geregelt.[49] Datenschutzfreundlich ist dabei

---

46 So kann z. B. vorgeschrieben werden, dass die dienstliche Korrespondenz über Gruppenbüros (Adresse: Fa XY-Einkauf) erfolgt, wobei für jedes Mitglied der Grup-
pe/Abteilung der Zugriff offensteht. Über persönliche E-Mail-Adressen darf nur private
bzw. persönlich-dienstliche Post abgewickelt werden. (In der Praxis vorgefundenes
Beispiel: *»Grundsätzlich sind für die gesamte dienstliche Kommunikation die Gruppenbüros zu nutzen. Jedes Mitglied einer Gruppe/Abteilung ist gleichermaßen zur Nutzung des jeweiligen Gruppenbüros berechtigt und im System freigeschaltet. Damit wird
sichergestellt, dass bei Abwesenheit des Mitarbeiters (Urlaub, Ausbildung, Termine
etc.) die Bearbeitung erfolgt und die Stellvertreterregelung (unplanmäßiger Ausfall des
Mitarbeiters etc.) ohne technische Eingriffe möglich ist«.*). In anderen Fällen wird die
Verantwortung für die Verfügbarkeit der Dienstpost dem Mitarbeiter übertragen. (Beispiel aus der Praxis: *»Grundsätzlich haben Mitarbeiter und Vorgesetzte sicherzustellen,
dass Sachverhalte, die für die Fortführung der Geschäfte bei Abwesenheit notwendig
sind, auf einem öffentlichen Laufwerk der Abteilung/des Bereichs/der Gesellschaft zur
Verfügung stehen.«*)

47 Vgl. bei Skowronek, CF 5/2001, S. 8: *»Die Mitarbeiter haben dafür Sorge zu tragen,
dass sie auch in unvorhergesehenen Fällen in ihrer Arbeit vertreten werden können.
Dafür sind gemeinsame Zugangsberechtigungen auf die erforderlichen Dateien und
Daten einzurichten. Fehlen diese Zugangsberechtigungen, so darf in außerordentlichen
Notfällen nur der Systemadministrator einem ihm benannten Berechtigten den Zugriff
auf die erforderlichen Daten vermitteln.«*

48 Besteht keine allgemeine Vertreterregelung, so wird in diesen Fällen der Zugriff häufig
von der Beteiligung der Mitarbeitervertretung abhängig gemacht und je nach Bedarfsfall auf bestimmte Dateien beschränkt, so dass Informationen privaten oder flüchtigen,
informellen Inhalts auszusortieren sind. Insoweit finden sich auch Regelungen über die
Verpflichtung zur Löschung bzw. Rückgabe der kopierten, bearbeiteten Dateien nach
Rückkehr des Mitarbeiters.

49 Vgl. das Beispiel einer Betriebsvereinbarung bei Bijok/Class, RDV 2001, S. 52 (59):
*»Vertretungsregelung
Das E-Mail-System muss über die Funktion Auto-Forward (automatisierte Weiterleitung von E-Mails an eine andere Adresse bei Abwesenheit) und Auto-Replay (automatisierte Rückmeldung an den Absender einer E-Mail zur Information über die eigene*

die Variante, dass der Absender automatisch über die Abwesenheit und die Adresse des Vertreters informiert wird und er somit selbst entscheiden kann, ob er die Information auch dem Vertreter – ggf. in der vorgesehenen Form – zukommen lassen will. Zulässig ist aber auch, die **Weiterleitungsfunktion** automatisch zu aktivieren.

478 Zu beachten ist, dass in einem Verfahrensfall nicht Mitarbeiter Kenntnis von Daten erhalten, die für ihre Aufgabenerfüllung nicht erforderlich sind.

479 Gleiches gilt für die Behandlung der E-Mail-Postfächer der **Interessenvertretungen** (wie Personalrat, Gleichstellungsbeauftragte, Schwerbehindertenbeauftragte) sowie der behördlichen **Datenschutzbeauftragten**. Diese können personenbezogene Daten enthalten, die unter Umständen das Dienstverhältnis, den Gesundheitszustand oder sonstige sensitive Informationen über Mitarbeiter betreffen. Zugriffsrechte im Vertretungsfall dürfen hier nur an Mitglieder des jeweiligen Gremiums vergeben werden. Auch ein Zugriff der Leitung ist hier nicht erlaubt.

Abwesenheit) verfügen. Über die Nutzung dieser Funktion entscheiden die Benutzer eigenverantwortlich unter Beachtung der betrieblichen Anforderungen. Eine automatische Weiterleitung an externe E-Mail-Adressen (z. B. die private E-Mail-Adresse des Beschäftigten) ist grundsätzlich unzulässig. Die Funktion Auto-Forward kann auch für den Fall der Stellvertretung aktiviert werden. Der Benutzer entscheidet selbst, ob er die Funktion Auto-Replay aktiviert. Wird der Text auch als Antwort auf E-Mails von extern zurückgesendet, sind von der Firma geeignete Standardtexte zu empfehlen«.

Kapitel 5
Kontrolle privater Telefon-, E-Mail- und Internetnutzung

1 Allgemeines

Ist dem Arbeitnehmer die private Nutzung der betrieblichen Kommunikati- **480** onstechnik gestattet, greift insoweit das **Fernmeldegeheimnis** (§ 88 TKG)[1]. Dem Arbeitgeber ist eine Kontrolle sowohl der Nutzungsdaten als auch ausnahmsweise der Inhalte der Kommunikation nur gestattet, sofern das TKG oder eine andere gesetzliche Regelung dies erlaubt oder der Mitarbeiter **eingewilligt** hat.

Aufgezeigt wurde bereits, dass – wenn die private und die dienstliche **481** Kommunikation nicht getrennt werden können, wie das bei dem Telefon durch entsprechendes Kennzeichnen des Gesprächs oder bei dem E-Mail-Verkehr durch Einrichtung von zwei E-Mail-Adressen möglich ist – die gesamte Kommunikation dem Fernmeldegeheimnis unterliegt.[2]

Ist die private Information bei dem Mitarbeiter angekommen und z. B. auf **482** einem Anrufbeantworter, als SMS oder E-Mail gespeichert, wird die Information vor dem Zugriff des Arbeitgebers durch das **informationelle Selbstbestimmungsrecht** geschützt. Eingriffe des Arbeitgebers können aber auch hier durch § 32 Abs. 1 S. 2 BDSG gestattet sein.[3] Das gilt auch für abgespeicherte Chatprotokolle.[4]

Der Arbeitnehmer kann jedoch den Zugriff des Arbeitgebers auf dienstliche **483** Informationen nicht dadurch verhindern, dass er dienstliche und private Kommunikation ungetrennt speichert. Demgemäß ist der Arbeitnehmer zum Schutz seiner **Privatpost** gehalten, dienstliche und private **Dateien zu trennen** und entsprechend zu kennzeichnen. Geschieht dies nicht, so müs-

---

1 Vgl. hierzu ausführlich vorstehend Rdn. 218 ff.
2 Vgl. vorstehend Rdn. 296
3 VGH Kassel, NJW 2009, S. 2470 = MMR 2009, S. 714
4 LAG Köln, ZD 2014, S. 135 (140)

sen auf Grund dieser Pflichtverletzung seine schutzwürdigen Interessen hinsichtlich der **Vertraulichkeit der Privatpost** zurücktreten.[5]

484　Als Diensteanbieter unterliegt der Arbeitgeber bereichsspezifischen Datenschutzvorschriften des TKG (§ 99 ff.). Diese legen auch die Verarbeitungsbefugnisse des Arbeitgebers fest. Betroffen sind Bestands-, Verkehrs-, Abrechnungs- und Standortdaten (§§ 95–98 TKG). § 100 TKG erlaubt die Erhebung und Verwertung von Bestands- und Verkehrsdaten, soweit dies erforderlich ist zur Beseitigung von Störungen des Betriebes und zur **Vermeidung von Missbrauch** der Telekommunikationsdienste. Hieraus kann sich auch eine Berechtigung zur Aufdeckung eines Fehlverhaltens des Mitarbeiters ergeben. Anlass sind zu dokumentierende **tatsächliche Anhaltspunkte** über eine Leistungserschleichung oder eine sonstige rechtswidrige Inanspruchnahme des Dienstes (§ 100 Abs. 3 S. 1 TKG), was z. B. bei Nutzung der Telekommunikation zu **strafbaren Handlungen** wie z. B. dem Verrat von Betriebsgeheimnissen der Fall ist. In derartigen Fällen kann ggf. auch das Recht auf Notwehr (§ 32 StGB) den Eingriff in das Fernmeldegeheimnis gestatten.

485　Soweit private E-Mail- oder Internetnutzung kostenfrei gestattet ist, besteht nach dem TKG darüber hinaus keine Berechtigung, den Kommunikationsvorgang zu erfassen.

486　Mangelt es an einer Eingriffsnorm, so bedarf die Verarbeitung der Nutzerdaten der **Einwilligung**. Dies regelt das TKG an mehreren Stellen (u. a. § 95 Abs. 2, § 96 Abs. 3 und § 98). Diese Regelungen bewirken aber keine Einschränkungen der Gestattung einer Datenverarbeitung durch Einwilligung, so dass über die gesetzlichen Regelungen hinaus andere Datenerhebungen und -verwendungen auf der Grundlage einer weiterreichenden Einwilligung erlaubt sein können. Das gilt auch für das Fernmeldegeheimnis des § 88 TKG, auch wenn dieses eine Durchbrechung aufgrund der Einwilligung des Nutzers nicht erwähnt.

487　Vermittelt der Arbeitgeber den privaten Zugang zu **Telediensten**, unterliegt er ggf. dem TMG.[6] Auch als solcher darf er nur die Daten erheben, verarbeiten oder nutzen, die für die Durchführung des Nutzungsverhältnisses erforderlich sind (§§ 14 Abs. 2, 15 Abs. 1 TMG). Bei der Einordnung des E-Mail-Verkehrs als Teledienst[7] können Arbeitgeberkontrollen daher nur

---

5　Kratz/Gubbels, NZA 2009, S. 652

6　Vgl. vorstehend Rdn. 265

7　Vgl. bei Däubler, Internet und Arbeitsrecht, Rdn. 286

durch Einwilligung erlaubt werden. § 13 Abs. 2 TMG erlaubt die Abgabe in elektronischer Form.

Der Einwilligung bedarf es daher im Falle der Mischnutzung für die Speicherung bzw. die Kontrolle dienstlicher Kommunikation und der privaten jedenfalls insoweit, dass die Einhaltung der diesbezüglichen Nutzungsbedingungen kontrolliert werden kann. **488**

2 Anforderung an die Einwilligung

2.1 Anwendung des BDSG

Die nachfolgend erörterten Anforderungen des BDSG gelten auch, wenn es um Einwilligungen geht, die das TKG oder das TMG für die Durchbrechung des Fernmeldegeheimnisses vorsehen. Eine Sonderregelung ist nur für die Möglichkeit der Erteilung der Einwilligung im **elektronischen Verfahren** vorgesehen (§ 94 TGK, § 13 TMG). Dort ist auch ein ausdrückliches Koppelungsverbot statuiert.[8] **489**

Mit der Einwilligung im elektronischen Verfahren in § 94 TKG bzw. § 13 TMG ist keine eigenständige Einwilligung für das TKG, sondern eine weitere Form ihrer Erklärung geregelt.[9] Die Erklärung muss protokolliert und jederzeit abgerufen werden können. **490**

2.2 Form und Inhalt der Erklärung

Einwilligungen bedürfen nach § 4a Abs. 1 Satz 3 BDSG der **Schriftform**.[10] Sensitive Daten (§ 3 Abs. 9 BDSG) müssen ausdrücklich in den Text der Einwilligung einbezogen sein. Ist die Einwilligung eine von vielen Vereinbarungen in einem Arbeitsvertrag, ist sie nach § 4a Abs. 1 Satz 4 BDSG z. B. durch **Fettdruck** oder Umrandung besonders hervorzuheben. Um dadurch aber andere gleich wichtige Regelungen des Vertrages nicht in den **491**

---

8   So jetzt auch für Einwilligungen zur Verwendung von Daten zu Werbezwecken in § 28 Abs. 3b BDSG

9   Eckhardt in Heun (Hrsg.), Handbuch Telekommunikationsrecht, S. 1485

10 Auf die Möglichkeit der Abgabe der Erklärung in elektronischer Form gemäß § 13 Abs. 2 TMG sei hier nur hingewiesen.

Hintergrund treten zu lassen, sollte die Erklärung gesondert mit **gesonderter Unterschrift** eingeholt werden. Die Überschrift der Erklärung muss deutlich machen, welche Eingriffe gestattet werden sollen. Die Überschrift »Datenschutz« würde dem nicht genügen, sondern eher das Gegenteil vermuten lassen.[11] Nur ausnahmsweise kann von der Schriftform abgewichen werden, wobei es umstritten ist, ob u. U. auch eine stillschweigende konkludente Erklärung möglich ist.[12]

492 Gestattet der Arbeitgeber die private Nutzung der betrieblichen Kommunikationsmittel nur im Zusammenhang mit in einer **Nutzungsordnung** oder Betriebsvereinbarung vorgesehenen Kontrollmaßnahmen, so ersetzen diese Regelungen nicht die Einwilligung des Mitarbeiters in den damit verbundenen Eingriff in das Fernmeldegeheimnis bzw. sein Persönlichkeitsrecht.

493 Fraglich ist allein, ob der Mitarbeiter eine den Anforderungen des § 4a Abs. 1 BDSG genügende **Einwilligung** in die Kontrollmaßnahmen auch **konkludent** erklärt, wenn er in Kenntnis der vom Arbeitgeber vorgesehenen und ggf. infolge der Mitbestimmungspflicht in einer Betriebs- oder Dienstvereinbarung festgeschriebenen Kontrollmaßnahmen die Telekommunikationstechnik privat nutzt.[13]

494 Wenn sie auch nicht zwingend ist, so bleibt die **schriftliche Einholung** nebst dem ausdrücklichen Hinweis auf den Erlaubnisrahmen doch eindeutig empfehlenswert; dies zum einen, weil nur die Einwilligung eines in vollem Umfang informierten Mitarbeiters wirksam ist – die bloße Existenz einer Betriebs-/Dienstvereinbarung kann die erforderliche **individuelle Kenntnis** des beabsichtigten Eingriffs in das **Fernmeldegeheimnis** nicht begründen – und zum anderen, weil nur bei für den Mitarbeiter erkennbarer und vom Arbeitgeber nachweisbarer Eindeutigkeit des Verstoßes gegen den Erlaubnisrahmen unmittelbare arbeitsrechtliche Sanktionen in Form der Kündigung in Betracht kommen.[14]

495 Das Schriftformerfordernis kann sich ferner ergeben, wenn die Einwilligung Bestandteil eines nach Gesetz, Tarifvertrag oder Betriebsvereinbarung schriftlich abzuschließenden Arbeitsvertrages ist. Ist die Aufzeichnung –

---

11 Däubler, Gläserne Belegschaften?, Rdn. 147a
12 Vgl. bei Gola/Schomerus, BDSG, § 4a Rdn. 13
13 So BfD, Datenschutzrechtliche Grundsätze bei der dienstlichen/privaten Internet- und E-Mail-Nutzung am Arbeitsplatz, www.bfd.bund.de
14 Vgl. nachstehend Rdn. 537 ff.

wie beim Telefonbanking – zwangsläufige Arbeitsbedingung, so ergibt sich die Schriftform des »Hinweises« aus dem **Nachweisgesetz**.[15]

Das Gesetz fordert eine **informierte Einwilligung**.[16] Dem Betroffenen muss vor Abgabe der Erklärung eindeutig klar sein, in was er einwilligt. Ein Link auf einen anderweitig angebrachten Hinweis genügt nicht. **496**

2.3 Die Freiwilligkeit der Einwilligung

Hinsichtlich der nach § 4a Abs. 1 S. 1 BDSG erforderlichen **Freiwilligkeit** der Einwilligungserklärung stellt sich die Frage, wann bzw. ob überhaupt im Verhältnis Arbeitgeber/Arbeitnehmer von einer **Einwilligung** »ohne Zwang« gesprochen werden kann, da – wie zutreffend eingewendet wird[17] – dem Einzelnen im Verhältnis zu Behörden, Unternehmen oder Arbeitgebern häufig gar keine andere Wahl bleibt, als die geforderten Daten zur Verfügung zu stellen. **497**

Für das Arbeitsverhältnis bedeutet dies, dass eine Einwilligung dem Arbeitgeber nur dann zusätzliche, über seine aus der arbeitsrechtlichen Beziehung hinausgehende Informationsbefugnisse einräumen kann, wenn der Arbeitnehmer seine Zustimmung zur Verarbeitung seiner Daten, auch ohne Sanktionen oder ungerechtfertigte Nachteile befürchten zu müssen, **versagen** bzw. später wieder **zurücknehmen** kann.[18] Allein schon unter diesem Aspekt werden Einwilligungen zur Erweiterung der Kontrollbefugnisse bei dienstlicher Nutzung nur ausnahmsweise eine Rolle spielen.[19] **498**

---

15 § 1 Abs. 1 Nachweisgesetz verpflichtet den Arbeitgeber, alle wesentlichen Vertragsbedingungen in einer Niederschrift festzuhalten.

16 Gola/Schomerus, BDSG, § 4a Rdn. 10

17 Für das Arbeitsverhältnis: vgl. Gola/Wronka, Handbuch Arbeitnehmerdatenschutz, Rdn. 393 ff.

18 Vgl. insgesamt zur Problematik: Gola, RDV 2002, S. 109

19 Vgl. die vom AK Medien der Konferenz der Datenschutzbeauftragten des Bundes und der Länder erstellte Orientierungshilfe zur datenschutzgerechten Nutzung von E-Mail und anderen Internetdiensten am Arbeitsplatz (RDV 2002, S. 156): *»Im Regelfall sollte darauf verzichtet werden, die Verarbeitung von Protokolldaten auf die Einwilligung der Beschäftigten zu stützen, da sie aufgrund des Abhängigkeitsverhältnisses zum Arbeitgeber nicht immer freiwillig entscheiden können. Nur ausnahmsweise ist auch die Einwilligung der Beschäftigten in eine Verarbeitung der Protokolldaten (über das sowieso zulässige Maß hinaus) möglich. Die Beschäftigten können z. B. die Verwertung ihrer Protokolldaten verlangen, um den Verdacht einer unbefugten Internetnutzung auszuräumen.«*

499 Irreführend und für Verarbeitungsbefugnisse des Arbeitgebers fragwürdig sind andererseits »Einwilligungserklärungen«, die etwas gestatten sollen, zu dem der Arbeitgeber bereits aufgrund der arbeitsvertraglichen Beziehungen mit dem Beschäftigten berechtigt ist. In derartigen Fällen hat die – z. B. im Arbeitsvertrag – eingeholte Einwilligung im Grunde nur die Funktion der u. a. nach § 4 Abs. 3 BDSG erforderlichen **Information des Betroffenen** über die Verwendungszwecke der erhobenen Daten.

500 Keine Bedenken hinsichtlich der Freiwilligkeit bestehen für Erklärungen, die der Mitarbeiter hinsichtlich erweiterter **Kontrollbefugnisse** des Arbeitgebers im Zusammenhang mit der Gestattung **privater Nutzung** von Telefon, E-Mail oder Internet abgibt. Dabei ist einmal zu beachten, dass der Arbeitgeber nicht verpflichtet ist, private Kommunikation zuzulassen, und insofern eine »kontrollierte« Kommunikation eine Verbesserung gegenüber dem Regelfall bedeutet. Zum anderen kann regelmäßig davon ausgegangen werden, dass die Mitarbeiter in Zeiten des »Handys« nicht auf die Nutzung der betrieblichen Kommunikationsmittel für private Zwecke angewiesen sind. Sie entscheiden folglich »frei«, ob sie unter den vom Arbeitgeber vorgegebenen Bedingungen die Kommunikationsmöglichkeiten privat nutzen wollen.[20]

501 Das gilt bei erlaubter Privatnutzung auch für von dem Arbeitgeber gewünschte **Vertragsregelungen** für den Abwesenheitsfall. Dabei wird der Arbeitgeber dem Beschäftigten die Wahl einräumen müssen, jederzeit zu entscheiden, ob er einem zuständigen Beschäftigten den Zugriff gewährt oder die **Abwesenheitsassistenz** einstellt, aber mit dem Hinweis, dass der Abwesende sich selbst an den Vertreter wenden soll. Nicht zwingend ist diese Wahlmöglichkeit jedoch bei untersagter Privatnutzung, jedenfalls hinsichtlich **externer Dienstpost**.[21]

502 Auch wenn die private E-Mail-Nutzung ausdrücklich verboten ist, sind diese Wahlmöglichkeiten geboten. E-Mail-Postfächer enthalten häufig vertrau-

---

20 Vgl. die vom AK Medien der Konferenz der Datenschutzbeauftragten des Bundes und der Länder erstellte Orientierungshilfe zur datenschutzgerechten Nutzung von E-Mail und anderen Internetdiensten am Arbeitsplatz (RDV 2002, S. 156): »*Der Arbeitgeber ist nicht verpflichtet, den Beschäftigten die private Nutzung des Internets zu erlauben. Entschließt er sich jedoch dazu, muss es ihm grundsätzlich möglich sein, diese Erlaubnis an einschränkende Voraussetzungen zu knüpfen (z. B. eine angemessene Art der Kontrolle einzuführen). Beschäftigte, die diese Voraussetzungen nicht erfüllen wollen, können ihre Einwilligung ohne jeden dienstlichen Nachteil verweigern.*«

21 Weitergehend der LfD Bremen, TB (2011), Ziff. 13.2.2

liche Informationen, die nicht unmittelbar dienstlich relevant sind, beispielsweise die Kommunikation mit der Personalvertretung oder dem betriebsärztlichen Dienst. Häufig kommunizieren Kolleginnen und Kollegen beispielsweise anlässlich von Terminabsprachen über private Angelegenheiten, die betrieblich praktisch nicht unterbunden werden können.

3 Widerruf der Einwilligung

Grundsätzlich ist davon auszugehen, dass der Mitarbeiter eine **Einwilligung** in die Gesprächsaufzeichnung oder Erfassung und Auswertung der Daten von Privatgesprächen etc. auch **widerrufen** kann.[22] Sollen Teledienstleistern per Einwilligung über die gesetzlichen Befugnisse hinausgehende Verarbeitungen gestattet werden, so schreibt § 13 Abs. 3 TMG sogar ausdrücklich vor, dass der Nutzer vor Abgabe der Einwilligung auf das Recht zum **jederzeitigen Widerruf** mit Wirkung für die Zukunft **hinzuweisen** ist. Eine gleiche Aussage enthält § 94 Nr. 4 TGK. **503**

Eingeschränkt ist das Widerrufsrecht, wenn die Einwilligung **immanenter Bestandteil des Arbeitsvertrages** ist und mit dem Widerruf der Einwilligung auch der Vertrag hinfällig wäre. Hier kann der Widerruf der Einwilligung nur mit der Kündigung des Vertrages einhergehen. **504**

So wäre der Widerruf der Einwilligung bei einem Mitarbeiter eines **Call-Centers** einer Bank, bei der die Aufzeichnung der Kundengespräche unverzichtbar ist, unbeachtlich bzw. wäre ggf. sogar ein Anlass, der den Arbeitgeber zur fristlosen **Kündigung des Arbeitsverhältnisses** berechtigen würde.[23] **505**

Dient die Aufzeichnung der Gespräche allein als Grundlage eines **Prämiensystems,**[24] so wird der Widerruf der Einwilligung keine arbeitsvertraglichen Pflichten verletzen; Konsequenz ist jedoch, dass der betroffene Mitarbeiter nicht mehr an der Vergabe von **Leistungsprämien** partizipiert. **506**

---

22 So Wedde, CF 6/2000, S. 22
23 Gola/Schomerus, BDSG, § 4a Rdn. 18a; Däubler in D/K/W/W, § 4a Rdn. 38
24 Zur leistungsabhängigen Entlohnung in Call-Centern vgl. bei Menzler-Trott/Hasenmaile, Arbeitnehmer in Call-Centern, S. 80 ff.

507 Gleiches gilt, wenn die Gestattung der privaten Nutzung der betrieblichen Telekommunikation mit der Einwilligung in bestimmte Kontrollmaßnahmen verbunden war. Hier kann der Mitarbeiter die Einwilligung jederzeit widerrufen, was ihn dann aber auch von der weiteren Privatnutzung ausschließt.

4 Die Einwilligung als Bestandteil einer vertraglichen Nutzungsordnung

508 Wird die Einwilligung in erweiterte Kontrollbefugnisse im Zusammenhang mit weiteren Nutzungsbedingungen abgegeben, verpflichtet sich der Mitarbeiter z. B. auch noch einmal, individuell bestimmte Nutzungen zu unterlassen, so handelt es sich hierbei um eine zum Bestandteil des Arbeitsvertrages gehörende Abrede. Dieser Charakter der **Nutzungsordnung** wird noch deutlicher, wenn sie bereits Gegenstand des abgeschlossenen Arbeitsvertrages ist.

509 Dabei ist zu beachten, dass auch arbeitsvertragliche Abreden den gesetzlichen Bestimmungen über allgemeine **Geschäftsbedingungen** (§§ 305 ff. BGB) unterfallen können, wobei jedoch im Arbeitsrecht geltende Besonderheiten zu beachten sind (§ 310 Abs. 4 Satz 2 BGB). Insofern sind Regelungen, die mit den wesentlichen Grundgedanken der gesetzlichen Regelung, von der abgewichen wird, nicht zu vereinbaren sind, unwirksam (§ 307 Abs. 2 Nr. 1, Abs. 2 BGB).

510 Somit steht auch das Recht der allgemeinen Geschäftsbedingungen einer arbeitsvertraglichen »Datenschutzklausel« entgegen, in der der **Call-Center-Agent** einer unangekündigten und mengenmäßig unbegrenzten Aufzeichnung seiner Gespräche zwecks Qualitätskontrolle zustimmt. Gleiches gilt, wenn dem Auftraggeber des Call-Centers ein entsprechender Zugriff, sei es durch Mithören oder Aufzeichnen der Gespräche, gestattet wird.

511 Keine Anwendung finden die Vorschriften der §§ 305 ff. BGB jedoch auf Nutzungsregelungen, die Gegenstand einer **Betriebs- oder Dienstvereinbarung** sind (§ 310 Abs. 4 Satz 1 BGB). Daher unterliegen arbeitsvertragliche Regelungen über die Internet-/E-Mail-Nutzung keiner gesonderten Inhaltskontrolle, wenn sie bereits Gegenstand einer kollektiven Vereinba-

190

rung sind und nur die weiterhin erforderliche individuelle Einwilligung in der gebotenen Schriftform eingeholt wird.

5 Mitbestimmung bei formularmäßiger Einholung der Einwilligung

Nach einem Teil der Literatur soll bei einer **formularmäßigen Einholung** der **Einwilligung** in bestimmte Datenverarbeitungen der Mitbestimmungstatbestand der § 94 Abs. 1 BetrVG, §§ 75 Abs. 3 Nr. 8, 76 Abs. 2 Nr. 1 BPerVG (= Mitbestimmung bei Personalfragebogen) zur Anwendung kommen.[25] **512**

Diese Auffassung kann jedoch nur insoweit geteilt werden, wie es um die Einwilligung in eine ansonsten nicht realisierbare **Datenerhebung** geht. **513**

Soll die Einwilligung nicht für die Datenerhebung, sondern für andere Verarbeitungs- und Nutzungsschritte, z. B. die Einstellung der Daten in das Internet, eingeholt werden, so wird zwar allen Beschäftigten »formularmäßig« eine Frage gestellt, gleichwohl ist die Zustimmung oder Ablehnung keine den Inhalt eines **Personalfragebogens** i. S. von § 94 Abs. 1 BetrVG ausmachende Information. Daran ändert nichts, dass z. B. mit der Ablehnung oder Zustimmung bestimmte Verhaltensweisen des Mitarbeiters festgehalten werden. **514**

Im Übrigen kann die Frage der Mitbestimmung nach § 94 Abs. 1 BetrVG insoweit aber auch häufig dahinstehen, da die Verarbeitung, in die eingewilligt werden soll bzw. muss (so z. B. eine Gesprächsaufzeichnung), aus anderen Gründen mitbestimmungspflichtig ist. **515**

---

25 So Däubler, Gläserne Belegschaften?, Rdn. 677; ders., RDV 1988, S. 96; Fitting, BetrVG § 94 Rdn. 11; Klebe in D/K/K, BetrVG § 94 Rdn. 12 m. w. N.; a. A. Lambrich/Cahlik, RDV 2002, S. 287 (297)

Kapitel 6
Erweiterung der Befugnisse durch Betriebs-/Dienstvereinbarung

1 Die Betriebs-/Dienstvereinbarung als vorrangige Verbots-/Erlaubnisnorm

1.1 Das Verbot mit Erlaubnisvorbehalt

Datenschutznormen stellen die Verarbeitung personenbezogener Daten unter ein **Verbot mit Erlaubnisvorbehalt.** Sofern das allgemeine (BDSG) oder ein bereichsspezifisches Gesetz (TKG, TMG) die Verarbeitung nicht selbst gestattet, kann sich die Erlaubnis auch aus anderen Rechtsnormen ergeben. **516**

Dies gilt zunächst einmal für Eingriffe in das durch das BDSG geschützte **informationelle Selbstbestimmungsrecht,** indem § 1 Abs. 3 Satz 1 BDSG andere Rechtsvorschriften des Bundes, also spezielle Verbots- oder Erlaubnisnormen als dem BDSG vorrangig regelt und § 4 Abs. 1 BDSG darüber hinaus auch sonstige »andere Rechtsvorschriften« als Erlaubnisnormen vorsieht.[1] **517**

Die Verarbeitung oder Nutzung von für die Durchführung von Telediensten erhobenen personenbezogenen Daten kann neben dem TMG durch eine **»andere Rechtsvorschrift«** erlaubt sein (§ 12 Abs. 1 TMG). Eingriffe in das Fernmeldegeheimnis gestattet § 88 Abs. 3 Satz 3 TKG, soweit »eine **andere gesetzliche Vorschrift** dies vorsieht und sich dabei ausdrücklich auf Telekommunikationsvorgänge bezieht«. **518**

Spezielle, den Persönlichkeitsrechtsschutz garantierende Strafnormen wie der das Recht am eigenen Wort gewährleistende § 201 StGB, die das Recht am eigenen Bild schützenden § 22 KuG und § 201a StGB oder der das Fernmeldegeheimnis schützende § 206 StGB weisen selbst nicht darauf hin, dass sich eine Eingriffsbefugnis aus anderen Normen ergeben kann. Festzuhalten ist insoweit zunächst, dass das unter Strafe gestellte **»unbe-** **519**

---

1   Zu dieser doppelten Subsidiarität vgl. bei Gola/Schomerus, BDSG, § 4 Rdn. 7 ff.

fugte« Handeln zunächst einmal durch Einwilligung des Betroffenen zum Fortfall kommt.[2] Ansonsten kann die Befugnis dadurch gegeben sein, dass die Rechtswidrigkeit entfällt, wenn eine spezielle gesetzliche Regelung oder allgemeine Rechtfertigungsgründe (z. B. **Notwehr** nach § 32 oder **Notstand** nach § 34 StGB) den grundsätzlich verbotenen Eingriff gestatten.[3] Erforderlich ist ein **gesetzlicher Rechtfertigungstatbestand;** die Betriebsparteien sind zur Legitimierung derartiger Eingriffe nicht befugt.

520 Dass zu den »anderen Rechtsvorschriften« i. S. von § 4 Abs. 1 BDSG[4] und § 12 Abs. 1 TMG[5] auch Betriebsvereinbarungen zählen, ist allgemein anerkannt. Das BAG[6] hat u. a. in einem Beschluss zur Überprüfung einer per **Betriebsvereinbarung** geregelten Telefondatenerfassung darauf verwiesen, dass der Begriff »andere Rechtsvorschriften« denkbar weit sei und die Materialien zum BDSG an keiner Stelle erkennen ließen, dass der Gesetzgeber damit nur Rechtsvorschriften gemeint habe, die von staatlichen Stellen beschlossen oder erlassen worden sind. Diese Aussage ist zunächst einmal auf die gleichgelagerte Norm des TMG zu übernehmen.

521 Andererseits ist jedoch zu beachten, dass Betriebs- und Dienstvereinbarungen keine »gesetzlichen« Vorschriften sind und damit dem Arbeitgeber keine Kontrollbefugnisse bei privater Telekommunikation gestatten, die unter Verletzung des **Fernmeldegeheimnisses** über die Erlaubnisse des TKG oder des **TMG** hinausgehen. Nunmehr ist jedoch – da auch die Erbringung von Telediensten auf der Basis von Telekommunikation[7] erfolgt[8]

---

2   Vgl. bereits vorstehend zu § 206 StGB OLG Karlsruhe, RDV 2005, S. 66: *»Dem Tatbestandsmerkmal ›unbefugt‹ kommt in § 206 StGB eine Doppelfunktion zu. Ein Einverständnis des Betroffenen schließt bereits das Tatbestandsmerkmal aus, im Übrigen handelt es sich um ein allgemeines Rechtswidrigkeitsmerkmal.«* A.A. Sieber in: Hoeren/Sieber, Multimedia-Recht, Teil 19 Rdn. 493 und 540 mit Nachweisen der differierenden Auffassungen, die für die hier vorliegende Frage jedoch ohne Relevanz sind.

3   Dies gilt auch für § 206 StGB, vgl. bei Sieber in: Hoeren/Sieber, Multimedia-Recht, Teil 19 Rdn. 542

4   Gola/Schomerus, BDSG, § 4 Rdn. 10; Fitting, BetrVG, § 83 Rdn. 29 ff.

5   Beckschulze, DB 2003, S. 2777

6   DB 1986, S. 2080 = RDV 1986, S. 199

7   Zu den in § 3 Nr. 22 TKG für die Telekommunikation nach § 3 Nr. 23 TKG erforderlichen Telekommunikationsanlagen gehören nicht nur Anlagen des Telefonnetzes oder Telefaxgeräte, sondern auch Computernetze, Onlinedienste, Server oder Router im Internet sowie Computeranlagen mit den Einwahlknoten der Provider, sofern sie der Datenübermittlung dienen; vgl. Dietz/Richter, CR 1998, S. 555; Haß, in Manssen: Telekommunikation und Multimediarecht, C 85 Rdn. 11

8   Büchner, in: Beck'scher TKG-Kommentar, § 85 Rdn. 2; BlnDSB, TB 1998, S. 168

– weiter davon auszugehen, dass auch die Nutzungsdaten beim **Teledienst** dem Fernmeldegeheimnis unterliegen.[9] Das ergibt sich daraus, dass das TKG keine Abgrenzung gegenüber den neuen Medien trifft und alle Vorgänge dem Fernmeldegeheimnis unterwirft, die der Telekommunikation dienen. Damit besteht auch für den Bereich des TMG, unabhängig von der Frage, ob der Arbeitgeber, der einen Internet-Zugang oder E-Mail-Dienst anbietet, Anbieter einer Telekommunikationsdienstleistung nach § 3 Nr. 6 TKG oder Zugangsvermittler nach § 2 Satz 1 Nr. 1 TMG ist, für die Betriebsparteien kein größerer Spielraum für eine weitere Kenntnisnahme der Kommunikation, als das Gesetz oder der Betroffene selber[10] sie gestattet.[11]

Vorrang genießen **Betriebs- und Dienstvereinbarungen** selbstverständ-   **522**
lich immer, wenn der Arbeitgeber sich hierin verpflichtet hat, die ihm zustehenden gesetzlichen Kontrollmöglichkeiten nicht in vollem Umfang auszuschöpfen. Es steht den Betriebsparteien frei, den Beschäftigten »mehr« an Schutz zu gewähren, als der Gesetzgeber vorgesehen hat.

1.2   Vertrauensschutz der Beschäftigten

Zu dem letztgenannten Aspekt ist weiter festzuhalten, dass der Arbeitgeber,   **523**
der eine den Datenschutz der Beschäftigten konkretisierende oder **verbessernde Betriebsvereinbarung** zur Grundlage der Nutzung der betrieblichen Kommunikationsmittel und der diesbezüglichen Kontrollmaßnahmen macht, gleichzeitig gegenüber den Beschäftigten eine »**Vertrauensgarantie**« dahingehend abgibt, dass darüber hinausgehende Eingriffe in ihr **Persönlichkeitsrecht** nicht erfolgen. Wenn auch im Einvernehmen mit der Mitarbeitervertretung eine Änderung der Vereinbarung und damit ggf. eine Erweiterung des bislang festgelegten Kontrollrahmens jederzeit erfolgen

---

9   Sieber, in: Hoeren/Sieber, Teil 19 Rdn. 532; vgl. bereits Gesetzesbegründung zu § 1 Abs. 2 TDDSG vom 22.7.1997, BR-Drs. 966/96 vom 20.12.1996, S. 24

10   Eine solche konkludente Erklärung kann nicht »kollektivrechtlich« verfügt werden, sondern setzt die tatsächliche vorherige Kenntnis der Verarbeitungsbedingungen, d. h. der Betriebsvereinbarung voraus. Vgl. aber den Vorschlag folgender Klausel in der BITKOM-Handlungsanleitung: Die Nutzung von E-Mail und Internet im Unternehmen, Version 1.0, Ziff. 4.2: *»Durch die private Nutzung des Internetzugangs erklärt der Beschäftigte seine Einwilligung in die Protokollierung und Kontrolle gemäß Ziffer 5 dieser Vereinbarung für den Bereich privater Nutzung. Insoweit stimmt er auch seiner Einschränkung des Telekommunikationsgeheimnisses zu.«*

11   Anders Kutzki/Hackemann, ZTR 2003, S. 375; ebenso Beckschulze, DB 2003, 2777 (2785), der sich insoweit noch auf den früheren § 3 TDSV beziehen konnte.

kann, so kann diese Änderung aufgrund dieses **Vertrauensschutzes** erst nach Information der Mitarbeiter und mit Wirkung **für die Zukunft** in Vollzug gesetzt werden.

524 Unzulässig wäre es daher, im Einvernehmen mit dem Betriebsrat gleichwohl über den bisher festgelegten Kontrollrahmen hinausgehende **Auswertungen** von in der Vergangenheit erstellten **Protokollen** vorzunehmen. Wenn die Betriebsvereinbarung nur Kontrollen der Internetnutzung bei konkretem Missbrauchsverdacht zulässt, so sind z. B. mitarbeiterbezogene Auswertungen der Firewall hinsichtlich des Aufrufens von Auktionsseiten ohne konkreten Anlass auch bei Zustimmung des Betriebsrats unzulässig.[12] Zulässig wäre dies nur zukunftsbezogen und nach vorheriger Information der Mitarbeiter.

525 Eine andere Frage ist jedoch, ob der Arbeitgeber zunächst diesbezügliche **anonyme Auswertungen** durchführen darf, deren Erkenntnisse dann den Anlass für weitere mitarbeiterbezogene Kontrollmaßnahmen in der Zukunft bilden. Untersagt die Betriebsvereinbarung derartige Auswertungen nicht, so steht der anonymen Recherche nach dem Aufrufen von Auktions- oder Pornografieangeboten und einer evtl. statistischen Auswertung des diesbezüglichen Nutzungsumfangs weder das BDSG noch das BetrVG[13] entgegen. Eine personenbezogene Auswertung würde den Vertrauensschutz der Beschäftigten jedenfalls dann nicht verletzen, wenn über die evtl. ermittelten Erkenntnisse missbräuchlichen Verhaltens informiert und auf zukünftige personenbezogene Kontrollen hingewiesen wird.

2 Abweichen von dem gesetzlichen Datenschutzstandard zum Nachteil des Beschäftigten

526 Nach dem zuvor Gesagten kommen Betriebsvereinbarungen zur Gestattung von über gesetzliche Erlaubnisse des BDSG hinausgehenden Kontrollen des (Kommunikations-)Verhaltens der Beschäftigten nur bei dem dienstlichen

---

12 Vgl. hierzu den von dem Landesdatenschutzbeauftragten Schleswig-Holstein im 25. TB (2002) = RDV 2003, S. 260 geschilderten Fall.

13 Wird in einem Unternehmen das Verhalten der Gesamtbelegschaft zunächst anonym überwacht, so handelt es sich weder um personenbezogene Daten noch um eine ggf. mitbestimmungspflichtige Gruppenüberwachung; vgl. zu Letzterem vorstehend Rdn. 370

Bereich zuzurechnender und damit nicht unter § 88 TKG, § 206 StGB fallender Kommunikation bzw. bei sonstigen nicht speziell mit strafrechtlichem Schutz versehenen Eingriffen in das Persönlichkeitsrecht, wie es z. B. beim Mithören von Telefonaten oder der Videoüberwachung[14] ggf. der Fall ist, in Betracht.

Wenn somit Betriebsvereinbarungen den gesetzlichen Regelungen vorrangig Datenerhebungen, -verarbeitungen und -nutzungen regeln können, so bleibt die Frage, ob die Betriebsparteien bei der Gestaltung des betrieblichen Datenschutzes im sog. **»kollektiven Interesse«** auch zum Nachteil eines Beschäftigten vom gesetzlichen **Datenschutzstandard** abweichen können, d. h., z. B. auch durch § 32 BDSG nicht gedeckte Kontrollen des Telekommunikationsverhaltens oder ein an sich ohne Einwilligung der Arbeitnehmer unzulässiges Mithören legitimieren können.   527

Nach bisher zwar nur einmal und vor geraumer Zeit geäußerter Ansicht des BAG[15] sollen die Parteien der Betriebsvereinbarung nicht darauf beschränkt sein, nur unbestimmte Rechtsbegriffe des BDSG unter Berücksichtigung der betrieblichen Gegebenheiten zu konkretisieren oder im Interesse der Betroffenen zu verstärken, sie sollen vielmehr im **kollektiven Interesse** auch hinter dem Datenschutzstandard, den das BDSG gewährt, zurückbleiben können.[16]   528

Diese Aussage bezog sich aber nur auf die **unbestimmten Erlaubnistatbestände** des BDSG.[17] Zudem bleibt der Gestaltungsfreiraum der Parteien auch nach der erwähnten Entscheidung des BAG insoweit begrenzt, dass sie sich an den »grundgesetzlichen Wertungen, zwingendem Gesetzesrecht,   529

---

14   Vgl. zu den gesetzlichen Vorgaben zur Videoüberwachung vorstehend Rdn. 138 ff.

15   BAG, DB 1986, S. 2080 = RDV 1986, S. 199 (Telefondatenerfassungsentscheidung)

16   Zur Fragwürdigkeit dieser Aussage vgl. Latendorf/Rademacher, CR 1992, S. 1105; Wohlgemuth, Datenschutz für Arbeitnehmer, Rdn. 613 ff.; Gola, ArbuR 1988, S. 104; Linnenkohl/Rauschenberg/Schütz, BB 1987, S. 1459

17   Diese Aussage verallgemeinert der AK Medien der Konferenz der Datenschutzbeauftragten des Bundes und der Länder, Orientierungshilfe zur datenschutzgerechten Nutzung von E-Mail, RDV 2002, S. 156: *»Soweit die grundlegenden Datenschutzprinzipien eingehalten werden, kann die Dienstvereinbarung Regelungen enthalten, die im Einzelfall hinter den unter a genannten Vorschriften (= Beamtengesetze, BDSG) zurückbleiben. Weder das BDSG noch die Landesdatenschutzgesetze bzw. die beamtenrechtlichen Vorschriften schließen dies von vornherein aus. Nur wenn eine gesetzliche Regelung unabdingbar ist, kommt eine Abweichung zuungunsten der Beschäftigten nicht in Betracht.«*

und den sich aus allgemeinen Grundsätzen des Arbeitsrechts ergebenden Beschränkungen« auszurichten haben.

530 Zu beachten sind zudem die Vorgaben des EU-Rechts, sofern diese auch für den nationalen Gesetzgeber verbindlich sind. Abweichungen von der EU-DatSchRL sind aber nur ausnahmsweise möglich, da diese eine »Vollharmonisierung« fordert.[18]

531 Demgemäß muss die Vereinbarung zumindest die im Interesse des Betriebes vom BDSG nicht gestatteten Verarbeitungen durch andere Schutzvorkehrungen zugunsten der Betroffenen ausgleichen[19] und damit einen **Interessenausgleich** schaffen, der die Verarbeitung wiederum nach § 32 Abs. 1 Satz 1 BDSG gestattet. Abgesehen davon würden sowohl die Mitarbeitervertretung als auch der Arbeitgeber den **Schutzauftrag** nach § 75 Abs. Satz 2 BetrVG verkennen, der sie auffordert, die **Entfaltung der Persönlichkeit** nicht nur zu schützen, d. h. zumindest den gesetzlichen Schutz als Mindeststandard zu gewährleisten, sondern zu fördern, d. h. nach Möglichkeit ein »Mehr« an Schutz zu gewähren.[20] Diesen Schutzauftrag hat das BAG jüngst in einer Entscheidung zur Zulässigkeit der Videoüberwachung[21] noch einmal deutlich herausgestellt.

---

18 EUGH; RDV 2012, S. 22

19 Zutreffend hält der Hamburgische Datenschutzbeauftragte (Tätigkeitsbericht 2000/01, S. 193 = RDV 2002, S. 21) dagegen: *»Die Aufsichtsbehörde ist wie die überwiegende Meinung der Literatur der Meinung, dass Betriebsvereinbarungen den Datenschutz gegenüber dem BDSG nicht einschränken können. Betriebsvereinbarungen können nur soweit vom BDSG abweichen, wie sie die dort getroffenen Regelungen durch Schutzvorkehrungen ersetzen, die den besonderen Beschäftigungsbedingungen besser angepasst, allerdings mindestens so weitreichend sind.«*

20 Zum Meinungsbild vgl. aktuell Bausewein, Legitimationswirkung von Einwilligung und Betriebsvereinbarung im Beschäftigtendatenschutz, 2012, der ähnlich argumentiert.

21 RDV 2005, S. 21 mit der Folge der Nichtigkeit eines Einigungsstellenbeschlusses

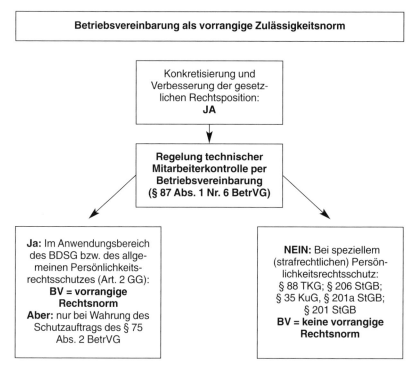

Abb. 18: Betriebsvereinbarung als Eingriffsnorm

In der Konsequenz bedeutet dies: Unterliegt die Verarbeitung von Daten   **532**
oder Bildern der Mitbestimmung, so kann der Betriebsrat dem Arbeitgeber
hinsichtlich der Mitarbeiterkontrolle letztlich nicht mehr gestatten, als ein
Arbeitgeber in einem »betriebsratsfreien« Betrieb als einseitige Maßnahme
durchführen kann.

3   Entwurf des Beschäftigtendatenschutzgesetzes

Der Gesetzesentwurf enthält in § 4 Abs. 1 S. 2 BDSG-E eine überflüssige,   **533**
weil der Klarstellung nicht erforderliche Aussage, dass Betriebsvereinbarungen auch zu den vorrangigen Rechtsvorschriften zählen. Verwirrend und
zu unterschiedlichen Interpretationen zählt sodann jedoch die Regelung in
§ 32e Abs. 5 BDSG-E, nach der von den Schutzvorschriften der §§ 32 ff.
BDSG-E **nicht zum Nachteil des Betroffenen** abgewichen werden kann,

was in dieser grundsätzlichen Aussage sicherlich sowohl für individuelle als auch für kollektive Regelungen gelten würde.[22]

---

22   Vgl. bei Forst, NZA 2010, S. 1043 m. w. N.; Thüsing, NZA 2011, S. 16; ders., RDV 2011, S. 163

Kapitel 7
Konsequenzen unbefugter Nutzung betrieblicher Kommunikationstechnik

1   Allgemeines

Hat der Arbeitgeber legitimerweise[1] Kenntnis bzw. Anhaltspunkte dafür **534** erhalten, dass der Mitarbeiter die bereitgestellten Kommunikationstechniken **unerlaubt nutzt,** sei es, dass er unerlaubt Privatgespräche führt, E-Mails versendet oder im Internet Informationen etc. abruft, so stellt sich die Frage nach den Konsequenzen, die in organisatorischen, aber auch in arbeitsrechtlichen Maßnahmen bestehen können. Neben Abmahnung und nachfolgend bzw. ggf. auch sofort gerechtfertigter Kündigung kommen vermögensrechtliche Folgen in Betracht. Insoweit stellt sich die Frage nach einer Haftung infolge beim Arbeitgeber rechtswidrig verursachter Schäden ebenso wie die Frage der Lohnkürzung hinsichtlich der für private Nutzungen verwendeten Arbeitszeit.

Die gleichen Fragestellungen ergeben sich, wenn der Mitarbeiter z. B. Schä- **535** den dadurch verursacht, dass er **Viren** in den Betrieb einschleppt, oder es unterlässt, auf den Befall des Dienstrechners mit Viren hinzuweisen.

2   Organisatorische Maßnahmen

Bei gegebenem Anlass, also wenn z. B. ein Benutzer gegen Sicherheitsre- **536** geln verstößt, ohne ersichtlichen Grund hohe Kosten verursacht und insoweit »Gefahr im Verzug« ist, kann sein Zugriff kurzfristig gesperrt werden. Weitere Maßnahmen sollten dann erst nach Anhörung des Betroffenen erfolgen. Während ein Ausschluss von der ggf. gestatteten privaten Nutzung, sofern er nicht gegen den **Gleichbehandlungsgrundsatz** verstößt, zulässig ist, wird dies bei dienstlicher Nutzung nur bedingt möglich sein.

---

1   Zum Beweisverwertungsverbot rechtswidrig gewonnener Erkenntnisse vgl. nachstehend Rdn. 566 ff.

3 Abmahnung und Kündigung

3.1 Allgemeines

537   Hält sich ein Mitarbeiter nicht an die arbeitgeberseitigen Vorgaben bei der Nutzung der betrieblichen Kommunikationsmittel, so stellt sich insbesondere die Frage, ob und wann ein derartiges Verhalten den Arbeitgeber – ggf. ohne vorausgegangene **Abmahnung** – zur ordentlichen oder sogar fristlosen **Kündigung** des Arbeitsverhältnisses berechtigt.[2] Während unter den Voraussetzungen des **Kündigungsschutzgesetzes** (§ 1 KSchG)[3] der zum Anlass der Kündigung genommene Verstoß derart sein muss, dass der durch die ordentliche Kündigung eintretende Verlust des Arbeitsplatzes »sozial gerechtfertigt« erscheint, verlangt die fristlose Kündigung einen »wichtigen Grund« (§ 626 Abs. 1 BGB), der die Fortsetzung des Arbeitsverhältnisses bis zum Ablauf der Frist einer ordentlichen Kündigung nicht mehr zumutbar macht. Abzuwägen ist aber immer im Hinblick auf die Verhältnismäßigkeit der Kündigung unter Ausloten der Umstände des Einzelfalls zwischen dem Gewicht und den Folgen der konkreten Pflichtverletzungen für den Arbeitgeber und aufseiten des Arbeitnehmers »zu seinen Gunsten« sprechenden Aspekten (z. B. Dauer einer unbeanstandeten Tätigkeit, einer nicht eindeutigen betrieblichen Regelung etc.).

538   Die Beendigung des Arbeitsverhältnisses kann auch, insbesondere wenn der Arbeitnehmer die Kündigung des Arbeitgebers oder auch eine Strafanzeige vermeiden will, per **Auflösungsvertrag** oder Eigenkündigung des Arbeitnehmers herbeigeführt werden, wobei der Hinweis auf die ansonsten fällige Kündigung oder **Strafanzeige** dann keine unzulässige und zur Anfechtung nach § 123 BGB berechtigende Druckausübung ist, wenn ein »verständiger Arbeitgeber«[4] die Kündigung oder auch die Strafanzeige ernsthaft in Erwägung gezogen hätte.[5]

---

2   Vgl. auch Skowranek, CuA 1/2010, S. 16 ; 2/2010, S. 19

3   In sog. Kleinbetrieben (zurzeit unter 6 Beschäftigten) gilt das Gesetz nicht, so dass eine Kündigung, sofern sie nicht willkürlich, diskriminierend oder unter Verstoß gegen das Maßregelungsverbot des § 612a BGB etc. erfolgt, ohne »besonderen« Grund und auch ohne vorherige Abmahnung erfolgen kann. Gleiches gilt für die ersten 6 Monate der Beschäftigung. Vgl. hierzu bei Däubler, Arbeitsrecht, S. 225 f.

4   BAG, NZA 1987, S. 91

5   Bewegt der Arbeitgeber den Mitarbeiter nach der Aufdeckung von umfangreichen, nicht abgerechneten Privattelefonaten durch Androhung einer ansonsten ergehenden

Ist der Verstoß nicht derart gravierend, dass das **Vertrauensverhältnis** **539** zwischen Arbeitgeber und Arbeitnehmer grundlegend zerstört ist, so ist dem Mitarbeiter vor dem endgültigen Trennungsschritt der Kündigung im Rahmen einer Abmahnung die Chance auf den Fortbestand des Beschäftigungsverhältnisses einzuräumen.

Einer Abmahnung bedarf es nach Maßgabe des auch in § 314 Abs. 2 i.V.m. **540** § 323 Abs. 2 BGB zum Ausdruck gekommenen Verhältnismäßigkeitsprinzips vor einer Kündigung nur dann nicht, wenn bereits ex ante erkennbar ist, dass eine Verhaltensänderung in Zukunft auch nach einer Abmahnung nicht zu erwarten steht oder es sich um eine so schwere Pflichtverletzung handelt, dass selbst deren erstmalige Hinnahme dem Arbeitgeber nach objektiven Maßstäben unzumutbar und damit offensichtlich – auch für den Arbeitnehmer – ausgeschlossen ist.[6]

Dazu, wann bei einem Fehlverhalten des Mitarbeiters bei der Nutzung der **541** betrieblichen Kommunikationstechnik eine Kündigung gerechtfertigt ist, können aus der inzwischen hinreichend umfangreichen Rechtsprechung – auch wenn es immer Einzelfallentscheidungen sind – gewisse Leitlinien herausgelesen werden.[7]

3.2 Unerlaubte Nutzung ohne ausdrückliches Verbot

Besteht keine **ausdrückliche (Verbots-)Regelung,** so kann der Arbeitneh- **542** mer keineswegs davon ausgehen, dass eine Privatnutzung in geringem Umfang als »sozialadäquat« gestattet sein müsse.[8] Andererseits berechtigt eine unerlaubte Nutzung der betrieblichen IuK-Technologie den Arbeitgeber im Regelfall erst nach Abmahnung bzw. eindeutiger Regelung der Nutzungsbedingungen[9] zur – regelmäßig – ordentlichen Kündigung.[10] Die Regelung muss auch eindeutig sein. Besteht im Betrieb eine Anweisung, dass privates

---

fristlosen Kündigung zur Eigenkündigung, so ist das keine zur nachträglichen Anfechtung berechtigende Drohung: BAG, DB 2003, S. 1685

6 BAG, RDV 2013, S. 88

7 Strunk, CF 9/2005, S. 31; Beckschulze, DB 2007, S. 1526; OVG Lüneburg, RDV 2012, S. 85 = ZD 2012, S. 44

8 Vgl. die zur Thematik grundlegende Entscheidung des BAG vom 7.7.2005; RDV 2006, S. 70 = DB 2006, S. 397; hierzu Kramer, NZA 2006, S. 194

9 Wird das Verbot mit dem Warneffekt bei Verstoß verbunden, kann hierin eine »vorweggenommene« Abmahnung liegen, Beckschulze, DB 2003, S. 2777

10 LAG Köln, RDV 2005, S. 32

Surfen im Internet während der Arbeitszeit »grundsätzlich« nicht gestattet ist, so muss bei einer das Übermaßverbot nicht tangierenden Privatnutzung vor einer Kündigung infolge der Unklarheit der Regelung zunächst eine Abmahnung ergehen.[11] Maßgebend ist immer der Grad der Pflichtverletzung im Einzelfall.[12]

543   Noch geringer ist der dem Arbeitnehmer zu machende Vorwurf bzw. es kann sich sogar in gewissen Grenzen die Befugnis des Mitarbeiters zur Privatnutzung ergeben, wenn bei dem Mitarbeiter – trotz einschlägigen Verbots – aufgrund der betrieblichen Gegebenheiten – z. B. wegen Fehlens jeglicher Kontrolle eventuellen Missbrauchs – die Annahme hervorgerufen wird, dass der Arbeitgeber privates Surfen etc. zumindest in gewissem Umfang **dulde**.[13]

544   Eine Ausnahme, d. h. die Befugnis zur unmittelbaren Kündigung, kann sich jedoch aufgrund von zu der unbefugten Nutzung hinzutretenden Zusatzaspekten ergeben, d. h. durch den Umfang der Nutzung, den Inhalt der abgerufenen Contents und sonstiges gravierendes Fehlverhalten.[14]

3.3   Unerlaubte Nutzung trotz ausdrücklichen Verbots

545   Aber auch wenn die Privatnutzung ausdrücklich verboten bzw. nur in einem bestimmten Erlaubnisrahmen – z. B. zeitlich oder inhaltlich – gestattet ist,

---

11   LAG Nürnberg, RDV 2005, S. 171; ebenso HessLAG, DB 2002, S. 901 bei einer Regelung, nach der E-Mails »hauptsächlich« der geschäftlichen Informationsvermittlung dienen und private Mails nicht verschickt werden »sollten«.

12   Vgl. BAG, RDV 2007, S. 211: »*Auch wenn die private Nutzung des Internets im Betrieb nicht ausdrücklich untersagt ist, kann sie eine solche erhebliche Pflichtverletzung darstellen, dass sie den Arbeitgeber zur Kündigung ohne Abmahnung berechtigt. Ob sie das für die Kündigung erforderliche Gewicht hat, hängt u. a. von ihrem Umfang, der damit verbundenen Versäumung bezahlter Arbeitszeit oder einer durch die Nutzung herbeigeführten Gefahr der Rufschädigung des Arbeitgebers ab.*« Vgl. ferner BAG, RDV 2007, S. 25 = DB 2006, S. 2006, S. 1849 zur Frage des wichtigen Grundes zur Kündigung eines ordentlich unkündbaren Arbeitsverhältnisses wegen unerlaubter Privatnutzung. Vorliegend betrug die unerlaubte Nutzung zu pornografischen Zwecken innerhalb von 10 Wochen mehr als eine Woche.

13   ArbG Düsseldorf, NZA 2001, S. 1386

14   Insofern verwundert die Entscheidung des BAG, NJW 2013, S. 954 = NZA 2013, S. 319 nach der einem Chefarzt, der gelegentlich während laufender Operation auf seinem Mobiltelefon eingehende private Gespräche annimmt, noch nicht fristlos gekündigt werden kann, wenn der Arbeitgeber das Führen von Dienstgesprächen geduldet hat.

führt nicht jeder Verstoß zu einer solchen Störung des Vertrauensbereichs, die der Arbeitgeber für den Arbeitnehmer offensichtlich nicht mehr hinnehmen will. So muss zunächst mit Abmahnung geahndet werden, wenn ein Hausmeister zumeist in »Leerphasen« trotz Verbot das Internet nutzt.[15]

Bei einem 15 Jahre unbeanstandet tätigen leitenden Angestellten ist bei einer unerlaubten Nutzung des Internets, wenn diese nicht zu einem Missbrauch von Arbeitszeit oder zu Zusatzkosten führte, eine Abmahnung als milderes Mittel angezeigt.[16]   **546**

Bedeutsam ist, dass die Schwere des Verstoßes dem Betroffenen deutlich gemacht worden ist bzw. aus den Umständen – so beim Herunterladen von Dateien mit **pornografischem Inhalt** in erheblichem Umfang und Kontakt mit Prostituierten über die dienstliche E-Mail-Adresse[17] – erkennbar war, wobei es keinen Unterschied macht, ob es um **unerlaubte Privatnutzung** oder um sonstige Verstöße gegen eine betriebliche Nutzungsordnung geht. Unter dem letztgenannten Aspekt wurde die Kündigung bejaht bei wiederholtem Verstoß gegen ein angeordnetes **Vier-Augen-Prinzip**[18] oder bei Verstoß gegen die eindeutige und mit der in der Kündigungsandrohung verbundenen Anweisung, E-Mails mit nicht geschäftlichem Inhalt bzw. unbekannten Anlagen nicht zu öffnen.[19] Eine erhebliche Pflichtverletzung liegt auch in dem heimlichen Herunterladen und Installieren von Anonymisierungssoftware, mit der Nutzungsspuren verdeckt werden können,[20] oder bei der – nunmehr nach § 202c StGB strafbaren[21] – Installation von **Hackertools**[22] vor.   **547**

Andererseits will das LAG Köln[23], allein aus dem Umstand, dass der Arbeitnehmer kurz vor der Sicherstellung seines Dienstcomputers durch den Werkschutz der Arbeitgeberin auf dem Dienstcomputer eine größere Anzahl von Dateien und Internetverläufen gelöscht hat und dass nach der Sicherstellung innerhalb von zwei Monaten 600 private Newsletter auf diesem   **548**

---

15   OVG Lüneburg, RDV 2012, S. 85 = ZD 2012, S. 44

16   BAG, RDV 2013, S. 88

17   ArbG Düsseldorf, RDV 2002, S. 134

18   LAG Köln, RDV 2001, S. 30

19   HessLAG, DB 2002, S. 901

20   BAG, DB 2006, S. 1566

21   Vgl. vorstehend Rdn. 126

22   LAG Hamm, DuD 2004, S. 633

23   RDV 2013, S. 50

Rechner eingegangen sind, nicht den dringenden Verdacht ableiten, dass der Arbeitnehmer über die ihm nachgewiesenen Verstöße hinaus in noch größerem Umfang in unerlaubter Weise das Arbeitsmittel genutzt hat.

549 Nach dem ArbG Celle[24] ist ein Telefon offensichtlich nur für dienstliche Zwecke bereitgestellt, wenn ohne Weiteres nur bestimmte dienstliche Nummern angerufen werden können. Nutzt der Arbeitnehmer ein derartiges Telefon unter Umgehung der **Sperrvorrichtung** zu privaten Telefonaten, so berechtigt dies zur fristlosen Kündigung des Arbeitsverhältnisses.

550 Ansonsten lässt sich auch bei allgemeinem Verbot der Privatnutzung die unmittelbare ordentliche oder fristlose Kündigung ggf. erst dann rechtfertigen, wenn zu dem Verstoß gegen das Verbot weiteres Fehlverhalten hinzutritt. Versendet z. B. ein Mitarbeiter **sexistische und rassistische »Witze«** über ein dienstliches Memo-System an Kollegen und Kolleginnen, so berechtigt dies zur sofortigen fristlosen Kündigung.[25] Ebenfalls als gerechtfertigt angesehen wurde die fristlose Kündigung für den Fall, dass ein Mitarbeiter trotz ausdrücklichen betrieblichen Verbots Weihnachtsgrüße per E-Mail an die Kollegen im Betrieb versendet und diesen als Anhang einen Text beifügt, der unter offensichtlicher Anspielung auf die Situation des Unternehmens unter dem Titel »Das Narrenschiff« chaotische Zustände eines führerlosen Schiffs schildert.[26]

3.4 Nutzung im Übermaß

551 Insoweit zu beachten ist, dass selbst bei geduldeter oder sogar erlaubter Privatnutzung eine Inanspruchnahme der Arbeitgeberleistung im **Übermaß** für den Arbeitnehmer erkennbar nicht mehr gestattet ist. Liegt ein für den Arbeitgeber offensichtlich nicht mehr hinnehmbarer Umfang der Privatnutzung vor, so ist – je nach Fallkonstellation – ohne[27] oder zumindest nach zuvor ergangener[28] Abmahnung die ordentliche oder außerordentliche Kündigung gerechtfertigt.[29] Das ArbG Frankfurt a.M.[30] stellt dabei zutref-

---

24 RDV 1999, S. 129
25 LAG Köln, RDV 1999, S. 222
26 ArbG Wiesbaden, RDV 2003, S. 298 = NZA-RR 2001, S. 639
27 HessLAG, RDV 2005, S. 119
28 LAG Niedersachen, RDV 1998, S. 221
29 Ferner hierzu ArbG Wesel, RDV 2001, S. 291; ArbG Frankfurt a. M., RDV 2002, S. 195

fend vorrangig darauf ab, dass der Arbeitnehmer durch den Missbrauch der Arbeitszeit seine Hauptleistungspflicht verletzt, und bejaht die ordentliche Kündigung, wenn entgegen ausdrücklicher Anweisung während der Arbeitszeit in erheblichem Umfang privater E-Mail-Verkehr gepflegt wird. Dies entspricht der zitierten Auffassung des BAG,[31] das festhält: »*Auch wenn der Arbeitgeber die Privatnutzung nicht ausdrücklich verboten hat, verletzt der Arbeitnehmer mit einer intensiven zeitlichen Nutzung des Internets während der Arbeitszeit zu privaten Zwecken seine arbeitsvertraglichen Pflichten. Dies gilt insbesondere dann, wenn der Arbeitnehmer auf Internetseiten mit pornographischem Inhalt zugreift. Diese Pflichtverletzung kann ein wichtiger Grund zur fristlosen Kündigung sein, was im Rahmen einer Gesamtabwägung der Umstände des Einzelfalls festzustellen ist.*«

3.5 Nicht gestattete Inhalte/Pornografie

In den von der Rechtsprechung behandelten Fällen betraf die Nutzung im Übermaß vielfach das Herunterladen und ggf. Weiterleiten **pornografischer** Inhalte. Auch wenn derartiges Handeln nicht in jedem Falle strafbar ist, kann es die betrieblichen Interessen zusätzlich tangieren. Dies kann u. a. der Fall sein, weil der Ruf der Firma, aber auch der Ruf des Mitarbeiters und das Vertrauen in ihn geschädigt sein können.[32] Das LAG Niedersachsen[33] bejaht die ohne Abmahnung erfolgende außerordentliche Kündigung u. a. auch im Hinblick auf die Gefahr der **Rufschädigung** des Unternehmens, wenn bei ausdrücklich untersagtem privaten Surfen erhebliche Mengen pornografischen Bildmaterials heruntergeladen werden und das Hosting einer Porno-Website über den dienstlichen PC erfolgt. Ebenso sieht das ArbG Düsseldorf[34] in einer unter Verstoß gegen ein ausdrückliches Verbot erfolgten Nutzung des Internets zu privaten Zwecken in nicht unerheblichem Umfang – hier u. a. durch Herunterladen und Speichern von Dateien mit pornografischem Inhalt und dem Kontakt mit Prostituierten über die dienstliche E-Mail-Adresse – eine Störung des Vertrauensbereichs, die den

552

---

30   RDV 2004, S. 275
31   Urteil vom 7. Juli 2005, RDV 2006, S. 70 = DB 2006, S. 397 unter Aufhebung von LAG Rheinland Pfalz, RDV 2005, S. 72
32   Vgl. BAG, RDV 2006, S. 70 = DB 2006, S. 397
33   MMR 2002, S. 766; unter Bestätigung von ArbG Hannover, DB 2001, S. 1022
34   RDV 2002, S. 134 = NZA 2001, S. 1386

Arbeitgeber ohne vorherige Abmahnung zur außerordentlichen Kündigung berechtigt. Das ArbG Frankfurt a. M.[35] geht davon aus, dass auch bei nicht ausdrücklichem Verbot der Privatnutzung die Nutzung zum Zwecke des Herunterladens pornografischer Inhalte erkennbar nicht gestattet ist. Handelt es sich um ein ausschweifendes, systematisches Vorgehen über einen längeren Zeitraum, rechtfertigt dies auch ohne Abmahnung die ordentliche Kündigung.[36]

553   Das Herunterladen pornografischer Inhalte kann nach den Gegebenheiten des Einzelfalls auch im Hinblick auf die dem Mitarbeiter übertragene Tätigkeit von besonderer Relevanz sein. Lädt ein **Kindergartenleiter** kinderpornografische Bilder auf seinen dienstlichen PC, so berechtigt dies zur sofortigen fristlosen (Verdachts-)Kündigung, auch wenn nicht geklärt werden kann, ob – wie der Arbeitnehmer behauptet – dies aus redlichem Antrieb erfolgte.[37] Andererseits ist eine sofortige Kündigung nach Ansicht des LAG Rheinland-Pfalz[38] nicht gerechtfertigt, wenn sich ein Mitarbeiter einer pädagogischen Einrichtung bei erlaubter Nutzung des Internetzugangs auch zu gelegentlichen privaten Zwecken pornografische Inhalte anschaut. Allein die abstrakte Möglichkeit negativer Auswirkungen begründe keinen zur Kündigung ohne Abmahnung berechtigenden groben Vertrauensverstoß.

3.6 Nutzung zwecks Realisierung straf- bzw. sonstiger vertragswidriger Handlungen

554   Bei der Speicherung von Kinderpornografie ist zudem relevant, dass es sich um einen Straftatbestand handelt,[39] mit dem ein Arbeitgeber zu Recht nicht dadurch in Verbindung gebracht werden will, dass die Vorgänge auf seinen Anlagen gespeichert sind. So bejaht das ArbG Frankfurt a. M.[40] bereits im Falle des schwerwiegenden Verdachts, dass ein Arbeitnehmer auf dem ihm zur Verfügung gestellten Laptop aus dem Internet **kinderpornografische**

---

35   RDV 2002, S. 195

36   Ebenso LAG Düsseldorf, vom 7.5.2002 – 5(6) Sa 85/02 –, zitiert nach Beckschulze, DB 2003, S. 2777

37   ArbG Braunschweig, RDV 1999, S. 274

38   RDV 2004, S. 224; bzw. das gleiche Ergebnis nach dem die Entscheidung aufhebenden Urteil des BAG (Fn. 6); LAG Rheinland-Pfalz 7 Sa 1029/05

39   Vgl. vorstehend Rdn. 292

40   RDV 2003, S. 190

Videodateien heruntergeladen und gespeichert hat, einen zur fristlosen Kündigung des Arbeitsverhältnisses berechtigenden Grund. Daran änderte nichts, dass die Nutzung des Laptops für private Zwecke gestattet war, da eine Nutzung zu strafbaren Handlungen unter Benutzung eines auf den Arbeitgeber hinweisenden Internetanschlusses den diesbezüglichen Erlaubnisrahmen erkennbar überschreitet.

3.7 Betrügerisches Verhalten

Wenn der Arbeitnehmer eine nicht gestattete kostenverursachende Privatnutzung »verdeckt« durchführt, d. h., die Verursachung der Kosten als dienstlich notwendig vorspiegelt, so ist dieses **betrügerische Verhalten** (§ 263 StGB) insbesondere kündigungsrelevant. Mag es auch hier, wie das LAG Sachsen-Anhalt[41] festhält, letztlich immer von den Umständen des Einzelfalls abhängen, ob dieses Verhalten – ggf. erst nach Abmahnung – eine ordentliche oder außerordentliche Kündigung rechtfertigt, so geht das BAG[42] jedenfalls davon aus, dass in gravierenden Fällen **unerlaubte** und heimlich auf Kosten des Arbeitgebers geführte **Telefonate** eine außerordentliche Kündigung rechtfertigen. **555**

Ein zur fristlosen Kündigung berechtigender **Arbeitszeitbetrug** kann auch darin bestehen, dass ein Mitarbeiter die vorgegebene handschriftliche Selbstaufzeichnung der geleisteten Arbeitszeit nicht mit der gebotenen Sorgfalt vornimmt.[43] Bei nicht mehr zeitnahen nachträglichen Eintragungen nimmt der Mitarbeiter billigend in Kauf, dass die Angaben unzutreffend sind. **556**

4 Kürzung der Vergütung

Da das Arbeitsverhältnis auf dem Austausch Geld gegen Arbeit basiert (§ 611 BGB), entfällt der Vergütungsanspruch, wenn der Arbeitnehmer seiner Arbeitspflicht nicht nachkommt, wobei es keine Rolle spielt, ob er gar nicht am Arbeitsplatz erscheint oder diesen unter Betrug mit einer **557**

---

41 RDV 2001, S. 28
42 RDV 2004, S. 133
43 LAG Rheinland-Pfalz, RDV 2013, S. 263

Stempelkarte zu früh verlässt[44] und anderweitig privaten Angelegenheiten nachgeht oder ob er diese Privatangelegenheiten vom Arbeitsplatz aus verrichtet. Da die Arbeitsleistung eine **Fixschuld** (§ 361 BGB) ist, ist die Erbringung der in der für private Angelegenheiten missbrauchten Zeit geschuldeten Arbeitsleistung unmöglich geworden, womit der Arbeitnehmer seinen Anspruch auf die Gegenleistung verliert (§ 323 BGB). Der Arbeitgeber ist somit – soweit der fragliche Zeitraum beweisbar ist – berechtigt, die **Vergütung** für die Zeit ohne Arbeitsleistung einzubehalten.

5 Sonstige personelle Entscheidungen

558 Das VG Koblenz[45] sieht als gerechtfertigt an, dass die Bundeswehr sich weigert, eine **Zeitsoldatin**, die trotz entgegenstehender dienstlicher Weisung über einen längeren Zeitraum ihr Diensthandy in mehr als 100 Fällen zu Privatgesprächen missbraucht, nicht als Berufssoldatin übernimmt. Dies gilt trotz bisher hervorragender dienstlicher Leistungen. Im Beamtenverhältnis sind disziplinarrechtliche Maßnahmen angezeigt.

6 Vermögensrechtliche Haftung des Arbeitnehmers

559 Dem Arbeitgeber kann zunächst deshalb ein **Schadensersatzanspruch** (wegen Nichterfüllung nach § 325 Abs. 1 Satz 1, 2 BGB) zustehen, weil ihm dadurch, dass der Arbeitnehmer während der Zeit unerlaubter Privatnutzung nicht seiner Arbeitspflicht nachkam, ein Schaden – z. B. durch nicht fristgerechte Erfüllung eines Auftrags etc. – entstanden ist.

560 Fügt der Arbeitnehmer dem Arbeitgeber ansonsten durch pflichtwidriges Verhalten einen Schaden zu, sei es, dass er über entgeltpflichtige Privatnutzung täuscht, sei es, dass er Sicherheitsregeln missachtet und das System z. B. durch **Virenbefall** schädigt, so kann der Arbeitnehmer aufgrund der in § 280 BGB kodifizierten sog. **positiven Forderungsverletzung** schadener-

---

44 Vgl. zur Gleichsetzung dieses Falls mit unerlaubter Privatnutzung während der Arbeitszeit bei Beckschulze, DB 2003, S. 2777
45 RDV 2012, S. 97

satzpflichtig werden. Handelt es sich nicht um einen bloßen Vermögens-schaden, wird z. B. das Eigentum des Arbeitgebers geschädigt, so greift auch **deliktische Haftung** nach § 823 Abs. 1 BGB.

Dabei zu beachten sind jedoch die im Arbeitsverhältnis bestehenden Haf- **561** tungsbeschränkungen, die – abhängig von dem Grad des Verschuldens und auch der Höhe des Schadens – den Rückgriff auf den Arbeitnehmer aus-schließen oder eingrenzen.[46] Während bei leichtester Fahrlässigkeit die Haftung ganz entfällt und bei Vorsatz und grober Fahrlässigkeit in der Re-gel in vollem Umfang gehaftet wird, erfolgt bei normaler und mittlerer Fahrlässigkeit eine den Gegebenheiten des Einzelfalls angemessene Quote-lung.[47]

Diese **Haftungsprivilegierung** greift jedoch nur für bei betrieblich beding- **562** ter Tätigkeit eingetretene Schäden. Schäden, die bei nicht erlaubter Privat-nutzung verursacht werden, unterliegen dieser Haftungsbegrenzung nicht, da hier diese Schäden nicht mehr zu dem vom Arbeitgeber zu tragenden Betriebsrisiko zählen bzw. der Arbeitnehmer insoweit nicht schutzwürdig ist.[48]

In beiden Fällen wird der Arbeitgeber sich ggf. ein **Mitverschulden** (§ 254 **563** BGB) anrechnen lassen müssen, wenn er nicht die üblichen Sicherheits-maßnahmen gegen Viren etc. ergriffen hat.

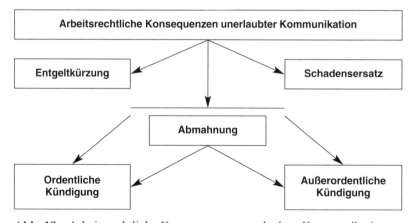

Abb. 19: Arbeitsrechtliche Konsequenzen unerlaubter Kommunikation

---

46   Grundlegend BAG, DB 1993, S. 939
47   Vgl. hierzu bei Däubler, Arbeitsrecht, S. 157 f.
48   Zur Situation bei einem durch einen internen DSB (mit-)verursachten Schaden vgl.
     Bongers/Krupna, ZD 2013, S. 594

7 Exkurs: Überschreitung dienstlicher Befugnisse

7.1 Verstoß gegen das Datengeheimnis

564 Eine andere hier nicht näher dargestellte unbefugte Nutzung betrieblicher Datenverarbeitung kann darauf beruhen, dass der Mitarbeiter sich unbefugt Zugriff auf personenbezogene Daten beschafft und hiermit ggf. gegen die ihm obliegende Verpflichtung zur Wahrung des **Datengeheimnisses**[49] verstößt. Die arbeitsrechtlichen Konsequenzen entscheiden sich nach den zuvor genannten Kriterien. Nach dem LAG Hamm[50] rechtfertigt der unbefugte Abruf von Arbeitnehmerdaten durch einen langjährig beschäftigten **Organisationsprogrammierer** nicht ohne Weiteres eine fristlose Kündigung, insbesondere wenn die Handlung in unmittelbarem Zusammenhang mit der dem Arbeitnehmer obliegenden Tätigkeit erfolgt. Eine Abmahnung oder eine dienstrechtliche Ermahnung[51] kann angezeigt und zunächst ausreichend sein. Das LAG Köln[52] konnte in dem Missbrauch von Zugriffsrechten durch einen **EDV-Administrator** den zur fristlosen Kündigung berechtigenden wichtigen Grund erkennen. Einem Bankmitarbeiter, der unter Verstoß gegen das **Bankgeheimnis** in größerem Umfang Kundendaten auf seinen privaten PC überträgt, kann auch bei bisher langfristigem beanstandungslos verlaufenden Beschäftigungsverhältnis fristlos gekündigt werden.[53] Gleiches gilt für den Mitarbeiter eines Jobcenters, der dem Sozialgeheimnis unterliegende Daten unbefugt für private Zwecke verwendet.[54] Anders beurteilte das BAG[55] einen ähnlich gelagerten Fall, in dem der Arbeitnehmer wohl unter dem Motto »BYOD« private Daten auf seinem Firmen-Laptop und unternehmensbezogene Daten auf einer privaten, durch Passwort geschützten Festplatte speicherte.

---

49 *§ 5 BDSG Datengeheimnis*
   Den bei der Datenverarbeitung beschäftigten Personen ist untersagt, personenbezogene Daten unbefugt zu erheben, zu verarbeiten oder zu nutzen (Datengeheimnis). Diese Personen sind, soweit sie nicht bei öffentlichen Stellen beschäftigt werden, bei Aufnahme ihrer Tätigkeit auf das Datengeheimnis zu verpflichten. Das Datengeheimnis besteht auch nach Beendigung ihrer Tätigkeit fort.

50 ZD 2012, S. 183

51 VG Düsseldorf, ZD 2012, S. 191

52 RDV 2011, S 43

53 LAG Hessen, ZD 2012, S. 139

54 SG Frankfurt/M., ZD 2013, S. 196

55 RDV 2011, S. 300

7.2 Ausschluss aus dem Betriebsrat

Verletzt ein Mitglied des **Betriebsrats** seine datenschutzrechtlichen Pflich- **565**
ten, kann das sowohl mit seinen vertraglichen Pflichten als auch mit seinen
Amtspflichten kollidieren. Berechtigt der Verstoß zur außerordentlichen
Kündigung, so endet damit auch die Mitgliedschaft im Betriebsrat. Eine
grobe Verletzung der Amtspflichten als Betriebsrat kann ein Grund sein, ihn
aus dem Betriebsrat auszuschließen. Ein solcher Grund liegt regelmäßig
vor, wenn ein Betriebsratsmitglied in einer Vielzahl von Fällen fortgesetzt
unberechtigt Einblick in die elektronisch geführten **Personalakten** der Mitarbeiter nimmt.[56] Gleiches gilt, wenn ein Betriebsratsvorsitzender auf einer
Betriebsversammlung Bewerbungsschreiben von Mitarbeitern verliest und
den eingestellten Mitarbeiter herabwürdigt.[57]

8 Beweisverwertungsverbot

8.1 Allgemeines

Erhebt der Arbeitgeber unbefugt Beschäftigtendaten, stellt sich die Frage, **566**
inwieweit die Erkenntnisse gleichwohl gegen den Betroffenen verwendet
werden dürfen.

Zunächst ist festzuhalten, dass das deutsche Verfahrensrecht ein generelles **567**
Verwertungsverbot in rechtswidriger Weise erlangter **Beweismittel** nicht
kennt.[58] Das gilt zunächst für das strafgerichtliche Verfahren. Je nach der
Fallsituation kann ein besonders schwerer Rechtsverstoß ein Verwertungsverbot nach sich ziehen. Geschützt ist insbesondere der absolute Kernbereich privater Lebensgestaltung.[59] Entsprechend werden von der arbeitsge-
richtlichen Rechtsprechung[60] unter Verletzung des **Persönlichkeitsrechts-**

---

56 LAG Berlin-Brandenburg, RDV 2013, S. 204
57 LAG Düsseldorf, RDV 2013, S. 203
58 BVerfG, RDV 2011, S. 233
59 Vgl. BGH, ZD 2012, S. 232 zur Unverwertbarkeit eines heimlich aufgezeichneten
    Selbstgesprächs eines Straftäters; vgl. auch BGHSt, 50, S 206, 210
60 Vgl. auch BAG, Unverwertbarkeit bei heimlichen Spindkontrollen, NZA 2014, S 143
    oder im Rahmen unzulässiger Videoüberwachung entdeckter Zufallsfunde: BAG NZA
    2014, S. 243 = RDV 2014, S. 96.

schutzes der Arbeitnehmer gewonnene Beweismittel nicht zu deren Nachteil verwendet,[61] mögen Ausnahmen auch im Einzelfall greifen.[62] Ein solches Verbot besteht nach dem BAG,[63] wenn der Schutzzweck der bei der Informationsgewinnung verletzten Norm einer gerichtlichen Verwertung der Information zwecks Vermeidung eines Eingriffs in höherrangige Rechtspositionen zwingend entgegensteht.

568 Keinen Erfolg wird der Arbeitgeber jedenfalls bei einer gerichtlichen Auseinandersetzung hinsichtlich einer gegenüber einer unerlaubten Nutzung der betrieblichen Kommunikationstechnik ergriffenen Maßnahme ggf. haben, wenn er in rechtswidriger Weise, also z. B. unter Verletzung des **Fernmeldegeheimnisses,** die Kenntnis des Fehlverhaltens erlangt hatte.[64] Dies ist jedoch nur der Fall, wenn private Nutzung erlaubt ist.

569 Nach dem LAG Hamm[65] besteht kein **Beweisverwertungsverbot**, d. h. der Arbeitgeber kann aus der Einsichtnahme in private **Chatprotokolle** gewonnene Erkenntnisse über illegale Handlungen im Prozess verwenden, wenn er bei der Gestattung der privaten Nutzung darauf hingewiesen hat, dass der Mitarbeiter keine Vertraulichkeit erwarten könne und mit ggf. angezeigten Überwachungsmaßnahmen rechnen müsse. Ob deshalb, dass der Mitarbeiter keine ausdrückliche Einwilligung erklärt habe, möglicherweise § 206 StGB, § 88 TKG und ferner § 87 Abs. 1 S. 1 Nr. 1 und 6 BetrVG verletzt seien, könne aufgrund der zur Aufdeckung bzw. als Nachweis von **illegalen Handlungen** des Arbeitnehmers erforderlichen Kontrolle dahinstehen.

570 Die Rechtswidrigkeit der Informationsgewinnung kann sich ferner daraus ergeben, dass **Mitbestimmungsrechte** der Mitarbeitervertretung nicht gewahrt wurden. Hier soll jedoch grundsätzlich kein Verwertungsverbot die Folge sein.[66]

---

61   Vgl. bei Däubler, Gläserne Belegschaften?, Rdn. 429, *»da sonst das rechtswidrige Tun nachträglich belohnt würde«.*

62   Grojean, DB 2003, S. 2650; Maschmann, NZA 2002, S. 13

63   RDV 2011, S. 192

64   Vgl. Kratz/Gubbels, NZA 2009, S. 652

65   ZD 2013, S. 135 n. rk.

66   RDV 2008, S. 206: »Beachtet der Arbeitgeber das Mitbestimmungsrecht des Betriebsrats nach § 87 Abs. 1 Nr. 1 BetrVG oder sich aus einer Betriebsvereinbarung (hier: BV Personenkontrolle) ergebende Pflichten nicht, so führt dieser Umstand nicht dazu, dass der Arbeitgeber die unstreitige Tatsache eines im Besitz einer Arbeitnehmerin während

8.2 Verletzung des Persönlichkeitsrechts

Die Rechtsprechung verneint für das Zivilrecht ein »**Sachvortragsverbot**«. **571**
Der beigebrachte Tatsachenstoff sei entweder unschlüssig oder unbewiesen,
aber nicht unverwertbar. Ist die unerlaubt gewonnene Information einge-
führt und nicht bestritten, so ist sie auch in der Regel vom Gericht[67] zu beachten. Dies gilt jedoch nur, wenn die Verwendung der rechtswidrig erlangten Kenntnisse keinen erneuten Eingriff in das **Persönlichkeitsrecht**
bewirkt bzw. diesen perpetuiert,[68] wobei dies festzustellen ist in einer Abwägung der Besonderheiten des Einzelfalls.

Beispiele für Fälle, in denen unter Verletzung des Persönlichkeitsrechts **572**
gewonnene Beweismittel nicht zum Nachteil des Arbeitnehmers verwendet
werden dürfen,[69] sind die Verwertung der Erkenntnisse aus unbefugt mit-
gehörten oder aufgezeichneten **Telefonaten**[70] oder Gesprächen[71] oder Erkenntnisse, die aus nicht ausnahmsweise gerechtfertigter **Videoüberwachung**[72] gewonnen wurden.[73] Gibt eine unzulässige Videoüberwachung
Anlass, die Korrektheit von Personaleinkäufen »manuell« nachzuprüfen, so
sind die Erkenntnisse der Prüfung verwertbar.[74]

Auch eine verdeckte Videoüberwachung von öffentlich zugänglichen Räu- **573**
men führt nicht allein deshalb zu einem prozessualen Beweisverwertungsverbot, weil sie unter Verstoß des Gebots des § 6b Abs. 2 BDSG erfolgte.
Bei Videoaufzeichnung **öffentlich zugänglicher Räume** sind der Umstand
der Beobachtung und die verantwortliche Stelle durch geeignete Maßnahmen kenntlich zu machen. **Heimliche Videoüberwachung** ist nach Ansicht

---

einer Taschenkontrolle aufgefundenen Gegenstands in einem Kündigungsschutzprozess
nicht verwerten kann.«
67 Däubler, Internet und Arbeitsrecht, Rdn. 316b
68 Vgl. Rolf/Stöhr, RDV 2012, S. 119; Forst, AuR 2010, S. 106
69 Vgl. LAG Köln zur Zurückweisung von rechtswidrigen Videoaufzeichnungen als Be-
    weismittel eines Diebstahls: RDV 1998, S. 183; zur rechtswidrigen heimlichen
    DNA-Analyse zur Ermittlung eines Kündigungsgrundes vgl. VGH Ba-
    den-Württemberg, DuD 2001, S. 354 = AuR 2001, S. 469
70 Vgl. hierzu ausführlich vorstehend Rdn. 401 ff.
71 Vgl. zu Ton- und Videoaufzeichnung HessLAG, RDV 2002, S. 86
72 Vgl. auch LAG Hamm, RDV 2001, S. 288; ArbG Düsseldorf, ZD 2012, S. 185
73 So jedenfalls bei Verletzung von Normen (z. B. §§ 201-206 StGB), die Grundrechts-
    schutz beinhalten: Altenburg/v. Reinersdorff/Leister, MMR 2005, S. 222 (224) mit
    Nachweisen der teilweise kontroversen Literatur
74 BAG, NZA 2010, S. 571

des BAG[75] auch hier – entgegen dem Wortlaut der Norm – zulässig, wenn gegen einen zumindest räumlich und funktional abgrenzbaren Kreis von Arbeitnehmern der konkrete Verdacht einer strafbaren Handlung oder einer anderen schweren Verfehlung zu Lasten des Arbeitgebers besteht und die verdeckte Überwachung – nach Ausschöpfung möglicher weniger einschneidender Mittel – das einzig verbleibende Mittel darstellt und unter Beachtung des Verhältnismäßigkeitsprinzips erfolgt.

574   Konsequent ist die Auffassung von Däubler,[76] dass im Übrigen auch ein »Geständnis« eines Arbeitnehmers, das dieser aufgrund des persönlichkeitsrechtswidrig erlangten Überwachungsergebnisses abgibt, ebenfalls unbeachtlich sein muss.

8.3   Verletzung der Mitbestimmung

575   Der »bloße« Verstoß gegen eine an sich erforderliche Mitbestimmung hinsichtlich einer ansonsten individualrechtlich zulässigen Kontrolle soll nach Ansicht des BAG den Arbeitgeber an der Einbringung der Erkenntnisse in den Prozess nicht hindern. Zunächst kann nach Ansicht des BAG[77] der Verstoß gegen die **Mitbestimmung** auch dadurch geheilt werden, dass der **Betriebsrat** der Überwachung nachträglich dadurch zustimmt, dass er mitbestimmungswidrig erlangte Beweise bei der Erteilung seiner Zustimmung zur Kündigung als Beweise akzeptiert. Eine solche nachträgliche Zustimmung ist jedoch keine zwingende Voraussetzung.[78]

576   Fraglich ist jedoch, wie sich diese Rechtsprechung auf die sich aus § 35 Abs. 2 Satz 2 Nr. 1 BDSG ergebende **Löschungspflicht** auswirkt. Die Löschungspflicht erstreckt sich nämlich auf jede rechtswidrige Datenspeicherung und nicht nur auf solche, die **Persönlichkeitsrechte** oder die Privatsphäre[79] verletzen. Zudem: Im Hinblick darauf, dass Schutzzweck der Mitbestimmungstatbestände des § 87 Abs. 1 Nr. 1 und 6 BetrVG ebenfalls

---

75   RDV 2012, S. 254 = NZA 2012, S. 1025 = ZD 2012, S. 568

76   Vgl. bei Däubler, Gläserne Belegschaften?, Rdn. 429, *»da sonst das rechtswidrige Tun nachträglich belohnt würde«*. LAG Baden-Württemberg, BB 1999, S. 1439

77   RDV 2004, S. 25 = NZA 2003, S. 1193

78   BAG, NZA 2008, S. 1008; zu den Argumenten des BAG für das fehlende Verwertungsverbot vgl. bei Däubler, Internet und Arbeitsrecht, Rdn. 316j f.

79   A. A. Beckschulze, DB 2003, S. 2777 mit Nachweisen, bei der Verwendung dienstlicher Nutzungsdaten, da die Privatsphäre nicht tangiert sei; a. A. Weißgerber, NZA 2003, S. 1005

die Wahrung der Persönlichkeitsrechte der Beschäftigten ist,[80] wäre angezeigt, dass auch insoweit rechtswidrig erhobene und gespeicherte Daten gerichtlich regelmäßig nicht verwertet werden dürfen, es sei denn, dass der Betriebsrat nachträglich zugestimmt hat oder zumindest zuvor hätte zustimmen müssen.

Festzuhalten ist jedoch, dass nach dem BAG eine unrechtmäßige Beweiserhebung nicht generell[81] zu einer unzulässigen Beweisverwertung führt.

577

Im Endergebnis kann das zur Folge haben, dass der Arbeitgeber einerseits mittels Einbringen der rechtswidrig erhobenen Daten diesen Kündigungsprozess gewinnt, aber andererseits mit Sanktionen aus §§ 43, 44 BDSG rechnen muss.

578

---

80 Vgl. BAG, NZA 1988, S. 621 = RDV 1988, S. 197: »*So kann ein Arbeitnehmer vom Arbeitgeber verlangen, dass dieser Verhaltens- und Leistungsdaten, die er aus der Anwendung einer technischen Kontrolle erhalten hat, nicht zu Überwachungszwecken verwendet, wenn der Betriebs- oder Personalrat nicht zugestimmt hat. Das Fehlen der Mitbestimmung macht eine solche Maßnahme dem Arbeitnehmer gegenüber unzulässig.*« Siehe aber auch: BVerfG, NJW 2002, 3619; BAG, NZA 2003, 1193 = DB 2003, S. 2230; BAG, NZA 1998, S. 307 = BB 1998, 431; Weißgerber, NZA 2003, S. 1005; Olbert, AuA 2008, 76; Mengel, BB 2004, S. 2014

81 Vgl. z. B. LAG Hamm, RDV 2007, S. 176

Kapitel 8
IT-Technik für Mitarbeitervertretung und Gewerkschaft

1 Die Ausstattungspflicht nach § 40 Abs. 2 BetrVG

1.1 Allgemeines

Zumindest in größeren Betrieben hat die automatisierte Datenverarbeitung **579** auch bei den Betriebsräten Einzug gehalten, und zwar in der Regel dadurch, dass der **Mitarbeitervertretung** eigene PCs zur Verfügung stehen. Daneben bedienen sich auch Betriebsräte der IuK-Technik, nutzen Intra- und Internet, kommunizieren per E-Mail und präsentieren sich mit einem eigenen Netzauftritt.[1] Dass die Bereitstellung dieser Infrastruktur ggf. Verpflichtung des Arbeitgebers ist, ergibt sich aus § 40 BetrVG, der dem Arbeitgeber die durch die Tätigkeit des Betriebsrats entstehenden Kosten auferlegt und ihn zur Bereitstellung der für die Geschäftsführung des Betriebsrats erforderlichen Sachmittel verpflichtet, wobei bei der jüngsten Novellierung des BetrVG[2] die **modernen Informations- und Kommunikationstechniken** ausdrücklich in die **Ausstattungspflicht** des Arbeitgebers (§ 40 Abs. 2 BetrVG) aufgenommen wurden. Andererseits ist der Ausstattungsanspruch des Betriebsrats nach wie vor »auf den erforderlichen Umfang«[3] beschränkt. So wird es nicht verwundern, dass in der Vergangenheit bereits die Bereitstellung eines eigenen Telefons[4], eines **Faxgeräts**[5] und auch eines **Mobiltelefons**[6] die Rechtsprechung[7] beschäftigte.

---

1 Vgl. die Beispiele und Adressen bei Kiper, PersR 2004, S. 204 (206 ff.) oder CF 9/2004, S. 33; ferner die Arbeitshilfen bei Haverkamp, CF 4/2004, S. 38

2 Änderung durch Gesetz vom 23. Juli 2001, BGBl. I, S. 1852; zur Reichweite der Neuregelung: Engels/Trebinger/Löhr-Steinhaus, DB 2001, S. 538; Hanau, RdA 2001, S. 71; Hilber/Frik, RdA 2002, S. 89 (96); Konzen, RDA 2001, S. 84; Löwisch, BB 2001, S. 1744

3 Vgl. hierzu auch LAG Köln, RDV 2003, S. 32; ArbG Frankfurt, RDV 2002, S. 133

4 BAG, NZA 1999, S. 1292; bei Kleinstbetrieben genügt ggf. die Mitbenutzung des »Betriebsapparats«: LAG Rheinland-Pfalz, NZA 1993, S. 426

1.2 Die Erforderlichkeit

580   Auch der PC gehört damit nicht zur selbstverständlichen »Normalausstattung« einer jeden Mitarbeitervertretung. Die Notwendigkeit zur Erledigung der gesetzlich wahrzunehmenden Aufgaben ist nach wie vor darzulegen, wobei dies zumindest bei größeren Mitarbeitervertretungen mit eigenem Personal im Hinblick auf den heutigen Standard der **Büroausstattung** unschwer gelingen sollte.[8] Aber auch kleinere **Betriebsräte** werden die für Betriebsratsmitglieder entstehende Arbeitsentlastung regelmäßig ins Feld führen können. Dies jedenfalls dann, wenn dadurch Zeit für andere zusätzliche Aufgaben ermöglicht wird.[9] Wird keine Einigung mit dem Arbeitgeber erzielt, muss der PC eingeklagt werden, wobei das BAG[10] der Mitarbeitervertretung hinsichtlich der Feststellung der »**Erforderlichkeit**« einen **Beurteilungsspielraum** zugesteht. Die Gerichte können die Entscheidung des Betriebsrats nur daraufhin kontrollieren, »ob das verlangte Sachmittel der Wahrnehmung seiner gesetzlichen Aufgaben dienen soll und der Betriebsrat bei seiner Entscheidung berechtigten Interessen des Arbeitgebers und der Belegschaft angemessen Rechnung getragen hat«.[11] Das ändert nichts daran, dass die Gerichte bloße Rationalisierungseffekte und Arbeitserleichterungen nicht ausreichen lassen.

1.3 Kostengesichtspunkte

581   Bei der im Rahmen der Erforderlichkeitsprüfung vorzunehmenden **Interessenabwägung** sind unter dem Gesichtspunkt der Verhältnismäßigkeit auch die Kosten zu berücksichtigen, wobei diese allein jedoch nicht ausschlaggebend sind. Auch wenn die Erfüllung des Ausstattungswunsches der Mit-

---

5   LAG Hamm, AiB 1998, S. 43; LAG Düsseldorf, NZA 1993, S. 1143; LAG Rheinland-Pfalz, BB 1996, S. 2465; dass., NZA-RR 1998, S. 403; ArbG Frankfurt a. M., NZA-RR 1999, S. 420

6   ArbG Frankfurt a. M., AiB 1998, S. 223 mit Anm. Hess-Grunewald; vgl. hierzu auch Klebe/Wedde, DB 1999, S. 1954; Beckschulze, DB 1998, S. 1815

7   Vgl. bei Fitting, BetrVG, § 40 Rdn. 131 ff.

8   Ein Laptop wird jedoch nur in Ausnahmefällen begründet werden können: LAG Köln, NZA-RR 1998, S. 163; Altenburg/v. Reinersdoff/Leister, MMR 2005, S. 222

9   BAG, BB 1999, S. 1923

10   RDV 2000, S. 69 = NZA 1999, S. 1290; NZA 1998, S. 953

11   Des Weiteren zuvor BAG, RDV 1998, S. 257 = NZA 1998, S. 953; NZA 1999, S. 945; zur Kritik u. a. Däubler, Internet und Arbeitsrecht, Rdn. 462 ff.

arbeitervertretung kostenneutral ist, enthebt das nicht von der Begründung seiner Erforderlichkeit. So wurde es beispielsweise für den Anspruch auf ein anderes als das vom Arbeitgeber bereitgestellte und in der Dienststelle allgemein verwendete System auch bei **Kostenneutralität** nicht als genügend angesehen, dass das beantragte System einen größeren **Bearbeitungskomfort** mit sich brächte. Diese Tatsache sei nur relevant, wenn die Mitarbeitervertretung ihre Aufgaben ohne diese Qualitätssteigerung nicht – mehr – sachgerecht wahrnehmen könne.[12]

1.4   Vertraulichkeitsaspekte

Die Erforderlichkeit eines vom Netzwerk des Betriebes **unabhängigen** 582 **Systems**[13] bzw. eines eigenen Servers wurde auch nicht darin gesehen, dass die Mitarbeitervertretung auf diese Weise die **Vertraulichkeit** ihrer Daten absichern wollte.[14] Gleiches muss wohl für die derart begründete Bereitstellung eines zweiten Stand-alone-PCs gelten. Die Bereitstellung einer **Verschlüsselungssoftware** wird aber als zur Ausstattungspflicht gehörig betrachtet werden müssen.

1.5   Gleichheit des Ausstattungsniveaus

Das Erfordernis der Ausstattung mit einer bestimmten Kommunikations- 583 technik kann auch nicht allein daraus abgeleitet oder darauf beschränkt werden, dass der Arbeitgeber selbst eine bestimmte Technik nutzt bzw. nicht nutzt. Die Normen des BetrVG begründen keine Pflicht des Arbeitgebers, dem Betriebsrat dieselben Sachmittel zur Verfügung zu stellen, wie er sie selbst nutzt.[15] Andererseits gehört die technische Ausstattung eines Betriebes zu den **betrieblichen Verhältnissen,** die vom Betriebsrat im Rahmen seiner Erforderlichkeitsprüfung zu berücksichtigen sind, was aber

---

12   Vgl. VGH Baden-Württemberg, RDV 2002, S. 316 = PersR 2002, S. 126

13   LAG Baden-Württemberg, RDV 2013, S. 203 hinsichtlich eines Internetanschlusses über einen externen Provider

14   Zum Vertraulichkeitsschutz des Betriebsrats durch eigene Software und eigene Geräte vgl. auch Däubler, CF 11/2002, S. 25 ff., der den Anspruch bejaht, aber zur friedlichen Beilegung des Problems den Betriebsrat auf ihm nicht verwehrbaren Einsatz ggf. kostenlos zu beschaffender eigener Software verweist.

15   BAG, NZA 1998, S. 953

letztlich nichts an der konkreten, betriebsbezogenen Darlegung der Erforderlichkeit des PCs, E-Mail-Anschlusses oder Internet-/Intranet-Zugangs ändert. So hat das BAG[16] es jedenfalls vor 13 Jahren noch abgelehnt, dem Betriebsrat nur deshalb, weil der Arbeitgeber die Mitarbeiter durch ein elektronisches Kommunikationssystem mit Mailbox unter der Benutzung eines sonst gesperrten Schlüssels »an alle« informiert, dasselbe Informationssystem mit demselben Schlüssel uneingeschränkt zur Verfügung zu stellen.[17] Dem Betriebsrat muss aber andererseits die Möglichkeit eingeräumt werden, die Mitarbeiter in **ausgelagerten Betriebsteilen** oder Filialen unmittelbar und schnell am Arbeitsplatz erreichen zu können.[18] Ein Anspruch auf gleiche Kommunikations- und Arbeitsmittel kann sich daraus ergeben, dass Betriebsrat und Arbeitgeber – wie es z. B. in Mitbestimmungsangelegenheiten der Fall ist – die gleiche Materie bearbeiten und der Betriebsrat zur sachgerechten Bearbeitung und Beurteilung der Arbeitgebererkenntnisse und Vorgehensweisen auch die **gleichen technischen Möglichkeiten** benötigt[19] bzw. dann, wenn die innerbetriebliche Kommunikation allgemein weitgehend per E-Mail stattfindet.[20]

584 Letztlich geht der Anspruch des Betriebsrats jedoch immer nur so weit, wie der Arbeitgeber die IuK-Technik für seine betrieblichen Abläufe als erforderlich angesehen und implementiert hat. Hat ein Betrieb auf die Implementation des Zugangs zum Intranet verzichtet, wird der Betriebsrat nicht allein aufgrund seiner Bedürfnisse die Einführung dieser Technik einklagen können. Das gilt auch für die Einrichtung von IuK-Kommunikationsplätzen in Bereichen, in denen sie **betrieblich** nicht **erforderlich** sind.[21] Dass dann nicht alle Mitarbeiter gleichzeitig und unmittelbar in den Genuss der Betriebsratsinformationen gelangen, mindert den Anspruch auf Nutzung dieser

---

16   AP Nr. 37 zu § 40 BetrVG 72

17   Dazu, dass die Entwicklung der betrieblichen Kommunikationsentscheidung die damaligen Überlegungen des Gerichts hinfällig gemacht hat, vgl. bei Elschner, in: Hoeren/Sieber, Handbuch Multimedia-Recht, Teil 22.1, Rdn. 188

18   Vgl. BAG, RDV 2000, S. 21

19   So für die Nutzung der elektronischen Datenverarbeitung BAG, RDV 1998, S. 257 und NZA 1999, S. 945 sowie NZA 1999, S. 1209

20   Fitting, BetrVG, § 40 Rdn. 133 ff. m. w. N.

21   Vgl. aber Däubler, Internet und Arbeitsrecht, Rdn. 486, der den Arbeitgeber zumindest »als gut beraten« ansieht, z. B. im Aufenthaltsraum der Kraftfahrer einen PC mit Zugang zum Intranet zu installieren.

Kommunikationsmöglichkeit jedenfalls dann nicht,[22] wenn diese für den Betrieb Relevanz hat, d. h., z. B. nicht nur Führungskräfte »vernetzt« sind.

1.6 Datenschutz und Datensicherheit

1.6.1 Die Mitarbeitervertretung als Normadressat des BDSG

Bei der Beurteilung der datenschutzrechtlichen Zulässigkeit von automatisierten Personaldatenverarbeitungen durch die Mitarbeitervertretung ist zu beachten, dass das BDSG unmittelbar nur begrenzt Anwendung findet und dass, wie das BAG[23] jedenfalls im Ergebnis zutreffend[24] festgestellt hat, das BDSG die betriebsverfassungs- bzw. personalvertretungsrechtliche Stellung der Mitarbeitervertretung nicht berührt.   **585**

Diese Feststellung hängt wesentlich damit zusammen, dass die Mitarbeitervertretung trotz der **betriebsverfassungsrechtlichen Unabhängigkeit Teil der verantwortlichen Stelle**, d. h. des jeweiligen Unternehmens ist (§ 3 Abs. 7 BDSG).[25]   **586**

Da der Betriebsrat keine eigenständige »verantwortliche Stelle« ist, ist er damit auch nicht Normadressat der Bestimmungen, die sich an die Leitung der verantwortlichen Stelle richten.   **587**

Gleichwohl obliegt es der Mitarbeitervertretung, diese Verpflichtungen des Normadressaten, soweit es um die Wahrung der Betroffenenrechte geht, »eigenständig« zu erfüllen, weil die Leitung der verantwortlichen Stelle zur Erfüllung nicht in der Lage und auch nicht befugt ist. Verlangt also ein Mitarbeiter nach § 34 BDSG generell Auskunft über die in der verantwortlichen Stelle im Betrieb gespeicherten Daten, so obliegt dem Betriebsrat die Auskunftserteilung bezüglich der in seiner Verantwortung gespeicherten Daten. Gleiches gilt, wenn sich das **Auskunfts- oder Korrekturbegehren** auf die Daten des Betriebsrats beschränkt. Letztlich kann sich der Beschäftigte auf die Rechte auf informationelle Selbstbestimmung gegenüber dieser »Institution« berufen.[26]   **588**

---

22   A.A. Mühlhausen, NZA 1999, S. 138; ebenso für Gewerkschaftsinformationen Hopfner/Schrock, DB 2004, S. 1558

23   DB 1983, S. 1607 = DuD 1983, S. 320

24   BAG, RDV 1989, S. 126 = DB 1989, S. 1032

25   Vgl. BAG, NJW 1998, S. 2466 = RDV 1998, S. 64 = DuD 1998, S. 228

26   Seifert in Simitis (Hrsg.), BDSG, § 32 Rdn. 170 mit Nachweisen

1.6.2 Erforderliche Datenverarbeitung

589   Will die Mitarbeitervertretung Personaldaten automatisiert verarbeiten bzw. nutzen, so hat sie zu fragen, ob die damit verfolgten Zwecke durch die Zulässigkeitstatbestände des § 4 Abs. 1 BDSG, d. h. sofern keine bereichsspezifischen Regelungen des Betriebsverfassungsrechts oder eines sonstigen vorrangigen Gesetzes greifen und keine Einwilligung vorliegt, durch § 28 bzw. § 32 BDSG gedeckt sind.

590   Das BetrVG räumt dem Betriebsrat umfangreiche Ansprüche teils konkreter, teils abstrakter Art ein, zwecks Wahrnehmung seiner Aufgaben, Personaldaten vom Arbeitgeber zu erhalten.[27] Der Arbeitgeber hat einen weiten Spielraum bei der Art der Erfüllung der **Informationspflicht**.[28] Daher hat die Mitarbeitervertretung auch keinen Anspruch, dass ihr ein **Online-Lesezugriff** auf die mitzuteilenden Daten eingeräumt wird.[29] Dem Online-Zugriff würden ggf. auch das Recht und die Pflicht des Arbeitgebers entgegenstehen, die jeweilige Erforderlichkeit der Datenweitergabe vorab zu prüfen.

591   Da personenbezogene Daten zur Wahrung der Datenschutzansprüche der Beschäftigten der Mitarbeitervertretung grundsätzlich nur – sei es vorübergehend, sei es auf Dauer – zur **Einsichtnahme** zur Verfügung gestellt werden dürfen, wird einer nachfolgenden Speicherung bekannt gegebener Personaldaten zwecks weiterer Auswertung das Betriebsverfassungsrecht nur in Ausnahmefällen nicht entgegenstehen.[30] Eine **Verarbeitung** von Personaldaten **durch die Mitarbeitervertretung** kann vielmehr nur dann und so lange in Betracht kommen, wie Unterlagen dem Betriebsrat ohne Eingrenzung der Verwertungsbefugnisse im Rahmen seiner kollektivrechtlich begründeten Informationsansprüche überlassen werden dürfen bzw. müssen.[31]

592   Eine Ausnahme kann hiervon aber dann gelten, wenn Daten der Mitarbeitervertretung ohnehin auf Dauer – nicht nur zur Einsicht – zur Verfügung zu

---

27   Vgl. Kort, ZD 2012, S. 247; ders., RDV 2012, S. 8; ders., NZA 2010, S. 1038

28   BAG, NZA 2007, S. 99

29   BAG, RDV 2012, S. 28; ZD 2012, S. 180

30   Bruttolohn- und Gehaltslisten sind gemäß § 80 Abs. 3 BetrVG nur zur Einsichtnahme zur Verfügung zu stellen, wodurch eine Verarbeitung der Daten beim Betriebsrat entfällt; BAG, RDV 1996, S. 87; BVerwG, RDV 1999, S. 25

31   Vgl. zum Stellenplan BVerwG, RDV 2002, 188: »Unterlagen, die der Personalrat zur Wahrnehmung seiner Beteiligungsrechte immer wieder benötigt, sind ihm in Kopie auf Dauer zu belassen.«

stellen sind, wobei eben Art und Umfang dieser Daten wesentlich von der Struktur und der Überschaubarkeit des Betriebes abhängig sind.

Es ist also darauf abzustellen, welche Personaldaten die Mitarbeitervertre-   593
tung im Rahmen ordnungsgemäßer Geschäfts- und Aktenführung her-kömmlich archivieren und im dauernden Zugriff haben darf und muss (z.B. Protokolle, Anträge etc.). Ab einer gewissen Größe des Betriebes wird der Mitarbeitervertretung das Recht nicht abzusprechen sein, **Grundinforma-tionen über die Belegschaft** auch auf Dauer automatisiert zu speichern, um den Gesamtüberblick zu behalten. Ferner kann es ihr nicht verboten sein, im Rahmen der Bearbeitung konkreter Aufgaben vom Arbeitgeber zur Verfü-gung gestellte Daten befristet – bis zur Erledigung der Aufgabe – auch au-tomatisiert auszuwerten.

Rechtsgrundlage für die Verarbeitung der insoweit erforderlichen Daten ist   594
§ 32 Abs. 1 S. 1 BDSG, da auch die Verarbeitung beim Betriebsrat im Zu-sammenhang mit der Begründung oder Durchführung des Arbeitsverhält-nisses erfolgt.

Grundstammdaten wie Name, Arbeitsplatz, Besoldungs- und Vergü-   595
tungsgruppe, Beginn des Beschäftigungsverhältnisses etc. werden in größe-ren Einheiten auch für den Betriebs-/Personalrat mit den durch die EDV geschaffenen schnelleren und übersichtlichen Zugriffsmöglichkeiten ständig zur Verfügung stehen dürfen, ohne dass eine »unzulässige« Vorratsspei-cherung vorliegen würde.[32]

1.6.3 Organisation der Datenverarbeitung des Betriebsrats

Aspekte des Datenschutzes rechtfertigen es nicht, die **Zugriffsbefugnis** auf   596
die elektronische Kommunikation auf bestimmte Mitglieder zu beschrän-ken. Jedes Mitglied des Betriebsrats verfügt nach § 34 Abs. 3 BetrVG über ein unabdingbares Recht, gespeicherte Daten und E-Mails des Betriebsrats auf elektronischem Wege zu lesen.[33] Es ist durch den Gesichtspunkt des Datenschutzes nicht einschränkbar. Das selbstständige Erstellen von Aus-drucken ist davon nicht gedeckt. Den Ausschluss dieser Möglichkeit muss

---

32   Vgl. im Einzelnen bei Gola/Wronka, Handbuch Arbeitnehmerdatenschutz, Rdn. 2000 ff. Eine ausdrückliche diesbezügliche Verarbeitungsbefugnis enthält § 65 Abs. 3 LPVG Baden-Württemberg, wobei zu den Grunddaten gezählt werden: Name, Funktion nebst Bewertung, Besoldungs-, Vergütungs- und Lohngruppe, Geburts-, Einstellungs- und letztes Beförderungsdatum.

33   LAG Berlin-Brandenburg, ZD 2011, S. 41

der Betriebsrat in eigener Verantwortung durch technische Maßnahmen gewährleisten. Insofern kann der Betriebsrat das **Leserecht** auf die PCs des Betriebsrats beschränken. Er muss den Betriebsratsmitgliedern nicht von ihren Rechnern aus den Zugang zu den **Betriebsratsdateien** eröffnen oder E-Mails an die persönlichen Betriebsadressen weiterleiten.

597   Über die Konfiguration des Betriebsrats-PC einschließlich[34] der **Anmeldeprozedur** bestimmt der Betriebsrat auf Grund des Strukturprinzips des Betriebsverfassungsgesetzes grundsätzlich allein. Er hat hierbei selbst die datenschutzrechtlichen Details zu bestimmen. Datenschutzrechtliche Bestimmungen des Betriebes gelten nur, sofern der Betriebsrat diese für sich für sachgerecht erachtet.

598   Demgemäß ist dem Betriebsrat – falls er es wünscht – der Zugang zum Internet

   a) auf einem in dem Raum des Betriebsrats vorhandenen Personalcomputer

   b) ohne personalisierte Anmeldung des jeweiligen Betriebsratsmitglieds mit einer für alle Betriebsratsmitglieder einheitlichen Nutzeranmeldung einzuräumen.[35]

2   Der Zugang des Betriebsrats zum Intra- und Internet

2.1   Die elektronische Kommunikation mit den Mitarbeitern

599   Außer Frage steht, dass – wie das BAG[36] inzwischen festgehalten hat – zu den dem **Betriebsrat** vom Arbeitgeber nach § 40 Abs. 2 BetrVG zur Verfügung zu stellenden Informations- und Kommunikationstechniken auch der **Zugang zum Intra- bzw. Internet** gehören kann und wohl inzwischen zur **Normalausstattung** zählt.[37] Die Ansprache der Mitarbeiter per E-Mail kann dem Betriebsrat bei entsprechender betrieblicher Infrastruktur genauso

---

34   LAG Berlin-Brandenburg, RDV 2012, S. 197
35   BAG, RDV 2012, S. 295
36   NZA 2004, S. 278 = RDV 2004, S. 24
37   Däubler, Internet und Arbeitsrecht, Rdn. 463

wenig untersagt sein wie das betriebsinterne Telefonat.[38] Die Einrichtung einer nur den Mitarbeitern zugänglichen **eigenen Webseite** zur rechtzeitigen und umfassenden Information der gesamten Belegschaft über seine Tätigkeit wird der Betriebsrat jedenfalls dann für erforderlich halten dürfen, wenn dem Arbeitgeber dadurch keine besonderen Kosten entstehen[39] und dieser auch keine sonstigen entgegenstehenden betrieblichen Belange geltend macht.[40] Der Betriebsrat muss sich also insoweit nicht auf die bisher ohne Probleme genutzten Informationsmittel wie Rundschreiben, Schwarzes Brett etc. verweisen lassen.[41] Das BAG sieht auch kein Recht des Arbeitgebers, die elektronische Information der Mitarbeiter auf den E-Mail-Verkehr[42] zu beschränken; dies jedenfalls dann, wenn auf diesem Wege nicht alle Mitarbeiter mangels persönlicher Adresse erreicht werden können.

Keinen Rechtsanspruch wird die Mitarbeitervertretung jedoch auf eine öffentliche **eigene Homepage** im Internet geltend machen können.[43] Die Durchsetzung eines solchen Begehrens wird einmal an der Erforderlichkeit, d. h. der fehlenden Außenkompetenz des Betriebsrats,[44] scheitern. Zudem ist es mit dem Grundsatz der **vertrauensvollen Zusammenarbeit** nicht vereinbar, Betriebsinterna und ggf. betriebliche Auseinandersetzungen in aller Öffentlichkeit auszubreiten. Demgemäß hat es das HessLAG[45] als unzulässig angesehen, wenn ein Betriebsratsmitglied auf seiner »Betriebsrats-Homepage« eine Werkszeitung seiner Betriebsratsgruppe veröffentlicht, in der Betriebs- und Betriebsratsinterna publiziert sind. Der Grundsatz

600

---

38 Vgl. zur telefonischen Erreichbarkeit der Mitarbeiter die sog. Schlecker-Entscheidung des BAG, AP Nr. 66 zu § 40 BetrVG 72.

39 Hierzu wird – jedenfalls bei möglicher anderweitiger betrieblicher Unterstützung – nicht die Beauftragung eines externen Webdesigners zählen; vgl. bei Elschner, in: Hoeren/Sieber, Handbuch Multimedia-Recht, Teil 22.1, Rdn. 192

40 Vgl. die generelle Bejahung dieses Anspruchs durch Däubler, Der Betriebsrat im Internet – rechtliche Rahmenbedingungen, CF 9/2004, S. 25

41 Vgl. auch AG Paderborn, DB 1998, 678; zustimmend Beckschulze/Henkel, DB 2001, S. 1499; Elschner, in: Hoeren/Sieber, Handbuch Multimedia-Recht, Teil 22.1, Rdn. 191

42 Zum E-Mail-Verkehr vgl. LAG Baden-Württemberg, AiB 1997, S. 521 mit Anm. Wedde; Däubler, AuR 2001, S. 285; Löwisch, BB 2001, S. 1744

43 ArbG Paderborn, DB 1998, S. 678 = MMR 1998, S. 379; zustimmend Beckschulze/Henkel, DB 2001, S. 1499; Hennige, MMR 1998, S. 379; Altenburg/V. Reinersdorff/Leister, MMR 2005, S. 222

44 Däubler, Internet und Arbeitsrecht, Rdn. 510; ders., CF 9/2004, S. 25

45 RDV 2005, S. 170

der vertrauensvollen Zusammenarbeit (§ 2 Abs.1 BetrVG) habe hier Vorrang vor dem **Grundrecht der Informationsfreiheit**.

601 Soll es Sinn einer vom Arbeitgeber freiwillig eröffneten **Homepage** sein, den Mitarbeitern die Möglichkeit zu geben, Informationen über die BR-Tätigkeit von zu Hause aus abzurufen, so muss der Zugriff dann durch **Passwörter** auf den Kreis der Beschäftigten beschränkt werden.

602 Der Betriebsrat hat zunächst einmal nur Vorgänge zu publizieren, die in seiner Zuständigkeit liegen. Dabei hat er sowohl Interessen des Betriebes als auch der Beschäftigten zu beachten. Nicht alle Geschäfts- oder Personaldaten dürfen jedem Beschäftigten zugänglich gemacht werden.

603 Untersagt ist dem Betriebsrat auch, als Sprachrohr der Gewerkschaft **gewerkschaftliche Werbung** zu verbreiten[46] oder über die Regelung des § 74 Abs. 2 BetrVG hinaus politische Themen zu erörtern. Fraglich ist, ob damit auch schon das Setzen von **Links**[47] **zu gewerkschaftlichen Homepages** untersagt ist; nicht zu beanstanden ist dies jedenfalls für den Fall, dass den Mitarbeitern eine private Nutzung des Internets gestattet ist.

604 Dem Arbeitgeber steht kein Recht zu, einseitig in die Informationsarbeit des Betriebsrats einzugreifen, indem Informationen gelöscht oder gesperrt werden. Soweit der Betriebsrat Informationen veröffentlicht, wird er als Grundrechtsträger tätig und ist in seiner Meinungsfreiheit geschützt. Rechtsstreitigkeiten sind in einem betriebsverfassungsrechtlichen Rechtsstreit zu klären.[48]

2.2 Informationsgewinnung per Internet

605 Das Internet ist zudem geeignet, die dem Betriebsrat zur Erfüllung seiner Aufgaben notwendigen Informationen über Entwicklungen in Gesetzgebung und Rechtsprechung schnell, zeitnah und umfassend zu verschaffen.[49] Ferner kann es dem Informationsaustausch mit anderen Mitarbeiter-

---

46   Däubler, Internet und Arbeitsrecht, Rdn. 540
47   So Altenburg/v. Reinersdorff/Leister, MMR 2005, S. 222; a. A. Däubler, Internet und Arbeitsrecht, Rdn. 496
48   LAG Köln, ArbR Aktuell 2013, S. 480 (Schindele) sowie nachstehend Rdn. 620 ff.
49   Vgl. BAG, RDV 2007, S. 168 mit folgenden Leitsätzen:
     »*1. Der Betriebsrat kann nicht ohne Rücksicht auf die betrieblichen Belange oder betriebsbezogenen Notwendigkeiten den Zugang zu jeder Informationsquelle verlangen, die sich mit den Themen seiner gesetzlichen Aufgabenstellung befasst. Die normative*

vertretungen bzw. sonstigen Kommunikationspartnern wie Gewerkschaften, Rechtsanwälten, Sachverständigen etc. dienen. Hat der Arbeitgeber an Mitarbeiterarbeitsplätzen den Zugang zum Internet eröffnet und ist der Betriebsrat bereits mit einem PC ausgerüstet, so wird der Betriebsrat den Anschluss auch seines PCs an das Internet beanspruchen können, wenn weder Kostenaspekte noch sonstige betriebliche Belange entgegenstehen.[50] Kostengesichtspunkte scheiden jedenfalls dann aus, wenn der Arbeitgeber eine **Flatrate** hat.[51]

Dem Anspruch des Betriebsrats auf Einrichtung eines Internetzugangs steht **606** nicht entgegen, dass ein Arbeitgeber, der sich im Unternehmen des Internets bedient, den einzelnen Betriebsleitungen keinen Internetzugang eingerichtet hat.[52] Allerdings kann es im Einzelfall angemessen sein, dass der Betriebsrat eines kleinen Betriebs mit geringer wirtschaftlicher Leistungskraft, dessen Inhaber selbst aus Kostengründen auf den Einsatz teurer Informations- und Kommunikationstechnik verzichtet, ebenfalls von der Forderung nach deren Zurverfügungstellung absieht.

Die abstrakte Gefahr, der Betriebsrat könne seinen Internetzugang **miss- 607 brauchen**, steht dem Anspruch auf Einrichtung eines solchen Zugangs ebenfalls nicht entgegen. Gleiches gilt für die abstrakte Gefahr von Störungen durch Viren oder sog. Hackerangriffe.

Die Ausstattungspflicht des Arbeitgebers (§ 40 Abs. 2 BetrVG) kann den **608** Arbeitgeber darüber hinaus verpflichten, sofern er nicht entgegenstehende Interessen geltend machen kann, auch den **einzelnen Betriebsratsmitgliedern** einen **Internetzugang** zu eröffnen.[53]

Wirkung des § 40 Abs. 2 BetrVG verlangt eine sachgerechte Abwägung der Belange beider Betriebsparteien.
2. Die fortschreitende technische Entwicklung und die Üblichkeit der Nutzung technischer Mittel ist im Rahmen von § 40 Abs. 2 BetrVG nur von Bedeutung, wenn sie sich in den konkreten betrieblichen Verhältnissen niedergeschlagen hat.
3. Die allgemeine Überwachungspflicht des § 80 BetrVG erfordert im Regelfall keinen unmittelbaren tagesaktuellen Zugriff auf arbeitsrechtlich relevante Informationen.«
Vgl. ferner BAG, RDV 2012, S. 28 = ZD 2012, S. 180

50 BAG, RDV 2010, S. 84
51 Vgl. bei Wedde, CF 5/2004, S. 28
52 BAG, NZA-RR 2010, S. 413
53 BAG, RDV 2010, S. 227 = BB 2010, S. 2731

3 Nutzung der betrieblichen E-Mail-Adressen zur Wahl- und Gewerkschaftswerbung

3.1 Allgemeines

609 Der Entwicklung der Technik zwangsläufig nachfolgend befassen sich Rechtsprechung und Literatur auch mit der Frage, ob und inwieweit die betriebliche E-Mail-Infrastruktur auch zu **Werbezwecken** genutzt werden darf; sei es von Kandidaten einer **Betriebsratswahl,** sei es von Gewerkschaften[54] zur Unterstützung ihrer Betriebsratslisten bzw. zur **Mitgliederwerbung**[55] oder Mitgliederinformation allgemein.[56]

610 Tangiert durch derartige »Direktwerbemaßnahmen« sind sowohl Rechtspositionen des Arbeitgebers als auch solche der angesprochenen Arbeitnehmer. Der Arbeitgeber wird sich fragen, ob er die durch die ungefragte Inanspruchnahme seiner betrieblichen Infrastruktur und den schon durch die Inanspruchnahme der Arbeitszeit der angesprochenen Beschäftigten entstehenden Kostenaufwand hinnehmen muss; der Mitarbeiter wird sich fragen, ob er ungefragt zum Objekt von Wahl- oder Mitgliederwerbung gemacht werden darf.

3.2 Die Rechtsposition des Arbeitgebers

3.2.1 Allgemeine oder spezielle Gestattung der außerdienstlichen Nutzung

611 Der Arbeitgeber wird dann keine Einwände erheben können, wenn er die Nutzung der betrieblichen Kommunikationstechnik entweder allgemein auch für private, d. h. nicht dienstliche Zwecke oder eben speziell für derartige Aktivitäten ausdrücklich oder zumindest durch stillschweigende Duldung[57] gestattet hat. Nach Auffassung des ArbG Frankfurt a. M.[58] ist jedenfalls die

---

54 Vgl. insgesamt hierzu: Kaya, Nutzung betrieblicher E-Mail- und Intranet-Systeme für gewerkschaftliche Zwecke, Berlin, 2007

55 Skowronek, CF 12/1999, S. 36; Altenburg/Leister, K&R 2006, S. 322; Däubler, DB 2004, S. 2102

56 Zu den in Betracht kommenden Informationsweisen vgl. ausführlich auch bei Däubler, Internet und Arbeitsrecht, Rdn. 514 ff.

57 Vgl. hierzu vorstehend Rdn. 244 ff.

58 RDV 2004, S. 179 (Ls)

Abmahnung eines Wahlbewerbers wegen Wahlwerbung über das Firmenintranet unzulässig, wenn gleiches Verhalten vorher nicht beanstandet wurde und das Versenden der Mails den Betriebsablauf nicht störte. Die Entscheidung trifft jedoch keine Aussage dazu, ob die entsprechende Nutzung jedenfalls nunmehr untersagt werden kann. Damit stellt sich die Frage, ob betriebsverfassungs- oder kollektivrechtliche Pflichten zur **Duldung** bzw. **Bereitstellung** der Nutzung der betrieblichen IuK-Technik zwingen.

3.2.2 Wahlwerbung vor Betriebsratswahlen

Hinsichtlich der **Wahlwerbung vor Betriebsratswahlen** ist § 20 Abs. 1 BetrVG in Betracht zu ziehen. So gehört zu der nach § 20 Abs. 1 BetrVG unbehinderten Vorbereitung der Wahlen zum Betriebsrat und den dazu erforderlichen Aktivitäten der Wahlbewerber auch die Wahlwerbung.[59] Sie ist wesentlicher Bestandteil der Betriebsratswahl. Wenn somit Wahlbewerber und die hinter ihnen stehenden Wählergruppierungen und Gewerkschaften im Betrieb[60] für ihre Kandidaten werben dürfen, so ist damit noch nicht gesagt, ob und welcher betrieblicher Kommunikationsmittel sie sich hierbei bedienen dürfen. Eine Parallelbestimmung zu § 40 BetrVG, die den Arbeitgeber über das Behinderungsverbot des § 20 Abs. 1 BetrVG hinaus verpflichten würde, Wahlbewerbern auch angemessene Sach- oder Finanzmittel zur Verfügung zu stellen, enthält das BetrVG nicht.

612

3.2.3 Allgemeine Gewerkschaftsinformationen und Mitgliederwerbung

Gleiches gilt für gewerkschaftliche Informations- und Werbemaßnahmen. Gewerkschaftliche Betätigung im Betrieb wird zunächst in § 2 Abs. 2 BetrVG angesprochen, indem der Arbeitgeber verpflichtet wird, Beauftragten der im Betrieb vertretenen[61] **Gewerkschaften Zugang zum Betrieb** zu gewähren. Gemeint ist der körperliche Zugang durch konkrete Personen. Insbesondere wenn die Werbung durch externe »Funktionäre« vorgenommen werden soll, so hat dies in einer den »Arbeitsablauf« schonenden Wei-

613

---

59 H. M., vgl. bei Schneider, in: DKK, BetrVG, § 20 Rdn. 19

60 Vgl. zur Verteilung von Handzetteln während der Arbeitszeit: zustimmend Fitting, BetrVG, § 20 Rdn. 8; Schneider, in: DKK, BetrVG, § 20 Rdn. 19

61 Zu dem datenschutzkonformen Nachweis der Voraussetzung vgl. bei Gola/Wronka, Handbuch Arbeitnehmerdatenschutz, Rdn. 574 ff.

se zu geschehen.[62] Eine Ausdehnung des Zugangsanspruchs auf ein **virtuelles Zugangsrecht** ist nicht vertretbar[63] und wird auch von das Zugangsrecht extensiv interpretierenden Stimmen nicht gesehen.[64] Das heißt aber nun nicht, dass die Gewerkschaft im Rahmen der Befugnisse,[65] zu deren Wahrnehmung ihr das Zugangsrecht eingeräumt ist – so z. B. bei der Beratung des Betriebsrats –, sich nicht – soweit vorhanden – des E-Mail-Verkehrs bedienen könnte. Ein Rechtsanspruch auf die Einrichtung dieser Kommunikationsmöglichkeit steht ihr im Rahmen des § 2 Abs. 2 BetrVG jedoch nicht zu.

614 Von der Literatur unterschiedlich beantwortet wird die Frage, ob sich der Anspruch auf Bereitstellung und Inanspruchnahme elektronischer Kommunikationsmittel aus dem in Art. 9 Abs. 3 GG verankerten Recht auf **Wahrnehmung koalitionsrechtlicher Aufgaben** ergibt. So hatte das BAG in der Vergangenheit keine Bedenken, wenn im Betrieb beschäftigte Gewerkschaftsmitglieder Informationsmaterial außerhalb der Arbeitszeit verteilten,[66] Plakatwerbung an dafür bereitgestellten Schwarzen Brettern anbrachten oder im persönlichen Gespräch Mitgliederwerbung betrieben.[67] Die Nutzung des Eigentums des Arbeitgebers gestand es der Gewerkschaft aber nur in begrenztem Maße zu, so dass der Versand von Werbepost über das betriebliche Hauspostsystem – im Gegensatz zum Anspruch auf Bereitstellung eines »Schwarzen Brettes« – abgelehnt wurde.[68]

---

62 Vgl. BAG, RDV 2007, S. 170:
    »1. Die Mitgliederwerbung ist Teil der durch Art. 9 Abs. 3 Satz 1 GG geschützten Betätigungsfreiheit der Gewerkschaften.
    2. Gewerkschaften haben grundsätzlich ein Zutrittsrecht zu Betrieben, um dort auch durch betriebsfremde Beauftragte um Mitglieder zu werben.
    3. Das Zutrittsrecht ist nicht unbeschränkt. Ihm können die verfassungsrechtlich geschützten Belange des Arbeitgebers, insbesondere dessen Interesse an einem störungsfreien Arbeitsablauf und der Wahrung des Betriebsfriedens entgegenstehen. Maßgeblich sind die Umstände des Einzelfalls.«

63 Vgl. zur Begründung bei Hopfner/Schrock, DB 2004, S. 1558

64 Ebenfalls kann aus dem Zugangsrecht kein virtueller Zugang in Form eines Zugriffsrechts der Gewerkschaft auf das betriebliche Intranet abgeleitet werden; vgl. bei Däubler, Internet und Arbeitsrecht, Rdn. 536

65 Vgl. bei Berg, in: DKK, BetrVG, § 2 Rdn. 27

66 DB 1982, S. 1327; NZA 1987, S. 153

67 DB 1979, S. 1089

68 DB 1987, S. 440; vgl. hierzu auch Lelley, BB 2002, S. 252

Schon vor der zu dieser Thematik nunmehr ergangenen Entscheidung des **615** BAG[69] haben zahlreiche Stimmen[70] die **gewerkschaftliche E-Mail-Werbung** zu der verfassungsrechtlich den Koalitionen zugebilligten Werbe- und Informationsfreiheit gezählt. Andererseits gilt nach wie vor, dass die gewerkschaftlichen Rechte durch die Grundrechte Dritter begrenzt sind und ihre Grenze dort finden, wo ohne Rechtfertigungsgrund Rechte anderer beeinträchtigt sind.[71] Damit ist eindeutig, dass Eingriffe in die Rechte des Arbeitgebers aus Art. 3 Abs. 1, 14 Abs. 1 und 12 Abs. 1 GG[72] weiterhin nur gerechtfertigt sein können, wenn die gewerkschaftliche Maßnahme im Rahmen einer **Rechtsgüterabwägung** als vorrangig anzusehen ist.[73] Dass es angezeigt sein wird, hier im Hinblick auf die unterschiedlichen betrieblichen Belastungen zu differenzieren, haben z. B. Hopfner/Schrock[74] aufgezeigt.

Das BAG hat Unterlassungsansprüche des Arbeitgebers gegen den **616** E-Mail-Versand unter verschiedenen Gesichtspunkten geprüft. Ein Abwehranspruch des Arbeitgebers aus Verletzung des Eigentums bzw. am eingerichteten und ausgeübten Gewerbebetrieb (§ 1004 Abs. 1; § 823 Abs. 1 BGB) wurde ebenso abgelehnt wie ein **datenschutzrechtlicher**

---

69 RDV 2009, S. 172: »*Eine tarifzuständige Gewerkschaft ist auf Grund ihrer verfassungsrechtlich geschützten Betätigungsfreiheit grundsätzlich berechtigt, E-Mails zu Werbezwecken auch ohne Einwilligung des Arbeitgebers und Aufforderung durch die Arbeitnehmer an die betrieblichen E-Mail-Adressen der Beschäftigten zu versenden.*«

70 Vgl. bei Däubler, Internet am Arbeitsplatz, Rdn. 526, der Arbeitgeberrechte bei gestatteter privater Nutzung per se nicht und bei ausschließlicher dienstlicher E-Mail-Nutzung nach Abwägung mit evtl. entgegenstehenden Arbeitgeberinteressen regelmäßig ebenfalls nicht als verletzt ansieht; ebenso Klebe/Wedde, AuR 2000, S. 401; Berg, in: DKK, BetrVG, § 2 Rdn. 48a; Wedde, CF 6/2004, S. 25

71 Vgl. bei Hopfner/Schrock, DB 2004, S. 1558

72 Vgl. als zutreffend ArbG Frankfurt, RDV 2007, S. 215:
»1. Ist die Nutzung der dienstlichen E-Mail-Adresse für Privatzwecke nicht gestattet, so stellt die ohne Einverständnis des Arbeitgebers erfolgende Versendung von Gewerkschafts-E-Mails an die Belegschaft einen rechtswidrigen Eingriff in den eingerichteten und ausgeübten Gewerbebetrieb dar.
2. Auch wenn die E-Mails sich zu anstehenden Problemen von betrieblichen Umstrukturierungsplänen äußern, ist diese Art der Information nicht durch die grundrechtlich geschützte Koalitionsfreiheit gerechtfertigt.«

73 Däubler, Internet und Arbeitsrecht, Rdn. 524; so auch das ArbG Brandenburg an der Havel, Urteil vom 1.12.2004 – 3 Ca 1231/04, das trotz des ausdrücklichem Verbots des Arbeitgebers keinen Rechtsverstoß darin erkannte, dass ein Arbeitnehmer – außerhalb seiner Arbeitszeit – trotz des zuvor ergangenen ausdrücklichen Verbots ein Wahlwerbeschreiben für Gewerkschaftskandidaten zur Aufsichtsratswahl verschickte.

74 DB 2004, S. 1558

Anspruch aufgrund der Verletzung des Persönlichkeitsrechts des Arbeitgebers. Das BAG räumt der in Art. 9 Abs. 3 GG geschützten **Betätigungsfreiheit** im Regelfall den **Vorrang** ein. Es begründet das Recht, E-Mails ohne Einwilligung des Arbeitgebers und ohne Aufforderung seitens der Arbeitnehmer zu versenden, wie folgt: »Mitgliederwerbung und Information von Arbeitnehmern ist Teil der von Art. 9 Abs. 3 Satz 1 GG geschützten Betätigungsfreiheit der Gewerkschaften. Zu dieser gehört die Berechtigung, selbst zu bestimmen, auf welchem Wege Werbung und Information praktisch durchgeführt und die Arbeitnehmer angesprochen werden sollen. Das umfasst die Befugnis, betriebliche E-Mail-Adressen von Arbeitnehmern für Werbung und Information zu benutzen. Allerdings sind gegenüber dem Interesse der Gewerkschaft an einer effektiven Werbung und Information durch E-Mail-Versand verfassungsrechtliche Belange des Arbeitgebers und Betriebsinhabers und ggf. Belange des Gemeinwohls abzuwägen. Sie können den konkreten Modalitäten des E-Mail-Versands durch **Gewerkschaften** im Einzelfall entgegenstehen, machen eine Verwendung der betrieblichen E-Mail-Adressen der Beschäftigten aber nicht generell unzulässig.«

617 Konsequent ist daher die Entscheidung des BAG vom 15.10.2013,[75] nach der ein dem Betriebsrat angehöriger Arbeitnehmer nicht berechtigt ist, einen vom Arbeitgeber für dienstliche Zwecke zur Verfügung gestellten personenbezogenen E-Mail-Account (Vorname.Name@Arbeitgeber.de) für die betriebsinterne Verbreitung eines **Streikaufrufs** seiner Gewerkschaft an die Belegschaft zu nutzen. Der Abwehranspruch des Arbeitgebers folgt aus § 1004 Abs. 1 BGB. Hierfür ist unerheblich, ob dem Arbeitnehmer der dienstlichen Zwecken vorbehaltene Intranetzugang in seiner Funktion als Amtsträger oder unabhängig davon zur Verfügung gestellt wurde. Die Arbeitgeberin ist nicht verpflichtet, die Verbreitung von Streikaufrufen über ihr Intranet gemäß § 1004 Abs. 2 BGB zu dulden. Von ihr kann nicht verlangt werden, durch eigene Betriebsmittel die koalitionsspezifische Betätigung eines Arbeitnehmers in einem gegen sie gerichteten Arbeitskampf zu unterstützen.

618 Das BAG prüft auch, ob der Arbeitgeber aufgrund einer Verletzung des **Selbstbestimmungsrechts der angesprochenen Arbeitnehmer** vorgehen könnte. Die Frage ließ das Gericht jedoch teilweise unbeantwortet, da es

---

75 NZA 2014, S. 319

weitgehend darauf abstellte, dass nur eigene Mitglieder angesprochen werden, was nach Maßgabe des § 28 Abs. 1 Nr. 1 BDSG gestattet sei.

Es muss dabei bleiben, dass der E-Mail-Versand aufgrund der noch darzustellenden Rechtspositionen der Nichtmitglieder gegenüber **nicht erbeter gewerkschaftlicher Werbung** nur eingeschränkt zulässig ist. **619**

3.2.4 Abwehrmaßnahmen gegen Veröffentlichungen im Intranet

Gewerkschaften haben ohne Zustimmung des Arbeitgebers regelmäßig keinen Zugriff auf das betriebliche Intranet. Gewerkschaftsinformationen könnten jedoch durch zugriffsberechtigte Mitarbeiter oder auch durch den Betriebsrat publiziert werden. **620**

Veröffentlichen Mitarbeiter unerlaubt **gewerkschaftliche Informationen im Intranet**, so stellt sich das dem Arbeitgeber gegenüber als **verbotene Eigenmacht** (§ 858 Abs. 1 BGB) dar, der sich der Arbeitgeber unmittelbar erwehren darf (§ 859 Abs. 1 BGB).[76] **621**

Dies gilt jedoch nicht, wenn der Betriebsrat im Intranet in Überschreitung seines Aufgabenbereichs gewerkschaftliche Informationen verbreitet. Hier ist es dem Arbeitgeber nicht gestattet, gegen unzulässige Texte per **Selbsthilfe** vorzugehen, indem er sie entfernt bzw. den Zugriff hierauf sperrt.[77] Der Betriebsrat kann die **Unterlassung** dieser Behinderung seiner Tätigkeit verlangen (§ 78 BetrVG). Ein Unterlassungs- bzw. Entfernungsbegehren muss der Arbeitgeber also mithilfe des Arbeitsgerichts durchzusetzen versuchen.[78] **622**

3.2.5 Abwehrmöglichkeit gegen von Mitarbeitern »privat« versandte Gewerkschaftswerbung

Nach einer Entscheidung des ArbG Wiesbaden[79] stellt sich die Frage, ob im Falle des Versands der **Werbe-E-Mails** aus der Wohnung eines Mitar- **623**

---

76 Vgl. zu alledem im Einzelnen bei Kaya, Nutzung betrieblicher E-Mail- und Intranet-Systeme für gewerkschaftliche Zwecke, S. 215 ff. mit Nachweis der unterschiedlichen Auffassungen der Literatur.

77 BAG, NZA 2004, S. 278 = RDV 2004, S. 171; LAG Hamm, RDV 2004, S. 223

78 Vgl. auch bei Kaya, Nutzung betrieblicher E-Mail- und Intranet-Systeme für gewerkschaftliche Zwecke, S. 223 f.

79 RDV 2004, S. 227

beiters dieser keinen Verstoß gegen das Verbot nicht-dienstlicher Nutzung der betrieblichen Kommunikationsinfrastruktur begeht, weil sich der Arbeitgeber mit einer betriebsinternen Richtlinie »regelmäßig nicht gegen Angriffe von außen schützen« wolle und könne, wenn er die Nutzung des »zur Verfügung gestellten Computers, Kommunikationsnetzes und Internetzugangs« regele. Ebenso wie der Arbeitgeber einem Mitarbeiter nicht verbieten könne, private Briefe auf dem Postweg an Mitarbeiter im Betrieb zu senden, ebenso könne er Mitarbeitern nicht untersagen, **private E-Mails in den Betrieb** zu schicken. Diese Aussage kann jedoch nicht unwidersprochen bleiben. Mag ein Arbeitgeber auch hinsichtlich der Verteilung von über die Betriebsanschrift adressierter Privatpost gewisse Fürsorgepflichten haben, so kann das nicht dazu führen, dass ein Mitarbeiter grundsätzlich nicht angewiesen werden darf, selbst keine private (Werbe-)Post an Mitarbeiter des Betriebes zu senden.[80] Jedoch wird ein Mitarbeiter Gewerkschafts-E-Mails versenden dürfen, wenn er befugt für die Gewerkschaft tätig wird.

624 Arbeitgeber, die Beschäftigte wegen nicht gestatteter E-Mail-Werbung vor Wahlen oder für ihre Gewerkschaft abgemahnt hatten, haben hierbei u. a. auch auf die **Inanspruchnahme der bezahlten Arbeitszeit** für diese außerdienstliche Tätigkeit abgestellt. Eine derartige Arbeitspflichtverletzung kommt jedoch nicht in Betracht, wenn die elektronische Post in der Freizeit und ggf. sogar von dem privaten Rechner oder dem Rechner der Gewerkschaft abgesandt wird. Demgemäß verurteilte das LAG Schleswig-Holstein[81] einen Arbeitgeber zur Rücknahme einer Abmahnung gegenüber einem Arbeitnehmer, der Gewerkschaftswerbung von zu Hause aus über den betrieblichen E-Mail-Verteiler an die Mitarbeiter verschickt hatte. Das Gericht sah – ohne auf die Zulässigkeit einer derartigen Werbeaktion generell einzugehen – die Abmahnung als nicht gerechtfertigt an, da der Arbeitnehmer während seiner Freizeit tätig geworden war und daher **keinen Verstoß gegen seine Arbeitspflicht** begangen hätte. Nicht in Betracht gezogen wurde jedoch der Aspekt, dass die Bearbeitung der Werbe-E-Mail – selbst wenn der Mitarbeiter sie als unerwünschtes Spamming sofort aussortiert – bezahlte Arbeitszeit des Arbeitnehmers in Anspruch nimmt und **Infrastrukturkosten**

---

80 Vgl. auch ArbG Elmshorn (bei Skowronek, CF 12/1999, S. 36), das die Abmahnung in einem gleichen Fall – nur – am Fehlen der laut Nutzungsrichtlinie vorherigen Anhörung scheitern ließ.

81 AuR 2001, S. 71

beim Arbeitgeber verursacht,[82] wobei jedoch das BAG[83] diesen Aspekt als vernachlässigungswert betrachtet.

3.2.6 Regelung durch Betriebsvereinbarung/Tarifvertrag

Nicht als im Rahmen der Ausübung der Mitbestimmung erzwingbar, son-   **625** dern als freiwillige Abrede mag es sinnvoll sein, sich mit dem Betriebsrat über die Nutzung des Internets zu verständigen. Dabei wird teilweise angestrebt, quasi im Rahmen eines Vertrages zugunsten Dritter auch der Gewerkschaft ein Nutzungsrecht zuzugestehen.[84]

Nutzungsrechte im E-Mail-Verkehr[85] und im Intranet können Gewerk-   **626** schaften auch durch **tarifvertragliche Regelungen** eingeräumt werden, deren Zulässigkeit bei Firmentarifverträgen jedenfalls unbestritten ist.[86]

3.3 Die Rechtsposition der Arbeitnehmer

3.3.1 Persönlichkeitsrechtsschutz gegenüber unerbetener elektronischer Werbung

Selbst wenn die Inanspruchnahme des betrieblichen E-Mail-Systems Wahl-   **627** bewerbern, der Gewerkschaft angehörigen Kollegen oder auch externen Gewerkschaftsfunktionären seitens des Arbeitgebers gestattet ist bzw. gestattet werden muss, so ist damit noch nicht gesagt, ob auch die angesprochenen Mitarbeiter dies hinnehmen müssen, d. h., **datenschutzrechtlich**[87]

---

82 Hierin sehen Hopfner/Schrock, DB 2004, S. 1558 ein gewichtiges Argument für den Abwehranspruch des Arbeitgebers.

83 RDV 2009, S. 172

84 Vgl. den ver.di-Vorschlag bei Kiper, CF 10/2004, S. 12: »*Der GBR erhält die Möglichkeit, sich und seine Arbeit im Internet zu präsentieren. Eine Verlinkung mit den zuständigen Gewerkschaften ist zulässig. Der GBR hat die Möglichkeit, alle Beschäftigten per E-Mail zu informieren. Die zuständigen Gewerkschaften erhalten die Möglichkeit, die Beschäftigten über E-Mail bzw. Newsletter zu informieren.*«

85 Schon weil der Nutzungsanspruch nur Gegenstand des schuldrechtlichen Teils des TV sein kann, kann er die Gewerkschaft nicht ermächtigen, in die informationelle Selbstbestimmung der Mitarbeiter einzugreifen, d. h., die Nutzungsbefugnis kann nicht das Erfordernis der Einwilligung der Betroffenen aufheben, vgl. Rdn. 421 ff.

86 Vgl. zu den Regelungsgrenzen im Einzelnen und bereits getroffenen Regelungen bei Kaya, Nutzung betrieblicher E-Mail- und Intranet-Systeme, S. 39 und S. 233

87 Auf den daneben ggf. bestehenden Eingriff in die Koalitionsfreiheit wird hier nicht eingegangen; vgl. dazu bei Kaya, Nutzung betrieblicher E-Mail- und Intranet-Systeme, S. 189 ff.

ist es keineswegs unproblematisch, ob die betrieblichen E-Mail-Adressen der Mitarbeiter – sei es im Vorfeld einer Betriebsratswahl, sei es für allgemeine gewerkschaftliche Werbung – für **unverlangte Werbe-E-Mails** genutzt werden dürfen.

628 Nach § 7 Abs. 2 Nr. 3 UWG liegt eine wettbewerbswidrige unzumutbare Belästigung insbesondere bei einer ohne Einwilligung des Adressaten unter Verwendung elektronischer Post zugesandten Werbung vor. Zwar ist die Zulässigkeit der werblichen Ansprache durch Betriebsratskandidaten oder Gewerkschaften nicht am UWG zu messen. Bei der werblichen Ansprache durch die genannten Absender handelt sich nicht um eine »geschäftliche Handlung« i. S. von § 2 Abs. 1 Nr. 1 UWG. Aber auch wenn § 7 Abs. 2 Nr. 2 UWG unerbetene E-Mail-Werbung nur unter wettbewerbsrechtlichen Gesichtspunkten, d. h. im Hinblick auf die ansonsten bestehende Nachahmungsgefahr und ein ausuferndes Umsichgreifen dieser Werbeart untersagt, so ändert das nichts daran, dass die Belästigung des Betroffenen auch bei nicht im wirtschaftlichen Wettbewerb erfolgenden »Werbebotschaften« gleichermaßen besteht. Auch außerhalb des wirtschaftlichen Wettbewerbs stattfindende E-Mail-Werbung kann im Hinblick auf den **Persönlichkeitsschutz der Betroffenen** und ihr Selbstbestimmungsrecht, von der unerbetenen Werbung verschont zu bleiben, unzulässig sein.

629 Für die **Werbung politischer Parteien** haben Rechtsprechung[88] und Datenschutzaufsichtsbehörden[89] dies einhellig festgehalten. Danach genießen politische Parteien bei der Nutzung von E-Mail-Adressen auch unter Heranziehung ihres verfassungsrechtlichen Auftrags, an der politischen Willensbildung mitzuwirken (Art. 20 GG), kein Privileg[90] gegenüber anderen Versendern, so dass das direkte Versenden von E-Mails ohne **ausdrückliche Einwilligung** des Adresseninhabers[91] – anders als bei herkömmlicher Di-

---

88   Vgl. BVerfG, NJW 2002, S. 2938; OLG München, RDV 2004, S. 223: *»Auch unter Würdigung des Art. 21 GG bestehen keine verfassungsrechtlichen Bedenken, die Zusendung politischer Informationen der Zusendung kommerzieller Werbung gleichzustellen.«* Vgl. ferner LG Berlin vom 20.9.02; AG Rostock, 28.1.03

89   16. Bericht der Hessischen Landesregierung über die Tätigkeit der für den Datenschutz im nicht öffentlichen Bereich zuständigen Aufsichtsbehörde vom 11.12.2003, LT-Drs. 16/1680, S. 34

90   A. A. Khorrami, K&R 2005, S. 161

91   Insoweit stellt sich also die Rechtslage anders als bei herkömmlicher Direktwerbung per Brief dar, die so lange zulässig ist, wie der Betroffene nicht widersprochen hat (§ 28 Abs. 4 BDSG).

rektwerbung per Brief – neben anderen Beeinträchtigungen immer auch eine Verletzung von Persönlichkeitsrechten bewirkt.[92]

Diese Wertung ist ohne Weiteres auf gewerkschaftliche Werbung zu übertragen. **630**

Ebenfalls sind keine Gründe erkennbar, Werbe-E-Mails von Mitarbeitern des Betriebes grundsätzlich anders zu betrachten; mag hier auch im Einzelfall bei besonderer persönlicher Bekanntschaft eine **konkludente Zustimmung** angenommen werden können. So kann von einer **vermuteten Einwilligung** ausgegangen werden, wenn ein für den Betriebsrat kandidierender Mitarbeiter einem ihm bekannten Kollegen eine Werbe-E-Mail zukommen lässt.[93] Für **gewerkschaftliche Werbung** gegenüber **Nicht-Mitgliedern** scheidet die Annahme des Einverständnisses jedenfalls eindeutig aus.[94] Insoweit spielt es auch keine Rolle, ob der Arbeitgeber den Mitarbeitern den privaten E-Mail-Verkehr gestattet hat.[95] Auch dann ist erforderlich, dass sich der Adressat mit der Zusendung des Newsletters etc. einverstanden erklärt hat. **631**

Der Anspruch auf **Persönlichkeitsschutz** ist auch nicht deshalb als geringer zu bewerten, weil die unerbetene E-Mail nicht an die private E-Mail-Adresse des Betroffenen, sondern an eine seiner Person zugewiesene **betriebliche E-Mail-Anschrift** gerichtet wird. Angesprochen werden soll der Betroffene bei Nutzung der betrieblichen Adresse nämlich nicht als Mitarbeiter, d. h. in einer ihm vom Arbeitgeber zugewiesenen geschäftlichen Funktion und damit als für den Arbeitgeber handelnder Empfänger, sondern eben als »Privatmann«, mag die Botschaft auch dadurch bedingt sein, dass dieser Privatmann Arbeitnehmer dieses Betriebes ist. **632**

---

92 Unzulässig ist es nach KG, CR 2005, S. 64 auch, wenn eine Partei jedermann die Möglichkeit eröffnet, unter Angabe eines nicht überprüfbaren Absenders E-Cards mit Werbung zu versenden, indem die Partei die Empfänger per E-Mail informiert, dass die »Postkarte« von ihrer Webadresse abgerufen werden könne.

93 Zu weitgehend ist insoweit die Entscheidung des AG Bochum, RDV 2004, S. 274, wonach ein für die Vertreterversammlung des Versorgungswerks der Rechtsanwälte kandidierender Rechtsanwalt aufgrund des abgegrenzten, zahlenmäßig überschaubaren und durch gemeinsame Interessen verbundenen Adressatenkreises von dem Einverständnis der mit Werbe-E-Mails angeschriebenen Kollegen ausgehen konnte.

94 Dabei sieht es das ArbG Elmshorn (bei Skowronek, CF 12/1999, S. 36) im Hinblick auf das Recht auf negative Koalitionsfreiheit und die Wahrung des Betriebsfriedens zutreffend als besonders problematisch an, wenn das die Gewerkschaftswerbung versendende Betriebsratsmitglied die Mailwerbung quasi als Privatpost getarnt nur unter seinem Namen versendet.

95 Anders Däubler, Internet und Arbeitsrecht, Rdn. 526 und 532, der dem Mitarbeiter nur ein Widerspruchsrecht einräumt.

3.3.2 Datenschutzrechtliche Abwehransprüche der Arbeitnehmer

633　Der Versand von Gewerkschafts-E-Mails setzt die Erhebung und **Speicherung der dienstlichen E-Mail-Adressen** bei der Gewerkschaft voraus. Die Adresse kann die Gewerkschaft erhalten, indem die Mitarbeiter selbst sie mitteilen, also sich z. B. in einen gewerkschaftlichen E-Mail-Verteiler eintragen. Ist der Mitarbeiter über den Verwendungszweck gemäß § 4 Abs. 3 BDSG informiert worden und hat er der E-Mail-Werbung zugestimmt, so liegt insoweit kein Datenschutzverstoß vor.

634　Die Übermittlung der Daten durch Dritte, z. B. betriebsangehörige Gewerkschaftsmitglieder, ist schon im Hinblick auf die unzulässige Zweckbestimmung rechtswidrig. Dies gilt auch für die Nutzung von vom Arbeitgeber für eine dienstliche Kontaktaufnahme bestimmten Veröffentlichungen oder eine aufgrund der der Gewerkschaft bekannten **Systematik der Adressengestaltung** erfolgten automatischen Generierung[96] der Adressen.

635　Wie aufgezeigt, ist die Verarbeitung und Nutzung der Adresse zu Werbezwecken ohne Einwilligung der Betroffenen nicht zulässig. Konsequenz ist zum einen der Anspruch der Betroffenen auf Löschung der Daten (§ 35 Abs. 2 Satz 2 Nr. 1 BDSG). Zum anderen kann der Arbeitgeber auch, aufgrund seines »Eigentums« an den betrieblichen Daten, **Unterlassung der zweckwidrigen Speicherung** verlangen.[97]

636　Um eine unzulässige Übermittlung und damit nachfolgende rechtswidrige Verarbeitung zu umgehen, werden die Nachrichten auch an bei Gewerkschaften organisierte Betriebsratsmitglieder oder ihre **betrieblichen Vertrauensleute** geschickt, damit diese den Versand vornehmen. Dass aber der Versand der gewerkschaftlichen »Werbepost« jedenfalls bei nicht erlaubter privater Nutzung unzulässig ist, wurde aufgezeigt.

96　Vgl. Klebe/Wedde, AiB 2001, S. 308
97　BfDI, Jahresbericht 2003, S. 78 = RDV 2004, S. 139

Kapitel 9
Mitarbeiterdaten im Inter- und Intranet

1 Publikationen des Arbeitgebers im Internet

1.1 Allgemeines

Firmen, die auf ihr Erscheinungsbild in der Öffentlichkeit und globale **637** Kontakte Wert legen bzw. den Kontakt mit Bürgern und Kunden über Multimedia führen wollen, sind dazu übergegangen, Daten ihrer Mitarbeiter, wie z. B. Namen, Arbeitsgebiet, Fachbereich, Telefon- und Faxnummer, nicht nur in gedruckter Form (Briefbögen, Prospekte, Verzeichnisse, Werkszeitung etc.) bestimmten Kunden- und Interessentenkreisen mitzuteilen,[1] sondern auch im **Internet** zu veröffentlichen.[2]

Die Zulässigkeit dieser Datennutzung bzw. Weitergabe richtet sich – man- **638** gels im Regelfall nicht vorhandener spezieller Regelung[3] – nach dem BDSG und ggf. auch dem **Recht am eigenen Bild.** Solange kein Abruf erfolgt, stellt die Verwendung der Daten zu diesem Publikationszweck jedenfalls eine Nutzung (§ 3 Abs. 5 BDSG) dar.[4] Ob damit, da die Daten nunmehr für jedermann einsehbar bzw. abrufbar sind,[5] auch der Tatbestand der **Übermittlung** erfüllt ist oder ob dies erst der Fall ist, wenn die für den Abruf bereitgestellten Daten von einem Dritten eingesehen werden, kann im Hinblick auf das schon für den Tatbestand der Nutzung zu beachtende **Verbot mit Erlaubnisvorbehalt** (§ 4 Abs. 1 BDSG) zunächst dahinstehen. Maßgebend für die Zulässigkeit ist insoweit § 32 Abs. 1 Satz 1 BDSG, d. h., die Nutzung

---

1 Zur Zulässigkeit vgl. bei Gola/Wronka, Handbuch Arbeitnehmerdatenschutz, Rdn. 857 ff.

2 Landesdatenschutzbeauftragter Baden-Württemberg, Tätigkeitsbericht (1997), S. 97 = Datenschutz-Berater 2/98, S. 9. Zur Problematik vgl. insgesamt auch Däubler, Internet und Arbeitsrecht, Rdn. 361 ff.; ders., DuD 2013, S. 759

3 Für den öffentlichen Dienst greifen insofern Spezialregelungen der Landesdatenschutzgesetze bzw. des Beamtenrechts; vgl. bei Gola/Wronka, Handbuch Arbeitnehmerdatenschutz, Rdn. 102

4 Vgl. bei Gola/Schomerus, BDSG, § 3 Rdn. 33 und 42

5 Vgl. zur Veröffentlichung von Daten bei Gola/Schomerus, BDSG, § 3 Rdn. 33; ferner Däubler, Gläserne Belegschaften?, Rdn. 442 m. w. N.

zum Zwecke der Veröffentlichung muss zur Durchführung des jeweiligen Arbeitsverhältnisses erforderlich sein.

639 Weiterhin ist aber davon auszugehen, dass auch der Arbeitgeber, der einen Host-Provider veranlasst, auf seiner Website von ihm ausgewählte Personaldaten mit dem Ziel der **Veröffentlichung im Internet** bereitzustellen, den Tatbestand der **grenzüberschreitenden Übermittlung** herbeigeführt hat, sofern auch nur eine Person aus einem Drittland die Daten herunterlädt. Verantwortliche Stelle ist der Arbeitgeber und nicht – wie der EuGH[6] meint – der Provider; zumal Letzterer gar nicht in der Lage ist, die Zulässigkeit der Übermittlung zu beurteilen.[7] Damit sind die besonderen Zulässigkeitskriterien der §§ 4b und 4c BDSG für die Übermittlung personenbezogener Daten in sog. **Drittländer** zu beachten.[8] Während bei grenzüberschreitenden Übermittlungen im Rahmen eines **weltweiten Konzern-Intranets** die durch Weitergabe der Daten in ein datenschutzloses Ausland entstehenden besonderen Gefährdungen der schutzwürdigen Interessen der Betroffenen ggf. durch zwischen den Unternehmen getroffene Vereinbarungen (z. B. durch verbindliche Unternehmensregelungen = Codes of Conduct nach § 4c Abs. 2 BDSG) beseitigt werden können, ist dies bei Veröffentlichungen im Internet im Hinblick auf die unbekannten Interessenten an der Information nicht möglich. Insoweit kann der Arbeitgeber die Bereitstellung der Personaldaten zum weltweiten Abruf – abgesehen von der Einwilligung der Betroffenen (§ 4c Abs. 1 Satz 1 Nr. 1 BDSG) – nur noch aus § 4c Abs. 1 Satz 1 Nr. 2 BDSG ableiten, nach dem die Übermittlung zulässig ist, »sofern die Übermittlung für die **Erfüllung eines Vertrages** zwischen dem Betroffenen und der verantwortlichen Stelle **erforderlich** ist«, womit insoweit auf die gleichen Kriterien abzustellen ist, wie sie bereits § 28 Abs. 1 Satz 1 Nr. 1 BDSG auch für sonstige Veröffentlichungen vorgibt.

640 Eine Veröffentlichung von Mitarbeiterdaten ist bislang auch in herkömmlichen Publikationswegen – abgesehen von gesetzlichen Publikationspflichten (z. B. Geschäftsführer einer GmbH, Anbieterkennzeichnung gem. § 5 TMG) – ohne Einwilligung der betroffenen Beschäftigten nur zulässig, wenn sie zur gemäß der **Funktion des Beschäftigten** erforderlichen Er-

---

6   DuD 2004, S. 222 = RDV 2003, S. 231 mit kritischer Anm. von Dammann; JZ 2004, S. 242 mit Anm. Fechner

7   Brühann, DuD 2004, S. 201

8   Vgl. Gola/Scomerus, BDSG, § 4b, Rdn. 6 ff.

reichbarkeit gegenüber Externen und damit zur **Erfüllung der Arbeits-pflicht** (z. B. Tätigkeit als Kundenberater, **Außendienstvertreter** u. Ä. gem. § 32 Abs. 1 Satz 1 BDSG) erforderlich oder üblich (z. B. bei an einer Hochschule lehrenden **Wissenschaftlern**) ist. Daneben kann der Aspekt der Vertretung nach außen bzw. der **Repräsentation des Unternehmens** durch den Mitarbeiter in Betracht kommen (Bekanntgabe von Ehrungen für die Unternehmenstätigkeit u. Ä.).

Zu beachten ist jedoch, dass eine Befugnis oder Verpflichtung zur Veröf-fentlichung von Daten, z. B. in **Printmedien,** keineswegs in jedem Falle auch zu der Einstellung dieser Daten in das Internet berechtigt. Im Gegen-satz zur Veröffentlichung der Daten in gedruckten, von der Natur der Sache her einem begrenzten, interessierten Kreis zugänglichen Publikationen und Verzeichnissen stellt die Einstellung im Internet sich als Veröffentlichung in einer von jedermann global abrufbaren, **virtuellen Zeitung** dar, deren Informationen problemlos mit weiteren im WWW vorhandenen Daten des Betroffenen zu **Persönlichkeitsbildern** verknüpft werden können.[9]   **641**

1.2 Zulässigkeitskriterien

1.2.1 Allgemeines

Demgemäß rechtfertigt die Befugnis zur **öffentlichen Bekanntmachung**   **642** der von den **Industrie- und Handelskammern** bestellten **Sachverständi-gen** nicht die Publikation der Daten im Internet; eine solche Veröffentli-chung überschreitet den insoweit vom Gesetzgeber eingeräumten Ermäch-tigungsrahmen bei Weitem und erfordert deshalb die informierte **Einwilligung** der Betroffenen.[10]

Wie aufgezeigt, kann angesichts der grenzüberschreitenden Übermittlung   **643** der Daten auch in Länder ohne angemessenes Datenschutzniveau die Übermittlung von Arbeitnehmerdaten nach § 4c Abs. 1 Satz 1 Nr. 2 BDSG nur gerechtfertigt werden, wenn dies zur Erfüllung der arbeitsvertraglichen

---

9   Vgl. hierzu bei Kaufmann, DuD 2005, S. 262
10   Vgl. Landesdatenschutzbeauftragter Sachsen-Anhalts, IV. Tätigkeitsbericht (1998), S. 44 = RDV 1999, S. 277; ähnliche Überlegungen stellt die Landesdatenschutzbeauf-tragte NRW an, Tätigkeitsbericht 1995/96, S. 117, wenn sie es als unzulässig ansieht, dass die Industrie- und Handelskammern die Daten der eingetragenen Unternehmen in das Internet einstellen und damit jeden beliebigen und unkontrollierten Zugriff eröff-nen.

Pflichten bzw. für den **reibungslosen Dienstverkehr**[11] erforderlich ist, wobei den veränderten Usancen der **Recherche nach Geschäftspartnern** eben auch im Internet Rechnung zu tragen ist. So wird sich der **Presse-sprecher**[12] eines Unternehmens ebenso wenig dagegen wehren können, dass sein Name im Internet benannt wird, wie ein Mannequin, das Kleider des Textilherstellers präsentiert, dass ihr Bild gezeigt wird.

1.2.2 Die arbeitsplatzbedingte Erforderlichkeit

644   Zu der Frage, wann unter diesem Aspekt die Bekanntgabe von Daten wie Name, Titel, Funktion, Telefonnummer, E-Mail-Adresse der Mitarbeiter eines Unternehmens oder einer Behörde zur Wahrnehmung der arbeitsver-traglichen/dienstlichen Pflichten erforderlich und damit auch ohne **Einwilligung** der Betroffenen zulässig ist, vertreten die Datenschutzaufsichtsbe-hörden unterschiedliche, teilweise inzwischen geänderte Auffassungen.

645   So lässt der Landesdatenschutzbeauftragte Schleswig-Holstein[13] Veröffent-lichungen ohne Einwilligung auch für Behördenbedienstete nur bei Vorlie-gen einer **speziellen Rechtsvorschrift** zu.[14] Auch der Landesbeauftragte Baden-Württemberg[15] sieht nun – unter Aufgabe früherer Auffassungen und unter ausdrücklicher Ablehnung der vom OVG Koblenz bzw. BVerwG aufgestellten Kriterien – eine Veröffentlichung regelmäßig nur aufgrund einer speziellen Rechtsvorschrift[16] oder mit Einwilligung als zulässig an. Die Einwilligung solle sich nur auf die Dialogvariante beziehen, also keinen Zugriff durch **Suchmaschinen** zulassen. Andererseits hat der sächsische Datenschutzbeauftragte seine diesbezügliche Auffassung im Hinblick auf die Entscheidung des OVG Koblenz[17] und der Neuregelung des Beschäf-tigtendatenschutzes im § 37 Abs. 2 SächsDSG wie nachfolgend hier vertre-ten revidiert.

---

11   Konferenz der Datenschutzbeauftragten des Bundes und der Länder, Vom Bürgerbüro zum Internet, S. 14

12   Däubler, Internet und Arbeitsrecht, Rdn. 365; hier kann aber auch die Angabe der Er-reichbarkeit der Pressestelle genügen.

13   23. TB(2000), S. 99

14   Ebenso Däubler, Gläserne Belegschaften?, Rdn. 467, der generell eine Einwilligung, ggf. im Arbeitsvertrag selbst (so z. B. für den Vertrag des Pressesprechers eines Unter-nehmens oder einer Behörde) fordert.

15   29. TB (2008/2009); S. 77

16   Der LDSB verwies auf § 12 Abs. 5 Landeshochschulgesetz als Beispiel.

17   14. TB (2009) Ziff. 5.1.6

Der bayerische[18] und der hessische Landesdatenschutzbeauftragte[19] stellen auf die Aufgabe eines »**Ansprechpartners des Bürgers**« ab. Insofern vertritt der hessische Landesbeauftragte zur Einstellung von **Telefonverzeichnissen** von Dienststellen in das Internet folgende Auffassung: »*Datenschutzrechtlich ist die Veröffentlichung von kompletten dienstlichen Telefonverzeichnissen im Internet ohne Einwilligung der Betroffenen nicht zulässig. Sind jedoch Bedienstete betroffen, die als Amtswalter aufgrund ihrer dienstlichen Tätigkeit Außenstehenden bekannt sein sollen, so ist die Bekanntgabe von Name, Aufgabe und Telefonnummer nicht zu beanstanden.*«

646

Dieser Auffassung entspricht auch das OVG Rheinland-Pfalz,[20] wobei es dahinstehen lässt, ob das Landesbeamtengesetz oder das LDSG maßgebend sind.[21] Beide Regelungen führen ggf. zu der Befugnis der Veröffentlichung.[22]

647

---

18   18. Tätigkeitsbericht (1998), Ziff. 12.3

19   25. Tätigkeitsbericht (1996), Ziff. 8.3; ähnlich Landesdatenschutzbeauftragter Mecklenburg-Vorpommern, Datenschutzfragen der Präsentation von öffentlichen Stellen im Internet – Orientierungshilfe, S. 4

20   RDV 2008, S. 42; der Leitsatz lautet:
»*Im Interesse einer transparenten, bürgernahen öffentlichen Verwaltung ist der Dienstherr von Rechts wegen nicht gehindert, Namen, Funktion und dienstliche Erreichbarkeit jedenfalls solcher Beamter, die mit Außenkontakten betraut sind, auch ohne deren Einverständnis im Internet bekannt zu geben. Etwas anderes gilt lediglich dann, wenn einer solchen Bekanntgabe Sicherheitsbedenken entgegenstehen.*«

21   Vgl. »Orientierungshilfe zur Präsentation öffentlicher Stellen im Internet«, www.datenschutz-mv.de

22   Bestätigt durch des BVerwG, RDV 2009, S. 30:
»*1. Ob eine Behörde die mit Außenkontakten betrauten Beamten in herkömmlicher Weise durch schriftlichen Behördenwegweiser, Übersichtstafeln, Namensschilder veröffentlicht oder auf Antrag einsehbare Geschäftsverteilungspläne oder in moderner Weise durch Veröffentlichung auf ihrer Internetseite kundtut, liegt allein in ihrem organisatorischen Ermessen.*
2. Kein Bediensteter einer Behörde hat Anspruch darauf, vom Publikumsverkehr und von der Möglichkeit, postalisch oder elektronisch von außen angesprochen zu werden, abgeschirmt zu werden, es sei denn, legitime Interessen, z.B. der Sicherheit, gebieten dies.«

648   Die Einstellung von Telefon- und **Vorlesungsverzeichnissen**[23] etc. durch Hochschulen in das Internet ist durch mit der Datenschutzaufsicht abgestimmten Erlass[24] in Niedersachsen wie folgt geregelt: Eine Veröffentlichung ist zulässig, wenn es sich um folgende Daten handelt:

- Forschungsergebnisse unter Nennung der Autoren sowie der Forschungseinrichtung,
- Ankündigung und Berichte von Tagungen mit Namen der Referenten und Kontaktadressen,
- Namen, Kontaktadressen und Forschungsgebiet der unmittelbar in Forschung und Lehre tätigen Bediensteten,
- Sprechzeiten sowie Bezeichnung und Termine von Lehrveranstaltungen der lehrenden Bediensteten,
- private Kontaktadressen nur, wenn die vorgenannten Bediensteten sonst dienstlich nicht erreichbar sind.

649   Weitere Angaben dürfen nur mit schriftlicher Einwilligung veröffentlicht werden.[25] Die Veröffentlichung von Studentendaten ohne Einwilligung ist grundsätzlich unzulässig.

650   Kein Problem sieht der LfD Mecklenburg-Vorpommern,[26] wenn Stellenpläne einer Kommune veröffentlicht werden, wobei die Daten so pseudonymisiert sein sollen, dass ein Personenbezug so weit wie möglich ausgeschlossen ist.

1.2.3 Fazit

651   Zusammengefasst kann festgehalten werden, dass anknüpfend an die Funktion, d. h. Entscheidungsbefugnis und/oder Außenkontakt[27] des Mitarbeiters, sog. **Basiskommunikationsdaten**[28] und ggf. **funktionsrelevante Zusatzdaten** in das Internet eingestellt werden dürfen, wozu regelmäßig zu zählen sind: Vor- und Zuname, Telefon- und Faxnummer, E-Mail-Adresse

---

23   Vgl. zur Zulässigkeit auch LDSB Mecklenburg-Vorpommern, TB 2011, Ziff. 2.11.3

24   Vgl. XIV. Tätigkeitsbericht des Landesbeauftragten für den Datenschutz (1997/98), S. 128

25   Zur Veröffentlichung von Qualitätsberichten mit personenbezogenen Daten des Schulleiters siehe LDI NRW 19. TB (2009), S. 112

26   TB 2012, Ziff. 4.4.2

27   Zu den Elementen dieser Funktionsebene vgl. bei Kaufmann, DuD 2005, S. 262 (265)

28   Berliner Datenschutzbeauftragter, Jahresbericht 1997, Ziff. 4.7.3

und der Hinweis auf den Aufgabenbereich.[29] Gehört zur Aufgabenstellung die Repräsentation des Unternehmens und die Stärkung seines Renommees bzw. bietet das Unternehmen Dienstleistungen eines speziellen Mitarbeiters an (so bei Hochschullehrern, Mitgliedern eines **Theaterensembles,** dem Chefarzt einer Klinik etc.), so kann der Name und ggf. die Dienstleistung publiziert werden.[30]

Bedarf die Publikation der **Einwilligung** der Beschäftigten, so ist zu beachten, dass sie »freiwillig« erfolgen muss, d. h., dass es dem Mitarbeiter ohne Befürchtung von Konsequenzen freigestellt sein muss, die Zustimmung auch zu versagen.[31]   **652**

Aber auch in den Fällen, in denen die Veröffentlichung im Internet ohne Einwilligung zulässig ist, sollte – wie der Berliner Datenschutzbeauftragte[32] zutreffend fordert – *»aufgrund der besonderen Gefährdung des informationellen Selbstbestimmungsrechts der Mitarbeiter bei einer weltweiten Veröffentlichung ihrer Daten, d. h. auch in Ländern, in denen kein oder kein hinreichender Datenschutz besteht, den Betroffenen grundsätzlich ein* **Widerspruchsrecht**[33] *(vgl. auch § 35 Abs. 5 BDSG) gegen die Aufnahme ihrer Daten in derartige Verzeichnisse eingeräumt werden.«* Dieses Recht muss nicht dazu führen, dass die Erreichbarkeit des Betroffenen erschwert wird, weil dem Interesse des Arbeitgebers an der Erreichbarkeit des zuständigen Ansprechpartners im Betrieb zumeist auch bei **pseudonymisierten Angaben** (also: Leiter Friedhofsamt, Kfz-Auftragsannahme, Pressestelle etc.) Rechnung getragen sein wird.   **653**

---

29   Vgl. bei Schaar, Datenschutz im Internet, Rdn. 770

30   Vgl. aber auch Innenministerium Baden-Württemberg, 3. Tätigkeitsbericht (2005) zum Datenschutz im nichtöffentlichen Bereich, S. 151 zu dem beanstandeten Fall, dass Daten eines innerhalb der Probezeit wieder ausgeschiedenen Mitarbeiters samt Begründung für das Ausscheiden im Internet veröffentlicht werden.

31   Vgl. vorstehend Rdn. 489 ff.

32   Tätigkeitsbericht 1997, S. 185 sowie zur abweichenden Auffassung des Berliner Senats: Jahresbericht 1998, S. 172

33   Zum Widerspruchrecht gegen die Angabe des vollen Vornamens statt des Anfangsbuchstabens bei Publikation der E-Mail-Adresse aufgrund persönlicher Belange vgl. Landesdatenschutzbeauftragter Bremen, 25. Jahresbericht, Ziff. 2.5.9

654 Eine Veröffentlichung ist unzulässig bzw. dem Widerspruch ist in jedem Falle Rechnung zu tragen, wenn der Bekanntgabe die **Sicherheit** des Betroffenen entgegensteht.[34] Dies wäre z. B. der Fall, wenn eine von einem **Stalker** verfolgte Mitarbeiterin die neue Arbeitsstelle geheim halten will.

2 Publikation von Personaldaten im Intranet

2.1 Allgemeines

655 Die Einschränkungen für die Veröffentlichung von Personaldaten im Internet gelten sinngemäß auch für das Intranet, wobei hier jedoch in größerem Umfang ein **Bezug zu der Arbeitspflicht** der Beschäftigten besteht, d. h., hier werden allgemeine personenbezogene Informationen zwecks innerbetrieblicher bzw. **innerkonzerner Kommunikation** und Information als erforderlich begründet werden können.

656 So beurteilte die Datenschutzaufsicht Hessen[35] die Erstellung eines **konzernweit** verfügbaren **Telefonverzeichnisses** mit Namen, dienstlicher Anschrift, Aufgabengebiet, dienstlicher Telefon- und Faxnummer sowie E-Mail-Adresse im Hinblick auf das Erfordernis einer ebenso schnellen wie reibungslosen konzerninternen Kommunikation als grundsätzlich zulässig.[36] Im Einzelfall kann eine Zugriffsbeschränkung auf Teile des Verzeichnisses geboten sein, soweit dies für die konzerninterne Kommunikation genügt. Als Richtschnur hält der BfD[37] wie folgt fest: *»Gegen die Bereitstellung von dienstlichen Telefonverzeichnissen im IVBB-Intranet – zu dem ausschließlich Bundesbehörden Zugang haben – bestehen keine Bedenken. Entsprechendes gilt für Stellenausschreibungen, da sie keine personenbezogenen Daten enthalten. Allgemein kann als Richtschnur gelten, dass durch die Nutzung des Intranets datenschutzrechtliche Standards entspre-*

---

34 LAG Schleswig-Holstein, RDV 2008, S. 217; OVG Rheinland-Pfalz, RDV 2008, S. 27

35 Hessische Landesregierung, 15. Bericht über die Tätigkeit der Aufsichtsbehörden für den Datenschutz im nichtöffentlichen Bereich vom 26.11.2002 (LT-Drs. 15/4659) = RDV 2003, S. 102

36 Siehe auch Innenministerium Baden-Württemberg, Hinweis zum BDSG für die Privatwirtschaft Nr. 34; Simitis in Simitis (Hrsg.), BDSG, § 28 Rdn. 195 zur Weitergabe firmeninterner Telefonbücher an konzernverbundene Unternehmen

37 17. Tätigkeitsbericht, Ziff. 18.4

chender konventioneller Verfahren nicht unterschritten werden dürfen. So kann für interne Telefonverzeichnisse im IVBB genauso wenig wie für die gedruckten dienstlichen Telefonverzeichnisse eine absolute Garantie gegeben werden, dass sie nicht vorschriftswidrig an Stellen außerhalb der Bundesverwaltung gelangen.«

Wenn im Intranet die **An- oder Abwesenheit** aufgrund von Arbeitseinteilung und Organisation im Unternehmen bekannt sein muss, kann auch dies im Intranet neutral vermerkt werden.[38]   **657**

3 Die Verbreitung von Bildern der Mitarbeiter

3.1 Das Recht des Betroffenen am eigenen Bild

Nicht von den in engen Grenzen zulässigen einseitigen Publikationsbefugnissen des Arbeitgebers umfasst ist jedoch die **Veröffentlichung des Bildes** des Mitarbeiters. Nach § 22 KUG dürfen Bildnisse nur mit **Einwilligung** des Abgebildeten verbreitet oder öffentlich zur Schau gestellt werden.[39] Von diesem Verbreitungsverbot bestehen zwar zahlreiche Ausnahmen, die jedoch auf die Veröffentlichung von Mitarbeiterportraits im Regelfall nicht zutreffen.   **658**

Durch die Einstellung des Bildes in die Homepage ist der Begriff des Schaustellens, d. h. der unkörperlichen Darstellung des Bildes in der Öffentlichkeit, erfüllt.[40] Öffentlichkeit ist nicht nur gegeben bei der gleichzeitigen Darbietung des Bildes gegenüber einem nicht geschlossenen Personenkreis, sondern auch, wenn das Bild nacheinander vielen Personen gezeigt wird bzw. diesen ungehindert die Möglichkeit der Kenntnisnahme eröffnet wird.   **659**

Erforderlich ist also in jedem Falle die **Einwilligung** des Mitarbeiters, die, da mit der Einstellung des Bildes in das Inter- oder Intranet ggf. zugleich   **660**

---

38   Die Krankheitstage dürfen nicht angezeigt werden. Bayerische Aufsichtsbeh., RB 2009/2010, Nr. 12.4

39   Vgl. dazu vorstehend Rdn. 128 ff.; Däubler, DuD 2013, S. 759 (760)

40   Gounalkis/Rhode, Persönlichkeitsschutz im Internet, Rdn. 55

ein personenbezogenes Datum genutzt oder verarbeitet wird, den Anforderungen des § 4a BDSG genügen muss.[41]

661 Ob die Einwilligung auch frei **widerruflich** ist,[42] hängt davon ab, ob der Arbeitnehmer die Veröffentlichung als **Ausfluss seiner Arbeitspflicht** akzeptiert hat. So wird einem Mannequin, das vereinbarungsgemäß die Produkte seines Arbeitgebers auf der Bestellseite der Homepage präsentiert, kein Widerrufsrecht zustehen, während der mit seiner Einwilligung veröffentlichte Betriebsratsvorsitzende die Erklärung jederzeit widerrufen kann. Auch bei an einem Theater engagierten Schauspielern wird die Einwilligung in die Publikation einer Aufnahme aus dem Programm des Spielplans als konkludent erteilt angenommen werden können.

662 Erlaubt der Arbeitnehmer die Einstellung von Foto und Namen in das Internet, erklärt er sich nach Ansicht des LG Hamburg[43] damit einverstanden, dass **Personensuchmaschinen** bei der Suche nach seinem Namen auch das Foto anzeigen.

663 Endet das Beschäftigungsverhältnis, so **endet die Einwilligung** auch ohne Widerruf, wenn sie in Bezug zu dem konkreten Arbeitsverhältnis erteilt wurde, wobei dann zumeist auch das berechtigte Interesse an der Veröffentlichung entfallen sein dürfte. Das berechtigte Interesse beider Seiten an der Veröffentlichung wird entfallen, wenn die Veröffentlichung dazu dient, den Arbeitnehmer als Mitarbeiter und Ansprechpartner bekannt zu machen und z. B. mit seiner Fachkompetenz zu werben.[44] Das Foto nebst dem dazugehörenden Persönlichkeitsprofil ist zu löschen.[45] Anders soll es nach Ansicht des LAG Köln[46] sein, wenn das Foto reinen **Illustrationszwecken** dient und keinen auf die individuelle Person des Arbeitnehmers Bezug nehmenden

---

41 Lorenz, ZD 2012, S. 367
42 Zu diesem Grundsatz vgl. bei Gola/Schomerus, BDSG, § 4a Rdn. 17 ff.; vgl. aber auch bei Wächter, Datenschutz im Unternehmen, Rdn. 1297, der insoweit auf wichtige persönlichkeitsbedingte Gründe abstellt und analog § 122 BGB und § 42 UrhG eine Schadensersatzpflicht sieht.
43 RDV 2010, S. 98
44 Vgl. auch LG Düsseldorf, RDV 2013, S. 318; danach liegt eine Verletzung des Namensrechts vor, wenn jemand, der einer Zeitschrift Beiträge zur Veröffentlichung geliefert hat, ohne seine Zustimmung in deren Impressum fortlaufend über Jahre als Mitarbeiter benannt wird.
45 LAG Frankfurt, Urteil vom 24.1.2012
46 RDV 2009, S. 283

Inhalt transportiert.[47] Dann wird die Einwilligung regelmäßig über die Beendigung des Arbeitsverhältnisses hinausreichen.[48] Anderenfalls müsste bei einem Gruppenfoto das Gesicht des Betroffenen unkenntlich gemacht werden.[49] Es ist ratsam, die Frage der Löschung bereits bei der Erteilung der Einwilligung arbeitsvertraglich zu regeln.

3.2 Rechte des Urhebers

Außer dem Persönlichkeitsrecht des Abgebildeten sind bei der Veröffentlichung im Internet regelmäßig auch die **urheberrechtlichen Nutzungs- und Verwertungsrechte** des **Fotografen** zu beachten (§ 72 Abs. 1 UrhG). Wurde das Lichtbild des Mitarbeiters nicht vom Arbeitgeber, sondern z. B. von einem Fotografen gefertigt – sei es im Auftrag des Arbeitgebers oder des Mitarbeiters –, so stellt das Einstellen des Fotos in das Internet[50] regelmäßig eine Vervielfältigung und Verbreitung eines urheberrechtlich geschützten Lichtbildes dar,[51] in die der Urheber einwilligen muss.[52] Hat er dies nicht bei der Erstellung des Bildes ggf. konkludent getan, indem er über die beabsichtigte Verwendung informiert wurde, so steht dem **Urheber** ein Anspruch auf Unterlassung und ggf. auf Schadensersatz zu.[53]

664

---

47 Entsprechend LAG Schleswig-Holstein in einem gleich gelagerten Fall, MMR 2011, S. 482; ebenso: LAG Rheinland-Pfalz, ZD 2013, S. 286

48 Zur Übertragung von Bilder per Webcam siehe vorstehend Rdn. 134

49 ArbG Frankfurt/Main, ZD 2012, S. 530; Däubler, Internet und Arbeitsrecht, Rdn. 396c

50 Bereits das Einscannen stellt eine zustimmungspflichtige Vervielfältigungshandlung dar.

51 Vgl. auch LG Köln, RDV 2008, S. 49:
»*Gemäß § 60 UrhG ist der Besteller eines Fotos berechtigt, dieses auch selbst zu vervielfältigen und unentgeltlich an einzelne Dritte weiterzugeben. Die Vorschrift berechtigt jedoch nicht zu einer öffentlichen Zugänglichkeitsmachung. Eine Veröffentlichung des Fotos auf der eigenen Homepage erfordert die Einwilligung des Urhebers.*«

52 Vgl. Strunk, CF 10/2004, S. 27

53 OLG Köln, vom 19.12.2003 – 6 U 91/03

3.3 Mitbestimmung[54]

665 Die Einstellung von Mitarbeiterdaten in das Inter- oder Intranet bedarf als ein Vorgang im Rahmen der automatisierten Personaldatenverarbeitung[55] ggf. auch der Zustimmung der Mitarbeitervertretung, wobei es keine Rolle spielt, ob die Publikation nur erfolgen soll, wenn die Beschäftigten sich mit der Bereitstellung ihrer Daten zum Abruf einverstanden erklären. Maßgebend ist, ob Kontrollmöglichkeiten entstehen, wie z. B. die Registrierung von Kontaktaufnahmen. Andererseits ändert sich durch die Gestattung der Veröffentlichung per Betriebs- oder Dienstvereinbarung an der ggf. erforderlichen Einwilligung der Betroffenen nichts.

666 **Mitbestimmung** für Betriebsräte und Personalvertretungen des Bundes bei **automatisierter Personaldatenverarbeitung** folgt aus § 87 Abs. 1 Nr. 6 BetrVG bzw. § 75 Abs. 3 Nr. 17 BPersVG, soweit die EDV als »technische Überwachungseinrichtung« eingesetzt wird. Sofern der Verarbeitungsvorgang des Einstellens der Daten zum Abruf ins Internet keinen zur **Mitarbeiterüberwachung** geeigneten Technikeinsatz darstellt,[56] so ergibt sich die Beteiligung der Mitarbeitervertretung eventuell auf einem anderen Weg. Und zwar dann, wenn die EDV-Verarbeitung der Personaldaten in einer abschließenden, das Erlaubte exakt beschreibenden Regelung festgeschrieben ist. Ist dies der Fall, stellt eine Bereitstellung von Personaldaten zum Abruf im Internet einen im »**Positivkatalog**« der Vereinbarung in der Regel nicht enthaltenen und damit mit der Mitarbeitervertretung nachzuverhandelnden Verarbeitungsschritt dar.

667 Ist dies nicht der Fall, kommt die Mitbestimmung des Betriebsrats jedoch nicht dadurch zum Tragen, dass die ggf. erforderliche Einholung der **Einwilligung** des Mitarbeiters der Mitbestimmung nach § 94 Abs. 1 BetrVG zuzuordnen wäre.[57]

668 Die Personalvertretungen der Mehrzahl der Bundesländer können sich dagegen auf die ihnen allgemein bei der »Einführung oder Anwendung von Verfahren automatisierter Personaldatenverarbeitung« eingeräumten Betei-

---

54 Vgl. Gola, CF 11/2000, S. 27 f.; 2/2001, S. 33
55 OVG NW, RDV 2000, S. 171
56 Anderes gilt, wenn z. B. die Zahl von Zugriffen auf Informationen über einen Mitarbeiter erfasst wird; vgl. bei Däubler, Internet am Arbeitsplatz, Rdn. 369
57 Vgl. ferner Gola/Wronka, Handbuch Arbeitnehmerdatenschutz, Rdn. 1003; a. A. Däubler, Internet und Arbeitsrecht, Rdn. 369

ligungsrechte berufen (vgl. u. a. § 72 Abs. 3 Nr. 2 LPVG NW, § 79 Abs. 3 Nr. 13 PVG-BW, Art. 75a Abs. 1 Nr. 2 BayPVG, § 80 Abs. 1 Nr. 3 LPersVG Rh.-Pf., § 80 Abs. 1 HPVG).

4 Exkurs: Bewertungsportale

Unter Bezugnahme auf das Recht der **Meinungsfreiheit** ihrer Schüler, **669** Kunden, Patienten oder Klienten müssen Lehrer[58], Professoren, Ärzte[59], Rechtsanwälte, Hoteliers[60] oder Arbeitgeber[61] es nach der Rechtsprechung hinnehmen, in sog. **Bewertungsportalen** in ihren berufsbezogenen Leistungen und ihrem Verhalten beurteilt zu werden. Das Recht des Betroffenen auf informationelle Selbstbestimmung soll hinter das Recht auf Kommunikationsfreiheit zurücktreten, soweit die auf die berufliche Tätigkeit des Betroffenen bezogenen Werturteile keinen über die **Sozialsphäre** hinausgehenden Eingriff in die Privatsphäre enthalten.[62] Diesen Schutz genießen auch anonyme Veröffentlichungen.

Betroffen von der Bewertung können auch Mitarbeiter des bewerteten Arz- **670** tes, Hoteliers etc. sein. Da kann es allgemein um die Freundlichkeit des Personals gehen oder auch konkret um einzelne Mitarbeiter.

Die Rechtsgrundlage, auf die sich die Betreiber der Bewertungsportale be- **671** rufen, ist § 29 Abs. 1 BDSG. **Abwehransprüche** ergeben sich im Falle von Persönlichkeitsrechtsverletzungen aus § 1004 Abs. 1 BGB analog i. V. m. § 823 Abs. 2 BGB und § 4 Abs. 1 BDSG als Schutzgesetz.[63] Die Behauptung unwahrer Tatsachen kann den Straftatbestand der üblen Nachrede gem. § 186 StGB oder der Verleumdung gem. § 187 StGB erfüllen. Abwehransprüche hat der Betroffene gegenüber dem Autor als Täter und dem Portalbetreiber. Dieser haftet als Täter, wenn er sich die Aussagen in dem Bewer-

---

58 BGH (Spick-mich), RDV 2010, S. 27 = NJW 2009, S. 2888; vgl. auch bei *Däubler*, DuD 2013, S. 759 (762)

59 OLG Frankfurt/Main, ZD 2012, S. 274; LG Hamburg, RDV 2011, S. 304

60 KG, RDV 2011, S. 308, wobei der Betreiber eines Hotelbewertungsportals keiner Pflicht zur Überprüfung der eingesandten Bewertungen unterliegen soll

61 www.meinchef.de

62 Zur Haftung für negative Äußerungen auf Unternehmensportalen vgl. *Vonhoff*, MMR 2012, S. 571

63 OLG Hamburg, RDV 2011, S. 306

tungsportal oder Blogs mit Aussagen Dritter nach außen sichtbar zu eigen macht. Ansonsten haftet er als **Störer** auf Beseitigung und Unterlassung in Betracht, wobei der BGH[64] von folgenden Kriterien ausgeht:

a) Nimmt ein Betroffener einen Hostprovider auf Unterlassung der Verbreitung einer in einem Blog enthaltenen Äußerung eines Dritten in Anspruch, weil diese das Persönlichkeitsrecht des Betroffenen verletze, setzt die Störerhaftung des Hostproviders die Verletzung zumutbarer Prüfpflichten voraus.

b) Der Hostprovider ist erst verantwortlich, wenn er Kenntnis von der durch die Veröffentlichung bewirkten Persönlichkeitsrechtsverletzung erlangt. Dies setzt voraus, dass die Beanstandung des Betroffenen so konkret gefasst ist, dass der Rechtsverstoß auf der Grundlage der Behauptungen des Betroffenen unschwer bejaht werden kann.

c) Eine Verpflichtung zur Löschung des beanstandeten Eintrags besteht, wenn auf der Grundlage der Stellungnahme des für den Blog Verantwortlichen und einer etwaigen Replik des Betroffenen unter Berücksichtigung etwa zu verlangender Nachweise von einer rechtswidrigen Verletzung des Persönlichkeitsrechts auszugehen ist.

672 Handelt der Nutzer des Portals anonym, so hängt ein Anspruch auf Auskunft über den Nutzer zunächst davon ab, ob der Betreiber des Portals im Hinblick auf die anzubietende Möglichkeit **anonymer Nutzung** (§ 13 Abs. 6 S. 1 TMG) überhaupt Daten über den Nutzer erhoben hat. Alsdann könnte der Anspruch auf § 242 BGB gestützt werden.[65]

673 Gerät ein Arbeitnehmer in eine mit der Meinungsfreiheit nicht mehr zu rechtfertigende Kritik, kann sich der die Persönlichkeitsrechtsverletzung ausgleichende **Entschädigungsanspruch** auch gegen den Arbeitgeber richten (entsprechend § 670 BGB).[66]

674 Das Ergebnis bleibt befremdlich.[67] Niemand käme auf den Gedanken, dem Arbeitgeber zu gestatten, seine Mitarbeiter im Internet zu bewerten. Was dem Arbeitgeber, der hierzu das Wissen hat, untersagt ist, soll aber außen-

---

64 MMR 2012, S. 124 mit Anm. Hoeren

65 Zustimmend OLG Dresden, RDV 2012, S. 249; ablehnend OLG Hamm, MMR 2012, S. 605 = DuD 2012, S. 261 *ebenfalls BGH, ZD 2014, 570, m* [handwritten]

66 Däubler, Internet und Arbeitsrecht, Rdn. 369k

67 Zur Kritik an der Rechtsprechung: Buchner in Wolff/Brink, Datenschutzrecht, BDSG, § 29 Rdn. 119 f.; Bayer, LDA, 4. TB (2009/2010), S. 26 ff.

kritischer Anmerk. Douk [handwritten]

stehenden Dritten, die in der Regel nur eine einmalige Erfahrung bewerten, erlaubt sein.

5   E-Recruiting

5.1   Allgemeines

Inter- und Intranet finden zunehmend auch als Kommunikationsweg zur **675** Besetzung von Stellen im Rahmen des sog. **E-Recruitings** Verwendung.[68] Dabei schalten Unternehmen auch Recruiting-Plattformdienste ein, die als Auftragnehmer i. S. d. § 11 Abs. 1 BDSG fungieren.[69] Werden beispielsweise externe und interne Bewerber aufgefordert, sich elektronisch auf in das Netz gestellte offene Stellen des Unternehmens zu bewerben, bestehen zunächst einmal, abgesehen von dem Problem der Sicherstellung der Vertraulichkeit der Personaldaten,[70] keine speziellen datenschutzrechtlichen Probleme. Diese elektronische Bewerbung geschieht jedoch nicht unstrukturiert. Vielmehr bieten die gängigen Personal-Programmpakete die Möglichkeit, umfangreiche und strukturierte **Anforderungskataloge** für die zu besetzenden Stellen zu definieren und in gleicher Weise Qualifikationsanforderungen **(Skills)** der Bewerber zu beschreiben. Die Bewerberdaten werden dann über Programmroutinen mit vakanten Stellen verglichen, wobei auch eine prozentuale Gewichtung der einzelnen Anforderungen für die **Auswahlentscheidung** erfolgen kann. Leitet der Bewerber den ausgefüllten Anforderungsbogen dann dem Arbeitgeber online zu, so kann unmittelbar eine Präselektion erfolgen, die die als ungeeignet oder wenig aussichtsreich bewerteten Bewerbungen automatisch zurückweist.

---

68   Die Interpretation des Begriffs E-Recruiting hat eine unterschiedliche Bandbreite. Sie reicht von der bloßen Bewerbung per E-Mail bis zu einem vollkommen elektronisch ablaufenden, über Workflow-Regelungen bestimmbaren, papierlosen Personalbeschaffungsprozess unter Einsatz der neuen Medien; vgl. hierzu Sänger, E-Recruiting in Deutschland, 2004; Beck, Professionelles E-Recruiting, 2002

69   Rockstroh/Leuthner, ZD 2013, S. 497; Gaul/Koehler, BB 2011, S. 2229

70   Vgl. bei Schaar, Datenschutz im Internet, Rdn. 772 f., der insoweit auf die Eröffnung der Möglichkeit anonymer und pseudonymisierter Bewerbung verweist, wobei der Bewerber sich erst bei näherem Interesse an seiner Bewerbung offenbart.

676 Daten interessanter Bewerber sollen zudem dazu dienen, einen **Datenpool** von für Stellenbesetzungen interessanten Talenten aufzubauen,[71] mit denen per Newsletter etc. ständiger Kontakt gehalten wird.[72] Dem Bewerber wird zumeist die Möglichkeit eingeräumt, auch später noch auf seine Bewerbungsdaten zuzugreifen und diese zu ergänzen oder zu ändern.[73] Auch haben Bewerber in Wartestellung die Möglichkeit, mithilfe eines Fragebogens ein **Self-Assessment** durchzuführen, beispielsweise im Hinblick auf ihre Persönlichkeit, ihre Fähigkeiten oder ihren Marktwert. Wird eine Stelle frei, lässt sich mithilfe umfassender Suchfunktionen der **Talentpool** in Bezug auf geeignete Bewerber analysieren und – bei entsprechender Trefferquote – die Stelle rasch und kosteneffizient besetzen.

677 Sollen auch andere Firmen des Konzerns die Bewerbungsdaten erhalten[74] oder hierauf Zugriff haben, so bedarf dies in der Regel der **Einwilligung**, die den Vorgaben des § 13 TKG entsprechen muss. Danach muss das Unternehmen sicherstellen, dass

- der Nutzer seine Einwilligung bewusst und eindeutig erteilt hat,
- die Einwilligung protokolliert wird und
- der Nutzer den Inhalt der Einwilligung jederzeit abrufen kann.[75]

Ein Hinweis in der Datenschutzerklärung und ein Link hierauf genügen nicht.

678 Der Zugriff anderer Konzernunternehmen, d. h. die von der die Plattform betreibende verantwortliche Stelle realisierte Übermittlung (§ 3 Abs. 4 Nr. 3b BDSG), ist jedoch gerechtfertigt, wenn die Bewerber sich auf eine

---

71 Vgl. SAP Info vom 22.4.2002: »*Was sich in Bezug auf den Kunden unter dem Schlagwort Customer Relationship Management längst bewährt hat, macht nun auch bei der Personalrekrutierung Schule: die langfristige Beziehungspflege. Ein so genanntes Talent Relationship Management – im Zusammenspiel mit weiteren Maßnahmen des E-Recruitings – soll helfen, rasch geeignete Bewerber zu identifizieren und den Aufwand bei der Besetzung freier Stellen zu minimieren. ... Die Lösung setzt sich aus den folgenden Komponenten zusammen: einem Talent Warehouse für ein aktives Talent Relationship Management, einem so genannten Recruiter, der mit Hilfe workflow-gestützter Bearbeitungsprozesse für eine effizientere Bewerbungsabwicklung sorgt; Funktionen für Collaborative Commerce sowie Analyse-Funktionen.*«

72 Auf die erforderliche Einwilligung der Betroffenen und die Mitbestimmung der Mitarbeitervertretung nach §§ 94, 87 Abs. 1 Nr. 6 BetrVG sei nur hingewiesen.

73 Zum insoweit sachgerechten Passwortverfahren vgl. Innenministerium Baden-Württemberg, 5. TB 2009, Abschnitt B 10.5

74 Vgl. hierzu Rockstroh/Leuthner, ZD 2013, S. 497

75 Bayer. Aufsichtsb., TB 2009/2010, Ziff. 12.2

»konzerndimensionierte« Beschäftigung bewirbt.[76] Die Stellenausschreibung muss von vornherein auf eine Beschäftigung bei mehreren Konzernfirmen ausgerichtet sein.[77]

In **Skill-Datenbanken** werden aber nicht nur Bewerber, sondern auch vorhandene Beschäftigte gespeichert. Dies geschieht zu unterschiedlichen Zwecken. Zweckbestimmung kann die **Rekrutierung von Führungskräften** oder die Einsatzplanung bei Projekten sein. In Konzernen wird der Zugriff allen Konzernfirmen eröffnet. Je nach der Zweckbestimmung ist davon auszugehen, dass die der Personalplanung dienenden Datenbanken nicht der Begründung bzw. **Durchführung des Beschäftigungsverhältnisses** zuzuordnen sind (§ 32 Abbs. 1 S. 1 BDSG). Dies gilt in jedem Falle für ihre konzernweite Verwendung. Gerechtfertigt werden kann dies – und dies ist bei der informierten Eingabe der Daten durch den Betroffenen gegeben – durch die Einwilligung des Beschäftigten.[78]   **679**

Mit interessanten Bewerbern werden ggf. als ein Schritt zur weiteren Vorauswahl **zeitversetzte Videointerviews** geführt. Zur Vergleichbarkeit der Bewerber haben diese in Bild und Ton einheitlich vorgegebene Fragen zu beantworten. Es wird anders als bei Telefoninterviews oder Videokonferenzen kein interaktives Gespräch geführt, vielmehr wird das aufgezeichnete Interview später ausgewertet. Datenschutzrechtliche Bedenken bestehen hinsichtlich des Verfahrens nicht, jedoch gilt auch hier, dass die vorgegebenen Fragen dem **Fragerecht des Arbeitgebers** entsprechen müssen.   **680**

In der Online-Welt erweitern sich auch die Möglichkeiten von Leistungs- und anderen Tests. In **Online-Tests** werden »anforderungsgesteuert« numerisches und analytisches Denkvermögen der Bewerber, ihre **Konzentrationsfähigkeit** sowie **Sprachkenntnisse** ermittelt. Kritisch sind jedoch online geführte **Persönlichkeitstests** und **Assessment-Center**.   **681**

---

76 Vgl. Gola/Wronka, Handbuch Arbeitnehmerdatenschutz, Rdn. 810 ff.

77 Seifert in Simitis (Hrsg.), BDSG, § 32, Rdn. 418

78 Dazu, ob auch eine Betriebsvereinbarung Rechtsgrundlage sein kann, vgl. Bausewein, Legitimation von Einwilligung und Betriebsvereinbarung im Beschäftigtendatenschutz, S. 211 ff.

5.2 Automatisierte Einzelentscheidung

682　Zu beachten ist jedoch, dass derartige **automatisierte Auswahlverfahren** unter das Verbot **automatisierter Einzelentscheidungen** gemäß § 6a BDSG fallen können.[79] Das ist der Fall, wenn die negative Entscheidung ausschließlich auf einer automatisiert getroffenen **Bewertung einzelner Persönlichkeitsmerkmale** beruht. Dies trifft noch nicht zu, wenn Bewerber vorab aussortiert werden, die nicht die für die Position erforderlichen Sprachkenntnisse haben.[80] Eine »Ausschließlichkeit« ist nicht gegeben, wenn die mithilfe des Computers gewonnenen Erkenntnisse die Grundlage einer nicht nur formalen **menschlichen Letztentscheidung** bilden. Werden Bewerberdaten in einem Programm zwecks Rankings der Bewerber nach vorgegebenen Kriterien gespeichert und entscheidet dann der Arbeitgeber unter Zugrundelegung der ermittelten Reihenfolge, ob und welche Bewerber in Betracht kommen, so ist der Tatbestand des § 6a BDSG nicht gegeben.

683　Ein derartiges Verfahren erfüllt auch nicht den in § 28b BDSG geregelten Fall der Ermittlung von »Wahrscheinlichkeitswerten« durch sog. **Scoring.**[81] Werden jedoch die Daten des Lebenslaufs und beruflichen Werdegangs aufgrund von Erfahrungswerten hochgerechnet, um zu ermitteln, ob der Bewerber wahrscheinlich **langfristig betriebstreu** sein wird, so ist für das Verfahren § 28b BDSG zu beachten. Welche Daten verwendet werden können, richtet sich nach § 32 Abs. 1 S. 1 BDSG. Soll der ermittelte Wahrscheinlichkeitswert unmittelbar zur Ablehnung der Bewerbung führen, steht dem das Verbot des §6a BDSG entgegen. Die »berechtigten Interessen« (§ 6a Abs. 2 Ziff. 2 BDSG) des Bewerbers müssen zumindest dadurch gewahrt werden, dass diesem die **Art der Entscheidung offengelegt** werden und ihm anheimgestellt wird, sich nochmals schriftlich unter Darlegung seiner ggf. besonderen, bei der Erhebung und Auswertung der **für die Entscheidung maßgebenden Daten** evtl. nicht berücksichtigten Aspekte zu bewerben.

79　Vgl. bei Gola/Schomerus, BDSG, § 6a Rdn. 4 ff.
80　Vgl. weitere Beispiele bei Gola/Wronka, Handbuch Arbeitnehmerdatenschutz, Rdn. 190 ff.
81　Vgl. vorstehend Rdn. 32 ff.

5.3 Das Internet als Quelle für Bewerberdaten

5.3.1 Allgemeines

So manche Information über Bewerber, nach der direkt zu fragen dem Ar- **684**
beitgeber gemäß den datenschutzrechtlichen Grenzen seines **»Fragerechts«**
nicht gestattet wäre,[82] stellt ihm das **Internet** ohne Probleme zur Verfügung. Politische oder religiöse Aktivitäten sind ebenso betroffen wie private
Vorlieben oder sexuelle Wünsche. Zumeist sind auch Fotos[83] hinterlegt. Ins
Netz gelangen diese Informationen einmal durch den Betroffenen selbst,[84]
zum anderen aber handelt es sich um Drittquellen. Mal abgesehen von der
Zulässigkeit derartiger Recherchen, wehren kann man sich zumeist nicht.
Der Arbeitgeber wird sich hüten, die auf diesem Wege ggf. ermittelten Ne-
gativinformationen mitzuteilen. Dies allein schon, um die aus dem AGG
ergebende **Diskriminierungsansprüche** zu vermeiden. Andererseits kann
»Datenvermeidung« des Bewerbers sich auch negativ auswirken, weil negative Webpräsenz auch schädlich sein kann.[85] Ggf. wird der Bewerber erst
gar nicht zum Vorstellungsgespräch geladen. Das übliche pauschale Ab-
lehnungsschreiben lässt nichts über die Ablehnungsgründe erkennen.[86]

5.3.2 Erlaubnistatbestände

Fraglich ist, ob vorrangig vor den Erlaubnisvorschriften des BDSG andere **685**
Erlaubnistatbestände für die **Internetrecherche** in Betracht kommen (§ 4

---

82   Zu den Grenzen des Datenerhebungsrechts des Arbeitgebers vgl. Gola/Wronka, Hand-
     buch Arbeitnehmerdatenschutz, Rdn. 135, 398, 412
83   Zur Diskussion der Anforderung von Bewerberfotos im Hinblick auf Anhaltspunkte
     einer Diskriminierungsabsicht, vgl. Gola/Wronka, Handbuch Arbeitnehmerdaten-
     schutz, Rdn. 493; vgl. auch Gruber, NZA 2009, S. 1247
84   Nach einer Untersuchung von Bitkom stellt bereits jeder Fünfte private Informationen
     ins Netz. In der Generation der 14- bis 29-Jährigen ist es jeder Zweite, bevorzugt in
     Profilen sozialer Netzwerke; vgl. www.focus.de/Karriere/Bewerbung/studie-firmen-er-
     schnüffeln-bewerberdaten im Web
85   Nach einer Studie des Verbraucherschutzministeriums gehen vier von fünf Personal-
     chefs auf virtuelle Schnüffeltour, bevor sie über die Entscheidung zur Einladung zum
     Vorstellungsgespräch entscheiden: vorstehende Focus-Studie vom 21.8.2009; vgl. auch
     bei Bausewein, Legitimationswirkung von Einwilligung und Betriebsvereinbarung,
     S. 143
86   Dazu, dass auch technisch die Internetaktivität regelmäßig nicht nachzuvollziehen ist
     und der Arbeitgeber sich praktisch im rechtsfreien Raum bewegt, Oberwetter, BB
     2008, S. 1562; Forst, NZA 2010, S. 100

Abs. 1 BDSG). Zu erörtern ist, ob die Datenerhebung konkludent wirksam erlaubt wurde, wenn der Bewerber die Daten bewusst **für jedermann einsehbar** ins Internet eingestellt hat bzw. diese sich auf **berufsorientierten Plattformen** befinden.[87] Jedoch wird man in das Verhalten des Betroffenen keine pauschale jedwede Verwendung der Daten gestattende Erlaubnis hineinlesen können,[88] zudem fehlt es an der konkreten Information vor Abgabe der ausnahmsweise auch zulässigen konkludenten Einwilligung.[89] Die Besonderheit der Situation ist vielmehr im Rahmen des § 28 Abs. 1 S. 1 Nr. 3 BDSG zu berücksichtigen.

686　Auch **Betriebsvereinbarungen** und **Tarifverträge** scheiden auf Grund der **fehlenden Kompetenz** der Gewerkschaft bzw. der Mitarbeitervertretung für die Regelung von Bewerbungsverhältnissen aus. Der Betriebsrat vertritt nur die in den Betrieb eingegliederten Arbeitnehmer (§ 5 BetrVG). Die Sonderregelung des § 94 BetrVG zur Mitbestimmung bei **Personalfragebögen**, die auch Bewerberfragebögen erfasst, ändert hieran nichts.

687　Tarifvertragsparteien können per Tarifvertrag nur den Inhalt, Abschluss und die Beendigung von Arbeitsverhältnissen oder betriebliche Fragen regeln, wozu die Frage der Gewinnung von Informationen über Bewerber nicht zählt.[90]

5.3.3 Die Zulässigkeit nach § 32 Abs. 1 S. 1 BDSG

688　Bleibt die Frage im Raum, ob und ggf. in welchem Umfang eine Erhebung von Bewerberdaten durch »**Googeln**« oder die Suche in einem **sozialen Netzwerk** mit § 32 Abs. 1 S. 1 BDSG zu rechtfertigen ist. Dass eine gezielte Ermittlung von Informationen über den Bewerber per **Internetrecherche** den Tatbestand einer **Datenerhebung** erfüllt, steht außer Frage.

689　Der Arbeitgeber darf personenbezogene Daten über Bewerber erheben, wenn dies zur Entscheidung über die Begründung des Beschäftigungsverhältnisses erforderlich ist.[91] Da die Erlaubnisregelung des § 32 Abs. 1

87　Weichert, AuR 2010, S. 100; Däubler in D/K/W/W, BDSG, § 4 Rdn. 16

88　Forst, NZA 2010, S. 427

89　Vgl. dazu ausführlich Bausewein, Legitimationswirkung von Einwilligung und Betriebsvereinbarung im Beschäftigtendatenschutz, S. 145 mit Nachweisen

90　Bausewein, Legitimationswirkung von Einwilligung und Betriebsvereinbarung, S. 147

91　Das gilt auch für die Datenerhebung bei Dritten, vgl. Schmidt, RDV 2009, S. 193; Weichert, AuR 2010, S. 100; Rolf/Rötting, RDV 2009, S. 263; a. A. Vogel/Glas, DB 2009, S. 1747

BDSG nur als Konkretisierung des § 28 Abs. 1 S. 1 Nr. 1 BDSG gedacht ist,[92] kommen auch § 28 Abs. 1 S. 1 Nr. 2 und 3 BDSG als Zulässigkeitsnorm in Betracht. Für die Variante des § 28 Abs. 1 S. 1 Nr. 2 BDSG wird das jedoch bei der den Zweckbestimmungen des § 32 Abs. 1 S. 1 BDSG dienenden Verarbeitung regelmäßig insofern nicht zu einem anderen Ergebnis führen, da die dort vorgesehene Interessenabwägung bereits bei der Abwägung im Rahmen des Erforderlichkeitsprinzips des § 31 Abs. 1 S. 1 BDSG erfolgte und über § 28 Abs. 1 S. 1 Nr. 2 BDSG nicht zu einem anderen Ergebnis führen kann. § 28 Abs. 1 S. 1 Nr. 2 BDSG kommt daher nur dann zum Zuge, wenn nicht der Zweckbestimmung des § 32 Abs. 1 S. 1 BDSG dienende, d. h »beschäftigungsfremde« Daten verarbeitet werden sollen.

Anders ist es jedoch bei der den Spezialtatbestand der Entnahme von personenbezogenen Daten aus **allgemein zugänglichen Quellen** regelnden § 28 Abs. 1 S. 1 Nr. 3 BDSG. So wie das BAG[93] der speziellen, strengeren Zulässigkeitsnorm des § 28 Abs. 6 BDSG zur Verarbeitung **besonderer Arten von personenbezogenen Daten** Vorrang vor § 32 Abs. 1 BDSG eingeräumt hat, kann sich der Arbeitgeber auch auf die erleichterten Bedingungen des § 28 Abs. 1 S. 1 Nr. 3 BDSG berufen.

690

Hier ist die Grenze erst dann gezogen, wenn das schutzwürdige Interesse des Betroffenen gegenüber dem auch hier erforderlichen berechtigten Interesse des Arbeitgebers offensichtlich überwiegt.

691

5.3.4 Grundsatz der Direkterhebung

Ob derartige Recherchen im Internet zulässig sind, ist jedoch ferner im Hinblick auf ihre Vereinbarung mit dem in § 4 Abs. 2 BDSG verankerten Grundsatz der **Direkterhebung** nachzufragen. Danach sind Bewerberdaten grundsätzlich beim Betroffenen zu erheben (§ 4 Abs. 2 Satz 2 BDSG). Die Regel dient der Transparenz der Verarbeitung gegenüber dem Betroffenen. Der Bewerber soll wissen, wer was wann über ihn an Daten sammelt, speichert und verarbeitet. Deshalb sind im Grundsatz personenbezogene Daten

692

---

92 Vgl. vorstehend Rdn. 334 ff.; Bissels/Lützeler/Wisskirchen, BB 2010, S. 2433; Kania/Sansone, NZA 2012, S. 360; a. A., die den gesamten Ansatz 1 des § 28 BDSG als verdrängt ansieht, sind u. a. Däubler, Internet und Arbeitsrecht, Rdn. 211g, Seifert in Simitis (Hrsg.), BDSG, § 32 Rdn. 17; Zöll in Taeger/Gabel (Hrsg.), BDSG, § 32 Rdn. 7; vgl. auch Rolf/Röttig, RDV 2009, S. 263; Wellhörner/Byers, BB 2009, S. 2310

93 RDV 2012, S. 192 = NZA 2012, S. 744

bei ihm selbst und nicht hinter seinem Rücken oder sonst ohne sein Wissen zu erheben. Unter Mitwirken ist ein bewusstes aktives oder auch passives Tun zu verstehen. So sind Daten nur dann bei dem Betroffenen erhoben, wenn er die reale Möglichkeit hat, darüber zu entscheiden, ob er die zu erhebenden Daten für den ihm bekannt zu gebenden Zweck preisgeben will und welche dies sein sollen. Regelmäßig liegt daher eine Datenerhebung ohne Mitwirkung des Betroffenen auch bei der Auswertung allgemein zugänglicher Datenquellen vor.

693 Erlaubt ist die ohne konkrete Einschaltung des Betroffenen erfolgende Erhebung jedoch, wenn eine Rechtsvorschrift dies vorsieht (§ 4 Abs. 2 Satz 2 Nr. 1 BDSG). Hierzu zählen auch die Erlaubnisnormen des § 28 Abs. 1 Satz 1 Nr. 3[94] oder § 29 Abs. 1 Satz 1 Nr. 2 BDSG. Es ist davon auszugehen, dass die Vorschrift des § 4 Abs. 2 Satz 2 Nr. 1 diese speziellen BDSG-Normen in den Katalog der eine **Datenerhebung ohne Mitwirkung** des Betroffenen »vorsehenden« Vorschriften mit einbezieht. Wäre das nicht der Fall, würde die in den Zulässigkeitstatbeständen der §§ 28, 29 BDSG erleichterte Verarbeitung von jedermann zugänglichen Daten weitgehend aufgehoben.[95] Demgemäß sehen landesrechtliche Bestimmungen – soweit sie nicht für in öffentlich zugänglichen Quellen gespeicherte Daten per se keine Anwendung finden (vgl. § 3 Abs. 4 HDSG) – das Gebot der Direkterhebung nicht für den Fall vor, dass Daten aus allgemein zugänglichen Quellen entnommen werden (vgl. u. a. § 13 Abs.2 LDSG BW; Art. 16 Abs. 2 Satz 1 BayDSG; § 12 Abs. 2 i. V. m. § 13 Abs. 2 Satz 1 Buchstabe f BDSG).

5.3.5 Anwendung des § 28 Abs. 1 Satz 1 Nr. 3 BDSG

694 Eine Erhebung und Verwendung der Internetdaten ist nach § 28 Abs. 1 Satz 1 Nr. 3 BDSG nur zulässig, wenn ein berechtigtes Interesse des Arbeitgebers besteht. Dieses besteht nur hinsichtlich der tatsächlich erforderlichen Informationen und nicht bei vom Datenerhebungsrecht des § 32 Abs. 1 S. 1 BDSG nicht gedeckten **Nebeninformationen**. Gleichwohl ist deshalb die **Internetrecherche** nicht ausgeschlossen, da, um diese erforder-

---

94 Gola/Schomerus, BDSG, § 4 Rdn. 23; Oberwetter, BB 2008, S.1562; a. A. Däubler in D/K/W/W. BDSG, § 32 Rdn. 56 f.

95 Vgl. Gola/Schomerus, BDSG, § 4 Rdn. 24

lichen Daten zu erhalten, eben zwangsläufig nicht verwendbare Nebeninformationen anfallen.[96]

Weiterhin dürfen schutzwürdige Interessen durch die Erhebung der Daten **695** »offensichtlich« nicht verletzt werden. Dieser Tatbestand entscheidet sich wesentlich danach, wer die Informationen in das Internet eingestellt hat und ob der Betroffene durch erkennbare Festlegung des Informiertenkreises Arbeitgeberzugriffe erkennbar ausschließen wollte. Werden Daten unmittelbar oder mittels einer **Suchmaschine** ermittelt, so bestehen keine Bedenken hinsichtlich deren Erhebung, wenn der Bewerber sie auf einer **eigenen Webseite** oder in offenen Meinungsforen selbst eingestellt und allgemein freigegeben hat.[97] Das Risiko, dass jetzt in unzulässiger Weise Informationen die Arbeitgeberentscheidung beeinflussen, die hierfür nicht erforderlich sind, hat der Betroffene selbst geschaffen.

Handelt es sich um in **sozialen Netzwerken** eingestellte Daten, deren Pro- **696** file nur einem **bestimmten Nutzerkreis** – zu dem der Arbeitgeber nicht zählt – zugänglich sein sollen, muss der Arbeitgeberzugriff unterbleiben.[98] Dies gilt auch, wenn die Mitgliedschaft ohne Weiteres nebst dem Zugriff auf die Daten sofort nach Freischaltung erlangt werden kann.

Überwiegende schutzwürdige Interessen des Beschäftigten können sich im **697** Übrigen aus dem **Alter der Veröffentlichung** ergeben oder daraus, in welchem **Kontext** sie erfolgt und ob der Beschäftigte nach den erkennbaren Umständen noch die Herrschaft über die Veröffentlichung hat.

Bei der Abwägung ist auch zu berücksichtigen, ob der Arbeitgeber durch **698** die Erhebung der Daten zu Zwecken des Beschäftigungsverhältnisses gegen **allgemeine Geschäftsbedingungen** desjenigen, der die Informationen bzw. die Plattform für diese zur Verfügung stellt, verstoßen würde. In diesem Fall ist die Erhebung der Daten ebenfalls in der Regel wegen eines überwiegenden Interesses des Arbeitnehmers unzulässig.[99]

---

96 Däubler zieht insofern das Informationsrecht nach Art. 5 Abs. 1 S. 1 GG als Rechtsnorm heran; Internet und Arbeitsrecht, Rdn. 211h

97 Zu den Varianten allgemein zugänglicher Internetdaten vgl. ausführlich bei Bausewein, Legitimationswirkung von Einwilligung und Betriebsvereinbarung, S. 149 ff.

98 Weichert, NZA AuR 2010, S. 100

99 Vgl. Gesetzesbegründung zu § 32 Abs. 6 BDSG-E, BT-Drs. 17/4230

699   Berechtigt zugegriffen werden kann auch auf Daten, die Dritte legitim zum **allgemeinen Zugriff** eingestellt haben.[100]

700   Jedoch bleibt das Ergebnis, dass aus den gewonnenen Informationen nur solche für die Einstellungsentscheidung herausgefiltert werden dürfen, die unter Beachtung des »Fragerechts« des Arbeitgebers erforderlich sind.

5.3.6 Der Entwurf des Beschäftigtendatenschutzgesetzes

701   In § 32 Abs. 6 BDSG-E[101] widmet sich der Entwurf des Beschäftigtendatenschutzgesetzes der Erhebung von Daten aus allgemein zugänglichen Quellen.

702   Satz 1 enthält in Wiederholung des § 4 Abs. 2 BDSG den **Grundsatz der Direkterhebung**, sieht hiervon jedoch keine Ausnahmen vor; abgesehen von denen, die in § 32 ff. geregelt sind. Eine Ausnahme enthält sodann bereits Satz 2 hinsichtlich **allgemein zugänglicher Daten** des Bewerbers.

703   Allgemein zugänglich sind nach der Gesetzesbegründung Daten z. B. dann, wenn sie der Presse oder dem Rundfunk zu entnehmen sind. Auch im Internet bei bestimmungsgemäßer Nutzung **für jeden abrufbare Daten** sind grundsätzlich allgemein zugänglich, insbesondere wenn die Daten über eine allgemeine Suchmaschine auffindbar sind. Sind die eingestellten Daten dagegen nur einem beschränkten Personenkreis zugänglich, z. B. ausgewählten Freunden, liegt eine allgemeine Zugänglichkeit nicht vor.

704   Zunächst gilt **Transparenzpflicht**, indem der Arbeitgeber den Bewerber auf die mögliche Erhebung von allgemein zugänglichen Daten über ihn

---

100   Vgl. im Detail bei Rolf/Röttig, RDV 2009, S. 263 (265)

101   *§ 32 BDSG: Datenerhebung vor Begründung eines Beschäftigungsverhältnisses*
(6) Beschäftigtendaten sind unmittelbar bei dem Beschäftigten zu erheben. Wenn der Arbeitgeber den Beschäftigten vor der Erhebung hierauf hingewiesen hat, darf der Arbeitgeber allgemein zugängliche Daten ohne Mitwirkung des Beschäftigten erheben, es sei denn, dass das schutzwürdige Interesse des Beschäftigten an dem Ausschluss der Erhebung das berechtigte Interesse des Arbeitgebers überwiegt. Bei Daten aus sozialen Netzwerken, die der elektronischen Kommunikation dienen, überwiegt das schutzwürdige Interesse des Beschäftigten; dies gilt nicht für soziale Netzwerke, die zur Darstellung der beruflichen Qualifikation ihrer Mitglieder bestimmt sind. Mit Einwilligung des Beschäftigten darf der Arbeitgeber auch bei sonstigen Dritten personenbezogene Daten des Beschäftigten erheben; dem Beschäftigten ist auf Verlangen über den Inhalt der erhobenen Daten Auskunft zu erteilen. Die Absätze 1 bis 5 sowie § 32a bleiben unberührt.
(7) Die Datenerhebung ist nur zulässig, wenn Art und Ausmaß im Hinblick auf den Zweck verhältnismäßig sind.

hinzuweisen hat (Abs. 6 S. 2). Ein solcher Hinweis kann z. B. in der **Stellenausschreibung** erfolgen. Wenn der Arbeitgeber diese Daten elektronisch oder in Papierform speichert, muss er den Beschäftigten nach § 33 BDSG hierüber **benachrichtigen**.[102]

Nach entsprechendem Hinweis wird die Berechtigung der Erhebung bejaht, sofern das schutzwürdige Interesse des Beschäftigten an dem Ausschluss der Erhebung gegenüber dem berechtigten Interesse des Arbeitgebers überwiegt. Einen solchen Fall regelt ausdrücklich Satz 2 letzter Halbsatz im Hinblick auf **soziale Netzwerke** im Internet, die der elektronischen Kommunikation dienen. Die dort eingestellten Daten dürfen vom Arbeitgeber grundsätzlich nicht erhoben werden; eine Ausnahme hiervon gilt nur für soziale Netzwerke im Internet, die gerade zur eigenen Präsentation gegenüber potenziellen Arbeitgebern genutzt werden. **705**

Überwiegende schutzwürdige Interessen des Beschäftigten können sich im Übrigen aus dem **Alter der Veröffentlichung** ergeben oder daraus, in welchem Kontext sie erfolgt und ob der Beschäftigte nach den erkennbaren Umständen noch die Herrschaft über die Veröffentlichung hat. **706**

Satz 4 stellt klar, dass Absatz 6 nur festlegt, aus welchen Quellen Beschäftigtendaten erhoben werden dürfen, dass er jedoch nicht Inhalt und Umfang der Datenerhebung erfasst. **707**

Absatz 7 weist auf den Grundsatz der Verhältnismäßigkeit hin, der Art und Ausmaß jeder Datenerhebung im Hinblick auf den Zweck begrenzt. Die Erhebung muss daher zur Erfüllung des festgelegten Zwecks geeignet und erforderlich sein und in einem angemessenen Verhältnis zu den betroffenen Rechten des Bewerbers stehen. **708**

---

102 Ob die Pflicht auch besteht, wenn der Bewerber infolge der Einreichung der Bewerbungsunterlagen bereits Kenntnis der Speicherung von Personaldaten hat, ist strittig; vgl. Gola/Schomerus, BDSG, § 33 Rdn. 4f

Literaturverzeichnis

Altenburg/v. Reinersdorff/Leister, Telekommunikation am Arbeitsplatz, MMR 2005, S. 135

Altenburg/v. Reinersdorff/Leister, Betriebsverfassungsrechtliche Aspekte der Tele-kommunikation am Arbeitsplatz, MMR 2005, S. 222

Arning/Moos, Bring your own Device – Eine Entscheidungshilfe zur datenschutz- und lizenzkonformen Einführung im Unternehmen, DB 2013, S. 2607

Balke/Müller, Arbeitsrechtliche Aspekte beim Einsatz von E-Mails, DB 1997, S. 326

Barton, E-Mail-Kontrolle durch den Arbeitgeber, CR 2003, S. 839

Barton, Compliance, Management und Arbeitnehmerdatenschutz – Anmerkungen zu § 32 BDSG, RDV 2009, S. 200

Bausewein, Legitimationswirkung von Einwilligung und Betriebsvereinbarung im Beschäftigtendatenschutz, 2011

Beckschulze, Betriebsratskosten für moderne Kommunikationsmittel, DB 1998, S. 1815

Beckschulze, Internet-, Intranet- und E-Mail-Einsatz am Arbeitsplatz, DB 2003, S. 2777

Beckschulze, Internet-, Intranet- und E-Mail-Einsatz am Arbeitsplatz, DB 2007, S. 1526

Beckschulze, Internet- und E-Mail-Einsatz am Arbeitsplatz, DB 2009, S. 2097

Beckschulze/Henkel, Der Einfluss des Internets auf das Arbeitsrecht, DB 2001, S. 1491

Bier, Internet und E-Mail am Arbeitsplatz, DuD 2004, S. 277

Bierekoven, Korruptionsbekämpfung vs. Datenschutz nach der BDSG-Novelle, CR 2010, S. 203

Bijok/Class, Arbeitsrechtliche und datenschutzrechtliche Aspekte des Interneteinsatzes (insbesondere E-Mails), RDV 2001, S. 52

Bizer, Die dienstliche Kommunikation unter dem Schutz des Fernmeldegeheimnisses, DuD 2001, S. 618

Bloesinger, Grundlagen und Grenzen privater Internetnutzung am Arbeitsplatz, BB 2007, S. 2177

Bock, Strafrechtliche Aspekte der Compliance-Diskussion – § 130 OWiG als zentrale Norm der Criminal Compliance, ZIS 2009, S. 68

Boemke/Ankersen, Das Telearbeitsverhältnis – Arbeitsschutz, Datenschutz und Sozialversicherung, BB 2000, S. 1570

Böker, Betriebs- und Dienstvereinbarungen zur digitalen Personalakte, CuA 6/2010, S. 14

Boewer, Personaldatenverarbeitung und Kontrollbefugnisse des Betriebsrats aus
§ 80 BetrVG, RDV 1985, S. 22

Brandt, Betriebsvereinbarungen als datenschutzrechtliche »Öffnungsklausel«, DuD
2010, S. 213

Braun/Hoppe, Arbeitnehmer-E-Mails: Vertrauen ist gut – Kontrolle ist schlecht,
MMR 2010, S. 80

Burkert/Schirge, ACD-Telefonanlagen – Probleme und Regelungsmöglichkeiten,
AiB 1999, S. 435

Däubler, Der Betriebsrat im Internet – rechtliche Rahmenbedingungen, CF 9/2004,
S. 25

Däubler, Der Schutz des Betriebsrats durch eigene Software und separate Geräte,
CF 11/2002, S. 25

Däubler, Gibt es ein »Aufenthaltsgeheimnis«?, CF 7–8/2005, S. 42

Däubler, Gläserne Belegschaften?, 5. Aufl., Frankfurt, 2009

Däubler, Internet und Arbeitsrecht, 3. Aufl., Frankfurt, 2004

Däubler, Nutzung des Internets durch Arbeitnehmer, K&R 2000, S. 323

Däubler, Persönlichkeitsrechtsschutz der Arbeitnehmer im Internet?, DuD 2013,
S. 759

Däubler/Kittner/Klebe (DKK), Betriebsverfassungsgesetz-Kommentar, 11. Aufl.,
2011

Däubler/Klebe/Wedde/Weichert, BDSG, 8. Aufl., Frankfurt, 2010

Dickmann, Inhaltliche Ausgestaltung von Regelungen zur privaten Internetnutzung
im Betrieb, NZA 2003, S. 1009

Dietrich/Pohlmann, IP-Blacklisting zur Spam-Abwehr, DuD 2005, S. 548

Eisenberg/Puschke/Singelnstein, Überwachung mittels RFID-Technologie, ZRP
2005, S. 9

Ernst, Der Arbeitgeber, die E-Mail und das Internet, NZA 2002, S. 585

Färber/Kappes, Telefondatenerfassung und Datenschutz, BB 1986, S. 520

Faust, ACD-Anlagen und Arbeitnehmerdatenschutz, DuD 2008, S. 812

Fickert, RFID-Technik macht mobil, CF 7–8/2005, S. 48

Fitting, Betriebsverfassungsgesetz, 21. Aufl. München 2002

Forst, Bewerberauswahl über soziale Netzwerke im Internet, NZA 2010, S. 427

Forst, Regierungsentwurf zur Regelung des Beschäftigtendatenschutzes, NZA
2010, S. 1043

Forst, Videoüberwachung am Arbeitsplatz und der neue § 32 BDSG, RDV 2009,
S. 204

Flechsig, Schutz gegen Verletzung des höchstpersönlichen Lebensbereichs durch Bildaufnahmen, ZUM 2004, S. 605

Fricke, Die Web-Kamera am Arbeitsplatz, CF 4/1998, S. 32

Gola, Betriebliche IuK-Technik für Betriebsrats- und Gewerkschaftsinformationen, MMR 2005, S. 17

Gola, Die Einwilligung als Legitimation für die Verarbeitung von Arbeitnehmerdaten, RDV 2002, S. 109

Gola, Mitarbeiterbefragungen – datenschutzrechtliche Vorgaben und Grenzen, ZD 2013, S. 379

Gola, Neuer Teledatenschutz für Arbeitnehmer, MMR 1999, S. 322

Gola, Vereinbarungen contra Selbstbestimmung, CF, 1/2001, S. 24

Gola, Datenschutz bei der Kontrolle »mobiler« Arbeitnehmer – Zulässigkeit und Transparenz, NZA 2007, S. 1139

Gola/Schomerus, Bundesdatenschutzgesetz, 11. Aufl., München 2012

Gola/Wronka, Handbuch zum Arbeitnehmerdatenschutz, 6. Aufl., Frechen, 2013

Gramlich, Internetnutzung zu privaten Zwecken in Behörden und Unternehmen, RDV 2001, S. 123

Grimm/Schiefer, Videoüberwachung am Arbeitsplatz, RdA 2009, S. 329

Gundermann/Oberberg, Datenschutzkonforme Gestaltung des betrieblichen Eingliederungsmanagements und Beteiligung des Betriebsrats, RDV 2007, S. 103

Hanau/Hoeren, Private Internetnutzung durch Arbeitnehmer – Die arbeits- und betriebsverfassungsrechtlichen Probleme, München, 2003

Härting, Anonymität und Pseudonymität im Datenschutzrecht, NJW 2013, S. 2065

Heinson, Compliance durch Datenabgleiche, BB 2010, S. 3084

Hess, Im Blickpunkt: Skill-Datenbanken, CF 7–8/2003, S. 24

Hoeren, Das Telemediengesetz, NJW 2007, S. 801

Hilber/Frik, Rechtliche Aspekte der Nutzung von Netzwerken durch Arbeitnehmer und Betriebsrat, RdA 2002, S. 89

Hoeren, Virenscanning und Spamfilter – Rechtliche Möglichkeiten im Kampf gegen Viren, Spam & Co, NJW 2004, S. 3513

Hötter, Big Data Analysen. Die Vermessung der Gesellschaft, CuA 11/2013, S. 4

Hollis, Interessenvertretung im Internet, CF 5/2000, S. 32

Hopfner/Schrock, Die Gewerkschaften im elektronischen Netzwerk des Arbeitgebers, DB 2004, 1558

Jentzsch, Big Data@Work – Wie „Big Data" das Personalumfeld revolutionieren wird, HR Performance 6/2013, S. 60

Jentzsch, Nutzung von Big Data für die strategische Personalplanung, HR Performance 7/2013, S. 48

Jofer/Wegerich, Betriebliche Nutzung von E-Mail-Diensten: Kontrollbefugnisse des Arbeitgebers, K&R 2002, S. 235

Joussen, Die Zulässigkeit von vorbeugenden Torkontrollen nach dem neuen BDSG, NZA 2010, S. 254

Kaufmann, Mitarbeiterdaten auf der Homepage, DuD 2005, S. 262

Kempermann, Strafbarkeit nach § 206 StGB bei Kontrollen von Mitarbei-ter-E-Mails, ZD 2012, S. 12

Kersten/Klett: Data Leakage Prevention, 1. Aufl., Frechen, 2014

Khorrami, Polit-Spam? Zur rechtlichen Zulässigkeit politischer E-Mail/ E-Card-Werbung, K&R 2005, S. 161

Kiesche/Wilke, Anti-Fraud-Management – Kriminalität bekämpfen mit Mitbestim-mung und Datenschutz, CuA 1/2014, S. 4

Kiper, Betriebs- und Dienstvereinbarungen zu E-Mail und Internet (1+2), CF 9/2004, S. 10 und 10/2004, S. 6

Kiper, Dienstvereinbarungen zu Telekommunikation und Telediensten (DV, eMail und Internet), PersR 2002, S. 104

Kiper, Internetgestützte Personalratsarbeit, PersR 2004, S. 204

Kiper/Ruhmann, Überwachung der Telekommunikation, DuD 1998, S. 155

Klebe/Wedde, Gewerkschaftsrechte auch per E-Mail und Intranet, AuR 2000, S. 401

Klebe/Wedde, Vom PC zum Internet: IT-Nutzung auch für Betriebsräte?, DB 1999, S. 1954

Koch, Mitarbeiterkontrolle durch systematischen Datenabgleich zur Korruptions-bekämpfung, NZA 2009, S. 646

Köcher, Strafbarkeit der Ausfilterung von E-Mails, DuD 2005, S. 163

Köcher, Zentrale Spam- und Virenfilterung, DuD 2004, S. 272

Konzen, Der Regierungsentwurf des Betriebsverfassungsreformgesetzes, RDA 2001, S. 84

Kopke, Heimliches Mithören eines Telefongesprächs, NZA 1999, S. 917

Kort, Zum Verhältnis von Datenschutz und Compliance im geplanten Beschäftig-tendatenschutzgesetz, DB 2011, S. 651

Kronisch, E-Mail- und Internetkontakte am Arbeitsplatz, AuR 2002, S. 454

Kronisch, Privates Surfen am Arbeitsplatz, AuA 1999, S. 550

Kusnitz, Abfangen von Daten – Strafbarkeit des § 202b StGB auf dem Prüfstand, MMR 2011, S. 720

Kutzki/Hackemann, Internet & E-Mail in der Behörde. Datenschutzrechtliche Vor-gaben für Arbeitgeber/Dienstherrn und bei der Gestaltung von Informations-angeboten, ZTR 2003, S. 375

Lahner, Anwendung des § 6c BDSG auf RFID, DuD 2004, S. 723

Latendorf, Möglichkeiten und Grenzen der Telefondatenerfassung, CR 1987, S. 242

Lehnhardt, Löschung virenbehafteter E-Mails, DuD 2003, S. 487

Lindemann/Simon, Betriebsvereinbarungen zur E-Mail-, Internet- und Intranet-Nutzung, BB 2001, S. 1950

Linnenkohl, Das Mithören von dienstlichen Telefonaten durch den Arbeitgeber, RDV 1992, S. 205

Linnenkohl/Gressierer, Das Mithören von Telefongesprächen im Arbeitsverhältnis, AuA 1999, 410

Matthes, Möglichkeiten und Grenzen betrieblicher Telefondatenerfassung, CR 1987, S. 108

Mengel, Kontrolle der E-Mail- und Internetkommunikation am Arbeitsplatz, BB 2004, S. 2014

Mengel, Alte arbeitsrechtliche Realitäten im Umgang mit der neuen virtuellen Welt, NZA 2005, S. 752

Mengel/Ulrich, Arbeitsrechtliche Aspekte unternehmensinterner Investigations, NZA 2006, S. 284

Menzler-Trott, Mitarbeiterdatenschutz im Call Center und entsprechende Regelungen in Betriebsvereinbarungen – Ein Praxisbericht, RDV 1999, S. 257

Menzler-Trott/Hahnel (Hrsg.), Call Center Evolution – Standards für effiziente Kunden- und Mitarbeiterbeziehungen, München, 2002

Meyer, Mitarbeiterüberwachung: Kontrolle durch Ortung von Arbeitnehmern, K&R 2009, S. 14

Mühlhausen, Homepage als erforderliches Sachmittel nach § 40 Abs. 2 BetrVG, NZA 1999, S. 138

Müller, Datenschutz beim betrieblichen E-Mailing, RDV 1998, S. 205

Nägele/Meyer, Internet und E-Mail am Arbeitsplatz, K&R 2004, S. 312

Naujock, Internet-Richtlinien: Nutzung am Arbeitsplatz, DuD 2002, S. 592

Olbert, Recht im Call Center – Vertragsgestaltung, Wettbewerbsrecht, 2000

Oberwetter, Bewerberprofile durch das Internet – Verstoß gegen das Datenschutzrecht, BB 2008, S. 417

Oberwetter, Soziale Netzwerke im Fadenkreuz des Arbeitsrechts, NJW 2011, S. 417

Panzer-Heemeier, Der Zugriff auf dienstliche E-Mails – Neubewertung des Arbeitgebers als Provider?, DuD 2012, S. 49

Petri, Im Schatten des Leviathan. Zum Verhältnis von Sicherheit und Freiheit anhand von Beispielen aus der TK-Überwachung, RDV 2003, S. 16

Polenz/Thomsen, Internet- und E-Mail-Nutzung, DuD 2010, S. 614

Post-Ortmann, Der Arbeitgeber als Anbieter von Telekommunikations- und Telediensten, RDV 1999, S. 97

Pötters, Grundrechte und Beschäftigtendatenschutz, 2013

Raffler/Hellich, Unter welchen Voraussetzungen ist die Überwachung von Arbeitnehmer-E-Mail zulässig?, NZA 1997, S. 862

Rath/Karner, Private Internetnutzung am Arbeitsplatz – rechtliche Zulässigkeit und Kontrollmöglichkeiten des Arbeitgebers, K&R 2007, S. 446

Rieble/Gutzeit, Gewerkschaftliche Selbstdarstellung in Internet und Intranet, ZfA 2001, S. 341

Rieß, TK-Datenschutz im Unternehmen, DuD 2001, S. 672 und 740

Rockstroh/Leuthner, Nutzung von cloud-basierten Recruiting-Management-Plattformen – Datenschutzkonformer Einsatz im Konzern, ZD 2013, S. 497

Rolf/Rötting, Google, Facebook & Co. als Bewerberdatenbank für Arbeitgeber?, RDV 2009, S. 263

Roßnagel/Richter/Nebel, Internet Privacy aus rechtswissenschaftlicher Sicht, in Buchmann (Hrsg.), Internet Privacy; eine multidisziplinäre Bestandsaufnahme, 2012

Schaar, Datenschutz bei Web-Services, RDV 2003, S. 59

Schierbaum, Datenschutz bei Internet und E-Mail – Handlungsmöglichkeiten von Personalräten, PersR 2000, S. 499

Schierbaum, E-Mail-Kontrolle durch den Arbeitgeber, CuA 3/2012, S. 5

Schimmelpfennig/Wenning, Arbeitgeber als Telekommunikationsanbieter?, DB 2006, S. 2290

Schmidl, Die Subsidiarität der Einwilligung im Arbeitsverhältnis, DuD 2007, S. 756

Schmidl, Private E-Mail-Nutzung – Der Fluch der guten Tat, DuD 2005, S. 267

Schmidt, Vertrauen ist gut, Compliance ist besser!, BB 2009, S. 1295

Schmitz/Eckardt, Einsatz von RFID nach dem BDSG, CR 2007, S. 171

Schmitz, Übersicht über die Neuregelungen des TMG und des RStV, K&R 2007, S. 135

Schneider, Die Wirksamkeit der Sperrung von Internetzugriffen, MMR 1999, S. 571

Schreiber, Social Media Mentoring, PinG 2014, S. 34

Schulin/Babl, Rechtsfragen der Telefondatenverarbeitung, NZA 1986, S. 46

Schweizer, »Großer Lauschangriff« im Call Center, CuA 3/2011, S. 24

Seebacher, Die Nutzung von E-Mail-Systemen durch Betriebsräte, AiB 1998, S. 245

Simitis (Hrsg.), Kommentar zum Bundesdatenschutzgesetz, 7. Aufl., 2012

Simon, Betriebsvereinbarungen zur E-Mail-, Internet- und Intranetnutzung, BB 2001, S. 1950

Skowronek, Betriebsvereinbarungen zu Intranet und Internet, CF 5/2001, S. 7

Skowronek, E-Mail-Kommunikation des Betriebsrats, CF11/2000, S. 34

Stadler, Schutz vor Spam durch Greylisting – Eine rechtsadäquate Handlungsoption?, DuD 2005, S. 344

Steidle, Datenschutz bei der Nutzung von Location Based Services im Unternehmen, MMR 2009, S. 167

Taeger, Personaldatenschutz in der Dienststelle, PersR 2000, S. 435

Tammen, Video- und Kameraüberwachung am Arbeitsplatz, RDV 2000, S. 15

Thüsing (Hrsg.), Arbeitnehmerdatenschutz und Compliance, München, 2010

Thüsing, Verbesserungsbedarf beim Beschäftigtendatenschutz, NZA 2011, S. 16

Tinnefeld/Viethen, Arbeitnehmerdatenschutz und Internet-Ökonomie, NZA 2000, S. 977

Uecker, Private Internetnutzung- und E-Mail-Nutzung am Arbeitsplatz, ITRB 2003, S. 158

Ulmer, Big Data – Neue Geschäftsmodelle, neue Verantwortlichkeiten?, RDV 2013, S. 227

Ungerer, Spam-Abwehr, DuD 2004, S. 343

Venzke-Carparese, Social Media Mentoring, Analyse und Profiling ohne klare Grenzen?, DuD 2013, S. 775

Versteyl, Telefondatenerfassung im Betrieb, NZA 1987, S. 7

Vietmeyer/Byers, Zulässige heimliche Videoüberwachung an öffentlich zugänglichen Arbeitsplätzen?, DB 2010, S. 1462

Vogel/Glas, Datenschutzrechtliche Probleme unternehmensinterner Übermittlungen, DB 2009, S. 1747

Vogel, Gesprächsaufzeichnungen im Servicecallcenter – Opt-in oder Opt-out, DuD 2008, S. 780

Vogt, Compliance und Investigations – Zehn Fragen aus Sicht der arbeitsrechtlichen Praxis, NJW 2009, S. 3755

Von Westerholt/Döring, Datenschutzrechtliche Aspekte der Radio Frequency Identification, CR 2004, S. 710

Voskamp/Dennis-Kenji, Kipker, Virtueller Pranger Internet, DuD 2013, S. 787

Wedde, Aktuelle Rechtsfragen der Telearbeit, NJW 1999, S. 527

Wedde, Arbeitsrechtliche Probleme im Call Center, CF 6/2000, S. 20

Wedde, Nutzung von E-Mail und Internet am Arbeitsplatz, CF 7–8/2006, S. 48

Wedde, Private E-Mail-Nutzung am Arbeitsplatz, CF 6/2004, S. 25

Wedde, Schutz vor versteckten Kontrollen im Arbeitsverhältnis, DuD 2004, S. 21

Wedde, Wenn der Arbeitgeber eine Flatrate hat ...; CF 5/2004, S. 25

Wedde, Außendienst online – die rechtliche Seite, CuA 7/2009, S. 11

Weichert, Big Data und Datenschutz, ZD 2013, S. 257

Weichert, Drittauskünfte über Beschäftigte, AuR 2010, S. 100

Weißgerber, Arbeitsrechtliche Fragen bei der Einführung und Nutzung vernetzter Computersysteme, 2003

Weißgerber, Das Einsehen kennwortgeschützter Privatdaten des Arbeitnehmers durch den Arbeitgeber, NZA 2003, S. 1005

Weißnicht, Die Nutzung des Internets am Arbeitsplatz, MMR 2003, S. 448

Wolber, Internetzugang und Mitbestimmung, PersR 2000, S. 3

Wolf/Mulert, Die Zulässigkeit der Überwachung von E-Mail-Korrespondenz am Arbeitsplatz, BB 2008, S. 442

Wojtowicz, Wirksame Anonymisierung im Kontext von Big Data, PinG 2013, S. 65

Wüstenberg, Die Strafbarkeit wegen Versendens und Empfangens pornografischer E-Mails am Arbeitsplatz, TKMR 2003, S. 4

Wybitul, Das neue Bundesdatenschutzgesetz: Verschärfte Regelungen für Compliance und interne Ermittlungen, BB 2009, S. 1582

Wybitul, Neue Spielregeln bei E-Mail-Kontrollen durch den Arbeitgeber. Überblick über den aktuellen Meinungsstand und die Folgen für die Praxis, ZD 2011, S. 69

Zikesch/Reimer, Datenschutz und präventive Korruptionsbekämpfung – kein Zielkonflikt, DuD 2010, S. 96

Zilkens, Datenschutz am Arbeitsplatz, DuD 2005, S. 253

Zilkens/Klau, Datenschutz im Personalwesen, DuD 2008, S. 41

Zoebisch, Stimmungsanalyse durch Call-Center, DuD 2011, S. 394

Stichwortverzeichnis
(Zahlen = Seiten)